Il a été tiré de cet ouvrage 10 exemplaires sur papier de cuve des papeteries d'Arches numérotés de 1 à 10.

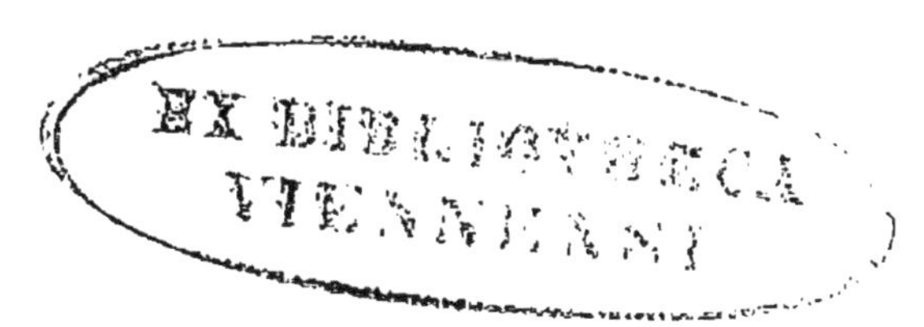

L'EUROPE

ET

LA POLITIQUE ORIENTALE

OUVRAGES DU MÊME AUTEUR

La Situation économique en France. Paris, 1880.

La Richesse publique dans les départements de l'Ouest. Paris, 1883.

Situation agricole sous les deux législations. Nantes 1885.

Fêtes Bretonnes. — Joachim du Belley. Ancenis, 1895.

Fortune nationale. -- La Crise. Nantes, 1890.

Intérêts agricoles et économiques. 1900.

Agriculture. — Viticulture. — Contributions. Ancenis, 1899.

L'Avenir dans les Balkans. Rennes, 1909.

PARIS. — TYP. PLON-NOURRIT ET Cie, 8, RUE GARANCIÈRE. — 16697.

Cte DE LANDEMONT

L'EUROPE

ET

LA POLITIQUE ORIENTALE

1878-1912

PARIS

LIBRAIRIE PLON

PLON-NOURRIT ET Cie, IMPRIMEURS-ÉDITEURS

8, RUE GARANCIÈRE — 6^e

1912

AVANT-PROPOS

La constitution de groupements d'intérêts dans l'Europe orientale semble devenir de plus en plus probable.

L'Autriche-Hongrie, dont la mainmise quelque peu brutale sur la Bosnie et l'Herzégovine a exaspéré les populations slaves, ne peut manquer de se heurter un jour aux forces coalisées des peuples de la péninsule; — si même la Turquie se rendait compte suffisamment à temps qu'elle a tout à redouter de l'Autriche du côté de la Macédoine, l'expansion germanique pourrait se trouver arrêtée dans sa marche en avant.

Alors que l'empereur d'Autriche se hâte vers Salonique, l'Italie, la Russie, la France et l'Angleterre suivent avec attention la nouvelle évolution de la politique orientale et la préparation manifeste de groupements et d'ententes entre les peuples des Balkans.

Février 1912.

PRINCIPAUX OUVRAGES CONSULTÉS

Armée russe et ses chefs en 1888.
Armées ottomane et grecque. — Capitaine DE MALLERAY.
Armées de la péninsule balkanique. — LAMOUCHE.
Armées et flottes de tous les pays du monde.
Bulgarie d'hier et de demain. — DE LAUNAY.
Bulgarie et sa politique extérieure. — René MOULIN.
Bulgarie. — *Étude d'histoire diplomatique.* — CHAUNIER.
Courrier européen.
Correspondant. — La jeune Turquie et les Balkans.
Défense de Plevna. — MOUZAFFER PACHA.
Des Alpes bavaroises aux Balkans — Baron Jehan DE WITTE.
De Cattaro à Cettigne. — Comte HARDY DE LANDEMONT.
Des Batignolles au Bosphore. — Théodore CAHU.
Emploi des chemins de fer pendant la guerre d'Orient, 1876-1878. — Capitaine MARTNER.
En Bulgarie. — Dick DE LONLAY.
Événements d'Orient. — Général MAHMOUD-MOUKTAR PACHA.
Ferdinand de Bulgarie intime. — Alexandre HEPP.
Force et faiblesse de la jeune Turquie — René MOULIN.
Guerre et paix. — VERESCHAGUIN.
Guerre d'Orient. — Capitaine WEILL.
Hongrie inconnue. — Victor TISSOT.
Insurrection crétoise et la guerre gréco-turque. — Henri TUROT.
Invasion germanique dans les Balkans. — BOGIDOR NICACHINOVITCH.
Journal d'un officier. — VASSILIOU.
Jeune Turquie et vieille France. — Alfred DURAND.

Les journaux français : *Éclair*, *Écho de Paris*, *Débats*, *le Temps*, *le Journal*, *le Matin*, *Correspondance nationale*, *Petit Journal*, *Action française*, *la Patrie*, *Libre Parole*, *Soleil*, *République française*, *Peuple français*, *Radical*.

Les journaux étrangers : *Times*, *Indépendance belge*, *Indépendance roumaine*, *le Stamboul*, *Daily Telegraph*, *Tribuna*, *Ikdam*, *Roumélie*, *Bosphore*, *Gazette de Francfort*, *Journal de Salonique*, *Petit Bleu de Bruxelles*, *Tribune de Genève*, *Messager d'Athènes*, *Journal de Genève*, *Sabah*, *Tanine*, *Nouvelle Presse libre*, *Mattino*, *Giornale d'Italia*, *Corriere d'Italia*, *Extrablatt*, *Vaterland*, *Journal de Saint-Pétersbourg*, *Kambana*, *Nouvelles de Grèce*, *Athinaï*,

Novoï-Vremia, le Don, le Ketch, Préporetz, Balkanska, Mir, Devnik, Vetcerna, Pochta, Yeni-Gacetta, Grecia.

Les pays sud-slaves de l'Austro-Hongrie. Vicomte DE CAIX DE SAINT-AYMOUR.

L'Allemagne en Orient. — A. D'AVRIL. (*Le Correspondant*, 1884.)

La France et les alliances. — André TARDIEU.

Les affaires de Crète. — Victor BÉRARD, 1900.

Les routes. — Vicomte E.-M. DE VOGÜÉ, de l'Académie française.

L'heure des Slaves. — GRATIEUX. *(Questions diplomatiques et coloniales.)*

Les dévoilées du Caucase. — Duchesse DE ROHAN.

Monténégro. — YRIARTHE.

Monténégro contemporain. — FRILLAY.

Occasions perdues. — ISSED-FUAD PACHA.

Politique européenne. — René PINON. *(Revue des Deux Mondes.)*

Programme de la paix. — HANOTAUX, de l'Académie française.

Péninsule des Balkans. — DE LAVELAYE.

Questions diplomatiques et coloniales. (Revue.)

Question du Yemen. — Gaston ROUET. *(Questions diplomatiques et coloniales.)*

La Roumanie dans la politique danubienne et balkanique, Revue des Deux Mondes. — René PINON.

Question d'Orient (Cours à l'école libre des sciences morales et politiques.) M. VANDAL, de l'Académie française.

Question d'Orient. — Athènes, 1910.

Question albanaise. — René PINON.

La Serbie et le roi Pierre Ier. (Nouvelle Revue.) — Joseph AULNEAU.

Sainte Russie. — Comte VASSILI.

Simples souvenirs. — Comte DE PIMODAN.

Souvenirs et causeries d'un diplomate. — Comte DE MOUY.

Tzar des Bulgares. — H. DE GRANDVIELLE.

Un émigré. — Marquis COSTA DE BEAUREGARD, de l'Académie française.

Un nouveau royaume, la Roumanie. — MARBEAU.

Une confédération balkanique est-elle possible? — M. René PINON. *(Revue des Deux Mondes*, 15 juin 1910.)

Une course à Constantinople. — Louis GAUBERT.

Vie militaire en Russie. — DE PARDIELLAN.

Vieille et jeune Turquie. — M. VANDAL, de l'Académie française. *(Revue bleue*, 28 mai 1910.)

Voyage au pays des Tziganes. — Victor TISSOT.

BULGARIE

L'EUROPE

ET LA

POLITIQUE ORIENTALE

1878-1912

CHAPITRE PREMIER

ORIGINE DE LA BULGARIE ET FORMATION DU ROYAUME

Origine des Bulgares. — Empire bulgare. — Domination turque. — Insurrections. — Conférences de Constantinople et de Londres. — Guerre russo-turque. — Siège de Plevna. — Marche sur Sofia et sur Andrinople. — Campagne d'Asie. — Armistice. — Traité de San-Stefano. — Congrès de Berlin. — Luttes des conservateurs et des libéraux. — Guerre avec la Serbie. — Démission du prince de Battemberg. — Élection du prince Ferdinand. — Royaume indépendant. — Le roi Ferdinand Ier. — Activité commerciale, industrielle et agricole. — Le Parlement bulgare. — Sofia et les villes bulgares. — Le congrès slave de 1910. — Les ministères. — L'armée bulgare.

Les Bulgares venus de l'Asie apparurent dans la région du Danube du cinquième au sixième siècle. Leurs premiers chefs furent Asparouch et Tarivel. Le tzar Boris embrassa la religion catholique et après lui le tzar Siméon conquit un vaste empire comprenant la Macédoine, la Thrace, partie de l'Épire et de la Serbie, la Thessalie et des territoires sur les bords de l'Adriatique. Cent ans après, vers l'an mille, cet empire avait disparu conquis à son tour par les Russes et par les Grecs pour reparaître vers 1150 avec Tirnovo pour capitale. La prise de cette ville par les Turcs en 1393 mit fin à ce deuxième empire bulgare qui passa presque en entier sous la domination turque.

Pendant plusieurs siècles, la Bulgarie disparut de l'histoire et si le souvenir de quelques révoltes, cruellement réprimées par les Mahométans, n'étaient pas resté pour prouver combien étaient toujours vivants l'esprit national et l'amour de l'indépendance, on eût pu douter des destinées de ce peuple auquel l'avenir paraît sourire en ce moment.

En 1804 les Serbes se soulèvent à la voix de Karageorge. La Bosnie et l'Herzégovine songent à prendre part au mouvement. Les Roumains, les Bulgares s'agitent. Le contact des armées de la Révolution et de l'Empire avait fait germer les idées de liberté et d'indépendance et la mission des frères Stéphanopolis, envoyés en Grèce par l'empereur Napoléon pour y préparer l'insurrection, avait eu un grand retentissement dans la région des Balkans.

Les Bulgares s'étaient joints aux Russes, lorsqu'ils étaient venus combattre les Turcs sur les bords du Danube. Ils fournirent des volontaires aux Serbes et aux Grecs, et lorsqu'en 1812 ils obtinrent un évêque indépendant, l'insurrection s'organisa sous la direction de Rakovsky et de Karavelof.

Après 1815 la révolte fut préparée en Grèce par « l'Hétérie », société secrète, chrétienne, patriotique. Bien que « l'Hétérie » réservât en principe son organisation et ses ressources aux Grecs, leur diffusion dans tout l'Orient et en particulier en Macédoine et dans les provinces avoisinantes propagea l'agitation jusqu'en Bulgarie et en Serbie. Le siège de l'association, d'abord à Odessa, fut transporté à Constantinople. Son emblème était le phénix, l'oiseau merveilleux qui, lorsque la flamme l'a consumé, renaît de ses cendres et reprend son essor, rajeuni et vivifié.

En 1821 Ypsilanty, chef de l'Hétérie, chercha à soulever la Moldavie. « Il s'avançait avec un appareil quelque peu théâtral, précédé des membres de l'Hétérie portant le deuil de la patrie byzantine, vêtus de longues robes noires brodées d'ossements. Mais bien que gouvernée depuis longtemps par des hospodars grecs, la Moldavie, comme la Valachie, n'était hellénisée qu'à la surface. Aussi ne se laissa-t-elle pas entraîner. » Au cours du mois de juin de la même année une insurrection éclatait en Grèce, insurrection longue et sanglante qui prit fin au traité de Londres le 7 mai 1832.

Le traité d'Andrinople, 14 septembre 1829, avait constitué la Moldavie, la Valachie et la Serbie en principautés indépendantes les unes des autres, placées sous la suzeraineté de la Turquie et le protectorat de la Russie. La Moldavie et la Valachie tentèrent en 1848 de se constituer en État indépendant. L'ordre rétabli par les troupes russes et turques, le traité stipula que leurs hospodars seraient nommés pour sept ans par les gouvernements russe et turc.

En 1856 le traité de Paris accorda l'autonomie aux provinces de Moldavie et de Valachie. Elles seraient vassales du sultan, chacune élisant une Assemblée qui aurait le droit d'exprimer des vœux et de formuler des propositions. Enfin la conférence de Constantinople, en 1858, établit un nouvel état de choses qui n'était ni l'union des principautés, ni leur indépendance absolue. La constitution de la principauté de Roumanie en fut la conséquence presque immédiate.

La Bosnie et l'Herzégovine se soulevaient au cours de l'année 1861, la Serbie chassait en 1862 ses garnisons turques pendant que les Bulgares s'organisaient puissamment en vue de la lutte pour la liberté. Le général Ignatiev, alors ambassadeur de Russie à Constantinople, fut l'un des promoteurs les plus actifs de cette renaissance de l'âme bulgare, ce peuple de « chrétiens grecs », comme on les nommait encore.

M. E.-M. de Vogüé écrivait à ce propos en 1908 :

« La conception géniale d'Ignatiev fut de leur donner d'abord une église autonome, *autocéphale*, comme on dit dans le monde orthodoxe. Il risquait à ce jeu une brouille avec les Grecs, exaspérés par ce schisme, il en prit son parti. Le jour où la Porte, sous la pression du général, commit l'imprudence de sanctionner la création de l'exarchat bulgare excommunié par le Phanar, la Bulgarie future était faite : Ignatiev savait qu'en Orient toute confession séparée réveille ou crée une nationalité politique.

« Ce fut le cas des ouailles de l'exarque. Endoctrinés par les savants russes, ces nouveau-nés apprirent qu'ils avaient été un peuple et qu'ils avaient eu une histoire. On leur donna des écoles, des idées, des armes et bientôt des martyrs, les premiers patriotes que Midhat Pacha faisait pendre.

« On n'avait pas à leur donner l'application au travail, le courage, la simplicité des mœurs, toutes les robustes qualités qui feront de ce petit État, si je ne m'abuse, le Piémont des Balkans.

Lorsque Gladstone dénonça au monde civilisé les « atrocités bulgares », les pupilles d'Ignatiev étaient mûrs pour l'indépendance quelques années après qu'ils avaient commencé de se connaître (1). »

L'autonomie religieuse réalisée après tant de luttes les avait unis et fortifiés en leur donnant un centre national, alors que les musulmans se montraient chaque jour plus déterminés à user de violence pour maintenir sous le joug les populations chrétiennes. Telle était la situation dans les Balkans en 1875, situation des plus sombres et des plus inquiétantes pour la paix générale à laquelle le gouvernement turc aurait pu obvier dans une certaine mesure par des moyens de conciliation. Mais ce n'était pas la politique de Constantinople, aussi les points noirs grossissaient-ils chaque jour, et le dénouement de la crise par la violence devint-il inévitable. L'Herzégovine se révolta, l'insurrection gagna la Bosnie, la Serbie et le Monténégro, dont les populations d'origine slave ne pouvaient voir sans courir aux armes la lutte engagée par leurs frères d'Herzégovine.

L'alliance des trois empires, Allemagne, Autriche et Russie dirigeait alors la politique de l'Europe. L'Autriche, malgré les mécomptes de la campagne de 1866, était l'alliée de l'Allemagne et la Russie n'avait pas encore renoncé à l'échange de relations amicales qui avaient fait du tzar russe l'intime de l'empereur d'Allemagne. La France achevait de panser les blessures de la guerre de 1870, pendant qu'à Londres le ministère Disraëli avait une ligne de conduite franchement impérialiste.

La politique de l'Autriche était pour la modération, voulant le maintien de l'intégrité du territoire ottoman. Il ne fallait pas qu'il pût se constituer dans les Balkans un centre trop bruyant d'agitation slave qui eût de l'action sur les pays austro-hongrois du voisinage. La Russie, revenue à sa politique nationale, était disposée à soutenir de tout son pouvoir les revendications des populations chrétiennes. Pendant que l'Allemagne, bien qu'unie par des traités avec l'Autriche, voyait avec un certain plaisir ses deux puissants voisins nettement divisés, la suprématie incontestée de la politique allemande devait en résulter pour de longues années.

(1) *Les Routes*, par le vicomte E.-M. de Vogüé, de l'Académie française.

Les consuls des trois empires en Bosnie s'efforcèrent de calmer les insurgés pendant que le Sultan leur promettait monts et merveilles. Au mois de janvier 1876 une note émanant des chancelleries des empereurs fut adressée aux puissances. Cette note, rédigée par le comte Andrassy, chancelier d'Autriche, énumérait les réformes qu'il y avait lieu de faire dans l'intérêt de la Bosnie et de l'Herzégovine. Ces réformes avaient pour objet, la liberté des cultes, l'amélioration du système de perception des impôts et des différentes contributions sous le contrôle d'une commission mixte.

La France et l'Italie adhérèrent à la note, la Turquie l'accueillit sans protester, mais le résultat en fut négatif. Après l'assassinat des consuls de France et d'Allemagne à Salonique, les chanceliers des trois empires, Bismarck, Andrassy et Gorstchakow, rédigèrent le mémorandum de Berlin qui proposait à la Turquie d'accorder aux insurgés un armistice et de leur laisser leurs armes en attendant la conclusion d'un traité qui leur donnerait satisfaction.

Ce mémorandum fut accepté par la France et l'Italie; l'Angleterre, mécontente des procédés quelque peu cavaliers du chancelier allemand, refusa d'y adhérer. Lorsque le 30 mai 1876 les ambassadeurs des trois empereurs se disposèrent à remettre le mémorandum à la Porte, la révolution était à Constantinople et le sultan Aldul-Azid était déposé. Mourad V qui le remplaça n'ayant aucune autorité, le mémorandum ne fut pas remis au gouvernement ottoman.

La Bosnie et l'Herzégovine étaient toujours à feu et à sang, la Bulgarie s'agitait, la Serbie et le Monténégro prenaient les armes. Les Serbes battus appelèrent les puissances à leur secours et un armistice fut conclu. La vengeance de la Turquie fut si odieuse et les massacres commis en Bulgarie furent si révoltants que l'Europe s'en émut. La question bulgare était posée. C'est alors que la Russie proposa l'occupation de la Bulgarie par les Russes, celle de la Bosnie et de l'Herzégovine par les Autrichiens, en même temps que l'envoi d'une flotte internationale dans les eaux de Constantinople. Après plusieurs ultimatums de la Russie, les puissances convinrent de réunir leurs ambassadeurs en conférence à Constantinople.

Cette conférence eut lieu au mois de décembre 1876. L'Angleterre, la France, l'Allemagne, l'Autriche-Hongrie, la Russie et l'Italie y prirent part, désireuses de protéger les chrétiens contre les répressions sanglantes dont ils étaient l'objet de la part des Turcs. Le comte de Chaudordy et le comte de Bourgoing y représentaient la France, le baron Werther l'Allemagne, le général Ignatiev la Russie, le comte Zichy et le baron de Calice l'Autriche-Hongrie, le comte Corti l'Italie, lord Salisbury et sir Henry Elliot l'Angleterre, le ministre des Affaires étrangères Safvet Pacha et Edhem Pacha le gouvernement de la Sublime Porte.

Les puissances proposaient la reconnaissance officielle de la langue bulgare, l'organisation de la Bulgarie en deux provinces, administrées chacune par un gouverneur chrétien assisté d'une assemblée élue par la population, chaque province ayant une milice particulière. La Porte répondit par la promulgation d'une constitution, établissant chambre, sénat, et ministres responsables. En présence du mauvais vouloir évident de la Porte les puissances réduisirent leurs propositions, demandant seulement des réformes dans les cultes, les impôts, la justice, la création d'une milice et quelques améliorations dans la gendarmerie. Le Sultan voulut consulter la haute assemblée qu'il venait de réunir pour la première fois, et la réponse fut négative sur tous les points. Le Sultan se retrancha ensuite derrière ce refus et le 20 janvier la conférence de Constantinople prenait fin, ayant complètement échoué.

Une nouvelle conférence, réunie à Londres au mois de mars suivant, n'eut pas plus de succès, la Turquie ayant refusé d'en accepter même le principe. La Russie voulait obtenir un mandat de l'Europe, elle ne l'eut pas, mais il y eut au moins l'apparence d'une entente. Par le protocole de Londres, les puissances se félicitaient de la paix conclue entre la Turquie et la Serbie, invitaient le Sultan à faire des réformes dans son empire. Elles annonçaient que, si l'espoir qu'elles avaient à cet égard était déçu, elles aviseraient aux moyens à employer.

La Russie annonça en outre qu'elle ne désarmerait qu'à la condition qu'un ambassadeur turc vienne à Saint-Pétersbourg traiter la question du désarmement.

La Sublime Porte continuait à se retrancher derrière la constitution nouvelle et à refuser toute ingérence des puissances. La Bulgarie n'avait rien obtenu : « Nous exécuterons les réformes promises, écrivait Safvet Pacha, et cela sans exception de province, de croyance et de classe, nous désarmerons si la Russie désarme, mais nous protestons contre la tutelle humiliante que l'Europe voudrait étendre sur nous contrairement au traité de Paris et au mépris du droit des gens. »

La constitution, œuvre de Midhat Pacha, proclamait l'égalité civile et politique, la liberté de tous, le contrôle des administrations, et la représentation des intérêts par l'élection. Cette constitution et la chambre élue peu de temps après sa promulgation disparurent dans les désastres de la guerre turco-russe à peine regrettées par le peuple qui, pas un instant, ne s'y était intéressé.

La Russie perdit enfin patience et prit énergiquement en main la cause des Slaves de la péninsule. Le Monténégro soutenait seul et très vaillamment la lutte contre plusieurs armées turques. La Russie vint à son secours, c'était la guerre, guerre longue et sanglante qui consacra la reconstitution de la Bulgarie.

« Ni l'empereur Alexandre II, ni son vieux chancelier ne la voulaient, écrit M. E.-M. de Vogüé (1), ils eurent la main forcée par les comités slavophiles, par les menées d'Aksakov, de Katkov et surtout d'Ignatiev. La guerre fut décidée dans les conciliabules de Moscou dans les petits appartements de l'impératrice où des femmes dévouées à la politique du général eurent raison des hésitations d'Alexandre et de Gortschakow. »

Dès le mois de septembre 1876, un ukase de l'empereur de Russie avait prescrit la mobilisation de 6 corps d'armée. Trois autres devaient suivre. L'état-major commença immédiatement la mobilisation de 22 divisions d'infanterie et de 10 divisions de cavalerie. La plupart de ces troupes provenaient de garnisons d'Europe et en particulier des circonscriptions frontières de la Roumanie et de la Turquie.

La ligne du Pruth avait été assignée pour la concentration de la future armée, qui devait quitter ses positions après complète organisation, puis traverser la Roumanie et se former le long du Danube. L'armée resta sur la ligne du Pruth jusqu'au 24 avril, jour de la déclaration de guerre, puis entra en Roumanie, se concen-

(1) *Les Routes*, le vicomte E.-M. de Vogüé, de l'Académie française.

trant aux environs de Bucarest. Ce mouvement prit fin au premier juin.

Son Altesse impériale, le grand-duc Nicolas, commandait en chef. Chaque corps d'armée comprenait 8 régiments d'infanterie, une brigade d'artillerie montée, une division de cavalerie indépendante avec 2 batteries, un certain nombre de sotnias de cosaques, les détachements du génie, les équipages de ponts, etc... Il y avait réunis les 8ᵉ, 9ᵉ, 11ᵉ corps d'armée, la brigade de cosaques du Caucase, 5 régiments de cosaques du Don, et une brigade de tirailleurs. Ces troupes formées en trois colonnes, sous les ordres des généraux prince Schakofskoi, Radetzky, Vannofski et baron Drisen, les 4ᵉ, 9ᵉ, 13ᵉ, 14ᵉ corps étaient venus les rejoindre auprès de Bucarest. En outre, des détachements du 11ᵉ corps occupaient le pont de Barboche, Braila et Galatz. Depuis le commencement du mois de mai, 50 000 hommes de l'armée roumaine étaient réunis auprès de Kraiova ayant pour objectif Kalafat, petite ville dont la proximité de Widdin, occupée par une forte garnison turque, rendait la situation assez précaire. L'armée roumaine gardait la rive droite de l'Olt à partir de Turn Sévérin. Cette armée se composait de 2 corps comprenant ensemble 4 divisions de chacune 2 brigades d'infanterie, une brigade de cavalerie et 6 batteries d'artillerie.

Le prince Carol la commandait en chef ayant son quartier général à Poeana. Le premier corps général Loupou avait son quartier général à Kalafat. Le deuxième corps, général de Rodovitz, quartier général à Caracol. En même temps la légion bulgare se formait à Ploiesti sous les ordres du général Skobelef. Elle comptait dès le début plus de 3 000 hommes répartis en 6 bataillons. A la fin de la campagne, elle en avait 12.

Lorsque les Russes franchirent le fleuve entre Simnitza et Sistovo le 27 juin, les divers corps d'armée turcs étaient constitués comme il suit : l'armée de Choumla, concentrée autour de cette place forte comprenant, en sus de la garnison, 2 divisions mobiles d'infanterie et une division de cavalerie, soit 50 bataillons d'infanterie, 31 escadrons de cavalerie régulière, 8 compagnies de zaptiés (gendarmes) à cheval, 13 détachements de cavaliers circassiens et d'auxiliaires irréguliers à cheval et 17 batteries d'artillerie de campagne. La division de Silistrie comprenant la garnison de cette place, celle de la place de Tourtoukay sur le Danube et les détachements de la Dobroudja, soit 32 bataillons d'infanterie, 4 escadrons de cavalerie régulière, une batterie de campagne. Le corps d'armée de Routschouk comprenant la garnison de la place et les troupes échelonnées sur le Danube jusqu'au confluent de l'Isker, soit 30 bataillons d'infanterie, 2 escadrons de cavalerie régulière, 2 batteries de campagne. Le corps d'armée de Widdin comprenant la garnison de la ville et les troupes échelonnées le long du Danube, depuis l'embouchure de l'Isker jusqu'à la frontière serbe, soit 44 bataillons d'infanterie, 6 escadrons de cavalerie régulière et 10 batteries de campagne. La division de Varna avec les troupes d'Hadji-Oglou-Bazardjick composée en grande partie du contingent égyptien. Elle comprenait 12 bataillons d'infanterie, 2 escadrons de cavalerie et 2 batteries de campagne. Enfin les troupes détachées à Tirnovo, dans la passe de la Chipka, à Slatitza et à Sofia comprenant ensemble 12 bataillons d'infanterie, 9 escadrons de cavalerie et 2 batteries de campagne.

L'effectif des bataillons variait entre 600 et 800 hommes, celui des escadrons de cavalerie régulière entre 70 et 100 cavaliers, les batteries avaient 6 pièces et 2 ou 3 caissons attelés.

Le 21 mai la Chambre roumaine avait proclamé l'indépendance de la Roumanie et le lendemain la nation acclamait le prince Charles de Hohenzollern devenu souverain indépendant, l'empereur de Russie était depuis le 6 juin au camp de Ploiesti, les événements ne tardèrent plus à se précipiter. Le 27 juin l'armée russe passa le Danube à Sistovo et dès le passage effectué s'avança en Bulgarie. Le soir du 15-27 juin, le 8e corps d'armée, la 4e brigade de tirailleurs et la 35e division étaient réunis en Bulgarie et dès le lendemain le grand quartier général de Son Altesse Impériale, le grand-duc Nicolas Nicolaievitch, commandant en chef, était installé à Sistovo. Le Danube heureusement franchi, l'armée russe commençait la campagne dans les conditions les plus favorables.

Les troupes russes furent de suite partagées en trois groupes. Le 9e corps, commandé par le général Krudener, fut envoyé contre Nicopolis. Les 11e et 12e corps, sous les ordres de Son Altesse Impériale le grand-duc héritier, reçurent Roustchouk comme objectif. Le reste des troupes attendant en réserve au quartier général à Sistovo.

Au moment où l'armée russe franchissait le Danube, Osman Pacha, à la tête d'une division à Widdin, surveillait la rive gauche du Danube, Hassan Hairi Pacha était à Nicopolis avec une autre division. Quelques troupes turques se trouvaient encore le long du Danube à Rahova, Bechli, Pirgos et Roustchouk. La plus grande partie de l'armée ottomane était concentrée sous les ordres du général en chef Abdul-Kérim Pacha sous la protection des places fortes de l'est, Schoumla, Silistrie et près des villes de Rasgrad et Turtukaï.

Atouf Pacha occupait Plevna avec 3 bataillons et quelques pièces de canons.

Le général de Krudner avait ordonné au général Schilder-Schuldner de se porter avec une brigade d'infanterie, 4 batteries d'artillerie et un régiment de cosaques du Don par Breslanitsa sur Plevna et d'occuper cette ville située à 36 kilomètres au sud de Nicopolis. Le 19 juillet ce général arriva devant Plevna. Le 11e corps, général prince Schakhoskoï, reçut le 22 juillet l'ordre de se joindre aux troupes du général baron de Krudner renforcées d'une division du 4e corps qui se rendaient devant Plevna. En même temps la 4e division de l'armée roumaine, général Manou, remplaçait à Nicopolis les troupes du général de Krudner.

Le 19 juillet Osman Pacha arrivant de Widdin avec 25 bataillons, 6 escadrons et 9 batteries rencontrait près de Plevna l'armée russe forte de 12 bataillons, 18 escadrons et 6 batteries. Le combat dura jusqu'au 20 juillet au soir. L'action s'était déroulée au nord et au nord-est de Plevna, près de la rivière de Grivitza. Les pertes des troupes turques pendant ces deux journées furent d'environ 1 000 tués, celles des Russes étant à peu près égales.

Le 25 juillet Rifaat Pacha quitta Plevna avec 6 bataillons d'infanterie et une batterie d'artillerie, se rendant à Lofdscha occupée par des troupes cosaques et par un détachement du régiment de Vladikovkass. Le 26 juillet Lofdscha fut occupée par les troupes turques.

Pendant cette opération, le 25 juillet, sous les murs de Plevna une colonne de 4 bataillons d'infanterie, commandée par Hassan-Sabri Pacha, avait un engagement à Terstenick pour dégager la rive gauche du Vid. L'armée russe parut devant Plevna le 30 juillet au matin. Elle se composait de 36 bataillons, 22 escadrons et

22 batteries formant la 30e, la 31e et la 32e division, cette dernière en réserve. L'armée turque de défense de Plevna comptait à ce moment 33 bataillons, 7 escadrons et 9 batteries et demie, soit un effectif d'environ 20 000 hommes.

Adil Pacha commandait la première division chargée de défendre le nord. Hassan-Sabri Pacha la seconde division chargée de défendre le sud et le sud-est. La réserve générale comprenait 9 bataillons, 3 escadrons et 5 batteries.

L'armée russe commença la bataille du 30 juillet par une fausse attaque contre le nord-ouest. Mais le fort de l'action se déroula dans le nord-est et le sud-est, dans la direction de Gravitza et de Radischevo.

Le général de Krudner dut ordonner la retraite. Les Russes perdirent dans cette bataille 169 officiers et 7 130 hommes.

Le lendemain matin la bataille recommença dans la direction de Radischevo. Les positions très fortes occupées par l'armée turque ne purent être enlevées par les Russes qui devaient alors entreprendre un siège régulier.

Pendant que ces événements se déroulaient autour de Plevna, l'armée russe avait achevé de se concentrer en Bulgarie. De nombreux engagements avaient eu lieu du côté de Biela et de Tirnovo avec des partis turcs couvrant la marche de l'armée ottomane dans la direction de Schumla. L'armée russe avait occupé Tirnovo sans coup férir, tenant par la possession de cette ville la clef des routes qui conduisaient aux défilés de la chaîne des Balkans. Un gouvernement bulgare avait été installé à Tirnovo.

C'est pendant cette période de la campagne qu'eut lieu le raid du général Gourko. Le lieutenant général Gourko qui en fut le chef, était commandant de la 2e division de cavalerie de la garde.

Les troupes qui exécutèrent ce raid, dont le succès contribua si puissamment au résultat final, étaient : la 4e brigade de chasseurs composée de 4 bataillons, 2 compagnies de cosaques à pied (plastounes), la première et la seconde brigade de la légion bulgare, 5 régiments de cavalerie, 21e et 26e régiments de cosaques du Don, régiment des dragons de Kazan, régiment des dragons d'Astrakan, régiment des hussards de Kiew, un demi-escadron de la garde impériale, une sotnia de cosaque, de l'Oural, avec 12 canons de montagne et 3 batteries montées cosaques (pièces de quatre). Un détachement de pionniers à cheval (cosaques) composait le génie.

« La colonne partit de Tirnovo le 10 juillet. Le secret de l'expédition était seulement connu par les généraux Gourko et Rauch. La troupe croyait se diriger sur Elena. Un peu au-dessous de Plakovo, la colonne fit un à droite et s'engagea dans la montagne. Le général Rauch, le prince Tzereteleff, le colonel de Roniquères et ses pionniers marchaient en avant, à une distance de vingt heures de la colonne, pour lui frayer la route.

« La première partie du chemin fut encore assez facile, mais à partir de la descente de la passe où aucun sentier n'existait les difficultés commencèrent. Pendant trois jours cette poignée d'hommes travailla avec une persévérance et une ardeur infatigables à créer un chemin pour l'artillerie, les officiers donnèrent l'exemple à leurs soldats (1). » Le 14 juillet le passage du défilé terminé, les troupes du général Gourko enlevaient un camp turc, en route sur Schipka. L'effet moral produit par ce raid fut considérable. Les troupes turques se croyant tournées étaient en pleine démoralisation.

Le général Gourko était loin d'être au bout de ses peines, un pas difficile avait bien été franchi, mais il s'agissait de tirer tout le parti de sa pointe hardie dans le sud et ce n'était pas chose facile en présence de l'incertitude qui régnait sur les mouvements des troupes turques.

Le 16, le général Gourko prit la route de Kazanlick, le 18, il attaquait Schipka qui tombait quelques jours après au pouvoir du général Skobelef. Ayant établi son quartier général à Kazanlick, le général Gourko fit occuper Eskizara et le 30 juillet il entrait à Ieni-Sagra. Les Turcs étaient encore repoussés à Djuranti, mais Gourko, n'ayant plus que 6 000 hommes à opposer aux 30 000 de Suleyman Pacha qui arrivaient du Monténégro, dut ordonner la retraite sur Hankoi.

Au début des opérations, le quartier général du commandant de l'armée ottomane était à Choumla où se trouvaient 2 divisions d'infanterie et une division de cavalerie.

(1) Dick DE LONLAY, *En Bulgarie.*

L'armée de Choumla se mit en marche au commencement de juillet, dans la direction du Danube. Elle était commandée par Ahmed-Eyoub Pacha. Parvenue le 9 juillet à Gul-Tchechmé, elle y fut rejointe par une division venant de Roustchouk.

Après un engagement, la division de Roustchouk retourna dans cette ville pendant que celle de Choumla regagnait le quartier général. Le 22 juillet des troupes turques se concentraient autour de Rasgrad. A la fin d'août, il y avait autour de cette place 42 000 hommes avec 85 canons. Le 6 août les Russes avaient attaqué Lofdscha, cette place était tombée en leur pouvoir au commencement du mois de septembre, après une résistance énergique de Rifaat Pacha qui la commandait.

L'armée russe comptait à ce moment autour de Plevna 33 000 hommes d'infanterie, 7 000 de cavalerie, 250 canons de campagne et une vingtaine de pièces de siège. Elle était renforcée de l'armée roumaine composée de 3 divisions d'infanterie (35 000 hommes), 3 brigades de cavalerie (4 000 hommes), 120 canons de campagne.

L'effectif total des deux armées s'élevait à près de 100 000 hommes avec 400 pièces de canon. Ces armées étaient commandées par le prince de Roumanie, ayant pour chef d'état-major général le lieutenant général Zatoff de l'armée russe. Le corps d'armée roumain, commandé par le général Cernat, formait l'aile droite au nord-est.

L'armée turque était de 45 bataillons, 75 escadrons, 12 batteries : environ 25 000 hommes et 70 canons. Treize redoutes, de nouvelles batteries et des lignes de retranchement avaient été préparées sur les points principaux de la défense.

Le 7 septembre au matin, l'armée russe arriva du côté de Gravitza et de Radischevo. Cette journée fut un long combat d'artillerie qui se prolongea toute la journée du 8. Le 9, quelques attaques vigoureuses se produisirent dans la partie sud-est et dans la partie sud. Le 10, les mêmes points furent plus particulièrement éprouvés. Le 11, les Russes purent se rapprocher de la place, notamment dans la direction de la route de Lofdscha, et se rendre maîtres de deux ouvrages de la défense.

Au centre le combat fut acharné, un ouvrage fut pris par les Russes qui ne purent s'y maintenir. A la gauche ils enlevèrent d'assaut une redoute. A la fin de cette journée, par la prise des redoutes, l'armée turque était séparée en deux.

Plusieurs contre-attaques vigoureusement menées pendant la journée du 12 rendirent les redoutes du front sud à l'armée turque, mais la redoute occupée par les Russes sur le front nord resta en leur pouvoir. Les Russes perdirent plus de 20 000 hommes dans ces combats. Les pertes de l'armée turque furent d'environ 3 000 tués ou blessés. Le 11 septembre, l'armée roumaine formait la droite. Le général Cernat y était avec la 3e et la 4e division et une brigade russe commandée par le général Radionow. La redoute turque numéro 2 fut enlevée. L'armée roumaine perdit dans cette journée 42 officiers et 1 100 hommes blessés, 16 officiers et 1 300 hommes tués. L'armée russe avait perdu de son côté 117 officiers blessés, 120 tués et 6 000 hommes hors de combat.

Les attaques par surprises ayant échoué, l'armée russe dut se résoudre à entreprendre le siège classique avec toutes ses lenteurs et ses difficultés. Ce fut le général aide de camp Totleben qui fut chargé de la direction des travaux d'approche. La rive gauche du Vid jusqu'alors à peu près négligée fut occupée par une partie de l'armée assiégeante.

A partir du 15 septembre, les communications furent interrompues avec Sofia. Dix-sept bataillons, un régiment de cavalerie et 2 batteries réunis à Orkanié, sous le commandement du général de division Ahmed-Hifzi Pacha, quittèrent cette ville le 18 septembre pour renforcer la garnison de Plevna. Ils arrivèrent à destination le 23 septembre après des engagements très sérieux à Télish et à Doubniak.

Chefket Pacha, à la tête de 15 bataillons, 2 régiments de cavalerie et 2 batteries, quitta Orkianié le 6 octobre pour amener un convoi de 500 voitures. Il arriva à Plevna le 8 octobre. Vers le 20 octobre la garde impériale russe et le corps des grenadiers se joignirent au corps de siège. Le 24 octobre l'investissement était complet.

Le général Kriloff avait reçu le commandement d'un corps de cavalerie destiné à battre le pays de l'autre côté du Vid, à intercepter de ce côté toute communication et empêcher toute arrivée de renforts à la place de Plevna. A Dolnyy-Doubniak, le 7-19 septembre, le général Kriloff parcourut le pays entre le Vid et l'Isker et établit sa communication avec les forces roumaines qui étaient à Ribine.

Le général Gourko avait été nommé commandant du corps de la garde et en avait pris le commandement le 5 octobre à Eski-Bargatch, ce fut lui qui eut alors l'idée du plan de campagne qui amena le succès définitif des armées russes.

A partir de la fin d'octobre l'armée russe occupa les hauteurs de Termina. Le général Gourko avait succédé au général Krilow sur la rive droite du Vid. Il avait reçu l'ordre de prendre Dubniak et Telich. Les troupes suivantes avaient été mises à sa disposition pour cet objet, 1re et 2e division, brigade de tirailleurs et 2e division de cavalerie de la garde impériale russe. Trois escadrons de cavalerie, 1re et 2e brigade d'artillerie, plusieurs batteries à cheval et 7 bataillons d'infanterie de l'armée roumaine, soit 43 bataillons, 66 escadrons et 120 canons. Le général Arnoldi, avec 7 bataillons d'infanterie roumaine, 44 escadrons et 34 canons, devait s'opposer à toute tentative de sortie de la garnison de Plevna dans cette direction.

Le 28 le général Gourko s'emparait de Telisch défendue par 7 bataillons d'infanterie commandés par Hakki Pacha. Les conséquences de la prise de Telisch et de Dolnyi-Dubniak furent considérables. A dater de ce jour Osman Pacha était enfermé dans Plevna sans aucune communication avec les armées ottomanes. Il ne restait plus à l'armée russe qu'à occuper tout le pays dans un rayon assez étendu autour de Plevna.

Le général Kortzof occupait Teteven le 21 octobre-2 novembre. Après la prise de Vratza par le général Léonof, le défilé de Kazalig tombait aux mains des troupes russes. Pendant ce temps les Roumains entraient à Lom-Palanka et à Rakow. Le 4 novembre le bombardement commença avec une grande intensité. Le 5 et le 6 il continua sans interruption. Le 9 le général Skobelef conduisit une attaque du côté de la vallée de Caialideré. Cette attaque fut des plus sanglantes. Le 12 novembre, le grand-duc Nicolas somma la place de capituler : Osman Pacha refusa, et dans les jours qui suivirent l'armée russe tenta quatre assauts.

Les lignes des assiégeants s'étaient tellement rapprochées de celles de la défense qu'en certains endroits 60 à 80 pas à peine les séparaient. A la fin de novembre les provisions étaient complètement épuisées, le bois manquait, les maladies décimaient l'armée turque. Le conseil de défense se rendit au désir d'Osman Pacha. Une grande sortie fut décidée.

L'armée turque comprenait à ce moment 76 bataillons, 17 escadrons, 16 batteries, 42 000 hommes, 96 canons, mais près d'un quart de l'effectif était indisponible par suite des blessures ou des maladies. L'armée russe, 160 bataillons, 26 escadrons, 79 batteries, 3 bataillons du génie, 130 000 hommes, 582 canons.

Le 1er novembre les Russes avaient occupé Teteben. Le 9 ils avaient pris Vratza, le 21 ils entraient à Prahovo. Cette dernière opération fut conduite par le général Meyendorf aidé du corps roumain du Vid et Isker, de la brigade roumaine de Rochiori et d'un régiment de uhlans russes.

Le 9 décembre, à cinq heures du matin, une division turque était réunie sur la rive gauche du Vid qu'elle avait franchi pendant la nuit, on la fit déployer pour permettre au convoi de passer la rivière. L'armée russe rouvrit le feu du côté du petit Dubniak. Osman Pacha ayant été blessé à la tête de la première division, les troupes turques faiblirent et se mirent en retraite.

La bataille était perdue pour les Turcs et la capitulation s'imposait.

Le drapeau blanc fut hissé, des parlementaires furent envoyés. Osman Pacha transporté à Plevna y fut reçu par l'empereur de Russie à qui il rendit son épée.

« Dix mille prisonniers furent envoyés en Roumanie dans les quatre jours qui suivirent la capitulation, 15 000 autres les suivirent quelques jours après. D'après le rapport du général Totleben, le nombre des prisonniers était de 10 pachas, 130 officiers supérieurs, 2 000 officiers subalternes et 41 200 hommes.

« Les Turcs eurent une perte de 6 000 tués dans la journée du 10 décembre et l'on trouva 4 000 malades et blessés dans les maisons de Plevna. Les pertes des Russes s'élevèrent à un général, 6 officiers supérieurs, 49 officiers subalternes et plus de 2 000 hommes hors de combat (1). »

Le lendemain les troupes alliées défilaient dans Plevna et le 14 une grande revue était passée par Sa Majesté l'empereur de Russie et par son Altesse Royale le prince de Roumanie.

(1) Vassiliou, *Opérations de l'armée roumaine*.

Pendant qu'Osman Pacha soutenait si énergiquement à Plevna la gloire des armes turques, le corps de Roustchouk restait en observation. Le prince Serge de Leuchtenberg y était tué, au cours d'une reconnaissance, le 24 octobre.

Quelques combats avaient lieu le long du cours du Karalom, en particulier le 7-19 novembre et le 14-26 à Trosteni. A cette dernière rencontre, les troupes du grand-duc Wladimir Alexandrovitch avaient eu l'avantage. « A Maren du côté d'Elena le général Sviatopol-Myrsky avec deux régiments était attaqué par Suleyman Pacha à la tête de plus de 20 000 hommes.

« Les troupes russes se replièrent sur la position de Yakovitsa située à 5 kilomètres plus en arrière et, grâce aux renforts qu'elles reçurent, parvinrent à arrêter le mouvement offensif des Turcs.

« Quelques jours plus tard, après la prise de Plevna, les Turcs évacuèrent Elena le 2-14 décembre et se replièrent sur Akmedli, à 20 kilomètres à l'ouest sur la route de Slevno.

« Les Russes occupèrent Bebrovo et poussèrent leurs colonnes jusqu'à Akmedli. Enfin le 30 novembre-11 décembre, 60 bataillons turcs, ayant attaqué à nouveau les troupes du grand-duc Vladimir, furent repoussés grâce à l'intervention de la 35e division russe (1). »

Les généraux Zimmerman et Schamcheff occupaient les pays turcs du bas Danube et le général Verevkin gardait la rive gauche du fleuve du côté de Sulina.

L'armée russe, en 3 colonnes, se porta en avant le 13-25 décembre. Le 19-31 décembre le général Gourko débouchait dans la vallée de Sofia et enlevait la position de Taschkisène défendue par Baker Pacha. Les Turcs s'enfuirent dans la vallée de Komartsy. Araba Konak fut aussi évacué par les Turcs qui se mirent en retraite du côté du défilé de Petritchevo qui tomba à son tour aux mains des Russes le 22 décembre.

Le général Veliaminof ayant été vainqueur à Gornyi-Bougaroff, les troupes russes enlevèrent à Vrajdebna un pont sur l'Isker et Gourko entra à Sofia le 23 décembre-4 janvier.

Le 24 décembre-5 janvier le général Radetzky commença son mouvement en avant. Le général Skobelef l'avait rejoint avec la

(1) Capitaine WEILL, *Guerre d'Orient*.

30e division d'infanterie et 3 régiments de cavalerie. Le général Kostzoff venait de se rendre maître du défilé de Troian. L'armée du général Radetzky attaqua l'armée turque à Chipka le 28 décembre et la força à se rendre; 42 bataillons mirent bas les armes, 95 canons et plusieurs drapeaux tombèrent entre les mains des Russes.

Andrinople était désormais l'objectif de l'armée russe. Le 31 décembre Tatar Bazardjick était occupé. Les 5, 6, 7, 17, 18, 19 janvier les Turcs étaient complètement battus autour de Philippopoli, perdant 110 bouches à feu dans ces combats.

Gourko battait encore les Turcs à Philippopoli et enlevait les positions de Karagatch. Le 10 janvier il reprenait sa marche sur Andrinople où entrait le grand-duc Nicolas le 14-26 janvier. Enfin le 17-29 janvier une colonne russe entrait à Tchorlau. Ce fut la fin des hostilités. Des négociations avaient déjà eu lieu à Hermanli puis à Kazanlick, mais les journées se succédaient sans que l'on pût se mettre d'accord. Enfin le 19-31 janvier un armistice était conclu à Andrinople.

Quelques semaines après, le 3 mars, le traité de San Stefano fixa les conditions de la paix qui termina cette terrible guerre.

Pendant les préliminaires, les Turcs n'étaient pas restés inactifs. Une armée de près de 60 000 hommes avait été formée devant Constantinople avec les troupes retirées de la Roumélie et les milices organisées en hâte. Le maréchal Mouktar Pacha rappelé d'Anatolie en avait le commandement.

Si les armées russes opposées étaient très supérieures, comme nombre, elles étaient en même temps épuisées par les fatigues d'une longue campagne d'hiver et par l'énorme quantité des détachements fournis pour garder leurs interminables lignes de communications. Une attaque bien dirigée et poussée à fond par les Turcs pouvait encore, même à ce moment, avoir pour les Russes de redoutables conséquences. Les intrigues de palais à Constantinople et la jalousie entre généraux rendirent cet effort impossible. Les derniers coups de fusil avaient été tirés à la fin du mois de janvier. La tâche de la diplomatie commençait.

Pendant que ces événements se déroulaient dans la Turquie d'Europe, des opérations militaires à peine moins importantes avaient lieu dans la Turquie d'Asie.

Le maréchal turc Mouktar Pacha avait pris au mois d'avril 1877 le commandement d'à peu près 60 000 hommes et 100 canons plus ou moins concentrés en Anatolie, dans la région Erzeroum-Ardahan. L'armée russe opposée était la suivante : 30 bataillons, 15 escadrons avec 72 bouches à feu face à Batoum, 38 bataillons, 60 escadrons avec 96 canons ayant Kars pour objectif, 16 bataillons, 20 escadrons avec 48 bouches à feu destinés à l'attaque de Bajazid, 9 bataillons, 25 escadrons avec 45 bouches à feu pour celle d'Ardahan. Soit en tout à peu près 95 000 hommes avec 260 bouches à feu. Le 18 mai les Russes se rendaient maîtres de la place forte d'Ardahan pendant que le gros de leurs forces faisait le siège de Kars.

Le 21 juin le maréchal Mouktar Pacha, quittant son camp de Zivine avec 15 bataillons, se rencontrait auprès d'Halyas avec le général Tergu-Kassof qui avait à peu près le même nombre d'hommes sous ses ordres. Les Turcs eurent le dessus sans oser pourtant inquiéter la retraite du général russe qui se fit dans la direction d'Erivan. Pendant ce temps le général Loris Mélikoff se détachait avec 20 bataillons, 42 escadrons et 48 bouches à feu de l'armée qui faisait le siège de Kars. Cette attaque n'ayant pas réussi, il reprit la route de Kars avant que Moutkar Pacha ne fût de retour à Zivine.

Le maréchal prit alors l'offensive avec 16 000 hommes et entra le 7 juillet dans Kars dont le siège avait été levé par l'armée russe en retraite sur Alexandropol. Le maréchal avait sous ses ordres un peu plus de 30 000 hommes avec 50 bouches à feu. Ce n'était pas suffisant pour pousser à fond l'offensive : aussi se contenta-t-il d'occuper fortement quelques points en face des positions russes. Le 25 août il s'emparait de la position de Guedikler à l'aile gauche russe, mais sans essayer de poursuivre ce succès.

Au commencement d'octobre les Russes avaient 80 000 hommes et 240 bouches à feu dans leurs lignes d'Alexandropol, alors que le maréchal ne pouvait disposer contre eux que de 35 000 hommes et de 190 bouches à feu. Le 2 octobre l'armée russe se porta en avant, malgré une bataille de quatre jours elle dut rentrer dans ses positions. Le combat reprit le 10 et cette fois se termina par la défaite de l'armée turque.

L'auteur des *Événements d'Orient* écrit à ce propos : « L'aile droite des Turcs fut enveloppée par 23 bataillons, 22 escadrons et 70 canons, tandis qu'ils étaient attaqués de front par des forces triples. Cette bataille acharnée qui se termina le 14 octobre par la défaite de l'armée turque décida du sort de la campagne. Presque toute l'aile droite turque, 6 500 hommes et 42 canons, enveloppée par des forces très supérieures, fut faite prisonnière. Mouktar Pacha put cependant dégager le reste de l'armée et la mettre à l'abri sous les canons de Kars.

« Le maréchal laissant à Kars une garnison de 26 000 hommes, se mit en retraite, serré de près par le général Heyman qui commandait des forces très supérieures, après avoir fait sa jonction avec Ismael Pacha à Zivine, il était de nouveau à la tête d'une armée de près de 25 000 hommes et le 4 novembre acceptait le combat à Devé Baynou sur le chemin d'Erzeroum, ce fut encore une défaite. La supériorité numérique de l'artillerie des Russes qui avaient réuni au centre 46 canons à 1 500 mètres des lignes turques, leur assurait la victoire malgré qu'ils subissaient un échec sur leur gauche. Le feu meurtrier de cette artillerie, aidé par l'effet démoralisant qu'avait produit l'explosion de caissons d'artillerie derrière les tranchées turques, finit par amener la débandade de quelques bataillons au centre, dont l'exemple fut bientôt suivi par le reste. Ainsi, vers le soir, toute l'armée turque se trouvait en retraite sur Erzeroum. »

Quelques jours après, cette place était défendue par plus de 30 000 hommes. Kars ayant capitulé le 19 novembre, Erzeroum fut bloquée par toutes les troupes russes qui opéraient dans cette région, mais elle résista jusqu'à la paix et ne put être prise. Pendant ces événements, une armée d'une trentaine de mille hommes, sous les ordres de Derviche Pacha, tenait la campagne dans les environs de Batoum non loin de la mer Noire.

On a écrit à propos de la guerre turco-russe que les raisons qui ont motivé la défaite des Autrichiens en 1866, celle des Français en 1870-71 et qui faisaient commettre les plus grosses fautes aux Russes en 1877-78 existaient aussi du côté des Turcs dans des proportions encore plus considérables. « Il n'existait en Turquie aucune trace d'une organisation quelconque des chemins de fer au point de vue militaire, les troupes étaient mises en route par les soins du ministère de la guerre et des commandants d'armée qui s'entendaient comme ils le pouvaient avec les compagnies intéressées (1). » Ce qui demeure en tout cas parfaitement établi, c'est que le manque de confiance dans le succès n'a pas cessé même un instant de se manifester chez les Turcs au cours des opérations de cette guerre.

San Stefano, où les plénipotentiaires se donnèrent rendez-vous pour étudier les préliminaires de paix, est un charmant village au bord de la mer de Marmara. Presque faubourg de Constantinople, le tzar Alexandre y avait établi son quartier général.

Le traité de San Stefano consacrait le démembrement de la Turquie qui perdait à peu près les deux tiers de son territoire d'Europe. Il constituait une grande Bulgarie comprenant les pays habités par les Bulgares, c'est-à-dire la Bulgarie actuelle, la Roumélie orientale (excepté quelques villages musulmans) et une partie de la Macédoine. La Bulgarie était limitée au nord par le Danube (excepté la Dobrudja attribuée à la Roumanie), à l'est par la Serbie, et elle comprenait une partie de la Macédoine s'étendant presque jusqu'à Salonique. La Bulgarie, autonome et vassale de la Porte, devenait principauté analogue à la Roumanie avant la guerre.

La Roumanie déclarée indépendante recevait la Dobrudja en échange de la Bessarabie cédée à la Russie. La Serbie et le Monténégro devenant indépendants avec des agrandissements de territoire prélevés sur l'Herzégovine. La Bosnie et ce qui restait de l'Herzégovine bénéficiaient d'une automonie administrative.

La Russie avait l'Arménie, Bajazid, Kars, Batoum, la Bessarabie et une indemnité de guerre. « Par la constitution de la grande Bulgarie se créait dans les Balkans, aux portes de Constantinople, un état vaste et puissant, destiné à rester indéfiniment dans la sphère d'influence russe. La Turquie d'Europe était disloquée, séparée en trois tronçons, un premier composé de Constantinople, de la Thrace et d'Andrinople limité partout par la Bulgarie, un second composé de la Thessalie, de l'Épire et d'une partie de la Macédoine, un troisième composé partie de la Bosnie et partie de l'Herzégovine. »

La Bulgarie reconstituée, le Monténégro recevant les territoires autour de Scutari étaient satisfaits, mais la Roumanie, qui avait fourni des troupes contre la Turquie et fait vaillamment son devoir

(1) Capitaine MARTNER, *Emploi des chemins de fer pendant la guerre d'Orient.*

autour de Plevna, était mécontente d'échanger la Bessarabie contre la Dobrudja. « La Serbie réclamait d'autres agrandissements et la Grèce se plaignait d'avoir été oubliée dans le partage. »

L'Angleterre, dont les cuirassés étaient à quelques lieues de San Stefano sur la mer de Marmara, aux îles des Princes, « ne voulait à aucun prix souscrire au démembrement de l'empire turc, et le morcellement de la Bosnie et de l'Herzégovine compliqué de l'annexion de la plus grande partie de la Macédoine en faveur de la Bulgarie contrariait les vues de l'Autriche dans la direction de Salonique ». La Russie espérait que l'Allemagne lui manifesterait quelque reconnaissance des services rendus par son attitude pendant les campagnes de 1866 et de 1870, et appuierait le maintien du nouvel état de choses. « C'était mal connaître la politique du prince de Bismarck, qui comptait sur l'Autriche pour introduire en Orient l'influence allemande et n'entendait pas permettre que la Russie fût un obstacle à cette pénétration. »

La Prusse est coutumière du fait, sans prendre part aux hostilités elle s'entend à tirer un excellent parti des victoires remportées par les autres. « N'est-ce pas la Prusse qui, en 1792, obligea Catherine II à se contenter de la conquête d'Otchovov, alors que les succès remportés par ses armes paraissaient lui permettre des agrandissements importants de territoire? » La tactique prussienne devait être la même au lendemain du traité de San Stefano.

« Aux deux époques, le coup décisif fut porté de la même façon, en 1798 les ministres de l'Angleterre et de la Prusse adressèrent au cabinet de Saint-Pétersbourg une note collective qui mit fin aux dernières hésitations de Catherine II. En 1878 les bases de la paix future ont été posées dans une note combinée à Londres et que le comte Schouvalof n'apporta à son gouvernement qu'après s'être concerté à Berlin avec le prince de Bismarck (1). »

L'Orient attire les convoitises de l'Allemagne qui voit de ce côté l'expansion de la race et des intérêts économiques. N'oublions pas que des Allemands ont déclaré que « le Danube doit être germanique depuis sa source jusqu'à ses embouchures ».

En 1884 M. d'Avril écrivait dans le *Correspondant* : « La germanisation s'avance muette et insensible, lente, mais sûre par la

(1) *L'Allemagne en Orient*, par A. D'AVRIL. (*Le Correspondant*, 1884.)

colonisation là où elle est permise, par l'accaparement du petit commerce, de l'industrie, de la banque ; l'élément israélite qui est essentiellement allemand de ce côté aide d'une manière puissante. Si les juifs colonisaient la terre, l'œuvre serait déjà bien avancée, malgré la réaction qui se dessine assez vigoureusement parmi les Roumains, les Hongrois et d'autres. La grande affaire est la colonisation. Il y a jusqu'en Syrie deux petites colonies allemandes, elles y amèneront plus tard quelque intervention. »

« Les Juifs allemands ont envahi la Bosnie. Ils sont un grand agent de germanisation, écrit d'eux le vicomte de Caix de Saint-Aymour (1), et à ce titre seul toutes les nationalités allemandes les craignent et les détestent. »

« L'Autriche n'est véritablement que l'avant-garde du monde germanique, dit le *Courrier des États-Unis,* chaque pas qu'elle fait en ce sens, chaque progrès qu'elle y accomplit, soit matériel, soit moral, tourne au profit de l'Allemagne...

« S'il est toujours vrai que « l'Autriche est, du côté de l'Orient, un *bras tendu de l'Allemagne vers la mer Noire* », il est non moins exact que ce bras est aussi tendu vers Salonique, vers les provinces turques de Macédoine et d'Épire. »

Au lendemain de la signature de l'armistice qui mettait fin aux hostilités entre les Russes et les Turcs, l'Angleterre et les grandes puissances échangeaient déjà des communications sur leur droit de contrôle.

Dès le 3 février l'Autriche-Hongrie avait pris position par l'envoi d'une note aux puissances signataires du traité de Paris. « L'Autriche-Hongrie, en sa qualité de puissance signataire des actes internationaux qui ont eu pour objet le système politique en Orient, a réservé en présence de la guerre actuelle sa part d'influence sur le règlement des conditions de la paix future. Le gouvernement impérial de Russie, auquel nous avons fait part de ce point de vue, l'a pleinement approuvé.

« Aujourd'hui que des préliminaires de paix viennent d'être signés entre la Turquie et la Russie, le moment nous paraît être venu d'établir l'accord de l'Europe sur les modifications qu'il deviendrait nécessaire d'apporter aux traités susmentionnés. Le mode le plus

(1) *Les Pays sud-slaves de l'Austro-Hongrie.*

apte à amener cette entente me paraît être la réunion d'une conférence des puissances signataires. Nous espérons que le chancelier de l'empire russe nous saura gré de prendre l'initiative en cette circonstance. » Cette note était signée du comte Andrassy.

Le 19 février le prince de Bismarck, répondant à M. de Bennigsen, exposait ses vues à l'Assemblée de l'empire. La délimitation de la Bulgarie, la Roumanie, la Serbie, le Monténégro, la Bosnie, l'Herzégovine, la question des détroits, la situation des chrétiens d'Orient, ne semblent pas préoccuper outre mesure le chancelier de l'empire. Il n'en est pas de même du Danube. « C'est là, dit-il, que réside tout d'abord le plus saillant des intérêts allemands en Orient. Les routes par eau doivent rester libres pour les Allemands. »

Parlant ensuite d'une conférence et de la médiation de l'Allemagne, M. de Bismarck expose ses intentions : « Suivant moi, la médiation ne consiste pas à faire l'arbitre, elle consiste à remplir l'office d'un honnête courtier réussissant à mener l'affaire à bonne fin; si une puissance a des visées secrètes, nous sommes en situation de lui éviter le désagrément de se heurter à un refus; si nous avons des rapports amicaux avec toutes les puissances, nous pouvons, au préalable, les sonder et dire, le cas échéant, à telles d'entre elles : ne faites pas cela, les choses pourraient se gâter, ou : arrangez-vous de telle façon, ce sont des ressources très appréciables et parfois fort utiles. »

« Tout en déclarant qu'il ne voulait être ni le magister ni l'arbitre de l'Europe, qu'il ne sacrifierait pas une amitié sûre, éprouvée depuis des générations, au chatouillement de jouer en Europe un rôle d'arbitre et de juge. Le chancelier imposait durement la médiation de l'Allemagne et payait la dette contractée en 1870 vis-à-vis de la Russie, en prétendant reviser le traité de San Stefano, dans le sens des intérêts particuliers de l'Allemagne, de l'Autriche-Hongrie et de l'Angleterre. »

« Il fallait, écrit M. Chaunier dans son livre sur la Bulgarie, ou bien que la Russie fût victorieuse dans une guerre intentée contre l'Angleterre et l'Allemagne pour pouvoir dicter et réclamer l'exécution de ses volontés en Europe, ou bien qu'elle se soumît aux décisions d'un congrès européen qui qualifierait de préliminaire le traité de San Stefano et en remanierait toutes les clauses.

L'équilibre européen ne pouvait accepter que des débris de l'empire ottoman fût faite une principauté bulgare, autonome de nom mais en réalité russe d'influence, de dépendance, jusqu'au jour où elle deviendrait russe de fait. La Bulgarie ne pouvait alors rien sans la Russie, la Russie ne pouvait passer outre aux volontés de l'Europe. La Bulgarie et la Russie devaient se soumettre : d'où l'acceptation forcée du traité de Berlin. »

L'Allemagne prit l'initiative de la réunion d'une conférence. L'Angleterre prétendait que cette conférence devait reviser le traité de San Stefano en entier. La Russie n'acceptait cette revision que pour partie. L'Angleterre soutint alors que, conformément aux précédents établis par le traité de Londres, les clauses du traité de San Stefano devaient être ratifiées par les puissances avant d'acquérir une valeur.

« Des notes diplomatiques se succédaient sans interruption, pendant que l'Angleterre renforçait son escadre à l'entrée du Bosphore, et que la Russie préparait à nouveau son armée. L'Europe s'émut de cette situation qui pouvait entraîner les plus graves conséquences.

« L'Allemagne offrit sa médiation, que la Russie, imparfaitement remise de la campagne des Balkans, accepta sans hésiter. Le prince de Bismarck, devenu l'arbitre du monde depuis le traité de Francfort, convoqua le congrès qui eut lieu à Berlin, auquel le tzar consentit par force à soumettre l'examen du traité de San Stefano. Ce congrès s'ouvrit le 13 juin 1878, il devait durer un mois (1). »

L'Angleterre y était représentée par M. Disraëli, depuis peu le comte de Beaconsfied, par lord Salisbury, chef du Foreign-Office, et par lord Odo Russell, ambassadeur à Berlin. La représentation anglaise était de tout premier ordre, lord Beaconsfied avait pour lui sa réputation d'orateur et d'écrivain hors de pair, et sa situation de chef d'un ministère qui avait dirigé brillamment et dans des situations parfois difficiles la politique du Royaume-Uni.

Lord Salisbury rompu aux questions orientales dont la compétence s'était imposée à la conférence de Constantinople et dont

(1) *Souvenirs et causeries d'un diplomate*, comte DE MOUY, ambassadeur de France.

l'érudition était doublée d'une haute situation sociale. Lord Odo Russell, homme d'esprit s'il en fut, fort prisé par la haute société de Berlin qui devait faire bénéficier l'Angleterre de la sympathie particulière qu'avait pour lui le grand chancelier.

La Russie, en raison de l'extrême importance des questions qui devaient être traitées au congrès, avait accrédité le prince Gortschakow, le comte Schouwalof et son ambassadeur en Allemagne M. d'Oubril. Le prince Gortschakow, chancelier de l'empire, venait mettre une fois de plus au service de son pays les hautes qualités d'homme d'État dont il avait déjà donné tant de preuves dans sa longue carrière; son expérience consommée de la politique en même temps que les ressources sans nombre de son inlassable volonté étaient bien de circonstance dans une réunion de diplomates appelés à se prononcer sur le traité qu'il avait obtenu de la Turquie à la fin de la guerre de 1877-1878. Le comte Schouwalof, aide de camp du tzar, joignait à la facile élégance du grand seigneur russe, au don de la parole, le secret d'émouvoir à propos, par d'habiles considérations, et de tirer diplomatiquement d'une situation tout le parti susceptible d'être obtenu. M. d'Oubril, diplomate de carrière et plein d'expérience, plaisait à tous et s'imposait, autant par sa valeur personnelle que par le poste officiel qui lui avait été confié.

Le prince de Bismarck, chancelier de l'empire d'Allemagne, présidait le congrès, ses deux collaborateurs principaux étaient le prince de Hohenlohe et M. de Bülow, secrétaire d'État aux affaires étrangères. Le comte Andrassy, premier ministre, le baron Haymerlé et le comte Karolyi, ambassadeur à Berlin, représentaient l'Autriche-Hongrie.

La mission française se composait de MM. Waddington, ministre des affaires étrangères, le comte de Saint-Vallier, ambassadeur à Berlin, et Desprez, directeur des affaires politiques. La Porte avait confié la défense de ses intérêts à MM. Caratheodary, Sadoullah et Mehemet-Ali. L'Italie n'avait que deux représentants, son ministre des affaires étrangères, le comte Corti, et son ambassadeur à Berlin, le comte de Launay.

Après quelques séances employées aux préliminaires et à des échanges de vue relatifs au protocole, le congrès commença le 22 juin l'examen de la question bulgare. « C'était de beaucoup la partie la plus difficile, aussi les séances qui lui furent consacrées donnèrent-elles lieu fréquemment à des incidents assez vifs, et à échange de propos quelque peu aigres entre les Russes et les Anglais. La disparition de la grande Bulgarie était décidée. L'Autriche, l'Allemagne et l'Angleterre, en consentant au maintien d'une Bulgarie très réduite, et à l'organisation à ses côtés d'une province dotée d'institution libérales, exigeaient la restitution de la Macédoine à la Porte.

« Le congrès se mit pourtant assez promptement d'accord sur l'organisation de la Bulgarie et de la Roumélie orientale en même temps que sur la séparation des pouvoirs du sultan et du prince; puis vint la question de la Bosnie et de l'Herzégovine dont l'Autriche réclamait la pacification par des mesures imposées « par un pouvoir fort et impartial ». Personne ne doutait, quand le comte Andrassy fit d'un ton ému l'exposé des scènes de désordre qui avaient ensanglanté ces deux provinces, que l'Autriche-Hongrie n'entendit se faire attribuer par le congrès la mission d'appliquer ces mesures.

« La preuve de ces intentions ne tarda pas à en être faite lorsque lord Salisbury déclara que la responsabilité de l'Europe étant engagée à empêcher le retour des scènes violentes qui l'avaient agitée à juste titre, il devenait indiqué que l'Autriche-Hongrie entendait occuper et administrer la Bosnie et l'Herzégovine. » Le prince de Bismarck ayant appuyé l'argumentation des deux compères, — l'Italie et la France n'ayant soufflé mot, — la Russie et la Turquie durent s'incliner. « La Serbie fut agrandie, la Turquie mise à la raison, et le Monténégro dépossédé de la plupart des agrandissements qui lui avaient été concédés à San Stefano, toujours en procédant avec la même désinvolture et parce que tel était le bon plaisir du congrès. »

« L'accord complet de l'Allemagne, de l'Autriche et de l'Angleterre rendait toute discussion sérieuse et toute résistance utile impossibles. La Roumanie payée de son concours à la Russie par la perte de la Bessarabie, il ne restait plus qu'à s'occuper de la Grèce, qui réclamait avec énergie un agrandissement, par voie de rectification de frontières.

« Après les brillants plaidoyers de M. Waddington en faveur des revendications grecques, le congrès se déclara favorable à la distraction de la Thessalie et de l'Épire de l'empire ottoman en faveur de la Grèce, bien, déclara-t-on, qu'il y eût lieu de faire tout d'abord appel à l'entente des intéressés. L'imprécision de la formule employée permit par la suite à la Turquie de conserver l'Épire bien que le congrès se soit imaginé avoir réglé d'une façon identique le sort des deux provinces.

« La Russie consentant à restituer à la Turquie la plupart des territoires conquis en Asie pendant la dernière campagne, le congrès ne voulut point s'attarder à discuter la façon dont serait réglée l'indemnité de guerre souscrite par la Porte, et clôtura ses travaux en déclarant que, « nul État n'étant obligé de prêter main forte à l'exécution des engagements pris », il ne pouvait exister « de garantie solidaire et collective ». Cette conclusion, en opposition absolue avec les précédents et les déclarations enregistrées par le traité de Paris, laissait la Porte ouverte à tous les coups de force. On sait qu'ils ne se sont pas fait attendre. »

Le 13 juillet le congrès se séparait après avoir déclaré « qu'il avait bien mérité de l'Europe ». Le traité de Berlin avait limité les conquêtes de la Russie et diminué la principauté de Bulgarie. L'Autriche-Hongrie était chargée de la garde de la Bosnie, de l'Herzégovine et du district de Novi Bazar, ayant désormais libre la route de Salonique.

« L'Angleterre recevait Chypre, et en échange se déclarait favorable à l'occupation de la Tunisie par la France. Les États chrétiens des Balkans devenaient à peu près indépendants, mais les véritables bénéficiaires du congrès de Berlin étaient l'Allemagne, l'Autriche-Hongrie, et l'Angleterre ; c'était en réalité pour elles trois que la Russie, trop confiante, avait prodigué le sang de ses fils sur les champs de bataille de la Bulgarie et de l'Asie. »

Immédiatement après le traité de Berlin, le prince Dondoukoff, commissaire impérial russe, entreprit l'organisation du gouvernementde la Bulgarie, de ses finances et de son armée. Cette organisation très hiérarchisée, poussée avec la plus extrême activité, était inspirée des principes de la politique russe et devait maintenir nécessairement la Bulgarie dans la sphère d'influence et de protection de la Russie.

Malgré ces dispositions, l'assemblée des notables bulgares, réunie à Tirnovo, fit un acte d'indépendance inattendu en votant, le 17-

29 avril 1879, une constitution dans laquelle était inscrite l'élection de tous les députés par le suffrage populaire. Après les élections, le siège du gouvernement transporté à Sofia, le prince Alexandre de Battemberg, de la maison allemande de Hesse, élu prince de Bulgarie, l'entrée du nouveau prince à Sofia avait lieu le 1er juillet de la même année. C'était, malgré le triomphe du principe démocratique dans le gouvernement de la Bulgarie, un succès important pour la politique russe, le nouveau prince de Bulgarie étant le neveu de l'empereur de Russie.

Le prince se mit à la besogne avec ardeur, mais sa tâche n'était pas aisée. Le peuple bulgare, imparfaitement remis des agitations de la guerre d'indépendance, mécontent du traité de Berlin qui avait enlevé à la Bulgarie une partie des avantages concédés par le traité de San Stefano, avait à faire l'essai d'un mode de gouvernement pour lequel il n'était nullement préparé.

Le prince chercha à gouverner avec le parti conservateur, ce fut le gouvernement de MM. Grécoff et Natchovitch qui estimaient qu'il y avait lieu de modifier la constitution.

La dissolution de la Chambre, suivie de nouvelles élections, ne confirma pas cette manière de voir. Sur 170 députés élus, 140 environ étaient opposés à tout changement. La Chambre fut encore une fois dissoute et de nouvelles élections ayant donné un résultat analogue, le ministère libéral Zankoff et Karavelof prit le pouvoir.

Au mois de mars 1881 le prince renvoyait ce ministère et faisait élire une nouvelle Chambre. Ce fut alors le ministère du général russe Ehrenrooth. Par l'influence de la Russie, ce ministère obtint une majorité conservatrice qui modifia la constitution de Tirnovo. MM. Grécof et Natchovitch constituèrent un ministère conservateur.

Le parti conservateur était maître incontesté du pouvoir, grâce à l'intervention de la Russie et à la pression exercée par les généraux Kaulbars et Soboleff, envoyés par l'empereur au secours du prince Alexandre. Mais la réaction contre l'intervention russe ne tarda pas à se faire sentir avec une telle violence que le prince Alexandre dut changer complètement l'orientation de son gouvernement et se décider à se soustraire à toute influence étrangère. En août 1883 la constitution de Tirnovo ayant été remise en vigueur, les libéraux revinrent au pouvoir et le ministère Zankoff prit la direction des affaires.

A ce moment la Bulgarie était en froid avec la Russie, grâce aux démarches habiles de M. Balobanoff, envoyé du prince de Bulgarie à Saint-Pétersbourg, les rapports amicaux ne tardèrent pas à être renoués entre les deux cours : « Au ministère libéral Zankoff a succédé un ministère également libéral Karaveloff. Karaveloff, depuis son arrivée au pouvoir, réforma radicalement tous les ministères affaiblis par le coup d'État, les différentes lois qu'il a présentées furent votées à l'unanimité, on peut donc dire sans exagération que le régime actuel de la Bulgarie est dû à l'initiative de Karaveloff et que rien ne se fait que sous son inspiration comme les derniers événements l'ont prouvé.

« Sa probité est reconnue même par ses adversaires politiques. Il est libéral démocrate, il aime le peuple russe. Il reconnaît les sacrifices qu'il a faits pour l'indépendance de sa patrie, mais il ne tolère pas qu'un agent étranger s'immisce dans les affaires intérieures de la principauté. Il a pris pour devise : La Bulgarie aux Bulgares, c'est-à-dire la Bulgarie libre et indépendante de toute influence étrangère (1). »

Ce ministère dura de 1883 à 1885. Pendant ce temps la Roumélie s'agitait. Une conspiration de toutes les classes s'organisait pour arriver à l'union avec la Bulgarie. Le 18 septembre 1885 une insurrection éclatait et, sous la direction d'une patriote, Nedela Chileva, s'emparait de Philippopoli. Un gouvernement provisoire s'installait et proclamait le prince Alexandre prince des Bulgaries.

La Russie avait vu à regret ce mouvement unioniste, elle y répondit en rappelant ses officiers qui exerçaient des commandements dans les troupes bulgares et en désapprouvant nettement la nouvelle situation. La Turquie faisait appel aux puissances, sollicitant leur intervention pour imposer le respect du traité de Berlin. L'Europe ne songeait guère à intervenir. Les puissances bornèrent toute intervention à la réunion d'une conférence à Constantinople qui commença au mois de novembre 1885. L'Angleterre prit immédiatement le fait accompli en Roumélie sous sa protection, alors que la France, l'Italie, l'Allemagne et l'Autriche se

(1) *La Péninsule des Balkans.*

préoccupaient avant tout d'assurer la paix sans parti pris. La Russie, seule, montrait quelque humeur contre les Bulgares dont elle avait fait l'indépendance.

Sur ces entrefaites la Serbie déclarait la guerre à la Bulgarie et la Roumanie rectifiait sa frontière du côté de Silistrie. La Serbie prétendait « qu'un agrandissement considérable de la Bulgarie, sans compensation correspondante au profit du territoire de la Serbie, mettait ce pays à même de devenir une menace permanente contre la Serbie, les Serbes se considéraient comme les principales victimes du traité de Berlin, parlaient d'équilibre dans les Balkans et prétendaient que le maintien de cet équilibre était une question de vie ou de mort pour la Serbie. En réalité elle pensait pouvoir rapidement faire reconnaître sa prépondérance dans la péninsule : l'armée bulgare, privée de la majorité de ses officiers russes d'origine rappelés par le tzar, était massée sur la frontière turque, une attaque rapide devait amener une facile victoire (1) ».

Le 14 novembre 1885 l'armée serbe franchissait la frontière de Bulgarie, en marche sur Sofia. Les troupes serbes paraissaient plus nombreuses et mieux entraînées. Elles ne trouvèrent d'abord que de faibles forces pour s'opposer à leur mouvement. L'armée bulgare, commandée par Bendereff, les joignit au col de Dragoman où elle remportait un premier succès, puis prenant l'offensive s'emparait de Pirot, menaçant ensuite Nisch et la route de Belgrade. La bataille de Slivnitza termina la campagne au profit de la Bulgarie.

L'Autriche s'interposa et un armistice fut imposé à l'armée bulgare victorieuse. La paix fut signée le 19 février 1886. Paix dont la Bulgarie ne retira aucun avantage puisqu'elle ne recevait ni augmentation de territoire ni indemnité de guerre. Mais il avait fallu s'incliner devant la menace de l'intervention de l'armée austro-hongroise. Toutefois les Bulgares, dans la guerre contre la Serbie, avaient fait preuve d'une telle endurance et d'une si grande énergie que la Turquie dut se résoudre à composer avec eux.

Le prince Alexandre fut reconnu gouverneur de la province de Roumélie orientale et la Bulgarie accepta la suzeraineté de la

(1) Auguste Chaunier, *la Bulgarie.*

Sublime Porte. Cet accord n'ayant pas été ratifié dans son entier par les puissances, une nouvelle convention intervint au mois d'avril 1886 qui réglait, pour l'instant tout au moins, la situation respective de la Bulgarie et de la Roumélie orientale. Il était stipulé dans cette convention : Que le gouvernement général de la Roumélie orientale appartiendrait au prince de Bulgarie et qu'une commission, composée de délégués turcs et de délégués bulgares, modifierait, suivant les circonstances et les besoins de la situation, l'organisation et l'administration de la province.

Le premier pas, et non le moindre, était fait dans la voie de la réunion des deux grandes divisions du territoire de la Bulgarie. Le prince Alexandre ne devait pas jouir longtemps de cet heureux résultat de son initiative et de son incessante activité. Un complot militaire s'organisa contre lui. Arrêté dans son palais de Sofia dans la nuit du 8-21 août, le prince Alexandre fut emmené à la frontière pendant qu'à Philippopoli ses partisans prenaient les armes en sa faveur. Le 22 août il rentrait à Sofia, accueilli avec enthousiasme par le peuple bulgare. Mais, devant l'attitude menaçante de la Russie qui ne lui pardonnait pas son indépendance, au mois de septembre 1886 il renonçait au trône de Bulgarie.

Stambouloff et Karaveloff se disputaient le pouvoir. Le premier défendant le prince de Battemberg; le second étant le chef du parti de la révolution. Stambouloff se déclara régent, associant au pouvoir son beau-frère Mouktourof et Karaveloff, son adversaire politique.

La situation était loin d'être facile. Le peuple bulgare prétendait s'affranchir de la tutelle de la Russie au moment même où cette puissance envoyait en Bulgarie un haut commissaire, le général Kaulbars, avec mission de retarder l'élection du remplaçant du prince Alexandre. Une révolte ayant éclaté à Roustchouk, le régent en fit fusiller les chefs. Karaveloff fut incarcéré comme coupable de connivence avec les rebelles et, malgré la pression exercée par la Russie, l'assemblée nationale se réunit à Tirnovo.

Le prince Valdemar de Danemark élu prince de Bulgarie ayant refusé le pouvoir, une mission composée de MM. Kaltchof, Grécof et Stoïloff fut envoyée aux puissances pour les intéresser à la situation. Enfin au commencement du mois de juillet 1887 l'assemblée nationale, réunie à Tirnovo, élisait le prince Ferdinand-Maximilien-Charles-Léopold-Marie de Saxe-Cobourg, né à Vienne le 26 février 1861.

Son père, le prince Auguste de Saxe-Cobourg, né le 13 juin 1818, était décédé le 26 juillet 1881. Sa mère, la princesse Marie-Clémentine-Caroline d'Orléans, fille de Louis-Philippe d'Orléans roi des Français, était née le 3 juin 1817. Ses frères étaient le prince Ferdinand-Philippe-Marie-Auguste-Raphaël, né en 1844, et le prince Louis-Auguste-Marie-Eudes, né en 1845, décédé en 1907.

La situation de la Bulgarie était des plus précaires à ce moment. Les révolutions s'y succédaient avec une désespérante régularité, suscitées tantôt par l'influence russe, tantôt par l'esprit d'indépendance qui animait la population depuis qu'elle possédait une constitution.

La dictature de Stambouloff ne facilitait pas non plus les choses. « Le bâillon sur la presse », « le talon sur l'administration et les finances », « l'église elle-même secouée de haines et de fureurs » ne présageaient pas un commencement de règne dépourvu de difficultés. Le prince Ferdinand accepta pourtant. Il quitta Vienne avec quelques amis et prit le chemin de la Bulgarie. Il emmenait avec lui le comte de Grenaud, le comte de Bourboulon, son précepteur M. Fleichmann et M. Stanciof, décidés à lui consacrer leur existence et leur dévouement. Ils ont tenu parole. Les uns sont morts à la peine, les autres, comme M. Stanciof, après avoir dirigé dans les charges les plus élevées les affaires du pays bulgare, servent encore le roi Ferdinand avec l'activité et le dévouement qu'ils n'ont pas cessé un instant de mettre à son service.

Le nouveau prince de Bulgarie quitta Vienne, descendit le Danube et fut reçu à la frontière par Stambouloff, accompagné des ministres et des hauts fonctionnaires. Puis il prête serment à Tirnovo, passe les troupes en revue et entre à Sofia, après une marche triomphale, au milieu des acclamations du peuple bulgare.

Le prince avait notifié son élection au gouvernement turc en même temps qu'il adressait une circulaire aux puissances. La Russie protesta immédiatement contre l'élection qu'elle prétendait avoir été faite en violation du traité de Berlin et s'efforça de faire intervenir la Sublime Porte.

Le prince répondit à la protestation de la Russie en prenant pour premier ministre Stambouloff, affirmant par là sa volonté bien arrêtée de gouverner en dehors des influences étrangères.

Les difficultés de toutes natures ne tardèrent pas à surgir et il fallut au prince les qualités les plus incontestables pour éviter la perpétuité des crises violentes qui avaient ensanglanté les dernières années du gouvernement du prince de Battemberg.

Ce furent, entre mille autres, la déposition du métropolite Clément compris dans des intrigues étrangères, la condamnation du major Nabokoff et des officiers mêlés à la conjuration fomentée par un capitaine de l'armée russe, celle du major Panitza qui prétendait s'emparer du gouvernement et mettre le prince hors la loi, ce ne sont partout que provocations, qu'embûches, que séditions, qu'intrigues, auxquelles la Russie, la Turquie, la Serbie, l'Autriche même se mêlent à l'envi.

Si le prince n'est pas encore reconnu formellement par les puissances, elles n'en signent pas moins déjà des traités avec son gouvernement. En Autriche-Hongrie le rapporteur de la commission des affaires étrangères annonce au mois de juin 1890, à la délégation hongroise, que le ministère a déclaré que la reconnaissance du prince de Bulgarie était désirable. Le premier pas ne peut être fait que par la Sublime Porte. La Turquie étant une puissance souveraine, les autres pays ne peuvent exercer de pression sur ses décisions. Mais en raison des relations cordiales qui existent entre l'Autriche-Hongrie et la Turquie, il ne serait pas impossible en présentant des observations amicales de faire avancer la question.

A quelques semaines de là, lord Salisbury faisait entrevoir la possibilité, pour les hommes d'État, d'admettre prochainement que la Bulgarie pouvait se suffire à elle-même et se gouverner en dehors de la tutelle des nations. « Je crois, disait-il, qu'une politique pareille réunira les suffrages de toutes les nations européennes. Elle conviendra à l'Angleterre qui ne désire que la liberté et l'indépendance du peuple bulgare. » Le voyage du prince Ferdinand à Paris et à Vienne, au cours de l'année 1889, avait fait disparaître la plupart des points noirs de l'horizon européen, les puissances paraissaient disposées à lui témoigner leur sympathie.

Sans renoncer absolument à ses prétentions d'influence, la Russie avait compris que la reconnaissance, dont le peuple bulgare demeurait redevable à la grande nation qui l'avait reconstitué, n'excluait pas de sa part une fière indépendance et qu'il devait s'affirmer entre les deux peuples un échange de « relations reconnaissantes et déférentes d'une part, de l'autre hautement prestigieuses et pourtant bienveillantes ». Le ministère Stambouloff prit fin après quatre années d'épreuves de toute nature qui n'avaient guère facilité les débuts du jeune prince. Mais, à sa chute, la situation était solidement assise et le prince était connu comme politique et diplomate distingué.

Stambouloff tombé ne remonta pas au pouvoir. Le 15 juillet 1895 il était assailli dans une rue de Sofia par des hommes masqués qui le frappèrent au visage avec des poignards. Il expirait quelques jours après.

Le ministère Natchevitch-Stoïlof, de nuance conservatrice, et les ministères suivants de nuance néo-stambouloviste s'efforcèrent de ramener la cordialité entre les gouvernements russe et bulgare, le prince Ferdinand travaillait de son côté à ce rapprochement de toutes les ressources de sa politique.

« On peut juger l'homme au résultat, écrit M. René Moulin, l'auteur de *la Bulgarie et sa politique extérieure*. La situation intérieure s'est radicalement modifiée, aux périodes de trouble a succédé une ère d'apaisement et de prospérité, quelques bonnes récoltes ont triplé en moins de cinq ans le chiffre du commerce bulgare. Le pays a pu faire pour son armée les sacrifices nécessaires. »

Au commencement de l'année 1896, le prince pouvait annoncer aux députés bulgares que la situation indéterminée de la Bulgarie, au point de vue international, était au moment d'être réglée à la satisfaction de la nation. Peu après, le prince assistait à Moscou au couronnement du tzar Nicolas II et le 24 mars 1896 un firman le reconnaissait prince de Bulgarie. Le même jour un autre firman nommait le prince de Bulgarie gouverneur de la Roumélie orientale.

A ce jour commence pour la Bulgarie une ère nouvelle, celle de l'organisation administrative, des réformes et des institutions de tous ordres, pendant qu'au dehors les nations s'accoutument à compter avec elle. Les ministères se succèdent d'après le fonctionnement régulier de la constitution; qu'ils soient composés d'hommes appartenant à un parti ou à un autre, qu'ils soient dirigés par MM. Danef, Karaveloff, le général Pétroff, Stanciof, ou Malinof, tout s'organise, se complète et se perfectionne pour le plus grand bien du pays. C'était avec un orgueil bien légitime que M. Stanciof, alors ministre des affaires étrangères, constatait en 1907, devant la chambre des députés, les progrès accomplis.

Une représentation diplomatique existait avec la plupart des États européens, des traités avaient été signés avec la France, l'Angleterre, l'Autriche, l'Allemagne et l'Italie, enfin la Bulgarie avait pris rang au nombre des puissances réunies en 1899 et 1907 en conférences de paix. Les événements qui se succédaient en Macédoine ne laissèrent pas d'attirer l'attention du gouvernement bulgare; si intervenir pouvait être dangereux, en présence de la volonté constante des nations de maintenir le *statu quo*, il était bien difficile d'abandonner complètement à eux-mêmes les nombreux Bulgares qui avec les Grecs et les Serbes composent la population de la Macédoine.

Une sorte de neutralité bienveillante semblait seule possible. Le prince Ferdinand s'en rendit compte et dut calmer en plusieurs circonstances les velléités d'intervention que manifestaient quelques-uns de ses ministres.

Au moment de la répression sanglante qui suivit l'insurrection fomentée par le Macédonien Michaïlowsky, la situation fut particulièrement délicate. Le cabinet Pétrof était aux affaires et l'opinion publique penchait pour l'intervention. L'affaire s'arrangea pourtant sans conflit, la Turquie ayant promis de ne plus user de rigueur. Les massacres n'en continuèrent pas moins longtemps encore.

La funeste issue de la guerre avec le Japon et les événements intérieurs qui en furent la triste conséquence ayant imposé à la Russie une attitude toute d'expectative même dans les questions qui lui tiennent le plus au cœur, la Bulgarie se rapprocha de l'Autriche, sans cesser pourtant l'échange de sympathie avec la Russie.

La mise en vigueur d'un soi-disant régime constitutionnel en Turquie en même temps que les complots militaires qui ensanglantèrent Constantinople, eurent immédiatement leur répercussion dans les Balkans. La question macédonienne passa au second plan. La proclamation d'un royaume de Bulgarie devenant imminente, le prince de Bulgarie vint saluer l'empereur d'Autriche à Budapest et y reçut les honneurs royaux.

On comprit que l'indépendance de la Bulgarie existait dès lors en fait et que sa proclamation ne pouvait tarder. Un dîner offert par le grand vizir, auquel ne fut pas invité le représentant du prince, fournit l'occasion cherchée. La Bulgarie demanda des explications et rappela son représentant. Le conflit tout d'abord d'ordre exclusivement diplomatique ne tarda pas à se compliquer d'une importante question économique. La Compagnie des chemins de fer orientaux exploitait une partie des chemins de fer de Bulgarie tout en continuant à payer une redevance à la Turquie. Cette partie de son réseau constituait donc, ainsi qu'on l'a écrit, « une enclave turque au milieu du pays bulgare ».

Une grève s'étant déclarée parmi les employés de cette Compagnie, le service fut aussitôt assuré par des soldats de l'armée bulgare qui continuèrent le service après la fin de la grève, et refusèrent de le remettre aux agents de la Compagnie. La Bulgarie alléguait l'imperfection du service, l'insuffisance du matériel, tout en affirmant ses intentions pacifiques et son désir de ne créer aucune difficulté au gouvernement ottoman. Celui-ci se réclamait du traité de Berlin et faisait appel à l'intervention des puissances.

L'Autriche, l'Allemagne, l'Angleterre et la France présentèrent des observations auxquelles la Bulgarie répondit par une note dans laquelle il était dit que le peuple s'était prononcé en faveur de la prise de possession des chemins de fer orientaux et qu'il était déterminé à soutenir le gouvernement. « La restitution est impossible. La population ne la laissera pas opérer, et aucun gouvernement n'emploiera la force contre la population. »

Le 22 septembre-5 octobre le prince, brusquant le dénouement, proclamait solennellement à Tirnovo l'indépendance de la Bulgarie érigée en royaume : « Suivant les volontés de notre libérateur dont jamais ne s'effacera le souvenir et de la grande nation russe, à laquelle nous relient les liens de parenté, avec le concours de nos bons amis et voisins, sujets du roi de Roumanie et à l'aide également des héros bulgares, le 18 février 1878 furent rompues les chaînes qui liaient depuis tant de siècles la Bulgarie grande et glorieuse puissance, jadis. A partir de cette époque jusqu'à aujourd'hui, pendant trente ans, la nation bulgare, conservant le souvenir de ceux qui avaient travaillé pour la cause de la liberté et s'inspirant de leur tradition, a travaillé elle-même sans cesse à assurer les progrès de son beau pays et sous mon régime et sous celui de feu le prince Alexandre en a fait un peuple qui peut prendre place, sur un pied d'égalité, dans la famille des peuples civilisés tout en le dotant des avantages du progrès intellectuel et économique.

« Engagée dans cette voie, rien ne devrait arrêter les progrès de la Bulgarie, rien ne devrait entraver son succès. Tel est le désir de la nation ; telle est sa volonté. Que cette volonté soit remplie !

« La nation bulgare et son chef ne pouvaient avoir qu'un sentiment, qu'un désir. Pratiquement indépendante, la nation était arrêtée dans son développement normal et pacifique par certaines illusions et des délimitations formelles, qui avaient pour résultat une froideur dans les relations de la Turquie et de la Bulgarie. Moi et la nation désirons nous réjouir du développement politique de la Turquie. La Bulgarie et la Turquie, libres et entièrement indépendantes l'une de l'autre, peuvent exister dans des conditions qui leur permettraient de renforcer leurs relations amicales et de se consacrer au développement pacifique à l'intérieur. Inspiré par le but sacré de satisfaire les exigences nationales et de me conformer au désir national, je proclame, avec la bénédiction du Tout-Puissant, la Bulgarie unie depuis le 6 septembre 1885 royaume indépendant ; avec la nation, j'ai la ferme conviction que cet acte rencontrera l'approbation des grandes puissances. Vive la Bulgarie libre, indépendante ; vive la nation bulgare !

« Tirnovo, 22 septembre 1908, vingt-deuxième année de mon règne.

« Ferdinand. »

Le même jour, le ministre des Affaires étrangères notifiait aux puissances la proclamation de la constitution de la Bulgarie en royaume indépendant.

On s'attendait à des protestations dans les chancelleries, hormis celle de la Porte, aucune ne fut formulée. La protestation du gouvernement turc fut envoyée le 6 octobre aux puissances. Elle était toute platonique, faisant allusion « à l'emploi de la force pour faire respecter les droits imprescriptibles », mais ajoutant aussitôt « qu'on attendrait avec calme la décision des puissances ».

On pouvait être tranquille à cet égard, les puissances n'ayant aucune envie à ce moment de se mettre une mauvaise querelle sur les bras.

La conférence réclamée par la Turquie n'eut pas lieu et la Bulgarie conserva son indépendance. « Son prince par une ténacité de vingt ans avait tout préparé pour jouer cette partie avec succès, il aurait pu la jouer sur des champs de bataille, non sans périls, mais non sans chances, il pouvait donc l'engager diplomatiquement, car le crédit dont on dispose dans la paix se mesure à la capacité qu'on est réputé posséder pour la guerre. Les fictions juridiques ne résistent jamais aux réalités politiques. La vassalité bulgare et l'obédience rouméliote étaient de ces fictions inconciliables avec la formation de l'État centralisé et national qui s'était constitué à Sofia (1). »

Le prince Ferdinand épousa le 20 avril 1893 S. A. R. Marie-Louise de Bourbon-Parme, fille de S. A. R. le duc de Parme et de la princesse Maria-Pia de Bourbon, princesse des Deux-Siciles. La princesse de Bourbon-Parme était alors âgée de vingt-trois ans. Elle avait perdu sa mère, et son père avait épousé la duchesse Maria-Antonia de Bragance.

Six ans après la princesse Marie-Louise mourait, laissant quatre enfants. Le prince Boris-Clément-Robert-Marie-Pie-Louis-Stanislas-Xavier, prince héritier de Bulgarie, prince de Tirnovo, né le 18 janvier 1894, chef du 4e régiment d'infanterie, du 4e régiment de cavalerie, du 3e régiment d'artillerie, lieutenant au 6e régiment d'infanterie bulgare, à la suite du 54e régiment d'infanterie russe, régiment de Minsk. Le prince Cyrille-Henri-François-Louis-Antoine-Charles-Philippe, prince de Preslaw, duc de Saxe, né, le 5 novembre 1895, chef du 20e régiment d'infanterie, lieutenant au 4e régiment d'infanterie bulgare, à la suite du 54e régiment d'infanterie russe. La princesse Eudoxie-Augusta-Philippine-Clémentine-Marie, née le 5 janvier 1898. La princesse Na-

(1) André Tardieu, *la France et les alliances.*

dedja-Clémentine-Marie-Pia Majelle, née le 18 janvier 1899.

Au commencement de l'année 1899, la princesse de Bulgarie mourait quelques jours après la naissance de la princesse Nadedja. Elle repose à Philippopoli.

Le prince a épousé en secondes noces la princesse Éléonore de Reuss-Kœstritz, fille du prince Henry, née le 22 août 1860. La princesse a parmi ses ancêtres des représentants des plus illustres maisons françaises. Petite-fille d'une Rohan-Guéméné et arrière-petite-fille du maréchal de Soubise. Pendant la guerre russo-japonaise, la princesse partit à la tête d'un train de secours et organisa des ambulances.

Que de noms français à cette cour de Bulgarie! Celui du comte de Grenaud, qui fut le premier grand maréchal, dont la fille, Mme Stanciof, fait avec tant de charme les honneurs de la légation de Bulgarie à Paris. Celui du comte de Foras, du comte de Bourboulon, du comte de Clinchamp, de M. de Chévremont, l'auteur des charmantes poésies *Images blanches et noires*, et ceux de tant d'autres dont le roi aime à s'entourer.

Quelque peu hésitant au début, le corps diplomatique ne laisse plus attendre la manifestation de ses sentiments. Le 2 mai 1909, à l'occasion de l'indépendance de la Bulgarie, son doyen s'adresse au Roi : « Les représentants des puissances s'empressent de vous présenter leurs très respectueuses et très cordiales félicitations à l'occasion de l'heureux événement qui couronne un succès hautement mérité par les aspirations de la Bulgarie. C'est avec un sentiment de vive joie que nous avons salué l'accomplissement de l'œuvre d'une nation dont nous suivions depuis si longtemps, avec un intérêt absolument sympathique l'évolution progressive, évolution à laquelle Votre Majesté se consacre avec tant de bonheur. Mes collègues et moi sommes heureux du bonheur qui nous a été réservé de représenter nos gouvernements dans ces circonstances historiques, et nous formons des vœux sincères pour la santé de Votre Majesté, celle de Sa Majesté la reine et celle de votre auguste famille ainsi que pour la prospérité de votre dynastie et celle du royaume bulgare. »

Le roi a répondu : « Je suis vivement touché des aimables félicitations que vous venez d'exprimer à l'occasion de l'heureux événement qui vient de consacrer, d'une manière définitive, la nouvelle ère politique dans laquelle est entrée la Bulgarie. Vous avez suivi depuis longtemps les efforts de mon pays, efforts auxquels j'ai travaillé pour lui donner une direction juste et pacifique et pour le faire marcher dans les voies de la civilisation et du progrès. Je ne puis donc douter de la sympathie avec laquelle vous accueillez aujourd'hui leur couronnement historique, lequel, en assignant à mon peuple son rang légitime, lui permettra désormais de se vouer d'une façon plus ample et plus féconde à la tâche incessante de son développement. Votre présence ici me donne un témoignage solennel de cette sympathie et me cause une véritable satisfaction. Je vous demande de transmettre à vos gouvernements ma sincère reconnaissance et je tiens, en terminant, à vous remercier des vœux que vous formez pour ma personne, celle de Sa Majesté la reine et celle de ma dynastie et pour la prospérité de mon royaume. »

La situation financière du royaume est devenue des plus prospères. Si l'exportation des produits agricoles est encore restée l'une des sources les plus importantes de la fortune publique, l'organisation méthodique des industries nationales ne tardera pas à assurer à la nation bulgare l'activité commerciale qui lui confirmera dans l'Europe orientale la situation à laquelle elle a acquis déjà des droits.

Dans son beau livre sur la Bulgarie, M. de Launay décrit ainsi l'action du gouvernement à ce sujet : « Afin de favoriser dans l'avenir le développement industriel, le gouvernement a accordé aux matières premières la franchise des droits d'entrée avec des réductions sur les tarifs de transport. De grands avantages ont été promis à tous ceux qui installent une fabrique pour la production de marchandises déterminées (fil, drap, soie, voitures, produits de l'industrie chimique, verres, bouteilles, allumettes, objets en fer, etc.). Aux termes de la loi sur l'industrie, du moment qu'une fabrique emploie un capital d'au moins 25 000 francs ou donne du travail au moins à vingt-cinq ouvriers et qu'elle est installée d'après des systèmes perfectionnés, elle est exemptée, pendant quinze, ans des droits fonciers et de patente, du droit de timbre sur les contrats conclus en vue de la fondation et sur les actions, du droit d'entrée sur les machines, etc.; en outre les produits de ces fabriques sont préférés aux produits étrangers pour les besoins de l'État et des communes, alors même qu'à qualité égale leur prix est sensiblement plus élevé. »

On ne compte plus à l'heure actuelle les manufactures et les usines, non plus que les distilleries, filatures, tissages, minoteries, tuileries, fabriques de ciment, de chaux hydraulique, menuiseries, scieries, brosseries, tanneries, coutelleries, savonneries, bonneteries, etc., etc.

Dans un pays possédant un système orographique aussi développé, « la houille blanche » joue forcément un grand rôle, aussi la force motrice est dans la plupart des cas à la disposition de l'industrie dans des conditions de bon marché inconcevables. Ainsi qu'on l'a constaté avec beaucoup de raison, « le peuple bulgare a eu le rare bonheur de passer entre les gouttes de l'orage qui grandit à l'orient et à l'occident et la divinité protectrice des jeunes nationalités n'a jamais cessé un instant de lui prodiguer ses faveurs ».

Le mouvement des importations et des exportations des dernières années accuse les résultats suivants :

Importations, année 1907, 124 661 089 francs; année 1908, 130 150 642 francs; année 1909, 160 429 624 francs.

Exportations, année 1907, 125 594 697 francs; année 1908, 112 356 997 francs; année 1909, 111 433 683 francs (1).

La superficie du territoire bulgare est de 96 300 kilomètres carrés et sa population atteignait, en 1905, 4 095 600 habitants.

La forme du gouvernement est la monarchie constitutionnelle. L'assemblée nationale se compose de 172 députés et la grande assemblée de 350 députés. Le nombre des électeurs dépasse un million. Le territoire est partagé administrativement en 12 départements (9 pour la Bulgarie du nord, 3 pour la Bulgarie du sud).

Plus de 1 500 kilomètres de voie ferrée le desservent. Parmi les villes les plus importantes :

Sofia actuellement ville de 102 769 habitants, dont le développement prodigieux étonne les visiteurs. « Sofia est littéralement sortie de terre, écrit la duchesse de Rohan dans son charmant livre : *les Dévoilées du Caucase*. Des boulevards furent plantés, des maisons ont surgi, des monuments se sont élevés, le

(1) Bulletin de la statistique du royaume de Bulgarie.

commerce s'est étendu, les usines marchent, tout fonctionne militairement. » Avenues et boulevards se croisent en tous sens, ministères, théâtres, monuments de tous styles et de tous genres s'élèvent sur les places ou dans les jardins publics, l'animation y est extrême.

Ici la cathédrale s'élève auprès du monument de Zocchi « au tzar libérateur », plus loin la mosquée Bojnik-Djami devenue musée. Ailleurs le palais du parlement (Sobranié), puis encore le palais du roi, reconstruit en 1893, si riche en souvenirs. Partout on a l'impression d'un peuple en plein développement.

Philippopoli dont la population dépasse 50 000 habitants, Grecs, Turcs et Arméniens, actuellement la seconde ville de la Bulgarie, est un centre important d'affaires. Varna, Plevna, Widdin, Tirnovo, Choumla, Roustchouk, Silistrie, Sistov.

L'agriculture progresse avantageusement, des institutions agricoles facilitent aux cultivateurs dans des conditions économiques, l'achat du matériel, des semences et du bétail. Les montagnes se couvrent de forêts judicieusement aménagées et les richesses minières les plus variées, cuivre, plomb, zinc, sont mises en exploitation.

La capitale de la Bulgarie est devenue un centre important de slavisme. Au mois de juillet 1910, un congrès slave s'y est réuni. On y comptait 80 délégués russes, 50 Serbes, 50 Tchèques autant de Slovènes et Croates, des Slovaques, des Monténégrins et des Bosniaques. Ce congrès avait pour objet « l'union des Slaves sur le terrain intellectuel, littéraire scientifique et économique ».

Le congrès slave a commencé le 7 juillet. M. Kramarz, Slave-Autrichien, en était président honoraire et M. Bobtcheff professeur de droit à l'université de Sofia, président. M. Kramarz y a d'abord rendu hommage à la situation de la Bulgarie. « Nous sommes heureux a-t-il dit, de voir les fruits de la force et du travail bulgares, c'est là le gage d'un avenir encore plus grand pour ce pays. »

Puis, après avoir fait appel à l'union de tous les Slaves sur le programme adopté au congrès de Prague, M. Kramarz a défini le rôle du congrès. Le congrès de Sofia ne s'occupera que de questions culturales et économiques. Ne pas faire de politique est l'axiome du néo-slavisme. La seule politique possible et utile, c'est de créer la solidarité entre les Slaves qui tiendront leur place parmi les nations non seulement par leur nombre, mais aussi par leurs apports à la civilisation.

« Que tous les délégués se retrempent au sein de la nation bulgare forte et tenace avec la foi et l'espérance dans un grand avenir du slavisme qui doit accomplir sa mission dans le monde. »

Une importante conférence sur la situation culturale de la Serbie a été faite par M. Radoulovitch, délégué serbe, suivie de discours de MM. Zlataroff, délégué bulgare, sur les rapports entre la Bulgarie et les pays voisins, et Bekchterew, délégué russe, sur l'union des Slaves au point de vue agricole et économique. Enfin M. Danaileff, professeur à l'université de Sofia, a traité la situation économique de la Bulgarie et M. Stojanovitch, la situation économique de la Serbie.

Pendant le congrès il y eut de nombreuses expositions, parmi lesquelles il faut citer l'exposition d'agriculture slave, l'exposition industrielle russe, l'exposition de livres russes et un congrès de gymnastique auquel ont pris part 1 700 Sokols (600 Croates, 300 Serbes, 200 Tchèques) et des Younaks bulgares de la région d'Uskub. Le cercle militaire de Sofia leur a offert un banquet qui a terminé le congrès slave. M. Bobtchef a dit à ce banquet qu'en Bulgarie il existe un culte pour la patrie, mais parallèlement avec l'amour pour l'idée slave. « La Bulgarie est petite, mais grande par ses aspirations vers la civilisation; elle est faible, mais forte par ses sympathies slaves; pauvre, mais riche d'amour pour les Slaves. »

Les résolutions prises par le congrès ont été les suivantes : Organisations d'expositions dans les pays slaves. — Publication d'une encyclopédie slave. — Traduction en slave et échange des œuvres littéraires et scientifiques. — Envoi de missions commerciales entre pays slaves. — Envoi de professeurs entre universités. — Union des académies et instituts scientifiques des slaves. — Adoption de la langue russe pour les communications. — Union entre écrivains et artistes des pays slaves. — Union des Chambre de commerce.

L'Indépendance belge (27 juillet 1910) appréciait en ces termes le congrès slave de Sofia :

« Quels que soient les résultats de ces congrès slaves, ces agitations ont une signification dont les suites ne sont pas à prévoir.

C'est le réveil d'une grande nation qui sent s'approcher le temps où elle sera émancipée de la tutelle germanique, pour jouer parmi les nations civilisées le rôle qui lui convient.

« Belgrade et Sofia ont été ces jours derniers les lieux de réunion de leurs frères du Nord et de l'Ouest. Les Sokolistes tchèques, moraves, croates, slovènes, les délégués des sociétés littéraires russes et bulgares se donnent rendez-vous pour se connaître et pour s'entendre, Moscou, Prague, Brunn, Agram, Laibach, Cettigne se donnent la main et fraternisent avec Belgrade et Sofia.

« Il est bien entendu que ce grand mouvement slave et ce pèlerinage vers le Danube et le Vitosch est observé d'un œil bien malveillant du côté de Vienne et de Budapest. Par contre, les sections italienne et portugaise de la ligue latine ont salué le congrès par des télégrammes très chaleureux de sympathie. »

Ce congrès tout pacifique fut suivi d'une excursion dans les Balkans au cours de laquelle M. Goutchcoff, président de la Douma russe, fit entendre une tout autre note : « La nation bulgare n'a pas encore accompli tous ses devoirs. Soyez vaillants et forts. N'oubliez pas que vous ne serez pas seuls. Rappelez-vous l'époque d'il y a trente-trois trois ans. Dieu vous aidera comme il vous a aidés jusqu'à présent. Aimez votre bonne armée qui est une garantie pour votre force et votre succès. »

Patriotiques paroles qui furent d'autant plus appréciées de la vaillante armée bulgare que, dans un toast porté au col de Chipka, M. Goutchcoff déclarait « qu'on ne doit pas oublier que la voie vers la paix doit passer par la guerre ».

Au mois de septembre 1911 une exposition agricole a été organisée à Sofia par les Chambres de commerce de Sofia et de Prague, avec le concours du comité tchèque bulgare. Cette exposition, placée sous le patronage du prince héritier, a été inaugurée par le ministre de l'instruction publique M. Bobtcheff.

Un banquet a eu lieu ensuite et des discours ont été prononcés en l'honneur de l'union de l'agriculture et de l'industrie de l'Autriche-Hongrie et de la Bulgarie. MM. Krizik, président du comité tchèque, Karadjoff, président de l'union des industriels bulgares, ont insisté sur l'importance « de l'activité des industriels et des commerçants pour l'œuvre de l'union des Slaves dont l'exposition constitue une manifestation. »

La présence à ce banquet du ministre de l'instruction publique de Bulgarie et de M. Tarnovsky, ministre d'Autriche-Hongrie à Sofia, en soulignait l'importance.

En France on suit avec grand intérêt ce qui se passe en Bulgarie. Les voyages fréquents en France du roi de Bulgarie ont eu pour heureuse conséquence de créer entre les deux pays un échange de relations sympathiques auquel l'un et l'autre ont sans aucun doute beaucoup à gagner.

Des écoles françaises existent dans un grand nombre de localités bulgares. Leur nombre s'accroît chaque jour. Les plus importantes sont à Sofia, Philippopoli, Roustchouk, Varna. La jeunesse sortie de ces écoles est un très actif agent de l'influence française en Orient.

« L'Alliance française » a des sections dans plusieurs villes de la Bulgarie. A Sofia, la section possède un cercle pourvu très complétement de revues et de journaux français. Des conférences y sont fréquemment faites en français par des hommes éminents, par des professeurs du collège français de Philippopoli et aussi par des diplomates. Il existe une revue franco-bulgare et on parle de la prochaine publication d'un journal en français qui reprendra l'œuvre du *Courrier de Sofia* dont la publication est interrompue depuis quelque temps.

Alors que l'action du souverain parachevait l'organisation intérieure de la principauté, ses nombreux voyages dans les capitales de l'Europe préparaient les puissances aux éventualités d'un avenir qui tout d'abord avait semblé les surprendre quelque peu. Ce furent de continuels séjours à Paris, à Vienne, à Saint-Pétersbourg. En particulier celui motivé par les obsèques du grand-duc Wladimir et cet autre tout récent qui peut avoir pour conséquence l'entente de plusieurs États de la péninsule, à Constantinople même; voyage accompli au retour de Saint-Pétersbourg dont l'importance et la signification toutes spéciales ont été commentées favorablement par la presse européenne.

Les souverains furent reçus à la frontière turque par une mission composée de deux généraux, Ahmed Feizi Pacha et Balih Pacha, de deux colonels, Eumer Faik Bey et Ziah Bey, d'un major, Djemil Bey, du ministre de Turquie à Sofia, Assim Bey et du ministre de Bulgarie à Constantinople, M. Sarafoff.

Le 21 mars leurs majestés le roi Ferdinand et la reine arrivaient à Stamboul. Le sultan les attendait à la gare, accompagné du prince héritier Youssouf Izzeddin effendi, du grand vizir, des ministres des affaires étrangères, de l'intérieur, de la guerre, des travaux publics, du grand maître des cérémonies et des dignitaires de la cour.

Le roi de Bulgarie était accompagné de M. Malinof, ministre, président du conseil, du général Paprikov, ministre des affaires étrangères, de MM. Liaptcheff, ministre du commerce, Markoff, aide de camp général, Dobrevitch chef du cabinet civil, du colonel Savioff, maréchal de la cour, Tchaprochikoff, secrétaire du cabinet royal, général Boteff, aide de camp général, colonel Gostoff, colonel Stoyanoff, capitaine Staneff, capitaine Bogdanoff, attachés à la personne du roi.

Pendant ce séjour à Constantinople, ce ne fut que fêtes, revues et banquets. Le gouvernement jeune-turc faisait ses débuts officiels, le programme en fut heureusement exécuté.

Au retour des obsèques du roi d'Angleterre, le prince héritier de Turquie s'arrêta à Sofia. Le général Fetcheff et le lieutenant-colonel Markoff l'attendaient à la frontière serbe, à Tzaribrod. Arrivé le 11 juin à Sofia, le prince Izzeddin passa le même jour une revue à laquelle prirent part près de 10 000 hommes.

On lit à ce propos dans les journaux bulgares :

Le Mir : « Le prince Youssouf Izzeddin est l'hôte non seulement du souverain bulgare, mais aussi du peuple bulgare qui, dans son immense majorité, désire sincèrement des relations amicales, voire même une alliance, entre les deux pays. Cette politique est dictée par les intérêts vitaux des deux États ; la Bulgarie a, comme nul autre, salué la régénération de la Turquie ; si depuis des fautes furent commises qui causent des déceptions, les deux peuples n'en sont pas fautifs. Les Bulgares, qui pendant des siècles vécurent avec les Turcs, croient que sous les régimes libéraux, sous lesquels la volonté des deux peuples sera respectée, ceux-ci pourront aussi à l'avenir vivre dans les plus amicales relations. »

La Balkanska Tribuna : « Le prince Youssouf Izzeddin verra que le peuple bulgare n'est pas ennemi de la Turquie éprise de la liberté, car celui-ci sait que son sort est lié à l'empire ottoman. »

Le Préporetz : « Les intérêts turcs et bulgares sont liés les uns aux autres, chose non comprise sous Abdul Hamid. La plupart

4

des entrevues antérieures sont éloignées actuellement de l'esprit. La tâche incombant aux deux États voisins est actuellement plus nette et les destinées de la Turquie se trouvent maintenant entre les mains de personnes pourvues de nobles et hautes ambitions. La visite du prince Youssouf Izzeddin contribuera à un haut degré à l'entente et au rapprochement de la Turquie et de la Bulgarie. C'est ce qui précisément rend plus grande encore la joie dont nous saluons son arrivée. Les nobles hôtes se rendent compte des sentiments dont sont animés le peuple et le gouvernement bulgares envers la jeune Turquie. »

Le Don : « Cette visite donne l'espoir d'une amélioration des rapports turco-bulgares. Les Turcs et les Bulgares sont les peuples les plus forts de la péninsule balkanique. Ce sont par conséquent eux qui préserveront la péninsule d'un danger venant du dehors, à la condition toutefois qu'ils combinent leurs efforts en une confiance mutuelle, sans quoi on peut dire que la péninsule ne pourra pas être soudée. Il y a lieu d'espérer que cela sera compris par les sages politiciens dans les États balkaniques. »

Le Retch : « Ces visites entre personnes officielles des deux États voisins contribueront à un rapprochement plus sincère entre les deux nations. C'est uniquement de leur rapprochement que dépendent les futurs rapports entre les deux États. »

Quelques jours après, au colonel Djevad Bey, directeur de l'école pratique d'état-major venu à Sofia remettre des décorations, le prince héritier déclarait que son frère et lui étaient fort touchés de l'attention particulière du sultan à leur égard.

Au mois de juin 1910 le roi et la reine de Bulgarie venaient à Paris. Les souverains bulgares étaient accompagnés du président du conseil, M. Malinof, du ministre des affaires étrangères, M. Paprikoff, du ministre de l'instruction publique, du chef d'état-major général, le général Fitchef, du général Markof, aide de camp, du comte de Bourboulon, grand chambellan, de M. de Clinchamp, de M. de Chévremont. Mme Stancioff, grande maitresse de la cour, Mlles Markoff et Hokanoff composant la suite de la reine. Le service d'honneur français comprenait : l'amiral de Montferrand, le général Goirand, le colonel de La Garenne et le lieutenant-colonel Griache.

Pendant son séjour en France occupé par des galas, des revues et des exercices militaires, le roi Ferdinand sut se concilier les sympathies; son discours à la fin de la manœuvre de Châlons plut à l'armée qui lui en est reconnaissante. « Je tiens à vous exprimer mon admiration sincère pour les superbes manœuvres qui dans ce cadre évocateur de si beaux souvenirs militaires viennent de se dérouler sous mes yeux et dont j'ai suivi avec un intérêt sans cesse renouvelé la brillante exécution. C'est avec joie, croyez-le, que j'ai constaté une fois de plus l'intelligence, la souplesse, l'ardeur du soldat de France, patrimoine que tant de glorieux aînés lui transmirent et qu'il a conservé avec orgueil.

« Parmi les souvenirs que je garderai précieusement de cette inoubliable journée, au cours de laquelle fantassins, cavaliers, artilleurs rivalisèrent d'entrain, d'endurance, et de tenue, celui des remarquables expériences d'aviation militaire, dont une attention à laquelle je suis très sensible a bien voulu me réserver la primeur, laissera en moi une impression aussi enthousiaste que profonde et durable.

« J'ai entrevu, grâce à vous, quel précieux effort pourront désormais apporter à la tactique moderne les progrès de l'aéroplane, réalisation merveilleuse de tant de savantes recherches et dont le premier honneur revient à la France.

« Mais si mon admiration suit à travers les airs les hardis pilotes qui, pour la gloire du pays, exposent si vaillamment leur vie, elle tient à saluer encore avec une émotion douloureuse ceux à qui la France faisait hier des obsèques solennelles et qui dans les profondeurs marines moururent en modestes et sublimes héros pour la grande idée du devoir. »

Le roi de Bulgarie (alors prince de Bulgarie) était venu à Paris en 1896, accompagné du président du conseil, le docteur Stoïlow, et du colonel Petrow. Il avait visité l'école de Saint-Cyr et avait assisté à une revue à Vincennes. La presse russe a salué en termes sympathiques les résultats de ce dernier voyage à Paris, exprimant l'espoir que la Bulgarie en tirera de grands avantages « qui contribueront puissamment à son développement économique ».

Non moins élogieux ont été à cette occasion les journaux turcs.

Du *Stamboul* (28 juin 1910) :

« On peut dire que Ferdinand de Bulgarie a fait à la France une visite de famille sous la couronne orientale qu'il a forgée lui-même en un dur et patient labeur. Ce petit-fils de Louis-Philippe a toujours su garder une intacte âme française.

« Dès le rude et précaire début de son règne improvisé, Ferdinand vouait à sa patrie nouvelle un loyalisme et une initiative que nulle déception ne devait décourager; la Bulgarie sait aujourd'hui qu'elle doit son indépendance et sa jeune prospérité à ce descendant d'un roi de France venu de Hongrie pour être Bulgare. Et l'opinion française n'a pas oublié que cette œuvre fut réalisée avec une franchise, une bravoure, aussi une sagesse où elle peut retrouver des qualités nationales.

« Le séjour à Paris du tzar Ferdinand, entouré d'un véritable conseil de ses ministres, eut, toutes sympathies à part, un intérêt de politique générale. »

La plupart des journaux français avaient aussi jugé favorablement le voyage des souverains bulgares. « Avant de réaliser son projet de voyage en France, Ferdinand fut à Pétersbourg où il devait son premier témoignage de souverain, puis à Constantinople où il sut heureusement faire acte de conciliation et de consolidation, puis le deuil de l'Angleterre l'appela à Londres. Sa venue à Paris, dégagée de toute signification immédiate et de toute arrière-pensée diplomatique, a consacré l'épanouissement des relations Européennes de la Bulgarie indépendante et facilitera l'expansion économique du jeune royaume... Ni encombrant ni bavard, le Bulgare ne se répand pas en paroles et ne perd pas son temps. Au lieu de gaspiller son fatuatisme, le Bulgare s'exerce au mouvement d'armes et tient sa poudre sèche. L'armée absorbe le quart des dépenses budgétaires. Pendant qu'autour de la Bulgarie des peuples ne peuvent s'entendre sur le choix de la meilleure artillerie, les Bulgares achètent canons sur canons au Creusot. Beaucoup d'officiers français ont fraternisé à Saint-Cyr, à l'École de guerre, dans les régiments, avec des officiers de l'armée bulgare. Ils ont conservé de ces relations les meilleurs souvenirs. Ceux d'entre eux comme tous les Français qui ont été en Bulgarie ont pu s'apercevoir de la véritable valeur de cette armée et ont trouvé près des officiers bulgares l'accueil le plus fraternel. Mais c'est l'honneur et la force du tzar Ferdinand qu'on puisse aujourd'hui le féliciter d'une double victoire personnelle et nationale dont l'audace sut rester pacifique.

« Longtemps le péril bulgare fut justement considéré comme la plus menaçante des obsessions orientales; Ferdinand a supprimé le péril bulgare, d'abord au profit de la Bulgarie, puis à celui de la paix européenne.

« Ce prince très militaire et qu'on tint pendant vingt ans pour un fauteur de guerre est l'artisan d'une conciliation positive et d'une paix réaliste en Orient. C'est, entre tant d'autres raisons qui lui valent les sympathies françaises manifestées ces jours-ci, un privi lège jusqu'ici sans concurrence et un exemple qui ne devrait pas demeurer unique.

« L'impression produite à Paris a été excellente. « La tête énergique et intelligente » du roi de Bulgarie ne pouvait manquer d'ailleurs d'être sympathique à la foule et les sentiments professés à notre égard par le souverain le rendent digne de cette sympathie (1). »

Au mois d'août 1910 le roi de Bulgarie et le prince Boris se sont rendus à Cettigne à l'occasion des fêtes du jubilé du prince de Monténégro.

Arrivés le 21 août, ils assistaient le soir même à un dîner de gala au palais.

« Les relations de la Bulgarie et du Monténégro, a dit dans son toast le prince de Monténégro, n'ont jamais cessé d'être cordiales et pleines d'amour fraternel. Le roi de Bulgarie a agi comme un sage monarque, comme un véritable homme d'État à la tête de son peuple éminent.

« C'est pourquoi je remercie Dieu et la Russie notre grande protectrice, ainsi que le patriotique peuple bulgare. Continuez de répondre, par un fraternel amour, à l'amour que nous éprouvons, nous les Serbes, vos frères les plus proches pour votre nation. Croyez, quoi qu'il arrive, à mon amitié et à mes immuables sentiments de fraternité et de dévouement. »

Sa Majesté le roi de Bulgarie a répondu que l'amitié et l amour fraternel, qui unissaient depuis un quart de siècle la Bulgarie au Monténégro et avaient résisté d'une façon inébranlable à toutes les épreuves et à tous les orages qu'avait éprouvés la péninsule des Balkans, éveillaient en lui le désir de féliciter cordialement et sincèrement le prince Nicolas comme un véritable frère à l'oc-

(1) Journal *la Patrie*.

casion du cinquantième anniversaire de son avènement au trône.

« Qu'il désirait que sa présence à Cettigne demeure la preuve du caractère indissoluble des liens d'amitié unissant les deux peuples et qu'il resterait, en toutes circonstances, l'ami dévoué et fidèle du peuple monténégrin ».

A propos de ce voyage à Cettigne *l'Indépendance roumaine* dit : « La réception solennelle faite au roi Ferdinand à Cettigne ainsi que la cordialité des toasts échangés au dîner de gala ont fait une grande impression dans les cercles politiques de Sofia.

« Il est vrai que dans ces cercles de grandes sympathies ont toujours régné pour le peuple monténégrin, connu pour sa vaillance, mais on ignorait qu'il y eût de pareils sentiments d'intimité entre les deux souverains, étant donné que le Monténégro ne jouait jusqu'à présent qu'un rôle secondaire dans la politique bulgare.

« C'est pourquoi on est enclin à voir dans l'échange extraordinaire d'amabilités, à l'occasion de la visite du roi Ferdinand à Cettigne, une espèce de manifestation politique à l'adresse des Turcs et peut-être aussi des Serbes.

« Quant à des résultats politiques quelconques que cette visite pourrait avoir, on n'en voit aucun, parce que le Monténégro ne pourrait pas jouer un rôle offensif contre la Turquie et que d'ailleurs son vieux souverain ne se laissera jamais entraîner dans une politique d'aventures. Le rapprochement bulgaro-monténégrin n'a donc qu'une valeur académique. »

Les appréciations de la presse admiratrice de la triple alliance, prouvent qu'au contraire le rapprochement bulgaro-monténégrin peut avoir des conséquences très appréciables au point de vue du groupement dans les Balkans.

C'est aussi l'avis de *la Correspondance nationale :*

« Ce n'est pas en vain que le tzar des Bulgares (dont tous les actes s'inspirent d'une politique prévoyante et habile) a voulu donner un témoignage aussi solennel d'amitié au peuple monténégrin et à son roi. Le petit-fils de Louis-Philippe sait que le maintien de la sanglante oppression turque sur les populations chrétiennes des Balkans est dû aux dissensions habilement fomentées et entretenues par le gouvernement de Constantinople entre les États balkaniques. La rupture de ce joug odieux, la délivrance des Serbes, des Bulgares, des Valaques et des Grecs de

Macédoine ne peuvent résulter que d'une entente étroite entre les puissances chrétiennes de la péninsule. »

Quelques jours après, le roi de Bulgarie et le prince Boris arrivaient à Serajevo, capitale de la Bosnie, le prince Benko, adjoint au gouverneur, les attendait à la gare. Après avoir entendu la messe chez les Pères Franciscains, le roi de Bulgarie a visité la ville. Cette visite n'aurait pas été du goût des journaux viennois si l'on en juge par les commentaires de *la Nouvelle Presse libre.*

« Il est bon qu'il (le roi de Bulgarie) ait amené avec lui le prince Boris qui y a appris que la politique d'un roi des Balkans ne peut être exclusive. La Bulgarie a été délivrée par la Russie, mais l'Autriche l'a sauvée de la Russie à Sofia. A côté du monument du tzar libérateur il y a place pour une autre statue, ce voyage aura peut-être fortifié le jeune prince dans la conviction que s'il est utile pour la Bulgarie de se rapprocher de la Russie, il serait dangereux de s'éloigner trop de l'Autriche. »

Au mois de septembre 1910, le cabinet Malinof donnait sa démission. Ce ministère avait déjà été démissionnaire au mois d'avril précédent, mais le Roi l'avait maintenu au pouvoir.

Le *Journal des Débats* disait à l'occasion de cette dernière démission qu'il faut rechercher quelles sont les véritables intentions du souverain, ce qui est une entreprise difficile.

« Ferdinand Ier n'est pas un personnage suivant une ligne droite, où ses évolutions se découvrent aisément. Par nécessité d'abord, par tempérament ensuite, il a pris l'habitude d'osciller alternativement entre les diverses grandes influences politiques qui se font sentir en Europe. Il a une politique essentiellement personnelle, indépendante des divers partis bulgares. Jusqu'ici il a réussi merveilleusement. Il existe en Bulgarie un grand parti qui verrait avec faveur le gouvernement bulgare profiter de toute bonne occasion pour diminuer la Turquie. Si des accès de mauvaise humeur se produisent parfois quand le roi a résisté à des inclinations trop batailleuses, ces accès ne durent guère et la paix est vite faite entre le souverain et les sujets. » Cette démission du cabinet Malinof a donné lieu à de nombreux commentaires de la presse turque, il peut être intéressant d'en rappeler quelques-uns. De l'*Ikdam :* « La seule politique conforme aux intérêts bulgares, c'est de vivre amicalement avec la Turquie et, tout en sauvegardant ainsi les intérêts réciproques des deux parties, de s'employer à maintenir la paix et la tranquillité dans les Balkans ainsi qu'à réaliser l'union balkanique de nature à servir les progrès économiques et sociaux des États de la péninsule.

« Les deux courants d'opinion du monde politique bulgare ont commencé à se heurter davantage depuis longtemps, surtout depuis que l'empire ottoman, entrant dans la voie de la régénération, a fait naître de grands espoirs chez les étrangers. La politique anti-turque suivie à propos de la Macédoine par le Cabinet chauvin des démocrates, jusqu'à ce jour au pouvoir, a eu des conséquences mauvaises et préjudiciables aux intérêts bulgares et a procuré de nombreuses et grandes occasions aux partis politiques partisans de l'union balkanique.

« Ces partis, profitant de toutes les fautes du Cabinet démocrate, ont commencé à critiquer avec raison et violence la politique extérieure bulgare. Il n'est pas une ville, un village, un hameau où nous n'ayons organisé des meetings pour protester contre la politique macédonienne de la Bulgarie et de tous les côtés le mécontentement s'est manifesté contre le cabinet. »

« Bon nombre de journaux reprochaient au roi d'avoir été trop pacifique, dit *le Stamboul*. C'est l'éternel sujet de doléances contre un souverain dont le sens politique très fin échappe à la foule dont les vues patriotiques ne sont pas toujours comprises. Il ne faut pas s'exagérer les conséquences de cette crise. La sagesse du tzar Ferdinand saura amener les solutions raisonnables sans compromettre la paix. »

De même dans la presse française :

« Les Bulgares sont trop pratiques, d'après *le Journal des Débats*, pour ne pas apprécier la valeur de la temporisation de leur roi. Ils peuvent avoir des mouvements d'humeur ou de colère, surtout dans l'armée, mais cela passe. Si Ferdinand Ier croit le moment venu de remanier son Cabinet, ce ne sera pas pour céder à une pression de l'opinion publique, mais pour mieux servir des combinaisons personnelles dont il garde le secret. »

Quelques jours après la démission, le ministère a été reconstitué de la façon suivante :

Présidence, Affaires étrangères.........	M. Malinof.
Guerre..............................	Général Nicolaieff.

Travaux publics....................	M TAKEFF.
Intérieur...........................	M. MOUCHANOFF.
Justice.............................	M. SLAVEIKOFF.
Commerce, Agriculture...............	M. KRESTEFF.
Finances............................	M. LIAPTCHEFF.
Instruction publique................	M. MOLOFF.

Le nouveau ministère était, paraît-il, homogène, purement démocratique. MM. Malinof et Liaptcheff, conformément aux tendances nationalistes, étant partisans d'une politique plus ferme envers la Turquie.

« La démission du cabinet n'avait été acceptée que conditionnellement, dit *le Temps*, le désir connu du roi était de conserver M. Malinof comme président ainsi que la plupart du personnel ministériel. Les circonstances justifiaient cette manière de faire. En effet, depuis son voyage à Constantinople et le rôle actif qu'il joua dans la préparation de la visite rendue au sultan par le roi au mois de mars dernier, M. Danef et les zankovistes sont hors de cause, comme suspects de sentiments turcophiles, les nationalistes le sont également pour des motifs diamétralement opposés. Restent donc les seuls démocrates, parti de juste milieu, mais les principaux de ce parti figuraient déjà dans la précédente combinaison Malinof et les ressources numériques du groupement ne permettaient pas de constituer sans eux une nouvelle équipe gouvernementale... Bref le cabinet Malinof reste au pouvoir, débarrassé des ministres les moins intransigeants. A peine ce remaniement est-il effectué que le roi Ferdinand quitte le pays et se rend en Hongrie.

« Ce voyage doit-il laisser supposer qu'une modification est intervenue dans les rapports du roi et du gouvernement? Est-il exact que Ferdinand Ier, lassé des attaques dont il est continuellement l'objet en dépit des services qu'il a rendus à la Bulgarie, se soit résolu à ne plus exercer sur la politique de ce pays l'influence directrice qu'il a exercée jusqu'alors? Ce serait une force modératrice qui disparaîtrait de l'échiquier balkanique et l'attitude nouvelle du roi Ferdinand nous obligerait à envisager sous un tout autre aspect les événements de la politique intérieure bulgare.

« Dans les cercles de l'opposition, on assure que le roi Ferdinand ne laissera pas non plus les mains libres au nouveau cabinet, au moins en ce qui a trait à la politique extérieure, et qu'il s'opposera aussi à l'avenir à toute tentative du nouveau cabinet de se lancer dans une politique d'aventures ou de prendre une attitude belliqueuse. Le cabinet reconstitué n'est pas en tout cas capable de subsister longtemps. Il permettra cependant au souverain de gagner du temps pour préparer la formation d'un nouveau cabinet qui sera appelé au pouvoir probablement encore ou immédiatement après la session imminente du Sobranié.

« Il est probable qu'un des deux partis : le parti national Guéchoff ou libéral Dr Radoslawoff, sera appelé au pouvoir si le roi Ferdinand ne préfère pas un cabinet d'affaires ou de transition. Ces deux partis sont nombreux. Le premier assurerait une politique calme et constante aussi bien à l'intérieur qu'à l'extérieur. Le second passe pour énergique, voire même belliqueux. S'il était appelé, il s'efforcerait sans doute de paralyser les éléments radicaux et socialistes qui ont pris le dessus sous le régime actuel et constituent un danger flagrant pour l'État et la couronne dans un prochain avenir.

« En ce qui a trait à la politique extérieure, il y a des indices positifs que rien ne serait changé ni sous l'un ni sous l'autre régime. Le souverain bulgare continuera à exercer la plus grande influence sur les affaires étrangères bulgares, quel que soit le régime futur. »

D'après les journaux roumains, la ligne politique du nouveau cabinet resterait à peu près la même, avec un penchant un peu plus accusé vers la triple entente. On croit que le roi continuerait à ne s'engager ni avec l'un ni avec l'autre des groupes de puissances, ne cherchant les amitiés que suivant les nécessités de la situation politique.

La Chambre bulgare (Sobranié) s'est réunie le 28 octobre 1910. Dans le discours du trône le roi a insisté sur ce que la situation de la Bulgarie, comme État indépendant, lui avait imposé le devoir de rendre visite à des chefs d'État. Le gouvernement désirait ces visites constituant un acte de courtoisie ayant en même temps une signification politique. « Dans la capitale de notre grande libératrice et dans celle de la France, brillant champion de la liberté et du progrès, la Bulgarie a été saluée dans ma personne pour ses succès et ses progrès.

« Je dois aussi mentionner l'accueil solennel que j'ai reçu dans la capitale de l'empire voisin et l'accueil brillant et cordial que me firent à Cettigne le vaillant peuple fraternel monténégrin et son souverain. La Bulgarie entretient des rapports excellents avec toutes les grandes puissances. Elle jouit de leurs sympathies si précieuses et si nécessaires pour sa prospérité. Le gouvernement consacrera tous ses efforts à les raffermir et à les resserrer encore davantage. »

Le discours du trône relate ensuite la constitution du cabinet dont le programme reste identique à celui du cabinet précédent, puis il passe en revue les projets qui seront présentés, par le gouvernement, au cours de la session.

La Chambre a élu président le Dr Orahovatz et vice-présidents MM. Kaneff et Ghimidjyski. Le Dr Orahovatz, d'origine monténégrine, a été président du comité central du parti démocratique. Il jouit d'une grande autorité et d'un réel prestige. On disait, lors de l'ouverture de la session, que le gouvernement allait déposer une demande de crédit de quarante-deux millions pour compléter l'organisation et l'armement militaire, que les villes de Plevna, Schumla seraient fortifiées, qu'un crédit de six millions serait affecté à ces travaux de fortification, mais aucun projet de loi dans ce sens n'a été déposé au cours de la session. Quelques jours après, M. Malinoff, président du conseil des ministres, déclarait à la Chambre que la Bulgarie avait toujours eu une politique étrangère nationale et non nationaliste et chauvine. Cette politique n'est pas changée. La Bulgarie doit continuer à être forte, les succès qu'elle a remportés sont dus à sa puissance militaire. « La Bulgarie aujourd'hui n'est pas isolée. Dernièrement elle n'a pas perdu un seul ami. Elle est persuadée d'en trouver de nouveaux. »

Le cabinet a pratiqué et veut pratiquer vis-à-vis de la Turquie un système de concessions, mais il entend rencontrer à Constantinople le même esprit de bonne entente. Une amitié durable et forte entre la Bulgarie et la Turquie est nécessaire. La confédération balkanique ne semble pas possible de sitôt. Les alliances sont superflues, de simples ententes avec un rapprochement des peuples sont suffisantes. C'est dans une telle entente que réside la véritable garantie de la paix en Orient.

L'Agence roumaine qui donne ce résumé du discours de M. Malinoff ajoute. « Le ministre a déclaré que la grande assemblée nationale sera convoquée, mais elle n'aura pas un caractère revisionniste, elle mettra simplement le texte de la constitution en harmonie avec la situation de la Bulgarie comme royaume indépendant. »

MM. le docteur Daneff, chef du parti progressiste, et Guechoff, chef du parti national, ont prôné l'entente de la Bulgarie et de la Turquie. Le député Pocheff, ancien ministre du parti libéral, a parlé dans le même sens. M. Theodoroff, du parti national, a dit que la Bulgarie ne veut pas étendre son territoire aux dépens de la Turquie : « Elle doit favoriser le développement des Bulgares en Macédoine et acquérir les sympathies de l'Europe. »

L'assemblée a commencé, au cours du mois de décembre, l'examen du budget. Il résulte des déclarations du ministre des finances que l'exercice 1909 avait eu un excédent de recettes de 7 millions et que celui de 1910 serait clos avec au moins 2 millions et demi de recettes disponibles. D'après le même ministre la situation financière de la Bulgarie était excellente et son crédit tel, qu'elle devait en profiter pour transformer les emprunts contractés par elle au taux de 6 %. Pour achever les lignes de chemin de fer et les routes, l'État a besoin de 56 millions, aussi de 29 millions pour achat de matériel de chemin de fer. Pour couvrir ces dépenses extraordinaires le ministre estimait qu'il fallait convertir l'emprunt de 1892 et faire une émission de 150 millions.

Le Sobranié s'est aussi occupé, au cours du mois de décembre, de la proposition de mise en accusation des anciens ministres des cabinets Rakho Petrof, Dimitri-Petrof, Goudéf qui ont exercé le pouvoir entre le 5 mai 1903 et le 16 janvier 1908. Une enquête préparatoire ayant été faite par une commission parlementaire, l'assemblée a entendu les explications des anciens ministres appartenant au parti stambouloviste. Le député Kraeff a développé les accusations formulées contre les anciens ministres.

M. Chichmanoff a justifié son administration dans l'affaire de la suspension de la loi sur les fonctionnaires, qui lui était reprochée. M. Petroff a facilement établi que les dépenses engagées par lui, en 1903, avaient été motivées par les dangers exceptionnels que faisait courir en ce moment à la Bulgarie l'attitude de l'empire ottoman, ces dépenses ayant été ultérieurement approuvées par le parlement, sa responsabilité ministérielle était complètement dégagée. M. Savoff a déclaré s'être conformé en toutes circonstances aux lois et règlements. S'il y a eu quelques fautes commises, elles sont légères, imputables à l'inexpérience de fonctionnaires ou d'agents, mais n'engageant en aucune façon la responsabilité des ministres.

M. Ghenadieff a pris la parole ainsi que le président du conseil, M. Malinoff, après quoi la motion Kraeff ayant été adoptée, la Chambre a procédé à l'élection d'une commission de douze membres pour faire une enquête et fournir un rapport sur les faits allégués contre les anciens ministres.

La Chambre s'est ensuite séparée jusqu'au 10-23 janvier. Au commencement du mois de février le gouvernement a fait le dépôt au Sobranié d'un projet de convocation d'assemblée nationale ayant pouvoir de modifier partiellement la constitution.

D'après ce projet, les cours martiales ne pourraient juger en temps de paix que les militaires en activité pour infractions militaires; le roi pourrait conclure avec les États des traités qui ne seraient pas soumis au parlement lorsque l'intérêt du pays l'exigerait; cette faculté ne concernerait pas les traités de commerce ni ceux relatifs aux droits individuels des Bulgares; le mandat des députés serait de quatre ans au lieu de cinq; la session annuelle du Sobranié aurait une durée de quatre mois au lieu de deux; le cabinet pourrait avoir un ministre sans portefeuille et des sous-secrétaires d'État; la succession au trône serait affirmée dans la descendance masculine du roi Ferdinand.

Les débats du projet du gouvernement ont commencé le 11 février. Le président du conseil, M. Malinof, a défendu le projet. Il s'est prononcé contre le vote obligatoire et a dit qu'il n'y avait pas à craindre que l'assemblée nationale cherche à s'ériger en constituante. Le Sobranié a ensuite voté à l'unanimité la convocation. Une commission de vingt membres a été nommée pour l'examen du projet de loi. Cette commission comprenait le président et les vice-présidents de l'assemblée, MM. Guechoff, Daneff, Mirski, Pecheff, Bacheff, Mileff, Draguieff, Christoff, Angeloff, Madjaroff, Samardjieff, Petroff, Ticheff, Dogramadjieff.

Le parti social-démocratique était opposé au projet de loi; les nationalistes, les libéraux nationalistes (stamboulovistes), les libéraux (radoslavistes), les libéraux progressistes y étaient favorables.

Au cours du mois de mars le cabinet Malinof a remis sa démission au roi. La revision constitutionnelle semble avoir été la cause de cette démission. M. Malinof a dit à plusieurs reprises, dans des discours prononcés dans des réunions publiques, qu'il s'était retiré pour que le souverain eût la possibilité d'appeler au pouvoir le gouvernement le plus indiqué. « La politique du parti démocratique dirigé par M. Malinof, dit *le Journal des Débats,* était de nature à inquiéter le souverain à la veille des élections à la grande assemblée nationale.

« Sous le ministère Malinof, l'influence des éléments syndicalistes et avancés a pris une extension remarquable. Dans ces conditions les élections générales auraient pu amener au grand Sobranié un trop grand nombre de députés imbus d'idées antidynastiques. D'autre part le résultat des récentes élections municipales, quoique interprété dans des sens différents par les partis, ne semble pas avoir été un succès pour le ministère. M. Malinof s'est donc retiré d'une part parce que le roi désirait sa retraite, d'autre part parce que le moment semblait venu pour les autres partis d'arriver au pouvoir. »

La crise ministérielle a été de courte durée. Quelques jours après la démission du cabinet Malinof, le nouveau ministère était constitué de la façon suivante :

Présidence, Affaires étrangères	M. GUECHOF.
Guerre	Le général NIKIPHOROF.
Intérieur......................	M. LUDSKANOF.
Finances.......................	M. THEODOROF.
Travaux publics................	M. FRANGHIA.
Instruction publique...........	M. BOBTCHEF.
Justice	M. ABRACHEF.
Commerce	M. CHRISTOF.

Ce ministère comprend trois nationalistes, MM. Guechof, Bobchef, Theodorof, et cinq progressistes.

Aucun des partis n'étant assez fort pour prendre seul le pouvoir et être assuré d'une majorité de gouvernement, une coalition de nationalistes et de progressistes zankovistes était indiquée.

Le chef des progressistes, M. Danef, fut chargé de former le ministère.

« Partisan résolu de la politique de concentration avec les nationalistes, il a aussitôt offert à M. Guechof d'entrer avec plusieurs de ses amis dans le ministère. M. Guechof a décliné l'offre non parce qu'il était hostile à la coalition proposée, mais parce qu'il voulait présider lui-même à sa formation. M. Danef s'est alors effacé et M. Guechof a été à sa place chargé de la constitution du cabinet. »

On estime généralement que le nouveau ministère est partisan de la paix dans les Balkans et qu'il s'efforcera de maintenir les relations les meilleures avec les peuples de la péninsule.

Dans sa déclaration le nouveau ministère a exposé que l'accord entre le parti nationaliste et le parti progressiste auquel le ministère doit sa constitution est le gage d'une alliance durable entre les deux partis qui finiront par ne plus en former qu'un seul. Les élections de la grande assemblée qui se prononcera sur les modifications à apporter à la constitution auront lieu prochainement.

Le gouvernement a l'intention de créer les tribunaux administratifs, il étudiera les moyens d'organiser la représentation proportionnelle.

Le gouvernement reste partisan convaincu de la paix. Il maintiendra les relations les plus amicales avec les grandes puissances et avec les États voisins avec lesquels la Bulgarie a tant d'intérêts communs.

Quelques jours après, à Roustchouk, le président du conseil renouvelait ses déclarations pacifiques.

« Nous sommes des partisans ardents de la paix, nous voulons entretenir des relations amicales avec toutes les puissances et particulièrement avec nos voisins auxquels tant d'intérêts communs nous lient. Et nous le voulons non pas pour plaire à telle puissance ou à tel groupe de puissances, mais parce que les intérêts vitaux du royaume et des Bulgares hors du royaume nous imposent cette attitude et vu le désir général de paix et les incertitudes et les dangers d'une guerre. La politique que nous voulons pratiquer est la seule possible. Désirant sincèrement que cette politique devienne la politique permanente de la Bulgarie, nous espérons que la Turquie facilitera notre tâche et qu'elle répondra à notre appel pour écarter les causes de malentendus entre nous et les motifs pouvant amener une excitation de l'opinion publique.

« Aucun gouvernement dans un pays parlementaire ne peut lutter contre l'opinion publique. Ce sera un grand malheur si notre politique échoue sous la pression d'une opinion surexcitée (non pas par nous), car là où nous ne réussirons pas, il ne se trouvera guère un autre gouvernement qui réussisse.

« Nous voulons fortifier les relations amicales que nous entretenons si heureusement avec nos voisins la Roumanie et la Serbie ainsi qu'avec la Grèce et le Monténégro, inspirés que nous sommes non pas par des souvenirs historiques ou des services rendus, mais par les meilleurs sentiments d'intérêts communs et de voisinage. »

Les élections législatives qui ont eu lieu au mois de juin 1911, le 5-18, ont été un magnifique succès pour la politique du roi de Bulgarie. Ont été élus 355 gouvernementaux et 60 membres de l'opposition (agrariens, socialistes, radicaux, stambouloviste et démocrates).

Le 21 juin, l'ouverture de la grande assemblée nationale a été faite par le roi en présence des missions diplomatiques et des ministres. Dans le discours du trône le roi a dit qu'il avait convoqué l'assemblée conformément à la Constitution pour délibérer sur des propositions de modifications à la constitution, rendues nécessaires par la déclaration d'indépendance de la Bulgarie.

Le roi a exprimé l'espoir que les travaux de l'assemblée seraient inspirés par le génie de la Bulgarie qui a toujours veillé sur ses espoirs et l'a soutenu sans défaillance, même dans les années des plus cruelles épreuves, génie auquel est due la renaissance bulgare et la nouvelle vie politique de la patrie.

M. Daneff, chef du parti progressiste, a été élu président par 321 voix contre 73.

La grande assemblée a voté à une grande majorité toutes les modifications de la constitution qui lui étaient proposées.

Le 22 juillet le roi a clôturé la grande assemblée par un discours du trône.

« Appelés à vous prononcer sur les modifications de la constitution, proposées par le quatorzième Sobranié ordinaire, vous avez accompli une grande œuvre historique d'une façon répondant entièrement à l'attente du peuple bulgare. Convaincu que les modifications votées par vous contribueront puissamment à la prospérité et au bien-être de la patrie, je vous félicite cordialement de l'heureux achèvement de votre mission et vous souhaitant un heureux retour à vos domiciles, je déclare la grande assemblée nationale close. »

Les députés firent une ovation chaleureuse au roi avant de quitter la salle.

Une nouvelle période électorale a commencé immédiatement après la dissolution de la grande assemblée, pour la nomination des députés au parlement.

Les partis sont nombreux en Bulgarie.

Au lendemain de la guerre d'indépendance 1878-1879, deux groupes, conservateurs et libéraux, se constituèrent. Le parti conservateur disparut au bout de peu de temps et le parti libéral qui avait pour chefs MM. Zankoff et Karaveloff se divisa en 1882 en parti zankoviste (russophile) et parti karaveliste.

En 1886 Stambouloff forma le parti stambouloviste (russophobe), le docteur Radoslavoff le parti radoslaviste, puis en 1886 Stoïloff le parti stoïloviste.

Depuis lors d'autres groupements, les agrariens, les socialistes, les corporations se sont encore constitués.

Le correspondant de Bulgarie du journal le *Stamboul* définit ainsi la situation des partis en Bulgarie :

1° Le parti national (narodna-partia) ayant pour chef Yvan-Evstr-Guechoff et pour organe le *Mir*. Ce parti a gouverné depuis le 18 mai 1894 jusqu'au 18 janvier 1899;

2° Le parti progressif-libéral ou progressiste (zankoviste) avec M. le docteur Daneff pour chef, et organe, le journal *Bulgaria*. Il a été au pouvoir de 1901 à 1903;

3° Le parti libéral (liberalna-partia), *aliàs* radoslaviste, ayant pour chef le docteur Radoslavoff, et pour organe, *Norodni-Prava*. Il a gouverné du 18 mai 1894 au 14 novembre 1894 en coalition avec les nationaux (norodniaks); du 20 janvier 1899 jusqu'à la fin de la même année, le parti libéral est resté homogène au pouvoir;

4° Les norodno-liberali ou stambouloviste ayant eu comme chefs d'abord Stambouloff, puis Petcoff et maintenant le docteur Nicolas Ghenadieff, et pour organe, *Nov-vek*. Ce parti a gouverné de 1886 à 1894; de 1903 à 1908;

5° La fraction des norodno-liberali avec pour chef le docteur Gateff, et organe, le *Sooboda ;*

6° Le mlado-liberali, fraction des radoslavistes, avec chef, le docteur Touttcheff, et organe, *Svobodno-Slovo;*

7° Démocrates (ou karavelistes), chef Alexandre Malinoff, organe *Préporetz*. Ceux-ci ont gouverné de 1880 à 1881 avec Karaveloff; de 1884 à 1886 avec Karaveloff en coalition avec les zankovistes; du 16 janvier 1908 au 16 mars 1911 avec Malinoff;

8° Radical-démocratie, fraction des démocrates, chef, M. Tzanoff, et organe, *Démocrat;*

9° Social-démocratie dont le programme se rapproche du parti de la bourgeoisie, avec chef Yanko-Sakizoff, et organe, *Rabotnitcheska-Borba;*

10° Tesni (socialiste) ou socialistes conservateurs avec un programme purement socialiste se rapprochant du communisme, avec chef Blagoeff, et organe, *Rabotnitcheski-Vestnik;*

11° Zemledelthcesky-Soyauz ou union agraire avec chefs Draghieff et Stamboulinski. Organe, *Zemledeltchesko-Znanié;*

12° Blok économique ou union des diverses corporations (esnafs) et des petits commerçants.

Enfin nous avons un treizième parti sans grande importance, c'est celui des socialistes extrêmes, proletarii.

La campagne électorale a commencé, au mois d'août, par des discours prononcés à Plevna par M. Guechoff, président du conseil, et par M. Ludskanoff, ministre de l'intérieur.

Le programme du gouvernement comprenait la création de tribunaux administratifs, l'impôt sur le revenu, la représentation proportionnelle, la préparation des lois ouvrières, la réforme de l'armée, le perfectionnement de l'enseignement, la création de chambres d'agriculture, le statut des fonctionnaires.

Le succès du gouvernement fut complet : 190 gouvernementaux furent élus sur 213 mandats. Les partis démocrate, agraire et socialiste étant complètement battus.

Le 28 octobre le Sobranié a commencé ses travaux.

Le roi a insisté, dans le discours d'ouverture de la session du parlement, sur les changements apportés récemment à la constitution qui donneront à la Bulgarie une nouvelle activité commerciale et économique. Les relations amicales entretenues par la Bulgarie avec les autres nations ne cessent de s'affirmer. La Bulgarie a prouvé qu'elle était en situation de vivre sur le pied d'égalité avec les autres États civilisés.

Depuis l'arrivée au pouvoir du parti jeune-turc, le nationalisme ottoman n'a cessé de provoquer la Bulgarie, qui, consciente de sa force, n'est pas disposée à souffrir indéfiniment ces attaques.

« Comment, dit la *Correspondance nationale*, ce peuple jeune et guerrier ne ressentirait-il pas les provocations ottomanes? Comment ne serait-il pas tenté de saisir l'occasion pour achever l'œuvre commencée il y a trente-deux ans, en affranchissant d'un joug odieux ses frères de Macédoine? Par malheur, les rivalités entre les diverses races chrétiennes sont telles dans la péninsule, qu'une guerre turco-bulgare se compliquerait infailliblement d'autres conflits.

« Ainsi tout dépend de la sagesse bulgare. Mais cette sagesse est garantie à l'Europe par une institution et par un homme. La monarchie et Ferdinand Ier peuvent conjurer le péril. »

On a prétendu qu'à Athènes on considérait comme très désirable une entente avec la Bulgarie. Des pourparlers, dans ce sens, auraient même été ébauchés. Par ailleurs, MM. Patchow, Stancevitch et Trafkovitch qui sont venus de Serbie en Bulgarie pour préparer un accord économique, n'ont rien tenté au point de vue d'une alliance politique entre la Bulgarie et la Serbie. Peut-être l'accord économique préparerait-il l'alliance politique ultérieure. Ils ont reçu à Sofia le meilleur accueil.

Une banque serbe-bulgare va être fondée, des musées commerciaux vont être créés à Sofia et à Belgrade. Mais il n'a pas été possible d'aller plus loin pour l'instant, à cause de la situation en Macédoine où l'élément bulgare n'a pas admis jusqu'ici que les Grecs et les Serbes y avaient des intérêts équivalents. A l'heure où la Turquie s'épuise en querelles politiques l'occasion n'est-elle pas tentante?

Les recommencements de l'histoire, dit M. de Vogüé, ont ramené un tzar bulgare sur les crêtes du Rhodope, de nouveau attentif, dangereux comme il y a mille ans. L'indépendance qu'il vient de conquérir sur son territoire borné ne peut être pour lui qu'une étape et le dernier accord une trêve. Des frères de race l'appellent qui attendent impatiemment leur réunion au jeune royaume dans ces vallées de la Struma, du Kara-Som, de la Maritza où il peut jeter en quelques jours 150 000 hommes des meilleures troupes qu'il y ait et des mieux pourvues en artillerie.

Dernièrement, en Bulgarie, l'opinion publique avait paru moins hostile à un rapprochement avec la Turquie.

D'après *le Courrier européen* (1) :

« Les nationalistes eux-mêmes expriment le souhait de voir par une entente durable et sincère entre la Turquie et la Bulgarie se réaliser le maintien des bonnes relations amicales entre les deux pays et la fin des troubles dans les Balkans. En cela ils sont du même avis que les socialistes. Il n'en est pas de même du professeur Miletitch, leader du parti radical bulgare et savant très connu. M. Miletitch est naturellement partisan d'une politique pacifique, mais il recommande à son pays de se rallier à la politique des grandes puissances de la triple entente dont fait partie la Russie : ainsi seulement la Turquie se verrait obligée de tenir tous ses engagements en ce qui concerne la question macédonienne dont, selon M. Miletitch, il n'existe qu'une solution possible, l'administration autonome des trois vilayets. Le parti démocrate, qui gouverne actuellement, demande, avec l'union économique réciproque de tous les pays balkaniques, la fédération sur une large base politique. Il est vrai que certains membres du parti démocrate croient au contraire que la Macédoine ne pourra jamais atteindre son idéal d'affranchissement complet que par la force des armes. Les stambulowistes sont plus pacifiques : leur chef, M. Ghennadieff, affirme avec éloquence que la Bulgarie n'a pas de protections guerrières, mais que la tâche principale de sa politique étrangère doit consister à réclamer, en faveur des Bulgares de Turquie, le développement libre de leur culture nationale. »

La nouvelle d'une alliance turco-roumaine lancée par un journal français le 17 septembre 1910 avait produit une grande impression en Bulgarie.

Le journal *le Dewnik* croyait à cette alliance.

La *Vecerna Pochta* avait confiance dans l'armée bulgare. L'armée est forte et les réserves de soldats sont inépuisables. « Les anciens tzars bulgares ont donné de réelles leçons à leurs adversaires, en les écrasant soit séparément soit ensemble. Nous sommes

(1) L'avenir des relations bulgaro-turques, 10 décembre 1910.

sûrs que la nouvelle conspiration subira le même sort. »

Les partisans de la suprématie russe étaient satisfaits de cet événement de nature à jeter la Bulgarie dans les bras de la Russie. Dans la sphère gouvernementale, au contraire, on était très rassuré sur les suites de l'accord.

Le journal *Préporetz* envisageait la situation avec un grand calme.

« Nous sommes, disait-il, les adversaires de toute alliance entre des États balkaniques contre un État voisin, car nous sommes des partisans sincères de la paix. Ceux qui supposent que la paix en Orient pourrait être consolidée par une entente comme celle que l'on supposait entre la Roumanie et la Turquie se trompent profondément; une entente de cette nature, au lieu de consolider la paix, pourrait l'exposer aux plus graves dangers.

La campagne de presse occasionnée par l'annonce d'une alliance roumaine turque a rapproché la Bulgarie et la Serbie.

Le *Samou-Prava,* journal serbe, a défendu énergiquement le roi de Bulgarie contre ceux qui prétendaient que l'alliance était le résultat de sa diplomatie trop fluctuante. De telles attaques, disait ce journal, sont aussi contraires aux intérêts de la Serbie qui sont étroitement liés à ceux de la Bulgarie et des autres peuples des Balkans.

Le *Préporetz,* journal bulgare, se déclarait très touché des sentiments du peuple serbe.

« Il est curieux de constater à cette occasion, ajoutait le journal bulgare, la désillusion de tous à l'égard de la Jeune-Turquie. Même ceux qui se prononçaient pour une confédération des États des Balkans avec le concours de la Turquie, considérant cette solution comme la seule avantageuse pour l'avenir et l'indépendance de ces États, sont complètement désillusionnés.

« Les chrétiens de Turquie seront opprimés plus que jamais. La Jeune-Turquie, forte de l'appui des puissances centrales, restera impassible et arrogante devant les réclamations des populations chrétiennes. Une quadruple entente s'impose entre la Serbie, la Bulgarie, la Grèce et le Monténégro.

« Pour contrecarrer les prétentions des puissances centrales et surtout celles de l'Autriche-Hongrie ainsi que pour combattre l'intolérance de la Turquie dont le constitutionnalisme et les libertés proclamées ne sont appliquées qu'aux Turcs seuls, il n'y a que cette entente des États chrétiens, protégés dans leurs droits légitimes d'existence et d'indépendance par la Russie et les puissances occidentales, la France et l'Angleterre. » M. Lioptchef, ministre des Finances, attendait avec calme les événements : « Nous savions depuis longtemps qu'une entente d'intérêts existait entre la Roumanie et la Turquie, mais nous ignorions la convention militaire conclue entre les deux États. Rien dans notre attitude ne justifierait de pareilles précautions. Contre la Roumanie nous n'avons aucune hostilité. Quant à la Turquie, ce que nous réclamons d'elle, c'est uniquement une administration sage et équitable de la Macédoine. Il y a deux ans, sur les conseils de l'Europe, nous nous primes à avoir confiance dans le régime Jeune-Turc et nous attendîmes de lui justice et humanité à l'égard des populations chrétiennes, mais nous attendons encore.

« Non seulement les Jeunes-Turcs se sont aliéné les populations chrétiennes, mais ils sont tombés dans l'erreur que les Vieux-Turcs avaient toujours évitée.

« Quel sera l'effet auprès des populations frappées du programme répressif alors qu'il sera mis à exécution? C'est ce que nous ne pouvons pas prévoir, mais évidemment une telle déception peut causer chez nous des répercussions très graves.

« Le fait d'une entente entre la Turquie et la Roumanie ne nous empêchera pas de garder notre sang-froid, car la Bulgarie doit son indépendance à son effort personnel, mais elle doit aussi son existence à la volonté de toutes les puissances qui ont reconnu qu'elle constitue une nécessité politique en Europe. Donc les changements dans les groupements ou les influences qui existent entre les grandes puissances ne sauraient, pour nous, influer sur l'existence de la Bulgarie dont toutes sont solidairement garantes. »

« Une convention militaire turco-roumaine ne serait en effet, dit M. Pinon dans *la Revue des Deux Mondes*, que la traduction écrite de la politique qui engage dans un même système la triple alliance et avec elle la Roumanie et jusqu'à un certain point la Turquie. Le roi Carol ne s'accommoderait pas aujourd'hui de la neutralité que Bratiano et Kogalniceano demandaient pour la Roumanie au congrès de Berlin.

« Sur les confins de la péninsule balkanique, il se regarde comme la sentinelle avancée de la triple alliance et du germanisme. L'Allemagne, dont l'influence est si forte aujourd'hui à Constantinople, ne peut qu'être favorable à une alliance militaire entre la Turquie et la Roumanie. »

La Libre Parole avait annoncé à cette occasion que l'Italie et la Bulgarie se seraient mises d'accord sur le règlement des questions balkaniques et que la Grèce et la Russie participeraient à cet accord. *La Libre Parole* a publié à ce propos une communication d'un diplomate bulgare faite à un patriote albanais, M. Nicolo Martinaï.

« L'accord turco-roumain, réalisé depuis six mois, n'a pas eu un grand écho dans la presse italienne, et cependant cet accord constitue une menace d'une gravité particulière contre l'Italie aussi bien que contre le groupement franco-russo-anglais.

« C'est précisément en raison de cette gravité que la presse italienne a reçu le mot d'ordre d'attendre les choses; car si la situation avait été connue dans sa réalité, le peuple italien tout entier se serait soulevé d'indignation et aurait mis le gouvernement en demeure d'agir.

« Mais le gouvernement italien lui-même n'a pas perdu de temps à défendre les intérêts lésés de la nation. Il commença immédiatement des négociations secrètes en vue de balancer l'accord turco-roumain par un accord italo-bulgare.

« La rencontre du roi d'Italie à Cettigne avec le roi de Bulgarie n'a pas été fortuite. Le jubilé monténégrin était une excellente occasion pour que cette rencontre ne fût suspecte à personne.

« Le roi Ferdinand était déjà à ce moment au courant de l'accord turco-roumain, c'est même ce qui explique son attitude de prudence que son peuple trouvait excessive; la presse bulgare reprochait déjà et reproche encore à son souverain de ne pas marcher sans plus attendre sur Salonique et sur Constantinople. Mais Ferdinand savait bien le danger qu'il courrait dans ce cas. Victor-Emmanuel de son côté n'avait pas oublié l'attitude de l'Autriche à son égard lors de l'annexion de la Bosnie-Herzégovine. Il était également au courant des conventions intervenues entre la Roumanie et la Turquie qui coupaient court à ses visées sur l'Albanie, terre italienne, et pouvaient même plus tard menacer sa frontière nord-est.

« Les deux souverains comprirent immédiatement à quel point leurs intérêts se rencontraient et ils ébauchèrent un projet d'accord dont ils arrêtèrent les grandes lignes.

« Les négociations se continuèrent à Rome entre le cabinet italien et le ministre bulgare, diplomate très fin, d'intelligence alerte qui ne tarda pas à les mener à bien. Il y eut entre lui et le marquis de San Giulano une série d'entretiens tellement répétés que les autres ambassadeurs s'en inquiétèrent, mais il était trop tard et la convention était signée. »

L'armée bulgare s'est révélée pendant la guerre de 1877-1878, au cours de laquelle les volontaires bulgares se sont signalés, sous les ordres de Gourko, à la passe de Schipka, autour de Kazanlik et partout où ils se sont rencontrés avec les Turcs. Les mêmes qualités militaires se manifestèrent pendant la guerre contre la Serbie, alors que le général Pétroff entraînait ses bataillons jusqu'aux portes de Belgrade.

L'armée bulgare est devenue de nos jours une force imposante. Organisée tout d'abord en vue de la défense du sol national contre les agressions toujours à redouter du côté de la frontière turque, elle est maintenue constamment en haleine par les perpétuelles modifications politiques qui se produisent dans la péninsule. Agitations causées tantôt par la question macédonienne, tantôt par les revendications grecques, tantôt par les empiétements de l'Autriche au delà de la Bosnie et de l'Herzégovine, agitations qui peuvent faire surgir à tous moments des conflits armés où la voix de la Bulgarie doit pouvoir être écoutée. Si, du côté de la Turquie, l'unique préoccupation a été pendant longtemps de se défendre, les événements paraissent pouvoir devenir facilement tels qu'une intervention armée devienne nécessaire.

Les Jeunes-Turcs envoient assez légèrement des ultimatums, si l'on en juge par leurs procédés, à l'égard de la Grèce, au sujet de la question crétoise et par les incidents du désarmement en Macédoine et en Roumélie. L'armée bulgare ne paraissant pas être d'humeur à se laisser intimider, les Jeunes-Turcs agiront sagement en ne dépassant pas trop les limites.

Dernièrement *le Messager d'Athènes* rapportait que « les Turcs auraient fait de grands approvisionnements de vivres, de munitions de guerre et d'effets d'équipement ». Un officier turc aurait dit que

« ces approvisionnements étaient faits en vue d'une guerre prochaine contre la Bulgarie à laquelle les Turcs comptaient infliger cette année une bonne leçon ». Un autre officier aurait encore dit : « Nos ennemis s'efforcent de profiter de nos embarras en Albanie et dans le Yémen, mais la Jeune-Turquie est aujourd'hui si puissante qu'elle n'hésitera pas, si elle le juge nécessaire, à déclarer simultanément la guerre à la Grèce et à la Bulgarie. »

Les Jeunes-Turcs ne doutent de rien. Il ne semble pourtant pas que les ressources financières dont ils disposent soient de nature à légitimer autant d'audace.

La révolte albanaise de 1911 a été une occasion excellente pour la Bulgarie de faire payer cher à la Turquie ses provocations. Le gouvernement bulgare ne s'est pas départi de l'attitude la plus correcte. La guerre italo-turque, qui était une occasion meilleure encore, semble devoir prendre fin sans que la Bulgarie sorte de sa neutralité.

« Il ne manque pas en Bulgarie d'éléments très portés à saisir l'occasion, écrivait au mois d'octobre 1911 M. Georges Scelles dans les *Questions diplomatiques et coloniales*. L'ancien ministre Malinoff, M. Ghennadieff se sont ouvertement déclarés partisans d'une action immédiate en Macédoine. Les circonstances sont, il faut en convenir, singulièrement tentantes. Mais il paraît bien que le ministère, d'accord en cela avec le roi et avec l'Europe, soit décidé à agir loyalement et courtoisement envers la Turquie et qu'en l'absence d'un mouvement irrésistible de l'opinion que l'on ne peut actuellement escompter, mais qu'il faut toujours craindre, il n'y ait pas lieu de prévoir les complications balkaniques que seule l'attitude de la Bulgarie est en état de susciter ou de prévenir.

« On peut, je crois, sans exagération considérer que le cabinet et le palais de Sofia sont les arbitres de la paix et de la guerre dans les Balkans. Ils pourraient sans folie tenter ce que ni la Serbie ni la Grèce qui, en cas d'échec, payeraient seules la note, n'oseront certainement essayer. Et de ce fait les circonstances donnent encore une fois à la Bulgarie un rôle exceptionnel et enviable. »

M. Scelles ajoute que le roi Ferdinand donne ainsi à l'Europe « un gage de sécurité et de sincérité politique qui ne laisse pas que d'être méritoire ».

L'armée bulgare aurait peut-être à elle seule du mal à vaincre l'armée turque, écrit M. de Launay, mais avec une alliance possible ses chances de succès deviendraient très fortes. En tout cas la Bulgarie n'a guère de raison d'être — et tout Bulgare le sait bien — si elle ne prend pas quelques-uns de ces pays sur lesquels elle a des prétentions historiques, et si elle ne se crée pas le débouché rêvé de tout peuple slave vers cette mer, à peu près ouverte, qui est la Méditerranée; l'alliance possible contre le Turc, c'est aujourd'hui, dans la région, la Serbie et le Monténégro. Les pays sur lesquels il y a des prétentions historiques, ce sont la Macédoine et les districts voisins peuplés d'un grand nombre de Slaves encore aux mains de la Turquie.

L'armée bulgare actuelle est organisée en neuf divisions : division de Sofia, de Philippopoli, Sliwno, Choumla, Roustchouk, Vratza, Dubnitza, Saint-Saghora, Plevna.

Sur le pied de guerre elle comprend : *neuf divisions d'infanterie* chacune à deux brigades de trois régiments, deux escadrons de cavalerie, neuf batteries d'artillerie, trois compagnies de pionniers, un bataillon du train, une compagnie sanitaire. *Une division de cavalerie*, seize escadrons, *trois bataillons d'artillerie de forteresse* à trois compagnies, *six batteries d'artillerie de campagne, cinq batteries d'obusiers, un bataillon de pionniers* à cinq compagnies, *un escadron d'escorte (cavalerie) un bataillon de chemins de fer* à quatre compagnies, *un bataillon de télégraphistes* à trois compagnies, *une section d'aérostiers, une section d'automobilistes, six brigades d'infanterie (armée de réserve)*, chacune de deux régiments, *un groupe d'artillerie, une compagnie de pionniers, un escadron de gendarmerie, un régiment d'infanterie de garnison, trois bataillons d'infanterie de forteresse, les milices;* soit au total 375 000 hommes. Il est question d'augmenter de 72 le nombre des compagnies d'infanterie et de 27 celui des batteries d'artillerie.

L'artillerie a des canons Krupp de 86 millimètres, modèle 1898, tirant un schrapnel de 7 kilos avec une vitesse initiale de 465 mètres. Elle possède aussi des batteries de canons de campagne à tir rapide fabriqués par le Creusot.

Ce nouveau matériel est de tout premier ordre et présente beaucoup d'analogie avec le modèle de l'artillerie, système Schneider-

Canet. Un obusier de 12 centimètres, également à tir rapide, est aussi en service depuis plusieurs années. Le fusil bulgare est du système à répétition Manlicher, modèle 1888-1895, calibre 8 millimètres, avec magasin pour 5 cartouches, le même que le fusil autrichien.

La cavalerie a la carabine à répétition, même système et même calibre, du modèle 1890. Le sabre courbé, à fourreau de cuir, est supporté par un baudrier comme dans l'armée russe.

Les officiers se recrutent tant parmi les élèves de l'école militaire nationale de Sofia, ou ceux ayant été dans une école militaire étrangère, que parmi les sous-officiers de l'armée bulgare ayant subi un examen spécial. Les élèves officiers passent à l'école militaire une année dans l'infanterie et une année dans l'arme où ils doivent servir définitivement. Il y a aussi, dans les environs de Sofia, à Kniajevo, une école d'officiers de réserve pour l'infanterie et l'artillerie. Une académie d'état-major et une école supérieure de tir vont être prochainement créées. La hiérarchie des officiers est sensiblement la même qu'en France. L'armée est commandée par des généraux-majors, généraux-lieutenants et généraux en chef.

Le service militaire est personnel, obligatoire. Sa durée est de deux ans dans l'armée active pour l'infanterie et de trois ans pour les autres armes, de sept ou huit ans dans la réserve et de huit ans dans la milice. Les musulmans peuvent, par le versement d'une somme de cinq cents francs, être exempts du service militaire.

La mobilisation très étudiée ne demanderait que douze jours au plus. En quinze jours l'armée tout entière serait à la frontière. Trois camps retranchés, Sofia, Viddin et Choumla, aident à la défense. Il y a aussi des batteries à Varna.

Le ministre de la guerre, le général Nikiforof, a pour chef d'état-major général le général Fitchef.

Les généraux Ivanof, Dimitriyef, Koutintchef sont inspecteurs d'armée. Les généraux Cenof, Dikof, Jankof sont chefs des sections du ministère.

L'armée bulgare, pleine d'ardeur et d'entrain, saisirait avec faveur l'occasion de se signaler et d'inscrire de nouvelles victoires sur ses drapeaux.

Une marine de guerre est en formation. Elle se compose en ce moment de plusieurs avisos, de quelques torpilleurs et d'un certain nombre de petits bâtiments destinés à la surveillance des côtes et de la navigation sur le Danube.

La Bulgarie peut achever en toute tranquillité de s'organiser et de se développer. Son armée la met à l'abri de toute surprise d'où qu'elle vienne et en quelque endroit qu'elle se produise.

QUELQUES CONSÉQUENCES
DU TRAITÉ DE BERLIN

CHAPITRE II

QUELQUES CONSÉQUENCES DU TRAITÉ DE BERLIN

Délimitation de frontières. — Protestations de la Grèce. — Embarras de l'Europe. — Annexion de la Thessalie. — Navigation sur le Danube. — Protection des Arméniens. — Annexion de la Bosnie-Herzégovine. — Macédoine. — En Albanie. — Insurrection de 1909. — Soulèvement des Malissores et Mirdites en 1911. — Nouvelle législation turque sur les églises et les écoles. — Protestations du patriarcat œcuménique. — Convocation d'une assemblée nationale. — Veto du gouvernement. — Entente des patriarcats.

Le traité de Berlin signé, restait à le faire accepter par les principaux intéressés et surtout à en faire respecter les clauses.

La Russie, dépossédée d'une partie des avantages qui lui avaient été concédés à San Stefano, boudait nettement l'Allemagne. Celle-ci s'en consolait en flirtant avec l'Autriche et en 1879 Bismarck signait avec le comte Andrassy un traité d'alliance, rendu public en 1882.

Dès cette époque le chancelier de l'empire d'Allemagne, redoutant la conclusion d'une alliance franco-russe, opposait par avance l'Autriche à la Russie.

Pour mieux asseoir l'influence allemande en Orient les nouveaux alliés avaient tout intérêt à interpréter le traité de Berlin dans le sens le plus favorable à la Turquie.

En Angleterre, le ministère Beaconsfield, tombé à la suite d'élections défavorables, avait cédé le pouvoir à un ministère Gladstone, hostile aux Turcs et favorable à la politique slave. En France, l'armée réorganisée, les finances reconstituées, permettaient à l'opinion de s'occuper à nouveau des questions extérieures.

La protection des chrétiens dans l'Europe orientale allait être désormais assurée par la Russie unie à la France et à l'Angleterre.

Lorsque l'Autriche voulut s'installer dans les provinces dont la garde lui avait été confiée, elle rencontra des difficultés inattendues

Les beys de Bosnie et d'Herzégovine d'origine slave, mais de religion musulmane, utilisèrent merveilleusement, pour la défense de leur sol, les ressources qu'offre un pays montagneux et sans communications.

Les Autrichiens prirent cependant Serajevo et à la fin de 1879 occupèrent le district de Novi-Bazar. Entre temps la Bulgarie se constituait.

En Roumanie la nationalisation des juifs rencontrait l'opposition la plus vive de la part du gouvernement. La France, qui au congrès de Berlin avait par la voix de M. Waddington défendu la libre nationalisation des Israélites roumains, protesta, l'Allemagne et l'Angleterre protestèrent avec elle. Le prince de Roumanie prenait le titre de roi pendant que la Serbie s'érigeait en royaume sous le roi Milan.

La délimitation des frontières, depuis les clauses du traité de Berlin, n'était pas encore assurée et ce n'était pas la partie la moins délicate ni la moins compliquée de la besogne incombant à la diplomatie.

Les Roumains, mécontents d'être dépossédés de la Bessarabie, cherchaient à obtenir toute la Dobrudja à titre de compensation.

Du côté du Monténégro, ce fut bien plus compliqué encore.

L'Autriche occupant Cattaro qui est le débouché naturel du Monténégro du côté de la mer, les puissances lui avaient attribué, au sud de l'extrémité de la province autrichienne d'Illyrie, le port d'Antivari. Les agrandissements de territoire du côté de l'Herzégovine, concédés par le traité de San Stefano, ne pouvaient être maritimes depuis que l'Autriche ayant pris possession de cette province, le traité de Berlin lui avait attribué en échange quelques districts de la région albanaise. Cette région, très montagneuse, qui s'étend de Scutari au delà de Monastir, est habitée par des populations indépendantes, jalouses de leurs droits, entraînées par des luttes incessantes que les Turcs n'ont jamais pu réduire complètement.

Les Albanais vivent groupés sous une forme féodale en clans, les uns catholiques, d'autres schismatiques, d'autres encore musulmans.

Tous étaient les ennemis héréditaires des Slaves avec lesquels ils étaient en lutte continuelle soit au Monténégro, soit en Macédoine.

Lorsqu'ils apprirent que les puissances avaient attribué au Monténégro une partie de la province de Scutari et de la région voisine, ils formèrent une ligue pour s'y opposer par les armes. Peut-être la Porte n'était-elle pas étrangère à cette résistance des Albanais qui servait si complètement ses intérêts.

Lorsque les Monténégrins voulurent prendre possession des territoires albanais qui leur étaient concédés, ils furent reçus à coups de fusil et l'Europe dut s'en mêler.

Le port de Dulcigno fut attribué au Monténégro en échange des territoires que les Albanais prétendaient conserver et une flotte internationale vint croiser dans les eaux de ce port pour permettre au prince de Monténégro de l'occuper.

La Turquie, après bien des hésitations, consentit enfin à abandonner Dulcigno.

L'affaire à peine arrangée au Monténégro, survenaient de nouvelles difficultés du côté de la Grèce.

Les premières limites de la Grèce ne correspondaient plus à la situation nouvelle. Ce pays qui ne comprenait que l'Attique, la Béotie, l'Acharnanie, la Morée et l'Éolie réclamait impérieusement l'annexion de la Thessalie et de l'Épire. La Thessalie à l'est de la chaîne du Pinde a pour capitale Larissa, l'Épire à l'ouest de cette chaîne a pour capitale Janina.

Bien que la Grèce n'eût pas pris part au mouvement insurrectionnel de 1876 contre les Turcs, elle crut le moment venu de faire valoir ses droits sur la Thessalie et l'Épire au moment de la signature du traité de San Stefano et envahit ces deux provinces.

Au congrès de Berlin les délégués grecs réclamaient toujours l'annexion de la Thessalie et de l'Épire, mais cette fois ils ajoutaient celle de l'île de Crète. La France et l'Angleterre ayant soutenu ces prétentions, le congrès invita la Porte à rectifier sa frontière du côté de la Grèce.

La Grèce devait s'augmenter de 17 000 kilomètres carrés du sud des provinces de Thessalie et d'Épire, ayant une population d'environ 500 000 habitants. Le protocole stipulait formellement qu'en cas de non entente entre la Porte et la Grèce, il serait fait appel à la médiation des puissances.

6

Ce fut la source d'une longue suite de polémiques et de tiraillements que la diplomatie n'a pu encore régler à la satisfaction des intéressés.

« A peine les plénipotentiaires s'étaient-ils séparés écrit le comte de Mouy dans son beau livre *Souvenirs et Causeries d'un diplomate*, que les deux États conviés à s'entendre attestèrent par des manifestations contradictoires les divergences absolues de leur politique. Le cabinet d'Athènes affectait, ce qui était prématuré sans doute, mais fort habile, de considérer la ligne à laquelle se référait le traité, comme désormais sienne, et les pourparlers à suivre avec la Porte, comme une simple formalité. Quatre jours après la clôture du congrès, le gouvernement du roi se déclara prêt à procéder au travail de rectification de la frontière. La Turquie de son côté se hâta de prendre position et publia le 8 août un mémorandum résolument contraire à la conciliation souhaitée par les puissances : ce document net et fier qualifiait sévèrement les prétentions de la Grèce, les déclarait « contraires à tous les principes de droit », refusait de reconnaître l'abandon de l'Épire et de la Thessalie comme une œuvre pacificatrice, maintenait sur ces provinces « heureuses, disent-elles, sous les lois de l'empire » les droits du propriétaire légitime, en appelait à l'Europe elle-même « de l'opinion émise par ses représentants » et repoussait catégoriquement toute annexion comme une faute et une injustice. Les deux adversaires au lieu de préparer l'accord envenimaient les débats. »

Sur les instances réitérées de l'Angleterre et de la France, le gouvernement turc consentit pourtant à envoyer des commissaires à Préveza, sur la côte d'Albanie, pour y conférer avec les commissaires grecs.

Mouktar Pacha, ancien général en chef de l'armée d'Anatolie pendant la guerre de 1877-1878, fut désigné par la Porte comme premier commissaire : il arrivait de Crète où il avait mis fin à l'insurrection par le compromis d'Aleppo qui avait donné satisfaction aux revendications des habitants de l'île.

La conférence de Préveza commença ses travaux au début de l'année 1879. Dès l'ouverture de ses séances les Albanais manifestèrent leur mécontentement et annoncèrent qu'ils s'opposeraient les armes à la main à toute cession de territoire à la Grèce.

Les commissaires turcs et grecs ne s'entendaient guère. Les premiers prétendaient que le congrès de Berlin n'avait émis qu'une simple opinion au sujet du tracé de la frontière, tandis que les autres affirmaient que les puissances avaient pris une décision sur laquelle il était impossible de revenir.

Les commissaires se séparèrent dans le courant de mars sans avoir conclu.

Les pourparlers reprirent à Constantinople au mois d'août et durèrent jusqu'au mois de février 1880. Bien que les commissaires aient été changés de part et d'autre, le résultat fut identique. Pendant toutes ces discussions, en France le ministère Freycinet avait remplacé le ministère Waddington et en Angleterre M. Gladstone et lord Granville avaient succédé à lord Beaconsfield et au marquis de Salisbury. Il en résultait une ligne de conduite moins indécise et beaucoup plus favorable à une médiation des puissances.

Sur la proposition de l'Angleterre une conférence se réunit à Berlin au mois de février 1880.

« Les six puissances signataires du traité de Berlin y étaient représentées. Le prince de Hohenlohe, secrétaire d'État au ministère des affaires étrangères de l'empire, en était le président.

« Chacun des ambassadeurs auprès de l'empereur d'Allemagne représentait le pays qui l'avait accrédité.

« C'étaient le comte de Saint-Vallier, ambassadeur de France, M. Sabourow, ambassadeur de Russie, lord Odo-Russell, ambassadeur d'Angleterre, le comte de Launay, ambassadeur d'Italie, le comte Szechenyi, ambassadeur d'Autriche-Hongrie. Chacune des puissances avait délégué en outre un certain nombre d'officiers, au nombre desquels était pour la France le capitaine de la Ferronnays et le colonel Perrier. Ces officiers, chargés de préparer le tracé topographique de la nouvelle frontière, firent à la Grèce une part quelque peu plus large que celle qui lui avait été assignée par le protocole primitif, ce qui fut immédiatement accepté par la conférence comme entièrement conforme aux décisions du Congrès de Berlin, alors que dans le principe il ne s'était agi que de médiation entre la Turquie et la Grèce; en réalité la conférence avait agi en arbitre.

« Le 25 août 1880 les ambassadeurs des puissances à Constantinople remettaient au sultan une note collective lui faisant connaître les résultats de la conférence, résultats qui ne devaient plus être discutés.

« Les puissances paraissaient décidées à agir, lorsque brusquement tout était remis en question.

« Quelques semaines après, le sultan protestait contre les décisions de la conférence, maintenait son droit absolu d'agir sans aucune intervention pendant que la Grèce annonçait hautement son intention d'occuper les provinces qu'elle prétendait lui avoir été concédées, contractait des emprunts et se préparait à la guerre. L'armée grecque ayant des instructeurs français, alors que l'armée turque était instruite par une mission militaire allemande, le conflit pouvait facilement prendre une importance imprévue.

« L'Europe était de plus en plus hésitante lorsque, à la chute du ministère Freycinet, M. Barthélemy Saint-Hilaire ayant pris le portefeuille des affaires étrangères, un nouveau revirement se produisit dans les chancelleries. On convint alors qu'à la suite de la conférence de Berlin les puissances n'avaient pas entendu agir en arbitres, qu'elles avaient fait seulement une tentative de conciliation et qu'il y avait lieu de confier la solution de la question à l'arbitrage des cabinets médiateurs.

« La Grèce paraissait déterminée à accepter cette proposition. Mais la Turquie refusa net, prétendant que l'affaire ne pouvait être étudiée que chez elle, sous sa direction et avec son contrôle.

« Résolues à en finir à tout prix, les puissances acceptèrent de négocier à Constantinople où leurs ambassadeurs commencèrent aussitôt les pourparlers avec la Porte. Une proposition concertée entre l'Allemagne et l'Angleterre ayant rallié tous les suffrages, il fut décidé tout d'abord que la nouvelle frontière traverserait « les vallées du Calamas en Épire et du Pénée en Thessalie (1). »

Les ambassadeurs « adjugèrent à la Grèce Larissa et Volo; ils établirent à l'ouest la frontière tau halweg de l'Arta, ce qui réservait l'Épire à la Turquie, ils décidèrent le démantèlement des deux places de Préveza qui restait turque et de Punta qui devenait grecque. On ne parla pas de la Crète. Le sultan gardait ainsi Janina et Metzovo, le roi Georges obtenait aussi toute la Thessalie et

(1) Comte DE MOUY, *Souvenirs et causeries d'un diplomate.*

même un fragment d'Épire, le district d'Arta; — la question se trouva de la sorte définitivement réglée (1) ».

La Turquie ne fit pas d'objections, la Grèce, après de bruyantes démonstrations, s'inclina devant une note collective des puissances et le 24 mai 1881 un traité consacrait le nouvel état de choses. Le territoire grec était augmenté de 13 000 kilomètres carrés et la population était accrue de 300 000 habitants.

Par l'annexion de ces nouveaux territoires à la Grèce, des populations chrétiennes avaient conquis l'indépendance, plus heureuses que celles de la Macédoine, dont le sort est encore loin d'être fixé.

La navigation sur le Danube donnait aussi lieu à des difficultés interminables. Les traités de Vienne en 1814 avaient décidé la libre navigation du Rhin et du Danube. Un accord international était survenu pour le Rhin. Mais pour le Danube il n'en avait pas été de même pendant bien des années.

De nombreux obstacles rendaient la navigation fort difficile, surtout sur deux points. Entre Orsova et Turn Séverine, après avoir quitté le territoire hongrois, le lit du fleuve est étroitement resserré entre deux hautes chaînes de montagnes, un contrefort des Balkans, au sud et au nord les Alpes de Transylvanie.

Le courant y est d'une rapidité extrême et la profondeur du chenal peu considérable, le passage entre les écueils et sur les seuils exige la plus grande prudence en même temps qu'une connaissance approfondie de l'étiage. C'est le fameux défilé des Portes-de-Fer, dont la beauté sauvage n'a guère de rivale. D'importants travaux exécutés, il y a quelques années, ont facilité la navigation. Le transbordement sur les allèges n'est plus nécessaire qu'aux plus basses eaux, mais cette amélioration est toute récente.

Un obstacle non moins important existait aux abords de l'embouchure du fleuve. Le Danube se jette dans la mer Noire après avoir traversé d'immenses marécages, partagé en plusieurs bras depuis la ville de Galatz, le bras de Saint-Georges, de Sulina et celui de Kilia.

En raison du volume considérable de ses eaux il charrie de la vase et du sable, masse essentiellement mobile qui l'obstrue inégalement. Il eût fallu des travaux importants et de fréquents dra-

(1) Comte DE MOUY, *Souvenirs et causeries d'un diplomate*.

gages, mais à l'époque, la Russie, puissance limitrophe, n'en avait cure, écoulant facilement ses blés et ne tenant nullement à ce que ceux de la Hongrie et de la Transylvanie pussent arriver à bon compte dans les autres pays. Tout allait de mal en pis sur le Danube, malgré les réclamations continuelles de l'Autriche et de la Hongrie, lorsque, à la fin de la guerre de Crimée, la France imposa à la Russie une réglementation qui faisait défaut. Le traité de Paris stipula que la liberté de navigation sur le Danube serait assurée par de nouvelles mesures.

Le cours du fleuve serait divisé en deux parties. La première depuis l'endroit où il est navigable jusqu'à Isaccha près du delta, la seconde depuis ce point jusqu'à la mer Noire.

Une commission, composée des délégués des puissances riveraines, réglementerait la navigation de la première partie, quant à celle de la seconde elle serait assurée provisoirement par une commission internationale, composée des délégués des puissances européennes, qui devrait faire exécuter les travaux nécessités par le mauvais état du lit du fleuve et céderait ensuite ses pouvoirs à la commission riveraine, demeurée seule chargée de la police de tout le cours du Danube.

A l'époque du traité de Berlin, la commission internationale existait encore, mais la commission riveraine n'existait plus depuis longtemps.

L'Autriche fut alors autorisée à faire exécuter des travaux importants à la hauteur des Portes-de-Fer, puis la commission européenne, réunie à Galatz, concéda les pouvoirs de surveillance des Portes-de-Fer à Galatz à une commission, composée des délégués autrichien, bulgare, roumain et serbe.

Les intéressés n'arrivèrent pas à se mettre d'accord et les choses restèrent en l'état.

En 1883 les pouvoirs de la commission internationale furent prorogés pour vingt ans, puis on convint de la laisser indéfiniment en fonctions. Mille trois cent sept navires sont entrés dans le Danube au cours de l'année 1910, 936 de ces navires ont chargé un million et demi de tonnes; 461 de ces bâtiments étaient anglais, 113 italiens, 163 austro-hongrois, 118 turcs, 47 russes, 34 français, 33 belges, 35 roumains, 26 allemands, 11 danois, 24 bulgares, 7 norvégiens, 2 grecs, 2 suédois et 1 espagnol.

Le traité de San Stefano stipulait que le sultan améliorerait le sort des Arméniens et qu'il les protégerait contre les Kurdes.

Par le traité de Berlin, plus explicite encore, il avait été décidé en outre que la Porte rendrait compte aux puissances des mesures de protection prises en leur faveur.

Le peuple arménien, dont l'origine est fort ancienne, habite en Asie Mineure une contrée assez imparfaitement délimitée, constituée par une série de hauts plateaux. Aussi a-t-on pu dire, avec beaucoup de raison, qu'il n'y a pas d'Arménie proprement dite, mais plutôt des pays habités par des Arméniens.

Avant la conquête turque, les Arméniens avaient une civilisation chrétienne; cette civilisation persista malgré les traitements les plus cruels et les massacres incessants ordonnés par la Sublime Porte; de nos jours leur religion n'est ni le catholicisme ni la religion grecque, mais un schisme spécial se ressentant plus ou moins des religions pratiquées en Russie, en Turquie ou en Perse, suivant la nationalité qui les a le plus complètement absorbés.

Il y avait en Turquie au moins deux millions d'Arméniens, non compris ceux qu'on trouve partout en grand nombre dans les échelles du Levant et dans les ports de la Méditerranée. En Asie Mineure surtout aucune vexation ne leur est épargnée. Mêlés aux Kurdes et aux Circassiens, qui sont musulmans, ils sont frappés d'impôts iniques, taillables et corvéables à merci et égorgés par leurs voisins dès qu'une circonstance favorable semble assurer l'impunité.

Hakki Bey, député de Bagdad, a écrit que le Kurde surveillait l'Arménien qui surveillait le Kurde.

« Quand un Kurde aperçoit un groupe d'Arméniens, il se demande si les comités se reforment et s'il va y avoir encore explosion de bombes. L'Arménien voit-il quelques aghas kurdes se réunir chez un bey, il est porté à penser qu'il s'agit de combiner un massacre. »

« Avant toute chose — estime Hakki Bey — il faut que règne la confiance entre les deux éléments et que, dans l'intérêt du salut commun, l'on ne prête pas l'oreille aux instigations de quelques conseillers perfides qui ne peuvent manquer de s'insinuer parmi l'un et parmi l'autre pour les inciter à agir. »

Après la signature du traité de Berlin, des hauts commissaires furent envoyés par la Porte, conformément aux engagements pris avec les puissances. Ils trouvèrent le pays dans un état pitoyable et les habitants ruinés par une administration toute d'exactions et de concussions. Il ne semble pourtant pas, si on consulte l'histoire des dernières années, que la bonne volonté des puissances signataires ait eu grande action sur les destinées de ce malheureux peuple, puisque les musulmans continuent à le massacrer sous tous prétextes, bien qu'il y ait maintenant en Turquie une constitution garantissant la vie et la liberté de tous les citoyens. Il y a quelques semaines encore, sur plusieurs points de l'Arménie, des Arméniens étaient massacrés par les Kurdes, sans que le gouvernement ottoman ait paru s'en émouvoir. Que deviennent en tout cela les stipulations du traité de Berlin?

Lorsque, pendant le congrès de Berlin, M. Ristitch, ministre de Serbie, demanda, au cours d'une conversation avec le comte Schouvaloff et le comte Andrassy, qu'une limite fût imposée à l'occupation de la Bosnie et de l'Herzégovine par l'Autriche, M. Schouvaloff lui répondit que l'Autriche s'était engagée à ne pas occuper ces provinces pendant plus de dix ans, bien que cet engagement ne figurât pas dans les protocoles du congrès.

Bismarck, qui à ce moment causait avec lord Beaconsfield, intervint alors et déclara qu'il serait superflu que cette clause, demandée par M. Ristitch, fût fixée dans les protocoles. « En la réclamant, nous manifesterions que nous ne croyons pas à la parole du comte Andrassy. Le jour où l'ordre sera rétabli dans ces provinces, l'Autriche-Hongrie en sortira et ceci peut arriver après neuf ans comme aussi après onze ans, nous ne sommes point maîtres de l'avenir. »

L'occupation de la Bosnie et de l'Herzégovine faisait partie du plan de Bismarck.

« L'apaisement de ces provinces qui ne comprennent rien à nos idées et à nos mœurs, écrivait, il y a quelques années, M. Tissot dans le *Voyage au pays des tziganes*, ne s'obtiendra que par le maintien d'une armée permanente; et encore n'y a-t-il rien à espérer de la génération actuelle, aussi la question d'Orient n'est-elle pas résolue, elle n'est qu'entamée. L'Autriche, prise au collet par la main de fer de M. de Bismarck, sera obligée de marcher de l'avant. Elle ne peut plus désormais se dégager de la politique d'annexions orientales qui inaugure pour elle la campagne de Bosnie; après Novi-Bazar ce sera l'Albanie et vous verrez l'Autriche s'étendre jusqu'à Salonique après s'être emparée aussi de la Thessalie. Le chemin de fer qui relie Salonique à Agram et à Vienne sera terminé en peu d'années, je n'ai pas besoin d'insister sur son importance stratégique. En refoulant l'Autriche du côté de la mer Ionienne, non seulement M. de Bismarck déplace le centre de gravité de la monarchie austro-hongroise, mais il désintéresse absolument cet État des choses allemandes et il en fait une sentinelle avancée qui aura pour mission d'empêcher de nouvelles conquêtes des Russes dans la Turquie d'Europe et de monter la garde au profit de l'Allemagne. Une alliance qui sera un marché de dupes, car dans la pensée du grand chancelier, croyez-le bien, cette alliance que l'avenir rend inévitable sera moins dirigée contre l'Orient que contre l'Occident. »

En 1882 le comte Schouvaloff écrivait à propos de l'occupation de la Bosnie et de l'Herzégovine par l'Autriche : « Le plus mauvais dans cette cession de territoire, c'est que, dans ma profonde conviction, elle menace dans l'avenir la paix de l'Europe. »

L'annexion définitive de la Bosnie et de l'Herzégovine à l'Autriche, consommée au mois d'octobre 1908, faillit déchaîner une guerre européenne.

« Cet acte, dit M. Iovan Cvijic dans son intéressante étude sur l'annexion de la Bosnie et la question serbe, ébranle la foi dans la valeur des traités internationaux et met en évidence ce qui jusqu'à présent n'était connu en Europe que d'un fort petit nombre de gens, que les deux pays serbes, Serbie et Monténégro, outre qu'ils sont économiquement pour ainsi dire étouffés, manquent complètement des conditions essentielles pour leur existence politique. Il viole d'une manière éclatante le principe des nationalités, car il place définitivement sous la domination étrangère non pas une fraction extérieure, mais la partie centrale et ethnographique la plus forte de ce peuple serbe, déjà partagé entre sept administrations ou États différents. Ensuite l'annexion de la Bosnie et de l'Herzégovine a eu pour effet de faire apparaître clairement aux yeux du grand public la pénible situation nationale et politique du peuple serbo-croate qui compte environ dix millions d'individus et de poser devant l'Europe d'une façon précise la question serbe, enfin elle a fait naître partout ce sentiment qu'il se préparait pour le peuple serbo-croate des événements considérables et qui probablement ne pourront être retardés que pour un certain temps. »

On connaît la thèse de l'Autriche-Hongrie à ce propos. « L'occupation définitive de la Bosnie et de l'Herzégovine ne change rien à la situation; elle est simplement la régularisation de l'état de choses existant depuis le traité de Berlin. » A cela ses adversaires répondent : « Que le traité de Berlin avait placé ces deux provinces sous la surveillance de l'Autriche pour un temps déterminé, que l'on a su prolonger en exploitant les circonstances. Que les populations avaient pu légitimement garder l'espoir qu'elles seraient un jour réunies à leurs frères slaves et que cette réunion pourrait être faite par la force même de l'affinité de race. »

L'émotion en Serbie fut si forte, si profonde à ce moment, qu'on put redouter les plus graves événements. M. Milovanovitch, le ministre des affaires étrangères de Serbie, s'exprimait alors en ces termes : « Nous protestons contre l'annexion de la Bosnie-Herzégovine et pour cela nous invoquons devant l'Europe nos droits nationaux. Nous savons très bien que la politique internationale européenne, qui ne fait pas de sentiment, réprouve comme impossibles les groupements de peuples par nationalité. Seulement on remarquera que notre cas est particulier. Nous n'invoquons pas nos droits contre les traités, mais au contraire en vertu des traités. La France, l'Angleterre et la Russie protestent avec nous et avec juste raison contre la rupture d'un contrat par la volonté d'un seul. J'espère que d'autres nations accepteront de discuter ces graves intérêts en une conférence et qu'on y présentera la défense de notre cause. Au lendemain de pareils événements on peut se demander quelle sécurité subsiste pour nous. La conférence devra nous accorder, je ne dis pas des compensations, mais plutôt des garanties absolues pour l'avenir.

« Le problème serbe est compliqué à cause de notre position à la fois balkanique et danubienne; quand le moment sera venu nous ferons connaître nos revendications. Je ne comprends vraiment pas à quel mobile l'Autriche a obéi en agissant avec tant de précipitation et tant de brutalité. On comprend qu'une puissance autonome et forte cherche à imposer sa langue, ses idées et ses productions. Mais l'Autriche n'est qu'une agglomération de races : elle ne possède ni langue unique, ni littérature, ni sciences personnelles. Elle pouvait jouer un grand rôle pacifique, devenir une vaste confédération dans l'Europe centrale à laquelle toutes les petites nationalités se seraient volontiers ralliées. Elle préfère se lancer dans les aventures, l'avenir prouvera que c'est à tort. En ce qui concerne la Bosnie, elle n'agit pas loyalement. On prétend que la Bosnie réclamait une constitution, ce qui est exact, mais la Bosnie voulait aussi garder son indépendance:

« L'Autriche dit ne pouvoir donner une constitution que par l'annexion, or elle avait déjà imposé aux Bosniaques le service militaire. Elle levait des recrues qu'elle envoyait dans les diverses parties de l'empire et elle leur faisait prêter serment de fidélité à l'Empereur. Pourquoi, pouvant faire le mal, ne pouvait-elle faire le bien et donner à la Bosnie une constitution sans violer les traités? »

Il n'est pas possible, disait-on en Serbie, d'accepter l'annexion de la Bosnie et de l'Herzégovine par l'Autriche. Au point de vue économique, la mesure est désastreuse puisqu'elle réserve tous les avantages des transports de la ligne de chemin de fer Trieste, Serajevo, Mitrovitza, Salonique d'un côté, et Trieste, Serajevo, Mitrovitza, Uskub, Andrinople, Constantinople de l'autre.

Au point de vue militaire l'annexion est non moins dangereuse puisqu'elle sépare en deux tronçons les populations serbes et puisque aussi désormais les troupes allemandes pourront arriver à Salonique et même aux portes de Constantinople, sans sortir du territoire allemand.

Il n'y eut pas de conférences et la Serbie, abandonnée de l'Europe, dut se résigner, tout au moins en apparence. Et pourtant...

Lorsque les délégués des puissances avaient délimité à Berlin les territoires serbes et monténégrins, ils ne s'étaient pas laissé influencer par les affinités de races ni même par des considérations d'équilibre des nationalités. Pourtant ils n'avaient pas été jusqu'à donner à l'Autriche le droit de s'annexer définitivement la Bosnie et l'Herzégovine, reconnaissant implicitement les dangers de violer trop ouvertement « le principe des nationalités » qui ne permet pas de donner « à un État étranger la région centrale et comme le cœur d'un peuple ».

« Or, dit M. Cvijic, le distingué professeur à l'Université de Belgrade, la Bosnie-Herzégovine est le cœur même du peuple serbe. Elle n'est donc pas seulement pour la Serbie et le peuple serbe ce que sont l'Alsace-Lorraine pour les Français, le Trentin et Trieste pour les Italiens, ou encore les provinces autrichiennes des Alpes pour l'Allemagne. La Bosnie-Herzégovine a pour la Serbie l'importance qu'a pour la Russie la région de Moscou, qu'ont pour les Allemands et les Français les parties les plus pures de l'Allemagne et de la France, c'est-à-dire celles qui représentent le mieux les races française et allemande. Ne pas réunir la Bosnie-Herzégovine à la Serbie et au Monténégro et ne pas lui donner une administration autonome, mais la livrer à l'Autriche-Hongrie, c'est créer une équivoque instable, un état infernal qui ne donne de repos ni au conquérant, ni aux pays dont les droits ont été sacrifiés et contre lequel toutes les forces vives d'un peuple seront en état de révolte permanente. De pareilles combinaisons sont la plus grande faute internationale. »

Il y a, paraît-il, dans le monde à peu près dix millions de Serbes dont trois millions en Serbie et au Monténégro.

La Bosnie et l'Herzégovine en comptent un peu moins de deux millions. La vieille Serbie, un peu plus de un million, les autres sont répartis en Croatie, Slavonie, Dalmatie, Istrie et Hongrie.

La vieille Serbie comprend, outre la Macédoine, le Sandjak de Novi Bazar et les régions de Kossovo et d'Uskub, un grand nombre de territoires peuplés de Slaves et aussi d'Arnautes qui sont des descendants des Serbes devenus mahométans. Les Bulgares s'y trouvent aussi en grand nombre. De ces populations les deux tiers environ sont demeurés chrétiens, un tiers seulement est musulman.

A quel mobile a donc obéi l'Autriche en s'annexant la Bosnie-Herzégovine?

C'est encore M. Cvijic qui fournit la réponse : « A la politique de conquêtes dans la péninsule balkanique, il est une dernière cause bien connue et dont l'Autriche-Hongrie subit l'effet presque inconsciemment, quoique les cercles autrichiens aient sans aucun doute le désir et la volonté de faire « leur » politique dans les Balkans, bon gré, mal gré, ils font, il leur faut faire la politique du germanisme et de l'empire allemand. Et vraiment il serait difficile qu'il en pût être autrement; sur toute sa frontière du nord et de l'ouest, l'Autriche sent peser sur elle la grande nation allemande et le puissant empire d'Allemagne, qui de tout leur poids la poussent irrésistiblement vers le sud. La poussée s'exerce d'autant plus aisément, que l'Autriche est divisée, qu'elle est composée de nombreux peuples, en état permanent de querelles et de luttes entre eux; que dans son sein même le peuple allemand est numériquement le plus fort. L'Autriche devient ainsi tête de colonne de l'Allemagne. Sa mission d'avant-garde, c'est de réduire la force de résistance des peuples qui peuvent tomber sous son influence, de pousser les peuples les uns contre les autres, d'entretenir enfin ou de créer les dissensions entre les parties d'un même peuple. Elle a pour mission d'affaiblir les sentiments et les instincts nationaux et par là de préparer et de faciliter partout où cela est possible l'infiltration des Allemands, de leur ouvrir la route de l'Orient. »

Le discours de M. Milovanovitch, ministre des affaires étrangères de Serbie (janvier 1909), a résumé le programme national des Serbes.

« La Bosnie doit être suffisamment émancipée pour qu'elle puisse contracter, suivant ses sympathies et ses intérêts, des liens étroits avec la Serbie et le Monténégro. En annexant la Bosnie-Herzégovine, en rejetant la Serbie loin de la mer Adriatique et en empêchant notre union avec le Monténégro, l'Autriche impose à la Serbie et à la nation serbe, dans un avenir proche ou éloigné, la lutte à la vie ou à la mort. »

Une sorte de constitution a été octroyée par l'empereur d'Autriche à la Bosnie et à l'Herzégovine.

La liberté de conscience, la liberté de la presse, la liberté individuelle, les garanties de la propriété et du domicile y sont consacrées par des dispositions inspirées par le Code autrichien. Mais là 'arrêtent les concessions de l'empereur.

Peu ou point de droits politiques pour les habitants des deux provinces. « Les habitants de Bosnie-Herzégovine n'auront aucune part à la direction générale des affaires de l'empire. Pour tout ce qui touche aux relations extérieures, à la guerre et à la marine, aux finances, à la monnaie, au système militaire, aux douanes, à la législation industrielle, le gouvernement central décide seul.

La Bosnie n'envoie de députés ni à Vienne ni à Budapest, elle est donc à cet égard placée sous le régime de la monarchie absolue. C'est par voie d'ordonnances impériales que seront introduits dans le pays tous les règlements relatifs aux affaires dites communes, et à celles du ressort des délégations. »

L'annexion de la Bosnie-Herzégovine a été proclamée par le rescrit impérial du 5 octobre 1908. Un nouveau rescrit proclama la constitution.

« Nous avons fait connaître notre intention d'accorder à la Bosnie-Herzégovine des institutions constitutionnelles, afin que sa situation juridique repose sur une base légale et solide et que ce pays puisse régler à sa convenance les questions concernant les affaires d'ordre intérieur...

« Ayant résolu de mettre nos projets à exécution et attendu que les institutions constitutionnelles de la Bosnie-Herzégovine n'altèreront en rien les rapports de droit existants entre ces provinces et les deux États de la monarchie, nous avons trouvé bon de sanctionner 1° un règlement d'autonomie provinciale, 2° une loi sur les élections de la diète provinciale, 3° une loi sur les travaux de la diète, 4° une loi sur les associations, 5° une loi sur le droit de réunion, 6° une loi sur les conseils d'arrondissement. »

Ces prescriptions, qui en Autriche et en Hongrie relèvent du parlement, n'entreront en vigueur en Bosnie que par la décision du souverain qui y apportera toutes les modifications qu'il jugera utiles. Bref, c'est le système autoritaire dans toute sa force.

Pour les affaires provinciales, les populations annexées auront voix au chapitre, mais ici encore de graves restrictions.

La diète de Bosnie-Herzégovine a compétence sur les questions suivantes : établissement du budget annuel, émission d'emprunts nouveaux, réglementation du droit de réunion et d'association, organisation des œuvres de bienfaisance et d'assurance ouvrière, droit criminel, questions agraires, cultuelles, etc. Mais toute construction de chemin de fer ou d'édifices publics susceptible de grever d'une manière durable le budget provincial ne peut être entreprise que par une loi votée par les parlements de Vienne et de Budapest. Enfin, tout projet de loi adopté par la diète devra être soumis à l'approbation de ces mêmes parlements. En outre le gouverneur et les fonctionnaires qui sont nommés par l'empereur ne sont responsables à aucun titre devant la diète. On voit que l'assemblée bosniaque ne tire guère de pouvoirs de la constitution.

Le mode électoral adopté est des plus curieux et, par sa complication même, trahit de la part des rédacteurs de la constitution le souci de prévenir les mouvements d'opinions, disons dangereux. « Les provinces sont divisées en circonscriptions confessionnelles. Les catholiques romains ont droit à 16 députés, les musulmans à 24, les orthodoxes serbes à 31, les israélites à 1. En tout 72 représentants. Mais l'élection n'est pas basée uniquement sur la confession. Tous les habitants âgés de vingt-quatre ans ont droit de vote. L'élection se fait par curie et par confession. Il y a trois curies. La première est divisée en deux classes. L'une est composée des propriétaires musulmans payant au moins 140 couronnes d'impôt foncier, l'autre de tous les électeurs qui payent 500 couronnes d'impositions directes ou qui sont en possession de certains diplômes. Cette première curie possède 18 mandats. La seconde est composée des habitants des villes n'appartenant pas à la première curie. Elle possède 20 mandats. La troisième est composée de tous les électeurs des campagnes non inscrits aux deux premières, elle possède 34 mandats.

« Aux 72 membres élus s'ajoutent, pour former la diète, 20 députés de droit, 5 musulmans, 5 catholiques romains, 5 orthodoxes serbes, 4 indépendants de la confession, 1 israélite. Les députés de droit sont des membres du clergé, le maire, le président du tribunal supérieur, le président de la Chambre de commerce, le bâtonnier des avocats de la ville de Serajevo.

« Le président du parlement et les vice-présidents sont nommés par l'empereur et choisis à tour de rôle parmi les députés appartenant aux trois confessions. »

Des conseils d'arrondissement sont organisés d'après le même mode.

Les électeurs sont ainsi divisés par confession : 137 365 musulmans; 173 127 Serbes orthodoxes; 88 929 catholiques; 2 744 israélites. Les élections ont donné une très forte majorité aux partisans de l'autonomie des deux provinces. Les candidats du parti national serbe ont presque tous été élus par la deuxième curie (villes). La troisième curie (villages) a élu 31 députés de l'opposition et seulement 3 députés gouvernementaux.

« La nature, écrit M. Jacques Daugny dans la *Nouvelle Revue* (1), a destiné la Bosnie-Herzégovine, la Croatie et la Dalmatie à ne former qu'un seul État et il y aurait danger pour la prospérité de chacune d'elles à les tenir définitivement séparées. » Un royaume composé de ces provinces, réunissant les mêmes peuples donnerait satisfaction à tous les intérêts et à toutes les aspirations.

L'ouverture de la diète a été faite quelques jours après par le gouverneur général. Les députés ont ensuite prêté serment. Serait-ce pour combattre l'effet produit par la victoire du parti nationaliste que l'empereur d'Autriche-Hongrie, au lendemain même des élections, a parcouru les deux provinces, soulevant l'enthousiasme fort restreint en dehors de celui des fonctionnaires et des propagateurs soldés de l'influence germanique? L'Empereur était accompagné par M. d'Ærenthal, ministre des affaires étrangères, M. Burian, ministre des finances, M. de Schœnaich, ministre de la guerre, le prince de Montenuovo, grand maître de la cour, le baron de Bienerth et le comte Khuen-Hédervary, ministres présidents. Le 31 mai l'Empereur était à Serajevo, où il recevait des délégations; maire de Serajevo et son conseil municipal, Serbes orthodoxes, musulmans et catholiques, Chambres de commerce, consuls étrangers, banques, industries, etc., etc. Il visitait ensuite les églises de toutes confessions, la mosquée de Bégova.

Le 3 juin il était à Mostar, capitale de l'Herzégovine, où il recevait encore le clergé catholique, orthodoxe et musulman, le maire avec le conseil municipal, les fonctionnaires, etc., etc.

Des journaux hongrois *(A. Nap.)* et serbe *(Trgovnishy-Glanik)* ont prétendu que l'annexion du sandjak de Novi Bazar pourrait être la conséquence de ce voyage impérial. A Vienne on a démenti énergiquement, ce qui n'a rassuré personne. Le premier anniversaire de l'annexion a été célébré par les protestations nombreuses des étudiants et des journaux d'opposition. Les théâtres sont restés fermés, mais grâce à un déploiement considérable de forces, l'ordre n'a pas été troublé.

La Serbie attend avec impatience le moment de prendre sa revanche et elle saisira toute occasion qui lui paraîtra favorable.

Le traité de Berlin, en prévoyant pour les chrétiens des Balkans

(1) *La Constitution de la Bosnie-Herzégovine*, 15 juillet 1910.

une administration en quelque sorte privilégiée sous la souveraineté de la Porte, avait facilité l'ingérence de l'Autriche-Hongrie dans les affaires intérieures de la Macédoine.

Cette puissance, maîtresse incontestée en Bosnie et en Herzégovine, n'avait plus qu'un pas à faire pour arriver à Salonique, ce pas, il est vrai, n'était pas aussi aisé qu'on eût pu le croire, la Russie, la Turquie, la Grèce et la Bulgarie, ne voulant rien faire pour le faciliter.

La Turquie accepta enfin en 1902 un programme de réformes pour la Macédoine, à l'heure même où dans le vilayet de Monastir et dans la vallée de la Struma se produisait une insurrection redoutable.

La Macédoine, pays où « Turcs, Grecs, Serbes, Bulgares sont enchevêtrés dans une confusion inexprimable que viennent encore augmenter les Juifs, les Arméniens, les Valaques, les Albanais et d'autres encore », vaste contrée montagneuse habitée par des populations fières et indépendantes, pour lesquelles la liberté est demeurée le premier des biens, qui ne se seraient pas refusées à des essais de civilisation si l'Autriche-Hongrie avait su leur inspirer confiance.

« La Macédoine, sous un gouvernement qui lui apporterait la sécurité et le respect des droits individuels, deviendrait bientôt pour la Porte une source importante de revenus et, pour l'industrie européenne, un débouché bien autrement sérieux que ces colonies et ces îles éloignées que les grands États se disputent maintenant (1). »

L'Autriche enserrée entre de puissants voisins, la Russie, l'Allemagne et l'Italie, dont l'industrie est en pleine activité, cherchent pour leurs produits nationaux des débouchés nouveaux. L'Orient reste ouvert, et tout d'abord les provinces de l'Europe orientale qui consomment sans produire elles-mêmes autrement que des denrées agricoles.

Quand les débouchés existent, il faut encore s'assurer des moyens de communication rapides et économiques.

La ligne de chemin de fer de Serajevo à Salonique par Mitrovitza n'a pas d'autre objet.

« M. Van den Brule l'établit dans son livre *le Bluff macédonien*.

(1) De Laveleye, *la Péninsule balkanique*.

Au point de vue politique cette voie ferrée arrive à ce quadruple résultat : 1° de tracer un cercle au nord de l'Albanie convoitée et par conséquent de permettre une incursion militaire très rapide; 2° de séparer le Monténégro et la Serbie et de tuer pour ainsi dire dans l'œuf le doux rêve d'un État jougo-slave qui partirait de l'Adriatique pour finir à la mer Noire; 3° de supprimer le passage obligatoire par la Serbie et en même temps la crainte d'un mouvement de mauvaise humeur de ce petit État; 4° enfin de faire qu'en cas de besoin, il soit possible de jeter immédiatement des troupes sur n'importe quel point de la ligne entre Vienne et Salonique, avantage que l'Autriche ne manquerait point de mettre en avant si jamais l'Europe rééditant, à propos de la Macédoine, les grossières erreurs du traité de Berlin, confiait un jour à cette puissance le soin d'apaiser des troubles que très probablement celle-ci aurait eu l'habileté de fomenter. »

L'abandon provisoire par l'Autriche du sandjak de Novi-Bazar n'implique en aucune façon une renonciation à l'exécution de ce plan. « C'est une habileté de plus, destinée à mieux dissimuler les véritables intentions. Personne ne doute que l'Autriche ne trouve, quand il en sera temps, les meilleurs prétextes pour rentrer à Novi-Bazar; si ces prétextes ne surgissent pas naturellement, il sera facile d'y aider. »

Au cours de l'année 1910, la Macédoine a été encore le théâtre de véritables opérations militaires, et la façon dont les mesures policières ont été appliquées a failli amener une conflagration générale des Balkans.

Sous prétexte de désarmement, les autorités turques ont provoqué de nombreuses émigrations des Bulgares habitant en Macédoine et dans le vilayet d'Andrinople.

Au mois de juillet 1910, le ministère des affaires étrangères de Bulgarie a été amené à déposer une protestation à ce sujet auprès des représentants des grandes puissance en Bulgarie.

« De nombreux Bulgares de Macédoine franchissent la frontière et passent en Bulgarie où ils entretiennent une agitation anti-turque, qui n'est pas sans offrir de sérieux dangers.

« Les Bulgares qui émigrent de Macédoine et du vilayet d'Andrinople sont aussitôt remplacés par des musulmans. »

Le journal le *Dwénik* dit à ce propos : « Ce qu'au cours des siècles les régimes les plus barbares et les plus réactionnaires n'avaient osé accomplir, le régime libéral de Turquie veut le faire aujourd'hui, à savoir un coup de main, sans tenir compte des droits séculaires acquis par l'élément bulgare. Les députés bulgares à Constantinople ont protesté contre ces procédés, mais leur voix n'a pas été écoutée. »

En même temps, d'après le même journal, les musulmans habitant en Bulgarie auraient été sollicités de passer en Macédoine avec leurs troupeaux. Une somme de trente livres turques aurait même été offerte à chacun pour les décider au changement de pays.

A cette campagne de la Presse bulgare les officieux turcs répondaient : comme on l'a maintes fois expliqué, l'installation en Roumélie des émigrants venus du dehors n'est pas un obstacle à la vie de la population locale. Si en effet les nouveaux venus avaient ravi le pain et les terres de ceux qui sont là depuis longtemps, ces protestations auraient leur raison d'être, car la vie est la première chose à laquelle l'homme pense. La faim n'entend ni la raison, ni la logique, ni le sentiment.

« Le gouvernement, quand a surgi la question des émigrants, a voulu installer ceux-ci et améliorer en même temps graduellement la situation de ces fermiers en leur distribuant des fermes achetées par lui, afin de les attacher au sol et en payant même leurs dettes envers les propriétaires fonciers. Les paysans, ainsi libérés de tout engagement, sont devenus maîtres de la terre et intéressés par cela même à la tranquillité du pays. »

On dit encore : l'Anatolie est vaste, pourquoi ne pas y installer les émigrants? Oui, l'Anatolie est plus vaste que la Roumélie, mais elle a été morcelée dans la plupart de ses régions ; elle est pour ainsi dire saturée d'émigrants. En outre, ceux qui viennent du nord de la Roumélie ne peuvent pas s'accoutumer au climat de la Turquie d'Asie et de l'Arabie. »

Le ministre de Bulgarie à Constantinople reçut pourtant l'ordre d'insister auprès du gouvernement ottoman pour qu'il fasse cesser ces agissements.

D'après le journal *la Tribune de Genève* (27 juillet 1910) :

« De nouveaux réfugiés macédoniens seraient arrivés à Sofia, ils auraient dû être dirigés, par mesure de précaution, dans l'intérieur du royaume pour y trouver du travail. »

Ces mesures indiquaient bien que le mouvement avait une réelle importance.

L'Indépendance roumaine (13-26 juillet 1910) disait que « les nouvelles de Macédoine portent que le nombre des fugitifs des villages bulgares s'accroît de jour en jour et qu'il faut s'attendre à un prochain mouvement révolutionnaire, à cause du mauvais traitement infligé aux paysans bulgares par les autorités turques ».

La Turquie poursuit en Macédoine une mauvaise politique.

« Les Turcs opèrent actuellement en Macédoine avec une brutalité qui n'est pas faite pour attirer au nouveau régime une bien grande sympathie. Tous les Bulgares refusant de livrer leurs armes sont bâtonnés sans pitié ; ce qui est particulièrement odieux, c'est que ces malheureux refusent le plus souvent de se laisser désarmer parce qu'ils ont à repousser les agressions des bandes bulgares qui infestent la frontière macédonienne. En les mettant dans l'impossibilité de se défendre, les Turcs favorisent donc la besogne de ces bandes. Avant de désarmer d'inoffensifs villageois, ils feraient bien d'assurer la sécurité du pays. Mais alors seulement il leur sera permis d'exiger la reddition des armes. » (*Écho de Paris,* 29 juillet 1910.)

La presse russe n'était pas moins nette.

« Le système étrange des vexations et des arrestations de la population chrétienne mène lentement, mais infailliblement, à une révolte bien autrement dangereuse que l'insurrection albanaise pour les progrès de l'empire ottoman. » (*Journal de Saint-Pétersbourg*, 14-27 juillet 1910.)

Il est évident que la patience commençait à ce moment à manquer aux Bulgares.

Du *Vetcherna-Pochta*.

« Les bandes surgissent, dans le pays même, par suite de la politique perfide du gouvernement jeune-turc à l'égard des Bulgares. La Macédoine avait besoin de paix, mais les Turcs suscitent des troubles par les mesures de désarmement. » (Dépêche de l'agence télégraphique bulgare, 22 juillet.)

Du journal *Kambana :*

« Les gouvernants jeunes-turcs ont recours à des procédés hamidiens. Animés du désir de réaliser des réformes radicales et de faire du pays un État moderne, ils trouvèrent la tâche trop difficile et préférèrent faire retour aux anciennes traditions. Comme dans les affaires albanaises, le gouvernement a manifesté aussi, dans le désarmement des chrétiens en Macédoine, un manque absolu de tact. Il veut désarmer ses habitants avant d'avoir donné une garantie de la sécurité de leur vie et de leurs biens. »

Le général Paprikoff, ministre des affaires étrangères de Bulgarie, interviewé par *le Matin* (30 juillet 1910), disait que « les persécutions ou les mauvais traitements dont ont à se plaindre les Bulgares de Macédoine peuvent naturellement influencer les sentiments politiques bulgares, mais il est prématuré quand même de conclure à un conflit armé ». *L'Ikdam* a immédiatement riposté par les lignes suivantes :

« D'abord le général Paprikoff n'a pas le droit de prétendre que les Bulgares de Macédoine sont tyrannisés, d'autant plus que cette allégation est absolument fausse...

« Oui, la Bulgarie est notre rivale et n'hésite pas à avouer le développement de son armée, certaine que sa diplomatie fera surgir une question dans les Balkans, car les paroles du général Paprikoff laissent deviner que le développement des forces militaires de la Bulgarie n'est pas pour défendre ses droits contre une attaque, mais pour porter atteinte aux droits des autres, puisque le prétexte continuel est la situation de la Macédoine, qui n'a aucun rapport avec la Bulgarie. »

En Roumanie l'opinion publique s'inquiétait aussi. *L'Indépendance roumaine* (15-28 juillet) publiait une lettre de Serbie où on lit : « Comme on le voit, l'agitation en Macédoine recommence et si à la dernière heure la Porte ottomane ne revient pas à la sagesse et à la modération, si elle ne met pas fin au fanatisme de ses agents, nous allons bientôt assister à de nouveaux désordres en Macédoine et les bandes armées exerceront de nouveau la terreur et les États balkaniques auront de nouveau à s'occuper du sort de leurs conationaux menacés dans leur existence et dans leurs propriétés. Quant à la Turquie, elle risque de perdre toute la confiance de l'Europe, qui cessera de la croire capable de vivre sous un régime constitutionnel libéral et moderne; cette confiance et ces sympathies une fois définitivement perdues, les conséquences pour le sort et l'avenir de la Turquie ne sont point difficiles à prévoir. »

De leur côté les Turcs protestaient de toutes leurs forces :

« Les Turcs sont de plus en plus indignés contre la Bulgarie. Ce n'est pas, affirment-ils, la première ni la deuxième fois que la Bulgarie se mêle des affaires intérieures de l'empire. L'année dernière, disent-ils, il s'en fallut de peu que la guerre éclatât, et cependant la Bulgarie ne s'assagit pas. Actuellement les dirigeants bulgares, la presse bulgare lancent des calomnies à profusion contre les Turcs sur la question des émigrés et du désarmement des Bulgares. Les journaux turcs ne peuvent se faire à ce langage. Ils sont par suite très violents à leur tour et disent même qu'à la longue la Turquie finira par perdre patience. » (*Indépendance roumaine*, 16-29 juillet 1910. Lettre de Constantinople.)

Le *Times* (5 août) publiait la note suivante de la légation de Bulgarie à Londres :

« L'ambassade de Turquie à Londres fait paraître dans la presse un communiqué qui ne présente pas tout à fait sous leur vrai jour les événements qui se passent actuellement en Macédoine. Nous espérons que la presse anglaise pourra, par l'intermédiaire de ses correspondants spéciaux, faire procéder sur place à une enquête sur les mauvais traitements qui sont en ce moment infligés à la pacifique population bulgare en Macédoine, sous le couvert d'une loi dirigée contre les bandes insurgées, loi qui d'ailleurs n'a encore été ni votée par le Sénat, ni sanctionnée par Sa Majesté le Sultan. C'est avec regret que nous sommes obligés de rappeler ces faits dans le seul intérêt de la vérité. » (*Le Matin*, 5 août 1910.)

Du *Dwenik* (29 juillet) :

« Le pire ennemi de la Turquie est le gouvernement jeune-turc qui persécute systématiquement la population au lieu de punir régulièrement les coupables. Quel est cet État où le premier venu des zaptiés est maître de la vie des habitants? »

Du *Den* :

« La pensée dominante de nos relations avec l'empire voisin doit être d'acquérir par une attitude absolument correcte le droit d'agir énergiquement, lorsque l'Europe se convaincra de l'incorrigibilité de la Turquie. »

De *la Tribune de Genève* (5 août) :

« En somme les Jeunes-Turcs paraissent filer un très mauvais coton pour l'avenir de la patrie, et ne justifient pas l'espoir qu'on avait mis en eux et dans les leçons de libéralisme qu'ils sont censés avoir prises durant leur exil. Leurs principes de gouvernement sont après tout détestables et rappellent ceux d'Abdul Hamid. Encore un peu de temps et la Jeune-Turquie sera bientôt redevenue la Vieille-Turquie, car ce ne sera jamais qu'en faisant appel aux plus regrettables procédés du régime despotique que l'on réussira à *turquifier* les Arabes, les Slaves, les Grecs et les Arméniens.

« C'est du reste une véritable chimère. La Turquie ne peut être que fédérative, ou elle ne sera pas.

« On en reviendra peut-être en Europe à la conviction que la seule façon d'établir un régime pacifique dans les Balkans, ce sera de faire repasser le Bosphore aux Turcs et de les renvoyer en Asie Mineure s'entendre avec les Arabes et les autres nationalités musulmanes qui habitent cette portion de l'empire ottoman.

« Cette solution très radicale, il faut le reconnaître, aurait du moins l'avantage de résoudre à fond la question d'Orient, puisqu'elle rendrait aux Crétois la liberté de se réunir à leurs frères les Hellènes, tandis que la Grèce se joindrait à son tour à la grande confédération balkanique si souvent évoquée ces dernières années et dont feraient partie, à égalité de droits souverains, la Roumanie, la Serbie, le Monténégro, la Bulgarie, la Macédoine et Constantinople avec les quelques vilayets qui en dépendent encore. »

Du *Temps* (6 août) :

« En Macédoine, on a commencé les opérations par les chrétiens bulgares, serbes et grecs. Les Serbes et les Grecs n'ont guère protesté. Au contraire, les Bulgares se sont plaints avec violence. A la fin de juillet on signalait que dans le vilayet de Salonique, Sandjak-de-Serrés, les fusils avaient été, avant l'arrivée des troupes, cachés dans la montagne par le chef Sandansky qui aurait dit aux paysans : « Vous raconterez ce que j'ai fait et si on vous maltraite, je saurai vous défendre, car il n'est pas juste que seuls vous soyez désarmés, tandis qu'on distribue des fusils et des cartouches aux musulmans et aux manifestants bosniaques. »

A Uskub on a annoncé l'apparition de nombreuses bandes, composées d'une dizaine d'hommes chacune, destinées à encourager les villageois à la résistance et au refus de livrer leurs armes. Les postes de la frontière ont été renforcés. Plusieurs bataillons détachés de l'armée d'Albanie sont arrivés sur les lieux et quelques engagements se sont produits entre les troupes et les bandes.

Le gouvernement bulgare a alors cru de son devoir d'intervenir, dans une forme d'ailleurs modérée. Obligé de tenir compte de l'émotion provoquée à l'intérieur du royaume par ces événements, il a chargé son ministre à Constantinople d'appeler amicalement l'attention de la Porte sur les dangers que créent les procédés des autorités en Macédoine.

« Le cabinet de Sofia ne discute pas les mesures que le gouvernement ottoman croit devoir prendre pour rétablir la tranquillité en Macédoine, mais il estime que l'application de ces mesures est mauvaise, qu'elle s'accompagne de violences, de brutalités qui poussent la population à fuir dans les montagnes ou à passer les frontières : d'où en Bulgarie une périlleuse surexcitation.

« Le gouvernement bulgare, interprète de l'opinion publique, se plaint de trois choses : d'abord de ce que le désarmement soit exécuté avec quelque exagération au regard de la loi et qu'on étende à la population pacifique des dispositions qui ne devraient s'appliquer qu'aux bandes insurgées; ensuite des sévices dont ce désarmement est l'occasion; enfin du caractère unilatéral de la mesure qui atteint les chrétiens et épargne les musulmans.

« Sur le premier point le gouvernement turc peut répondre qu'en bonne foi le désarmement général est une mesure excellente.

« Sur les deux autres, il lui est difficile d'affirmer soit que des excès n'ont pas été commis, soit que les musulmans n'ont pas été plus ménagés que les chrétiens.

« Toutefois le gouvernement ottoman, pour remplir son programme, se doit d'éviter de tels reproches. Si du reste en Macédoine, les chrétiens seuls étaient désarmés, qui oserait affirmer que les musulmans ne seraient points tentés d'abuser de la force? »

On écrivait d'Athènes à *l'Eclair*, le 6 août :

« Selon des renseignements arrivés ici, l'élément grec subirait en Macédoine, en Épire, en Thrace de véritables persécutions. Plusieurs paysans grecs du village de Morassia, dans le district d'Andrinople, soupçonnés d'avoir participé au meurtre d'un musulman, auraient été amenés à Andrinople, incarcérés et soumis dans leur prison à de rigoureux traitements. L'un d'entre eux, nommé Angelakis, accusé par la veuve de la victime, aurait eu les ongles arrachés.

« D'autre part, en Macédoine, dans le district de Serrès la situation serait très tendue à la suite des incidents auxquels le désarmement donne lieu. Quelques paysans grecs trouvés dans les champs, près du village de Dimitritsi, auraient été subitement attaqués, deux d'entre eux auraient été tués et trois blessés.

« Dans les communes de Sourpi et de Nigriti, les autorités auraient exigé que les paysans leur rendissent au moins 300 fusils.

« Dans le district de Niaousta, du vilayet de Salonique, des détachements militaires se seraient adonnés à de tels excès pendant le désarmement, qu'une délégation nombreuse de notables Grecs de ce district s'est rendue à Salonique pour protester auprès du vali. »

Le *Vossische Zeitung* annonçait que « le comité national révolutionnaire des Macédoniens d'Andrinople répand un appel au peuple destiné à forcer le gouvernement bulgare à agir dans le sens d'une intervention ». Le vœu du peuple bulgare étant de provoquer l'affranchissement des Bulgares de Macédoine par une intervention militaire de la Bulgarie.

Les journaux d'opposition reprochaient au gouvernement de Bulgarie d'avoir présenté des observations diplomatiques et de n'avoir pas exigé satisfaction.

La *Balkanska tribuna* disait « qu'on ne tient pas un pareil langage quand on n'est pas décidé à aller jusqu'au bout, c'est-à-dire quand on ne veut pas déclarer la guerre ».

Du *Sabah :*

« Ce que nous n'admettons pas, c'est que les comités politiques bulgares veuillent s'occuper des affaires concernant les Bulgares ottomans et que le gouvernement bulgare fasse des communiqués concernant les Bulgares ottomans. Comme le bien-être et le bonheur des Bulgares ottomans, nos bien chers compatriotes, est une question intérieure très importante, elle force l'objet de notre préoccupation toute particulière. En cas de plaintes à l'intérieur, le gouvernement les examinera.

« Tout Bulgare ottoman a le droit d'écrire et de parler. Il a la faculté de soumettre ses plaintes contre les autorités locales au gouvernement et contre le gouvernement à l'assemblée nationale. Tout député ottoman a le devoir de soutenir les plaintes, si elles sont légitimes, de tous les Bulgares ottomans comme de tous les Ottomans en général. Dans les deux camps de la Chambre des députés se trouvent des représentants de l'élément bulgare. Aucun sacrifice ne sera épargné pour améliorer la situation intérieure et pour y établir un ordre qui ne donne lieu à aucun mécontentement. Mais aucune immixtion étrangère ne peut être tolérée. »

Le *Préporetz :*

« La discussion engagée entre la presse turque et la presse bulgare continue. Parallèlement se poursuit la discussion entre les deux gouvernements. La Bulgarie a fait des démarches amicales. La Turquie a essayé des subterfugess. Elle a fait publier récemment, par le canal de son ambassade à Londres, un communiqué inattendu, invitant l'opinion anglaise à ne prêter aucune foi aux nouvelles de violences commises contre la population bulgare en Macédoine. La légation bulgare dut réagir.

« Ainsi la discussion reste ouverte. Nous affirmons que les organes du pouvoir en Turquie exercent des violences. Les Turcs nient. Les preuves se multiplient, les réfugiés affluent. Nous vîmes leurs larmes et leurs blessures. La presse turque ferme les yeux à la réalité et nie opiniâtrément les faits : elle nous accuse d'inventer et de calomnier.

« Admettons que nous sommes intéressés, les Turcs le sont également. Alors comment établir la vérité si nécessaire pour rasséréner l'atmosphère chargée entre les deux pays.

« L'unique moyen, c'est une enquête désintéressée, faite par l'Angleterre, à laquelle les Turcs ont fait appel, ou par une autre puissance ou par toutes ensemble. Nous laissons le choix à la Turquie.

« Si l'enquête établit l'absence de tortures, nous nous engageons d'ores et déjà à avouer publiquement notre faute et nous ferons des excuses à nos voisins.

« Mais si elle établit la vérité contraire, que la Turquie, s'engage d'ores et déjà à reconnaître la culpabilité de ses organes dans le désarmement et le bien fondé de nos accusations. »

Talaat Bey, ministre de l'intérieur en Turquie, déclarait dans une interview :

« Pour assurer la tranquillité en Roumélie, le gouvernement

désarme toute la population et non seulement les chrétiens. Comme vous le savez, une grande force militaire a été envoyée en Albanie et tous les Albanais ont livré leurs armes. Du moment qu'on désarmait un élément, était-il possible d'agir autrement envers les autres? Il est certains endroits comme Prechvé où vit une population mixte de Bulgares, de Serbes et d'Albanais. Si nous avions pris les armes des Albanais et laissé les leurs aux Bulgares et aux Serbes le but eût-il été atteint?

« Maintenant, nous avons besoin d'hommes d'action, de volonté et de courage. Ce n'est qu'en marchant ainsi à pas fermes que la jeune Turquie franchira enfin l'ère de la réorganisation et entrera définitivement dans la voie de la tranquillité et du progrès! »

Du *Daily Telegraph* :

« A Tihtesi les autorités turques ont donné l'ordre de mettre le feu à plusieurs maisons de paysans partis dans la montagne. Les maisons d'un certain nombre de chrétiens furent incendiées. Par contre, les chrétiens brûlèrent le quartier turc. La moitié de la ville a été incendiée. »

Ce désarmement en Macédoine a été un prétexte aux pires exactions. A Salonique, la police et la gendarmerie ont été chargées du désarmement sous la direction d'une commission spéciale dite d'enquête. La ville a été divisée en secteurs, où opéraient des sous-commissions composées de commissaires de police et de gendarmes.

Les étrangers ont été soumis à la règle commune malgré les réclamations des consuls.

Une partie des Bulgares macédoniens, réfugiés en Bulgarie, rentrèrent en Macédoine, sur l'assurance donnée par le gouvernement turc qu'ils ne seraient pas inquiétés pour leur émigration.

La plupart s'en trouvèrent assez mal, étant continuellement en butte aux violences et aux exactions des fonctionnaires ottomans.

Un membre du cabinet bulgare déclarait au Sobranié que l'état de choses actuel ne pouvait être toléré et donnerait lieu à un conflit sérieux entre la Turquie et la Bulgarie.

Plusieurs centaines de Bulgares et de Grecs étaient emprisonnés arbitrairement à Monastir.

Ailleurs des Bulgares étaient bâtonnés et assassinés par les soldats turcs.

Le consul de France protesta sans succès. On lui répondit que sa protestation constituait une immixtion dans l'administration intérieure de la Turquie.

L'ambassadeur d'Angleterre n'obtint pas plus de succès. MM. Nalis, député grec, et Doreff, député bulgare, de Monastir, intercédèrent à leur tour auprès de la Porte.

En réponse, M. Doreff fut traduit devant la cour martiale de Monastir.

En présence de pareils procédés, comment s'étonner que Bulgares, Serbes, Grecs, Albanais se défendent comme ils le peuvent et aient même recours à la dynamite comme la chose a eu lieu sur la ligne d'Uskub?

Les Bulgares de Macédoine étaient exaspérés. Près d'Uskub à la station de Koumanovo un train de marchandises a été attaqué. Dix musulmans ont été passés par les armes à Ichtip et le 28 octobre une bombe a fait explosion.

La Roumanie prenait position dans les querelles de Macédoine, soutenant les Koutso-Valaques contre le patriarcat.

Le Journal de Salonique publia la note suivante : « Les agents roumains s'emparent des écoles et des églises, s'y installent et tentent de forcer par des menaces et par des voies de fait leurs concitoyens à désavouer leur nationalité patrimoniale et à accéder à la « secte » roumaine. »

Les derniers incidents se sont produits au sein des communautés koutso-valaques de la région rurale du vilayet de Salonique.

Cette note ne fut pas du goût des Roumains. *L'Indépendance roumaine* riposta sèchement, reproduisant une protestation des Valaques habitant le territoire turc : « Nous, les Valaques, nous vivons maintenant très tranquilles et comme les autres races nous conservons notre intégrité nationale et nous parlons notre langue maternelle, témoin la vie heureuse que nous menons actuellement... »

Le but de ce mouvement des Roumains ottomans aurait été, prétendaient les Grecs, d'arriver à la constitution d'un exarchat roumain. Les Roumains s'en défendirent de leur mieux.

Au commencement du mois d'août, un journal de Salonique avait annoncé que des Valaques avaient fait emprisonner des Grecs qui se seraient opposés à leur propagande religieuse.

Le journal *la Roumélie* a donné sur cet incident les explications suivantes :

« Le vilayet aussitôt informé a envoyé des agents pour se livrer à une enquête. Il a été établi que la communauté valaque du village avait pris la résolution de procéder désormais aux offices dans sa langue nationale et d'engager dans ses écoles des professeurs connaissant le roumain. Certains individus qui se sont livrés à des intrigues en menaçant les Valaques et en semant ainsi la discorde parmi les populations ont été arrêtés. »

D'après *la Gazette de Francfort :* « La propagande roumaine a fait des progrès considérables en Macédoine. »

Son siège principal est Monastir, Joan Radulesco et Dem-Bolintzeano en furent les premiers promoteurs vers 1855. Dix ans après Apostol Margarit et un religieux français ouvraient à Monastir une école roumaine qui instruisit les premiers Valaques.

Depuis, de nombreuses écoles ont été fondées. Bien que Grecs et Bulgares prétendent que les Roumains sont complètement étrangers aux questions macédoniennes, le sentiment national des Valaques se développe chaque jour.

Les Valaques s'entendent bien avec les Turcs alors que Grecs et Bulgares s'entendent contre les Turcs. Les agitations sanglantes dont la Macédoine a été le théâtre depuis l'année 1902 ont eu, comme cela devait être, une répercussion des plus graves en Albanie, contrée restée jusqu'à ce jour fermée à tout développement commercial et industriel. En 1908 des bandes se formaient et parcouraient le pays. Une réunion en armes avait lieu à Lerizovitch lors de la proclamation de la constitution turque et cette constitution était acclamée.

Mais dès le commencement de l'année 1909 le mécontentement renaissait et les comités albanais envoyaient des réclamations à la Porte, un mémoire lui fut adressé pour définir les aspirations albanaises.

Le prince Ghika, d'une grande famille roumaine dont un membre était devenu Albanais, du temps du grand vizir Mehemed Köprimi, faisait une active propagande en faveur de l'autonomie albanaise.

Les Albanais accueillirent avec enthousiasme la contre-révolution d'avril 1909.

Des bataillons turcs avec du canon se livrèrent à des opérations de police et bombardérent plusieurs villes et villages, mais le sentiment national s'était réveillé et de nouvelles complications ne devaient pas tarder à surgir.

Au mois d'avril 1910, 10 000 Arnautes de Dah et Drenitza se réunirent aux environs de Prichtina.

Onze bataillons turcs, qui leur étaient opposés, furent repoussés dans la direction de Kossovo perdant plusieurs canons.

Ensuite sont venues de véritables opérations de guerre, la prise de la passe de Katchanik par l'armée turque, à laquelle ont pris part 4 fortes colonnes composées de toutes armes, à l'aile droite 4 bataillons d'infanterie, une batterie d'artillerie de campagne, des mitrailleuses commandés par le colonel Chevky Bey.

Au centre aussi 4 bataillons d'infanterie, une batterie d'artillerie et des mitrailleuses sous les ordres du lieutenant-colonel Fethi Bey.

A l'aile gauche 6 bataillons d'infanterie, une batterie d'artillerie et des mitrailleuse, commandés par le colonel Essad Bey.

La quatrième colonne, sous les ordres d'Osman Pacha, comprenait 3 bataillons, une batterie, un détachement de cavalerie et les services.

La colonne de gauche marchant sur Rivoli et Nikovtché rencontra les Albanais à Yuwiche. La colonne du centre, s'avançant sur Katchanik par Ghlova et Beligratcha, enleva les positions, qu'elle occupa fortement, 2 officiers et 24 soldats furent tués à cette affaire, 5 officiers et 75 soldats blessés.

Les pertes albanaises furent certainement plus considérables.

Le commandement turc les évaluait à 500 (??).

Les troupes ottomanes victorieuses à Katchanitk marchèrent sur Ghilan et rencontrèrent les Albanais à Morovoï-Bala. Le colonel Essad Bey les repoussa et s'empara ensuite de la ville de Ghilan. Puis ce furent des combats au défilé de Tchernalova où 12 000 Albanais tinrent tête à une armée véritable.

Quelle peut être la conséquence de ces événements?

M. René Pinon, dans sa remarquable étude sur la question albanaise (1), ne croit pas que l'autonomie de l'Albanie soit irréali-

(1) *Revue des Deux Mondes*, 15 décembre 1909.

sable. « L'Albanie bien gouvernée, écrit M. Pinon, peut devenir, pour la Turquie d'Europe, une précieuse réserve d'hommes, de richesses et d'énergie; mal gouvernée, elle est peut-être l'obstacle sur lequel viendra se heurter et peut-être se briser l'œuvre des Jeunes-Turcs. L'Albanie est, dans la Turquie d'Europe, le centre de la résistance musulmane à la poussée chrétienne. On a pu dire avec quelque exagération, d'ailleurs, que le Turc n'est que campé en Europe, mais l'Albanais, lui, est autochtone. L'esprit nationaliste s'est beaucoup développé, nous l'avons vu, en ces dernières années; il n'est pas encore devenu un esprit séparatiste : la majorité musulmane est fidèle au commandeur des croyants. Mais déjà, un peu partout, parmi les catholiques du nord ou les Tosques hellénisés, des esprits plus hardis, des jeunes gens élevés en Autriche ou des émigrés revenus d'Amérique rêvent l'organisation de l'Albanie en une sorte de confédération, sur le modèle de la confédération suisse, ou à l'image des anciens clans écossais. La Mirditie serait le premier noyau du futur État qui lui-même serait un des membres de la confédération balkanique, un rêve elle aussi, mais qui hante des esprits de plus en plus nombreux, une Albanie indépendante deviendrait la pierre angulaire d'une telle confédération, mais sa naissance serait probablement aussi le prélude de l'expulsion des Turcs d'Europe. Or l'avenir de l'Albanie ne se décidera pas seulement entre Albanais et Turcs et c'est à quoi ceux-ci feront bien de prendre garde, l'Europe et plus particulièrement l'Autriche et l'Italie sont au premier chef intéressées dans la question. »

Le journal le *Sabah* explique ainsi ce soulèvement. L'Albanie est une nation où la moralité générale ne s'est pas corrompue. Elle est brave, elle est tout armée, c'est véritablement la « nation armée » de Von der Goltz. Les Albanais d'aujourd'hui sont des Suisses du moyen âge. Je n'exagère pas. Malgré leur fidélité plusieurs fois séculaire envers le gouvernement ottoman, depuis une dizaine d'années ils sont attirés par un tel désir de prendre les armes, que non seulement ils le feraient aujourd'hui contre la Bulgarie, demain contre la Serbie, un autre jour contre le Monténégro, mais, ce qui ne s'est pas encore vu, contre l'empire ottoman même.

Les chefs de clan, en même temps les plus éclairés, connaissent parfaitement cet attrait de la lutte et sont capables de réaliser une mobilisation en faveur de leurs intérêts particuliers avec une facilité à émerveiller les autres pays qui rencontrent en pareil cas de si énormes difficultés.

Alors que la liberté et la Constitution ont été accueillies avec reconnaissance, comme chez les autres peuples, par la généralité des Albanais, quelques chefs ont vu dans ce régime leur autorité personnelle et leurs intérêts particuliers compromis.

D'autres attribuent l'insurrection aux vexations des fonctionnaires et aux ressentiments causés par les répressions de l'année 1909.

On a aussi parlé de violation de privilèges, d'impôts nouveaux, de droits d'octroi.

Le journal *le Tanine* n'admet pas que des motifs d'aussi minime importance aient pu produire des conséquences aussi graves. « Le mot réaction choquant l'oreille, on ne saurait admettre un mouvement réactionnaire de la part des Albanais et on veut interpréter les incidents survenus comme des protestations contre l'octroi. Étant donné que le droit d'octroi n'a pas été imposé par le gouvernement central, mais créé sur la demande locale, il serait facile aux municipalités qui ne voudraient pas l'accepter de formuler leurs plaintes au gouvernement qui n'aurait pas manqué de les prendre en considération plutôt que de soulever les Albanais. » La possibilité d'excitations étrangères intéressées a rencontré bon nombre de convaincus. Telle n'est pas l'opinion du journal *le Sabah*.

« Il en est beaucoup qui ont interprété les incidents d'Albanie comme le fruit des excitations de l'Autriche-Hongrie, notre voisine Cette opinion a fait le tour de le presse européenne et on en a conclu ouvertement que le soulèvement actuel était en effet l'œuvre habile de la politique autrichienne. Est-ce vrai? Je voudrais rectifier ce malentendu que j'estime tout à fait préjudiciable à la politique ottomane.

Ceux qui ont formulé cette théorie l'ont justifiée en donnant à l'attitude de l'Autriche le sens d'une espèce de vengeance diplomatique des changements survenus dans les Balkans, changements qui ont relevé la politique ottomane en humiliant quelque peu l'autrichienne. On a été jusqu'à prétendre, pour appuyer cette interprétation, que les Albanais auraient dit : « Nous déployons le drapeau autrichien. »

« C'est une opinion compréhensible, mais dont la réflexion peut dissiper l'erreur.

« Admettons que la récente politique balkanique n'ait nullement été du goût de l'Autriche, elle semble plus satisfaite et plus rassurée cependant, car cette politique consolide le *statu quo*, qui est son but essentiel.

« Ce serait dénier à ses diplomates toute habileté politique, que de leur attribuer celle-là.

« Aujourd'hui le but absolu de l'Europe est le maintien de la paix. Le bruit de quelques coups de fusil en Albanie a beau n'être que la fumée d'une cheminée en comparaison de l'incendie de la guerre que redoute l'Europe, peut-on ne tenir aucun compte de l'extension possible du feu, de cette cheminée au toit?

« Si donc l'Autriche se faisait l'auteur de ce commencement d'incendie, ce serait endosser une bien lourde responsabilité dans la politique générale européenne, pour une puissance de la triplice formée en vue du maintien de la paix générale et qui l'a assurée depuis trente ans. Cette seule considération suffit à prouver l'innocence de l'Autriche dans la question albanaise. »

Le *Journal de Salonique* ne partage nullement cette manière de voir : « En même temps qu'il s'occupe de mater la révolte actuelle, de pacifier l'Albanie, le gouvernement de Constantinople ferait bien de rechercher les causes extérieures du soulèvement. »

Le défilé de Katchanik qui commande la ligne de Mitrovitza occupé par les Arnautes ne put être enlevé par les troupes turques qu'après une véritable bataille.

La presse de Vienne, très pessimiste, ne dissimulait pas ses impressions en présence des embarras éprouvés par la Porte.

Le *Vaterland* déclarait que le sort de l'empire ottoman dépendait de l'issue de cette campagne. Si les Albanais sortaient de cette lutte sans préjudice de leurs droits, cette lutte pourrait être la cause de nouveaux soulèvements, dans d'autres provinces, par exemple en Macédoine et dans les vilayets d'Asie Mineure où les esprits ne cessent de s'agiter. Il se pourrait bien que la Turquie moderne ne pût pas supporter plusieurs attaques simultanées et de la même violence que celles d'Albanie : en effet on manque de troupes et d'argent. Dans le cas de défaites réitérées, le nouveau régime disparaîtrait aussi rapidement qu'il a été établi.

D'après le journal *Stamboul*, 30 avril. La *Nouvelle Presse libre* (Vienne) exprime l'opinion que les troupes turques, à n'en pas douter, auront un travail bien dur à accomplir. Leur situation présente ne serait pas favorable, les commandants se sont laissés surprendre par les événements et se trouvent actuellement devant une tâche dont la solution coûtera du sang, de l'argent et du temps.

L'*Extrablat* est d'avis qu'à Constantinople on aurait commis la grosse faute de ne pas attacher assez d'importance au mouvement albanais; une défaite des troupes pourrait cependant être des plus graves. Les adversaires du nouveau système ne seraient pas seulement dans les montagnes albanaises, mais aussi dans d'autres vilayets et un succès que remporteraient les insurgés, ne fût-il même que passager, serait pour tous les éléments peu sûrs un encouragement d'imiter l'exemple des Albanais.

L'*Ikdam* recommandait une politique de réformes et d'améliorations.

« Il faut savoir les mobiles afin d'être à même de prendre des mesures. C'est justement notre plus grand défaut de ne songer qu'à mettre fin, à la hâte, à un événement sans penser à l'avenir.

« Le gouvernement constitutionnel ne peut, à ce sujet, agir comme sous l'ancien régime et se trouve obligé à de nouveaux sacrifices d'argent et d'hommes. La poudre n'aura pas sitôt cessé de parler qu'il faudra prendre des mesures administratives et sans perdre un instant voir les habitants, connaître leurs besoins et leur persuader que le but du gouvernement n'est pas d'opprimer le peuple, mais d'assurer son bonheur.

« Il n'y a rien de tel que la justice et le respect des droits pour étouffer le sentiment de vengeance et de haine. »

Du *Tanine :*

« Ce mouvement des Albanais aura une grande influence sur les destinées de la Jeune-Turquie. D'un côté il montrera qu'elle réprime rapidement et énergiquement toute révolte contre le gouvernement, et de l'autre, avec l'exécution de réformes et d'améliorations, qu'elle est digne d'être au rang des puissances civilisées. »

Le *Sabah* rend l'ancienne forme de gouvernement responsable de l'insurrection albanaise.

« Sous l'ancien régime, aucune des tentatives de réformes opérées dans les régions montagneuses de notre pays n'a été conforme à la science gouvernementale. Tout s'est borné en Albanie, comme autre part, à des démonstrations de force et de violence de temps en temps; c'est ainsi que le gouvernement comprenait son devoir dans les temps passés. Mais dans une ère constitutionnelle, il importe de le concevoir tout autrement. Pour prouver qu'il en est ainsi, en effet, la question albanaise offre au pouvoir exécutif une occasion on ne peut plus favorable. »

La *Correspondance politique* (de Vienne) ne veut voir dans les événements d'Albanie qu'une résistance aux théories de la Jeune-Turquie.

« On continue à critiquer vivement dans les sphères albanaises de Constantinople les proclamations répandues par le comité Union et Progrès contre les Albanais. Ce qu'il y a en tout cas de remarquable, c'est l'importance attribuée dans ces modifications à la question tant débattue de l'écriture. Les Albanais faisant de la propagande en faveur de l'adoption des caractères Romains, sont traités, dans lesdites proclamations, de traîtres voulant saper la base de l'empire ottoman, de concert avec les Grecs, les Bulgares et les Serbes. Le fait que le comité jeune-turc se laisse entraîner jusqu'à faire de pareils reproches aux Albanais est ressenti dans les milieux albanais comme une blessure des plus profondes faites à ce peuple. »

La *Nouvelle Presse libre* ne croit pas que la pacification de l'Albanie soit durable. « La population albanaise, qui n'est pas habituée à obéir à la loi, n'abandonnera pas facilement son attitude d'opposition. » Toutefois le journal convient que l'énergie que le gouvernement a manifestée par l'action ferme des troupes n'est pas restée sans exercer une impression profonde sur les insurgés.

L'*Arbeiter Zeitung* considère la politique des Jeunes-Turcs, à l'endroit des Albanais, comme irraisonnable. « Serait-il vraiment prudent, dit-il, de la part des Turcs d'opprimer leur seul ami en vue de préparer le terrain en faveur des Serbes et des Monténégrins? Cette politique devrait échouer par son manque de logique. Le gouvernement devrait choisir maintenant la voie des négociations, dédaignée jusqu'ici ! »

« Si pénible, si difficile, si longue que soit cette campagne, dit le *Journal de Saint-Pétersbourg*, elle doit être réalisée à tout prix par le gouvernement ottoman, sans considération aucune ni du sang répandu ni des sommes dépensées.

« La pacification de la Turquie dans une mesure suffisante pour lui garantir un avenir de progrès moraux et matériels sous le régime des libertés constitutionnelles est au prix des sacrifices nécessaires pour réprimer, dompter, discipliner et civiliser les races sauvages de l'Albanie, de l'Asie Mineure et de l'Arabie. »

Plusieurs journaux avaient annoncé que le gouvernement avait ordonné la fermeture d'un certain nombre d'écoles albanaises, prétextant que le Coran n'admet pas les caractères latins avec lesquels on enseigne dans ces écoles. Par ailleurs, l'enseignement de la langue grecque aurait été interdit dans un certain nombre d'écoles.

Ces mesures ont produit la plus fâcheuse impression.

Les Albanais ne cessaient de réclamer leur autonomie.

Au mois de décembre 1910 plusieurs milliers d'Albanais, réunis en armes dans les montagnes de Bibra, formulaient ainsi leurs réclamations :

« 1° Amnistie complète pour tous les Albanais condamnés pour délits politiques;

2° Liberté complète d'éducation et l'autorisation de faire usage de la langue nationale et de l'alphabet national dans les écoles;

3° La réouverture de toutes les écoles albanaises qui ont été fermées par le gouvernement et le retrait de l'embargo mis sur les journaux et autres publications;

4° Tous les fonctionnaires du gouvernement devront être de nationalité albanaise.

5° L'emploi de l'alphabet albanais dans toutes les écoles établies par le gouvernement;

6° L'ouverture d'écoles agricoles normales et commerciales dans toutes les principales villes avec l'emploi de l'albanais comme langue d'instruction ;

7° Les impôts levés en Albanie devront être dépensés dans le pays même, en construction de routes, chemins de fer et en autres améliorations matérielles;

8° L'ouverture de banques agricoles dans tout le pays;

9° Le gouvernement encouragera l'introduction dans le pays de capitaux étrangers qui ne devront pas être employés au développement d'une propagande étrangère quelconque. »

A la fin du mois de mars 1911 l'insurrection recommença avec une nouvelle ardeur auprès de Scutari (d'Albanie). Les Malissores s'emparèrent de la ville de Touzi.

La Porte envoya dix bataillons, sous les ordres de Chefket-Torghoud Pacha, pour les combattre. Huit cents Malissores s'étaient réfugiés au Monténégro, à Podtgoritza, pendant que des négociations avaient lieu avec la Turquie pour leur permettre de rentrer en Albanie. Ces négociations ayant échoué, le gouvernement monténégrin avait informé les puissances qu'il ne pourrait pas continuer à secourir plus longtemps les Malissores et qu'ils devaient ou rentrer en Albanie ou chercher asile dans un autre pays.

La Russie qui avait, dit-on, sollicité sans succès de la Porte une amnistie pour les Malissores, se chargea de les secourir en recommandant au Monténégro d'observer la plus stricte neutralité dans les affaires de la Turquie et des Malissores. Les bons offices de la Russie pour les Albanais pourraient fort bien avoir pour l'avenir des conséquences importantes, en rapprochant l'élément albanais de l'élément slave avec lequel jusqu'à ce jour les rapports avaient été rien moins qu'amicaux. Ce rapprochement ne favoriserait pas précisément les visées de l'Autriche vers Salonique, les Albanais étant disposés à faire cause commune avec tous ceux qui favoriseront leur indépendance.

Dans la nuit du 28 mars, les Malissores albanais réfugiés au Monténégro, aidés des Malissores monténégrins, au nombre d'environ 3 000, attaquèrent et enlevèrent les postes fortifiés turcs le long de la frontière à Touzi, Piccala, Napcha, Zanora, Vrania.

Le lendemain les Albanais de Chala, Grouda, Castrati, Hott se joignaient aux Malissores et fortifiaient Saltché-Clementi.

Pendant ces hostilités le gouvernement monténégrin adressait une note aux puissances pour se plaindre des conséquences que cet état de choses pourrait lui attirer : « Quoique le Monténégro veuille conserver la paix et entretenir des relations amicales avec la Turquie, il est pourtant paralysé dans ses sincères intentions par les désordres sur ses frontières orientales. C'est pourquoi le

Monténégro prie les grandes puissances, en leur qualité de protectrices de la paix et de pionniers du progrès général, d'intervenir auprès de la Turquie pour qu'elle rétablisse le plus tôt possible l'ordre dans le voisinage du Monténégro et réponde ainsi à ses obligations internationales. »

La Porte accusait le gouvernement monténégrin de favoriser les Albanais, en les laissant se ravitailler à Antivari, et en souffrant que des volontaires de l'armée régulière aillent grossir les rangs des insurgés.

M. Tomanovitch, président du conseil monténégrin, a dit à la Skouptchina, en réponse à ces accusations : « Le Monténégro a accompli un devoir humanitaire envers les émigrés albanais réfugiés dans son pays. Il a accompli également un devoir international envers la Turquie en observant une stricte neutralité. La Porte le sait et les puissances le savent également. Et cette neutralité absolue, le Monténégro continuera à la garder.

« Par suite des liens de religion et d'une très proche parenté, les habitants de quelques villages monténégrins de la frontière ont passé celle-ci pour se joindre aux insurgés. Le terrain étant très accidenté dans cette région, il a été impossible d'empêcher ce passage opéré nuitamment et clandestinement. Mais il s'agit tout au plus d'une centaine d'hommes qui seront punis comme déserteurs.

« Le Monténégro a raison de se plaindre de l'invasion de familles provenant de villages albanais incendiés et du tort que l'insurrection lui cause empêchant son développement intérieur.

« Le Monténégro a pendant trente ans entretenu des relations amicales avec la Turquie.

« Il gardera une stricte neutralité pour maintenir ces relations amicales. Il espère que le même désir anime les hommes dirigeants de la Turquie. »

La Russie dut intervenir et une note fut remise à la Porte par l'ambassadeur à Constantinople. « Depuis le commencement des troubles dans l'arrondissement albanais, le gouvernement ottoman n'a cessé d'assurer le gouvernement impérial de son intention inébranlable de ne pas porter atteinte à la paix internationale. D'après les dernières nouvelles, les troupes turques sont concentrées surtout à proximité immédiate de la frontière monténégrine, il en résulte un sérieux danger pour la paix, parce que le moindre incident peut provoquer à la frontière un conflit dont les conséquences seraient difficiles à prévoir à l'heure qu'il est.

« En même temps le gouvernement impérial croit nécessaire d'ajouter que les mesures militaires, prises par le gouvernement monténégrin en vue de protéger la frontière, ne peuvent être considérées, à son avis, comme un acte menaçant pour le pays voisin, et ne constituent que des démarches naturelles tendant à la défense de soi-même et à la protection de l'ordre sur son propre territoire.

« Étant convaincu que la Porte partage ce point de vue, le gouvernement impérial exprime l'espoir que le gouvernement ottoman aura reconnu qu'il lui est possible, dans le but de conserver la tranquillité et la paix, de déclarer sans retard, et de la façon la plus catégorique, ses sentiments parfaitement pacifiques à l'égard du Monténégro et de concourir ainsi à la limitation de l'état de guerre et même à la cessation des mesures militaires extraordinaires déjà prises par le Monténégro.

« De son côté le gouvernement impérial se préoccupe de conserver la paix. Il ne manquera pas de continuer de prodiguer ses conseils de modération et de calme au gouvernement royal du Monténégro. »

L'Angleterre n'appuya pas la note russe. La France donna son adhésion verbale, « adhésion de principe qui n'impliquait pas sa participation aux mesures ultérieures que pourrait prendre son alliée. Volontiers, l'Italie eût donné à la Russie une adhésion sans réserve, non seulement parce que le Monténégro bénéficie dans la péninsule de la popularité qui s'attache à la reine Hélène, mais encore parce que les visées italiennes sur l'Albanie mettent notre voisine en perpétuel conflit avec le gouvernement turc, mais l'Italie est puissance triplicienne et par discipline elle se résolut à garder le silence ».

La Porte répondit à la note russe qu'il « dépendait du Monténégro que les relations avec ce pays redeviennent normales, et que si la Russie croyait devoir donner des conseils en la circonstance, c'était à Cettigne qu'elle devait les adresser ».

Un grand nombre de désertions se produisirent dans les troupes turques opposées aux Albanais. Le correspondant de *l'Écho de*

Paris estimait à 2 000 le nombre des chrétiens réfractaires « refusant de combattre les Albanais ». Presque tous étaient des îles grecques de la mer Égée. Ces réfractaires réfugiés en grand nombre sur la côte italienne se montraient « enthousiastes de la valeur déployée par les troupes albanaises » et confirmaient « les succès remportés par ces dernières, ainsi que les atrocités commises continuellement par les soldats turcs contre les populations chrétiennes d'Albanie ».

Au commencement du mois de juin, les Mirdites se sont révoltés à leur tour sous la direction de l'Italien Terenzio Tocci, un Albanais né dans une colonie albanaise du sud de l'Italie (à Saint-Cosme). Les Mirdites, au nombre d'environ 15 000, sont catholiques romains et constituent une sorte de confédération très puissante au sein des montagnes de l'Albanie. Leur chef religieux est l'abbé d'Orosi qui est nommé par le Saint-Siège. L'abbé d'Orosi, qui est actuellement en fonctions Dom Primo Dochi, a passé de nombreuses années à Rome en qualité de secrétaire du cardinal Agliardi, puis ayant été expulsé par les Turcs, il s'était réfugié aux États-Unis.

Les Mirdites sont sous le protectorat de l'Autriche-Hongrie, et la France n'a cessé de leur donner des marques d'intérêt.

Les Mirdites n'avaient accepté la domination turque qu'à la condition de conserver leurs armes.

Ils devaient être exempts d'impôts, aucun musulman ne devait s'établir sur leur territoire. Leurs usages, leur religion, leurs lois (loi du Kagini) seraient respectés. Ils ont conservé une bannière nationale. Fond blanc encadré de rouge, chargé d'un soleil rouge rayonnant.

A la Chambre italienne le député Chiesa a immédiatement demandé au gouvernement de prendre l'initiative d'une action collective des puissances en faveur des Albanais, à l'heure même où le gouvernement austro-hongrois proposait à la Russie une intervention en commun contre les cruautés des troupes turques, à l'égard des Albanais chrétiens. M. de San Giuliano a répondu que sans intervenir positivement dans la politique intérieure de l'empire ottoman, l'Italie, de concert avec les autres puissances, avait donné à la Turquie des conseils de modération, lui recommandant de faire droit aux légitimes revendications des Albanais.

La presse allemande poussa les hauts cris.

Les journaux *Post*, *Berliner Tageblatt*, *Vossische Zeitung*, *Berliner Lokal Anzeiger* protestèrent avec indignation contre l'attitude de l'Autriche-Hongrie favorable aux Albanais catholiques.

L'envoi d'un cuirassé italien sur les côtes d'Albanie, à Durazzo, avait éveillé les susceptibilités de l'Autriche. L'article du journal *Fremdenblatt* avait informé la Porte des sympathies de l'Autriche pour les Malissores et les Mirdites : « L'Autriche-Hongrie a toujours considéré et déclaré que la question albanaise constitue une affaire intérieure de la Turquie, mais cela n'empêche pas que le désir du maintien de la Turquie d'Europe et des rapports traditionnels avec les Albanais autorise la diplomatie autrichienne à exprimer son opinion au sujet d'une politique qui a amené une situation insoutenable. »

Le sultan comprit et accorda un armistice aux insurgés en même temps qu'un certain nombre de concessions réclamées depuis longtemps, au nombre desquelles la nomination de fonctionnaires albanais, la proportionnalité des impôts avec le chiffre des populations, l'adoption de l'alphabet latin dans les écoles, le port libre des armes, etc., etc.

Une proclamation du gouvernement de la Porte en donna l'assurance.

« Les opérations militaires entreprises depuis le 3-18 mai 1327 contre les Malissores en révolte viennent de prendre fin. Le résultat de ces opérations militaires a été la fuite au Monténégro de la majeure partie des insurgés. Une autre partie des rebelles a gagné la rive gauche du fleuve Sem et s'est cantonnée dans une zone étroite se trouvant entre ce fleuve et la ligne frontière. Enfin une autre partie a pris position sur les hauteurs de Seltché. Les insurgés se trouvant dans les deux zones précitées sont cernés par les troupes qui leur ont coupé toute communication avec l'intérieur.

« En vertu d'une décision prise par le conseil des ministres et sanctionnée par iradé impérial, un délai de douze jours sera accordé aux insurgés pour faire leur soumission.

« Ceux qui apprécient la clémence du gouvernement déposeront leurs armes durant ce délai, verront leur soumission favorablement accueillie sans qu'ils soient l'objet d'aucune poursuite judiciaire pour les actes qui ont motivé les opérations militaires.

« En outre leurs habitations incendiées ou endommagées, lors de ces opérations, seront reconstruites ou réparées grâce à la somme de dix mille livres que sa Majesté Impériale le Sultan a bien voulu affecter à cet effet. Enfin le gouvernement, prenant en considération la situation toute particulière de la région et les conséquences des incidents survenus, adoptera d'autres mesures bienveillantes en vue d'assurer leur bonheur et leur prospérité.

« Ces décisions seront portées à la connaissance des insurgés par le commandant de l'armée d'expédition qui leur fera savoir par les moyens à sa disposition que tous ceux qui déposeront les armes et feront leur soumission dans le délai fixé, bénéficieront en général des mesures de clémence ci-dessus et que, passé ce délai, ceux qui s'obstineront dans la révolte seront poursuivis et châtiés. »

Les chefs albanais répondaient par un long exposé de la fidélité traditionnelle des Albanais pour les sultans, et pour l'empire ils réclamaient des réformes et des garanties. « Sous les auspices du nouveau régime nous espérions voir le trône impérial (seul trait d'union de tous les peuples) relevé, l'autorité du sultan fortifiée, l'intégrité territoriale de l'empire assurée, les droits individuels de tous les Ottomans en général et les droits et immunités reconnus par les firmans et la constitution elle-même aux communautés et nationalités garantis, la liberté de la conscience et de toutes les religions et convictions religieuses et traditionnelles respectée, l'ordre dans l'administration et dans les finances rétabli.

« Mais malheureusement notre espoir et celui de tous les peuples ottomans furent remplacés par une cruelle déception. L'autorité supérieure du sultan réduite, son prestige diminué, l'administration de l'empire et la gestion des deniers publics devenues l'aubaine d'un groupe d'individus irreconnus qui, sous le masque de libérateurs et de sauveurs de la patrie et soutenus par un pouvoir occulte et irresponsable, s'appliquent à exercer la plus odieuse des tyrannies et à donner plein cours à une fantaisie et à un caprice sans précédent, en empiétant sur les droits les plus sacrés des individus et des nationalités et en cherchant à supprimer l'histoire et l'origine des peuples pour en faire une masse ethnique selon leur imagination bizarre.

« Par conséquent, nous croyons avoir le droit de ne pas nous lier aux promesses vagues d'un gouvernement qui s'est donné pour règle la violation flagrante et continuelle des droits reconnus par la constitution et de ne rétablir notre confiance qu'après avoir obtenu des garanties réelles pour le présent et l'avenir. »

De l'indépendance de la Serbie reconnue au congrès de Berlin résulta presque immédiatement (1879) l'autonomie de l'Église serbe, nouveau démembrement de l'Église grecque, suivie en 1880 de l'abandon, en faveur de l'empereur d'Autriche, du droit de présentation des évêques pour la Bosnie et l'Herzégovine. Depuis lors les malheurs et les déceptions de toute nature se succèdent continuellement pour l'Église grecque.

La Chambre des députés turcs ayant voté, au cours de l'année 1910, une loi sur les Églises qui modifiait profondément les usages existants sur la célébration du culte et le fonctionnement des écoles, attribuant les églises dans chaque localité à la confession religieuse y comptant les deux tiers des habitants, des protestations n'ont pas tardé à surgir de tous côtés. Des meetings eurent lieu à Smyrne, Berria, Serrès, Agoustos, Satista, Salonique, Monastir, Ecaterini. Le patriarcat œcuménique se fit auprès du sultan l'interprète de ces protestations.

Après la conquête de Constantinople, le chef religieux des Grecs avait reçu, vers 1453, du sultan Mahomet II, le pouvoir de régler directement pour ses coreligionnaires tout ce qui regardait leur existence familiale, mariage, instruction, culte, sépulture, secours, administration, etc., etc. Quelques années après (1461), les mêmes attributions pour les Arméniens furent concédées au métropolite arménien appelé à venir à Constantinople. Un patriarcat arménien fut ainsi constitué à côté du patriarcat grec.

On ne tint alors aucun compte des nationalités pour fixer cette division des chrétiens orthodoxes d'Orient. Les affinités confessionnelles seules furent examinées.

« Tous les orthodoxes diophysites, Grecs, Bulgares, Serbes, Albanais, Valaques, Moldaves, Ruthènes, Croates, Caramaniens, Syriens, Melkites et Arabes furent rattachés avec leurs chefs respectifs à la juridiction du patriarche grec. Quant aux orthodoxes monophysites, comprenant les Arméniens, les Syriens, les Chaldéens, les Koptes, les Géorgiens et les Abyssiniens, ils furent soumis avec leurs chefs respectifs au patriarche arménien (1). »

Les juifs n'ayant pas d'existence légale et les catholiques étant traités en étrangers sous la protection de leurs ambassadeurs au premier rang desquels était l'ambassadeur de France, cette organisation fut maintenue jusqu'en 1830, où un patriarcat catholique fut créé.

L'Église monténégrine était indépendante depuis 1766.

Depuis cette époque, de nouvelles concessions furent faites par le gouvernement turc, c'est ainsi qu'au mois de février 1870 fut autorisée la création d'un exarchat bulgare, pour les Bulgares orthodoxes qui jusqu'alors ressortissaient au patriarcat, comme tous les autres orthodoxes, Serbes, Roumains, Valaques, etc., etc... Quelque temps après, la nomination du métropolite serbe d'Uskub fit bénéficier les Serbes d'une situation analogue. Enfin le 13 mai 1885 l'église roumaine était aussi reconnue. L'influence des différentes nationalités se formait et s'étendait autour des chefs religieux par les églises et les écoles. En instruisant la jeunesse, les prêtres des différentes confessions leur préparaient des défenseurs et des soldats.

« Un bérat d'investiture était une victoire nationale et celui qui tenait l'église, tenait les clefs d'une place forte. On se disputa les élèves et les fidèles, chaque nationalité voulut les compter sur sa statistique, même s'il fallait truquer un peu. Grâce à un habile maniement des chiffres, Serbes, Bulgares et Grecs purent revendiquer chacun comme leur appartenant la presque totalité de la Macédoine.

« L'avènement de la Jeune-Turquie donna beaucoup d'espérances aux esprits amoureux de justice et de logique. Et de fait, la solution proposée par le gouvernement de Constantinople paraît à distance relativement équitable. Hilmi Pacha en 1905, pour couper court à toute discussion, avait décidé que toute église patriarchiste, dont les fidèles passeraient à l'exarchat, serait fermée jusqu'à nouvel ordre. Le nouvel ordre n'est jamais venu et l'on conçoit que cela ne fasse les affaires de personne, ni celles des exarchistes qui veulent transformer l'église pour exprimer leur succès, ni celle des patriarchistes qui veulent la conserver pour témoigner de leur existence. La question restait ouverte.

(1) Mgr Ormaniou, *l'Église arménienne*.

« Sur la proposition du ministre de la justice, la Chambre ottomane vota en mars dernier un projet approuvé depuis par le Sénat et sanctionné par le sultan. Aux termes de cette nouvelle loi, dans les localités divisées, l'église appartiendrait aux exarchistes, s'ils constituaient les deux tiers au moins de la population. Mais le gouvernement promit aux minorités fidèles au patriarcat qu'il créerait les écoles et les églises nécessaires pour elles. »

Les fidèles du patriarcat, mécontents de ces dispositions, protestèrent avec énergie.

Le patriarche fut reçu par le sultan. Il rendit compte en ces termes de cette réception :

« Notre réception au palais a été officielle en même temps que familiale. Des honneurs extraordinaires nous ont été rendus et le souverain, nous ayant reçu en audience, insistait pour nous voir prendre place devant lui. Il écouta attentivement nos doléances d'abord exprimées en grec, puis traduites par Cosmidi Effendi. Sa Majesté avec bienveillance a répondu et fait des déclarations encourageantes en ce sens qu'elle partage l'amertume de la nation grecque et respecte tous les privilèges de la nation accordés par ses ancêtres et qu'elle désire maintenir intacts. Le discours d'introduction et l'épilogue dans le salon d'attente démontraient un esprit favorable et tendant à aplanir le différend. Ç'a été comme une approbation silencieuse de nos arguments (1). »

Les deux corps constitutifs de l'Église, réunis pour entendre le compte rendu de la visite au sultan, ont ensuite adopté le programme d'action suivant :

« Recourir aux moyens que les traités et le droit international fournissent au patriarcat œcuménique pour la sauvegarde de ses droits. Adresser aux métropolitains en province et aux domogérontics une circulaire qui renfermera l'historique de la question des églises et des droits du patriarcat œcuménique.

« Convoquer immédiatement une assemblée nationale.

« Démission du patriarche et des deux corps constitutifs et fermeture des églises dans le cas où le gouvernement voudrait empêcher la convocation de l'assemblée nationale (2). »

L'exarque bulgare, Mgr Joseph, s'est rendu auprès du sultan,

(1) Déclaration au *Proodos*.
(2) Journal *le Stamboul*, 14 juillet 1910.

se faisant l'interprète « des sentiments de reconnaissance et des remerciements sincères des Bulgares ottomans, attachés de cœur et d'âme à la constitution, pour la haute bienveillance dont ils viennent d'être l'objet de la part du gouvernement impérial qui a bien voulu assurer leurs privilèges et droits sur les églises et écoles, sauvegarder leur langue et leur nationalité, leur permettre de progresser en toute liberté et les admettre dans les fonctions officielles ».

La réponse du sultan à l'exarque bulgare fut non moins aimable que celle qu'il avait faite au patriarche œcuménique ; la solution de la question n'avait pas fait un pas. Si l'on s'en réfère au texte de l'article 62 du traité de Berlin relatif à la liberté des cultes en Turquie, il ne saurait être douteux que la nouvelle loi viole les droits des Grecs habitant le territoire turc.

M. Colassi, avocat à Constantinople, l'établit nettement dans le *Patris* (1).

« Par son paragraphe premier, la Sublime Porte prend l'engagement envers les puissances de maintenir le principe de la liberté religieuse avec la plus large extension. Y a-t-il liberté religieuse, quand à la suite de l'enlèvement de quelques églises ou d'une revendication violente et arbitraire d'un tiers sur elles, le gouvernement, au lieu de mettre cet importun à la porte et le renvoyer devant les tribunaux, en respect de la liberté religieuse, ferme ces églises, empêchant de cette façon les habitants d'alentour d'exercer leurs devoirs religieux pendant des années entières?

« Est-ce que cette fermeture des églises n'a pas apporté une entrave à la liberté religieuse qui fut consacrée solennellement par le traité de Berlin?

« Y a-t-il la liberté religieuse, quand après cette action le gouvernement soumet aux Chambres et fait voter une loi qui met en doute le droit de la liberté religieuse d'une communauté?

« Où se trouve la liberté religieuse quand le gouvernement vient dire : « Vous n'avez pas le droit de faire une prière dans les églises de vos pères, mais là où je vous l'indiquerai moi-même; quant à votre ancienne église, il y a d'autres personnes auxquelles je permettrai seules d'y aller. »

(1) Journal *le Stamboul*, 12 juillet 1910.

« Est-ce que le paragraphe 4 de l'article 62 du traité de Berlin n'est pas aussi violé? Où y a-t-il la liberté et la pratique extérieure d'un culte assurées à tous quand le gouvernement, sur la simple prétention d'un tiers, a fermé nos églises qu'il lui livre aujourd'hui par une loi?

« Où existe la liberté de notre culte quand le gouvernement veut nous assigner le lieu et le moment où nous devons l'exercer, au lieu de punir les ravisseurs et les renvoyer revendiquer leurs prétendus droits devant les tribunaux? »

M. Colassi voudrait que les puissances signataires du traité de Berlin fassent respecter la liberté de conscience et prennent en main la défense des droits des orthodoxes.

« Dans le cas actuel, les parties contractantes, envers lesquelles la Turquie a pris les engagements ci-dessus, sont les six grandes puissances. Celles-ci ont le droit d'intervenir non seulement comme parties, mais en leur qualité de protectrices des chrétiens, comme il résulte d'une façon expresse du paragraphe 6 dudit article.

« Elles doivent imposer le respect des dispositions du traité de Berlin pour leur dignité et pour donner suite à leurs engagements, étant donné que le droit de protection des chrétiens grecs orthodoxes, appartenant avant le traité de Berlin à la Russie, fut repris sur les instances de l'Angleterre pendant les débats de cette convention par les grandes puissances également.

« Où est-il donc, ce droit de protection, quand une communauté religieuse subit des dommages en faveur d'une autre, quand la liberté de la pratique extérieure d'un culte est atteinte par la fermeture des églises d'une communauté et leur distribution à une autre par le gouvernement?

« Si l'Europe tolère de telles violations de ses conventions internationales, qu'elle s'attende à voir voter demain une loi touchant ses intérêts et ses droits les plus essentiels. »

La presse amie du comité « Union et Progrès » ne pouvait laisser passer sans y répondre ce brillant plaidoyer de M. Colasi, en faveur des Églises. Baban-Zadé-Ismaël Hakki Bey se chargea de ce soin dans le journal *le Tanine*.

Après avoir dénié aux puissances signataires du traité de Berlin tout droit d'intervention en la circonstance, l'auteur de l'article paru dans *le Tanine* rejette toutes les responsabilités sur les Grecs.

« D'abord il n'est question que de matière spirituelle et religieuse. Il ne s'agit nullement de protection et affaires politiques e temporelles. En second lieu, il importe de remarquer l'expression « spontanées » qui se rattache à l'article 9 du traité de Paris, ainsi conçu :

« Sa Majesté Impériale le Sultan, qui de tout temps ne vise qu'au bonheur de ses sujets, a manifesté ses vues généreuses envers la population chrétienne de ses États, en promulguant un firman de nature à améliorer la situation de ses sujets, sans distinction de race et de religion, et avec l'intention de donner une nouvelle preuve de ses sentiments à cet égard, il a décidé de communiquer aux grandes puissances le firman émanant spontanément de sa volonté souveraine. Les puissances contractantes apprécient la haute valeur de cette communication. Il est absolument entendu que cette communication ne peut leur conférer, en aucune façon, le droit d'intervenir séparément ou collectivement, soit dans les relations entre le sultan et ses sujets, soit dans les affaires administratives de l'empire ottoman.

« Un tiers s'empare d'une église, et le gouvernement consacre cette spoliation par une loi, prétend-on?

« Le tiers dont il s'agit ce sont les Bulgares, comme si le traité de Berlin en protégeant tous les cultes n'avait pas protégé aussi celui des Bulgares!

« Sont-ils donc exclus de toutes les religions visées par le quatrième alinéa de l'art 62? Si les Bulgares restaient sans églises et avaient assez peu de patriotisme pour désirer l'intervention de l'étranger, ne pourraient-ils pas invoquer le même prétexte? »

Les partisans de la loi sur les églises se montrent très irrités des protestations des chefs de la religion orthodoxe. Leurs journaux les secondent par de nombreux articles.

« Il n'y a absolument rien, dit l'un, dans la loi actuelle ressemblant à une violation des privilèges religieux accordés par les sultans au peuple chrétien. Un conflit a surgi à propos des églises et des écoles, entre deux races ayant la même religion. Ce différend ayant même été jusqu'à provoquer l'effusion du sang, le gouvernement a fait une loi pour le régler. »

« S'il fallait reconnaître comme justes, écrit-on encore, les prétentions du patriarcat, toutes les églises ayant autrefois dépendu du phanar devraient lui être dévolues, de sorte que tous les monuments religieux de Serbie, de Roumanie, d'Autriche et de Russie, où se trouvent plus de 100 millions d'orthodoxes, lui reviendraient de droit. »

« Cette loi a été faite, dit *le Sabah*, a été votée dans un but de conciliation et d'harmonie, pour mettre fin à des querelles. On espère ainsi solutionner pacifiquement une question qui, depuis dix ou vingt ans, entretient une animosité violente et continuelle entre les éléments grecs et bulgares en Roumélie, et qui sans elle ne peut que se perpétuer, au grand regret de tous les gens sensés.

« Le projet du patriarcat œcuménique d'adresser aux puissances une protestation, au sujet de la loi sur les églises contestées en Macédoine, ne semble pas jouir de la faveur du corps diplomatique. Les membres du gouvernement ne dissimulent même pas l'intention de repousser la prétention du patriarcat et en particulier la demande de convocation d'une assemblée nationale. La réunion du Synode œcuménique sera seule autorisée. La démission du patriarcat, à propos de la loi sur les églises, serait certainement acceptée. »

Le projet de convocation d'une assemblée générale, en vue de voter des résolutions pour la question des églises, a mis la presse officielle turque en révolution.

« S'il s'agit de la convocation d'un concile, comme ceux de Constantinople, d'Antioche, de Jérusalem et d'Alexandrie; comme de telles réunions se rapportent toujours à des événements extraordinaires intéressant les affaires spirituelles, le désir de susciter des obstacles à l'application d'une loi votée par le Parlement national et dont la mise en application est décidée par le gouvernement est inconciliable avec le caractère religieux d'une telle assemblée.

« Les mesures mises en avant, démission du patriarche et du conseil mixte, fermeture des églises, ne sont ni logiques, ni admissibles dans les circonstances actuelles et dans une ère constitutionnelle. Elles ne peuvent qu'obliger le gouvernement à riposter par les mesures exceptionnelles que les exigences de la situation lui dicteront (1). »

(1) *Yeni-Gazeta*.

L'exarque bulgare souhaite l'entente entre les Bulgares placés sous l'autorité de l'exarchat et ceux qui obéissent au patriarcat.

« Que l'église bulgare maintienne son administration autonome, que la langue des Bulgares retentisse dans les églises et dans les écoles, que les limites de la juridiction de chaque église soient indiquées afin que chacune se préoccupe exclusivement de ses ouailles et que les bases de l'entente soient telles qu'à l'avenir de nouvelles contestations ne puissent se produire. »

Un meeting tenu à Smyrne dans une église s'étant terminé par une bagarre dans laquelle il y eut morts et blessés, la presse officieuse n'a cessé d'adjurer le gouvernement d'interdire les réunions dans les églises.

Le patriarche arménien, Mgr Tourian, put obtenir de l'assemblée nationale arménienne que les partis renonceraient provisoirement (pendant trois mois) aux meetings dans les églises devant tenir leurs conférences dans des salles et dans des écoles.

Pendant ce temps le conseil mixte du patriarcat œcuménique convoquait l'assemblée nationale.

« Sur la formation de cette assemblée extraordinaire, il a été décidé, à l'unanimité, de la convoquer sous la présidence patriarcale et avec la participation des membres du Saint-Synode et du conseil laïque, de douze autres métropolites en fonctions qui auront les suffrages des évêques en Macédoine, de deux représentants laïques de l'archevêché de Constantinople et d'un représentant laïque de chaque province. »

Le gouvernement ayant déclaré ne pas consentir à la réunion de l'assemblée, la polémique n'en a continué que de plus belle.

De l'*Ikdam :*

« Jamais le gouvernement n'autorisera la constitution d'une assemblée nationale ayant pour objet de discuter les assertions du patriarcat, car le patriarcat, au point de vue des règlements et des privilèges dont il se réclame tant, n'a pas un tel droit. D'après notre opinion personnelle, le patriarcat, en se livrant à des démarches de nature à troubler les esprits d'une partie de la population, n'a fait autre chose que de porter atteinte à leur repos et à leur bien-être. Il est donc bien loin d'avoir accompli comme il faut son sacerdoce.

« Nous espérons qu'il comprendra les suites graves de son attitude et qu'il fera un retour en arrière, car il est évident que ses agissements ne reposent sur aucun droit, sur aucune logique. Or, l'illégalité et l'absurdité ne peuvent engendrer que des dommages et des calamités. »

« Qu'on cesse de nous importuner avec les paroles de privilèges religieux, dit le *Tanine*. Le fondateur des privilèges religieux est le sultan: Mahomet le Conquérant.

« Tout le monde peut apprécier l'accueil qu'aurait trouvé n'importe quel patriarcat qui aurait adressé une pareille communication sous le règne du sultan Mehmed-Han.

« Personne ne saurait supporter les vexations auxquelles on se livre à tort et à travers en se retranchant derrière le rideau des privilèges religieux. Les privilèges! On devra en savoir les limites. »

Le *Néologos*, l'un des organes grecs, riposte :

« Seule l'assemblée nationale peut discuter avec le gouvernement sur ce thème au sujet duquel les firmans et bérats des sultans depuis Mohammed le Conquérant jusqu'à Abdul-Medjid constituent des conventions officielles, inviolables et inaltérables (sauf entente réciproque des deux parties intéressées) que garantirent la croyance et son maintien intact sans le moindre changement. »

Après le refus du gouvernement turc, les conseils du patriarcat œcuménique ont décidé à l'unanimité que le patriarcat devait maintenir la convocation de l'assemblée nationale à la date primitivement fixée, attendu que le patriarcat n'avait nullement demandé l'autorisation de réunir l'assemblée nationale, qu'il s'était contenté de faire connaître cette décision.

Une nouvelle communication, faite au ministère de la justice, fut encore l'objet d'un refus.

La publication de ces communications et de l'encyclique ayant trait à la réunion de l'assemblée nationale fut alors faite dans le journal *Ecclesiastiki alithia*, organe du patriarcat.

Le ministre de la justice a expliqué ces refus par les considérations suivantes. « L'encyclique du patriarcat n'a pas d'importance aux yeux du gouvernement. Il n'y a là qu'une simple consultation entre le patriarcat et les chefs religieux. Quant au langage dans lequel elle est conçue, je ne veux rien en dire, chacun est libre d'employer celui qu'il estime lui convenir. Il n'y a aucun doute sur ce que penseront de ces assertions les personnes impartiales et sensées, y compris nos concitoyens grecs dont nous sommes sûrs du patriotisme ottoman. »

Le ministre a ajouté que le gouvernement ne laisserait pas faire l'assemblée nationale; tout au plus permettra-t-il la réunion d'un synode régional.

Les conseils de l'Église n'en ont pas moins persisté dans le projet de convocation de l'assemblée nationale et ont rédigé le programme des travaux des commissions.

Le conseil des ministres a fini par décider de ne pas s'opposer à l'élection de l'assemblée nationale, pourvu que les réunions électorales se fassent dans les églises. Les autorités en ont été informées. A la suite de cette décision les élections se sont faites dans toutes les églises dépendantes du patriarcat. Mais l'assemblée nationale, en vue de laquelle les élections ont été faites, a été interdite par le gouvernement.

« Les bérats et lois sur les devoirs et privilèges du patriarcat ne comportant aucune indication concernant le droit de convocation d'une pareille assemblée, et comme le patriarcat a envoyé aux métropoles l'encyclique pour l'élection des délégués avant la date où il a soumis au gouvernement le takir qui a été rendu et qui n'a pas été pris en considération à cause de sa teneur et, comme d'après le texte de l'encyclique publié dans les journaux, le but de la convocation de l'assemblée vise clairement une manifestation nationale, sous une forme officielle contre une loi, et les lois essentielles du pays, et comme le gouvernement n'a pas pris en considération les démarches pour la convocation de l'assemblée nationale et qu'aucune formalité n'a eu lieu pour rejeter ou accueillir la demande, donc le patriarcat agit contrairement aux lois en convoquant cette assemblée sans autorisation officielle, ce qui signifie qu'il étend ses droits, par conséquent l'interdiction de ces élections s'impose.

« Déjà les droits d'élection de la population sont limités par des lois et règlements, mais le patriarcat ne peut s'appuyer sur aucune loi pour la convocation de l'assemblée et l'élection des délégués. Il a été fait de ce fait des communications pressantes aux autorités provinciales pour qu'aucune pression ne soit exercée en faveur des élections et afin que ces élections n'aient pas lieu et que si des élections ont été faites jusqu'ici les autorités soient invitées à avertir notre département et à lui signaler les noms des délégués élus. » (*Tezkéré* du ministère de la justice au ministère de l'Intérieur.)

Le gouvernement a fait savoir au patriarcat que l'autorité militaire avait été chargée d'empêcher la réunion de l'assemblée générale convoquée pour l'étude des questions pendantes entre le patriarcat et le gouvernement, l'état de siège devant être déclaré si le patriarcat décidait de passer outre à cette défense et la loi martiale appliquée.

« Tous ceux qui consentiraient à prendre part à une telle assemblée en qualité de représentants tombent sous le coup de l'article 99 du code pénal qui prévoit la détention préventive de tout fonctionnaire, petit ou grand, qui userait de son influence pour empêcher la mise à exécution des ordres du gouvernement et des dispositions des lois et règlements ou qui s'opposerait à la perception des impôts...

« De ce qui précède et étant donné que l'article 6 de l'arrêté, concernant l'état de siège, confère à la cour martiale le pouvoir : 1° de perquisitionner en cas de besoin de jour et de nuit dans les domiciles des suspects ; 2° d'expulser ou d'éloigner dans d'autres localités les suspects ou ceux d'antécédents douteux, arrêtés par le gouvernement, et les vagabonds se trouvant dans les localités soumises à l'état de siège ; 3° de saisir les armes et munitions se trouvant chez les habitants ; 4° de suspendre immédiatement les journaux se livrant à des publications subversives et d'empêcher la formation d'assemblées de toute nature. L'autorité militaire, usant du pouvoir qui lui est ainsi dévolu, a déclaré l'interdiction de ladite assemblée en perspective. »

Le gouvernement a notifié au patriarcat œcuménique la défense de tenir l'assemblée générale convoquée pour le 14 septembre. Cette défense étant motivée sur les considérations suivantes : Les lois de l'empire ne prévoient pas de réunion générale de cette sorte. Les privilèges du patriarcat n'en font pas mention. Le maintien de l'ordre ne le permet pas. La notification indique que, le cas échéant, les dispositions du code pénal seront appliquées.

Ce à quoi le patriarcat répondit immédiatement :

Que le patriarcat avait déjà convoqué des assemblées nationales souvent même aux dix-septième, dix-huitième et dix-neuvième siècles ;

Que le droit de s'assembler et de délibérer en séances communes était reconnu à tous les Ottomans depuis la proclamation de la constitution ;

Que la loi ne s'opposant pas aux réunions, un droit appartenant aux citoyens ottomans ne peut être contesté aux Grecs orthodoxes;

Que le droit de s'assembler est exercé par les communautés et corporations qui ont leur siège dans les villes de l'empire;

Qu'il n'est nullement nécessaire d'obtenir l'autorisation, qu'il suffit d'aviser le gouvernement, ce qui a été fait en la circonstance;

Qu'il n'existe aucun motif de prévoir que la tranquillité publique pourrait être troublée. La soumission entière des Grecs aux lois et l'autorité du patriarcat ne rendant pas cette éventualité possible;

Que dans le programme des travaux de l'assemblée, il ne s'agit nullement de mesures à prendre pour résister à l'application de la loi sur les Églises, mais de se concerter sur les moyens légaux par lesquels on pourrait arriver à faire rapporter ou tout au moins modifier cette loi, ce qui n'est nullement sortir des droits qui appartiennent à tout citoyen.

Malgré la défense du gouvernement et les précautions prises par la police, l'ouverture de l'assemblée nationale a eu lieu le 14 septembre. Le patriarche a prononcé un discours résumant les événements qui portent atteinte aux privilèges des chrétiens et qui ont rendu indispensable la réunion de l'assemblée. L'assemblée s'est ensuite ajournée au 23 septembre, dans l'espoir que d'ici là les difficultés seront surmontées et que la reconnaissance des droits de l'assemblée serait admise par le gouvernement.

Neuf délégués ayant été arrêtés à la sortie de la séance, le patriarche a réclamé leur mise en liberté immédiate, annonçant qu'en cas de refus le patriarcat serait fermé, rejetant toutes conséquences sur le gouvernement. Le ministère a répondu par une fin de non recevoir.

Après arrestation d'autres députés, le patriarche a décidé de remettre à une époque, à fixer ultérieurement, la nouvelle réunion de l'assemblée nationale.

Les députés de nationalité grecque au parlement ottoman ont alors déposé une protestation contre la partialité du gouvernement.

D'après eux le gouvernement cherche à supprimer les nationalités. Sous prétexte que les chrétiens ne sont pas familiers avec la langue turque, qui est la langue officielle, ils sont exclus des fonctions publiques. Le patriarcat œcuménique est l'objet de vexations continuelles. La loi militaire est appliquée aux chrétiens de la façon la plus autocratique.

La presse officieuse a fort mal accueilli cette protestation.

« Ces procédés ne sont pas pour amener l'union mais bien au contraire pour semer la discorde entre Grecs et Turcs. Quelle différence y a-t-il entre les tendances de ce document et celles de l'association secrète dont le but était de renverser le gouvernement et le parlement actuels? Aucune. On ne peut concevoir que les vingt-cinq députés demandent l'institution d'un conseil de contrôle sur le pouvoir exécutif. Il semble que ce document soit la dernière cartouche des Grecs. »

Le conseil des ministres, saisi de la protestation des députés grecs, a décidé de n'en tenir aucun compte. Les signataires, en raison de leur qualité de députés, pouvant en saisir directement le parlement.

La lettre de Constantinople à *l'Indépendance roumaine* dit que les Roumains ottomans n'ont nullement l'intention de se séparer du patriarcat, mais qu'ils réclament leurs droits.

Ils veulent prier dans leur langue. Il faut que le patriarcat comprenne enfin que sa politique n'est plus en harmonie avec les idées modernes. S'il ne se décide pas à se renfermer uniquement dans ses attributions religieuses, sa ruine sera bientôt consommée. La loi sur les Églises ne règle la situation qu'entre Grecs et Bulgares. Elle deva être complétée en ce qui concerne les autres nationalités chrétiennes de Turquie.

L'Indépendance roumaine dit que le patriarche ne considère pas comme impossible l'union des Églises grecque et anglicane. A ce propos, ce journal cite la déclaration faite par un député grec à un journal de Constantinople :

« Sous le patriarche Constantin V, prédécesseur immédiat de Joachim III, des pourparlers avaient été assez sérieusement entamés et ils avaient même été assez avancés. L'évêque anglican de Gibraltar était venu à Constantinople en mission. Des rapports très intimes ont été noués depuis entre l'Église orthodoxe et l'Église anglicane. Des lettres sont très souvent échangées entre le patriarche œcuménique et l'archevêque de Canterbury. Une entente est même intervenue entre les deux Églises pour les enterrements et l'administration des saints Sacrements par le clergé anglican aux orthodoxes et *vice versa* dans les endroits où le clergé de l'une des deux Églises fait défaut.

« Il ne faudrait donc pas s'étonner si l'idée d'un rapprochement plus étroit avec l'Église anglicane était jetée dans l'assemblée nationale. Il n'y aurait plus ensuite qu'à convoquer un concile local pour examiner la question au point de vue dogmatique ; telle est la surprise que l'assemblée nationale pourrait nous réserver. »

Le déploiement des forces militaires, opéré par le gouvernement au moment de la réunion de l'assemblée nationale, et l'arrestation des députés ont eu raison momentanément des protestations des Grecs orthodoxes. Cette soumission n'est qu'apparente, et il n'est pas douteux qu'à la première occasion favorable la question ne revienne plus aiguë que jamais. Le régime autocrate des cours martiales ne saurait arrêter indéfiniment les manifestations parfaitement légitimes de milliers de citoyens ottomans auxquels le traité de Berlin a garanti la liberté du culte, liberté reconnue aussi par la constitution.

Les Grecs et les Bulgares pourraient un jour se réconcilier. Ce jour-là le gouvernement ottoman se trouverait dans un réel embarras.

Le patriarcat grec a remis à la Porte des mémoires très complets dans lesquels sont résumées les revendications grecques, par rapport à l'enseignement et à la propagande.

L'exarchat bulgare a reçu communication de ces rapports et s'est montré très disposé à faire cause commune avec le patriarcat.

L'entente est complète entre les Grecs et les Bulgares sur les questions politiques. Il en serait de même au point de vue religieux, si on en croit les derniers renseignements. Le patriarche arménien a fait savoir au patriarche œcuménique qu'il entrait en tiers dans l'entente et qu'il ferait, avec les deux autres chefs religieux, les démarches jugées utiles pour le maintien des droits provenant des règlements.

Un mémoire, signé par le patriarche des Arméniens catholiques, par le patriarche des Arméniens et par l'exarque des Bulgares, a ensuite été envoyé par le patriarche œcuménique au ministre de la justice et des cultes.

Ce mémoire réclame énergiquement au nom des chrétiens de Turquie les améliorations suivantes (1) :

« 1° *A propos de l'enseignement :*

Que les écoles fonctionnant actuellement sans autorisation soient reconnues et que dans l'avenir quand une école sera ouverte, le gouvernement ayant été prévenu, l'autorisation lui soit accordée;

Que les programmes des écoles soient élaborés et sanctionnés par le patriarcat et les métropoles;

Que le programme général des écoles des communautés soit soumis au ministère de l'instruction publique pour la détermination et la rectification du rang de ces écoles et qu'il soit ainsi inutile de donner tous les ans un programme spécial pour chaque école tant que le programme général ne sera pas modifié;

Que, pour certifier la valeur professionnelle des instituteurs et institutrices, leurs diplômes ou certificats soient examinés et ratifiés par le patriarcat et les métropoles qui donneront les autorisations nécessaires, et que les permis ainsi accordés soient considérés comme valables par le ministre et les directions de l'instruction publique;

Que les permis des instituteurs appelés sous les drapeaux soient légalisés par le ministère et les directions de l'instruction publique, de sorte que ceux-ci puissent jouir des mêmes dispenses du service militaire que les instituteurs des écoles gouvernementales;

Que le gouvernement ne mette pas obstacle à l'exercice du service des inspecteurs scolaires chargés de l'inspection intérieure et administrative des écoles des communautés, lesquels seront pourvus des mêmes permis que les instituteurs et seront nommés par le patriarcat et les métropoles;

Que le recrutement d'instituteurs sujets étrangers soit permis jusqu'à ce que soient préparés des instituteurs en nombre suffisant parmi les sujets ottomans;

Que les inspecteurs de l'instruction publique ne fassent leur inspection dans une école qu'après avoir prévenu le chef religieux responsable devant le gouvernement;

(1) Traduction du *Messager d'Athènes*.

Que, si les inspecteurs ou directeurs de l'instruction publique constataient pendant leur inspection qu'il est enseigné des leçons répréhensibles ou que des instituteurs ou des institutrices professent sans autorisation, le ministère de l'instruction publique à Constantinople, les autorités locales dans les provinces s'entendent avec le patriarcat ou les métropoles, par l'intermédiaire desquels ces leçons seront prohibées et les instituteurs et institutrices sans autorisation remplacés;

Qu'en cas de contestation entre un inspecteur ou un directeur de l'instruction publique et les autorités ecclésiastiques, il ne soit procédé à aucune démarche locale avant que l'affaire contestée soit définitivement réglée dans la capitale entre le ministère de l'instruction publique et le patriarcat;

Que les renseignements, ayant trait à la statistique des écoles, soient requis auprès des chefs ecclésiastiques;

Que les diplômes et certificats remis aux élèves des écoles des communautés soient écrits dans leur propre langue et soient ratifiés par le patriarcat et les métropoles et que leur traduction en turc, contrôlée par le patriarcat et les métropoles et faite quand il sera nécessaire de les présenter au gouvernement, soit considérée comme légale;

Que les diplômes et certificats donnés aux élèves des écoles des communautés et ratifiés par les autorités ecclésiastiques assurent les mêmes droits que ceux concédés aux possesseurs de certificats équivalents d'écoles gouvernementales;

Que les anciens élèves des écoles supérieures susdites, qui demanderont un emploi auprès du gouvernement, soient obligés de savoir le turc, relativement aux besoins et au genre de l'emploi;

Que toutes les sommes affectées par le budget de l'État pour l'ensemble des écoles installées ou à fonder pour l'enseignement des enfants chrétiens, seront remises par l'intermédiaire des autorités ecclésiastiques dont, au point de vue religieux, dépendent les écoles;

Que le gouvernement ne défende pas les quêtes en vue des frais des écoles des communautés toutes les fois que la nécessité en sera reconnue par les chefs ecclésiastiques.

2° *A propos de la conscription.*

Que les recrues annuellement nécessaires soient évaluées et

distribuées proportionnellement au nombre des conscrits de la première catégorie de toutes les sections de recrutement et que les hommes qui seront ainsi évalués dans chaque section soient désignés par un tirage au sort général, sans qu'aucune section de recrutement en soit exempte;

Que l'appel des rédifs (réserve) ne soit pas effectué comme actuellement dans certaines circonscriptions de recrutement restreintes, mais que, vu la grande étendue des pays ottomans et la rareté des moyens de communication, l'empire soit divisé en larges circonscriptions déterminées et que l'appel soit effectué par classes dans chaque circonscription sans qu'il en soit excepté une section de recrutement d'une circonscription quelconque;

Que toutes les lois et règlements militaires et plus spécialement ceux qui règlent la manière et le temps de l'appel des rédifs, devant être connus par tous les citoyens, soient traduits clairement et en détail dans les langues respectives des nationalités chrétiennes et publiés officiellement;

Pour que des officiers soient recrutés le plus tôt possible parmi les nationalités chrétiennes et que de la sorte l'empressement des conscrits chrétiens soit augmenté, que l'entrée des chrétiens à l'école militaire (Harbié) soit permise, et ce, pour une période de trois ans seulement, après concours sur les matières scientifiques dans leur propre langue, les facilités leur étant octroyées en ce qui concerne le turc qu'ils devront connaître de la même façon que les chrétiens reçus dans les autres écoles supérieures de l'État, c'est-à-dire qu'ils puissent s'y exprimer verbalement et par écrit;

Que les élèves de l'école des officiers de réserve servent dans les rangs de l'armée active comme de vrais officiers pendant les derniers mois de leurs études;

Que toutes les lois et règlements militaires soient modifiés, de façon que la religion, la conduite, les mœurs et coutumes nationales de tous les soldats en général soient pris en considération, qu'une loi spéciale stipule la défense de changer de religion pour les soldats autant qu'ils sont sous les armes, que l'introduction du règlement intérieur de l'armée soit modifiée de telle sorte qu'il apparaisse que l'armée ottomane appartient aux chrétiens anssi bien qu'aux musulmans;

Que des articles en faveur des mœurs et coutumes des chrétiens soient stipulés là où il s'en trouve pour les mœurs et coutumes des musulmans;

Qu'il soit fait mention du prêtre là où il est fait mention de l'iman. Qu'il soit désigné par chaque division et par nationalité un prêtre qui fera des tournées pour les soldats chrétiens. Que la défense d'injures, offenses et sévices de la part des officiers et soldats musulmans envers les soldats chrétiens soit rapidement mise en œuvre et qu'il soit permis à ces derniers de se rapporter immédiatement au commandant supérieur de la place;

Que la durée du service, et en particulier en ce qui concerne la flotte, soit diminuée;

Que dans la loi de recrutement l'âge de vingt et un ans au lieu de celui de dix-sept ans soit stipulé comme âge des soutiens de famille;

Que les fils uniques soient dispensés du service militaire;

Que seul un des fils de la mère soit pris pour le service, lorsqu'elle n'a que deux fils;

Qu'en temps de paix les nouvelles recrues accomplissent leur temps de service dans les circonscriptions ci-dessus désignées, ce qui est aussi en vigueur actuellement et qui contribuera au service régulier en ce qui concerne le bon ordre, l'éducation, le moral et la santé des hommes.

Le patriarcat œcuménique soumettant de nouveau les demandes ci-dessus prie le gouvernement de ne pas douter des sentiments sincères dont il est animé envers l'État constitutionnel qu'il désire fort et prospère et de prendre en considération que si ces questions restent encore en suspens dans la suite, il en résultera nécessairement un état d'énervement et d'anxiété critique et sans issue dont le patriarcat décline toute responsabilité.» Au mois de juillet le patriarcat a renouvelé non moins énergiquement les mêmes protestations auprès du ministre de la justice et des cultes.

Les Turcs en ont tant fait que les différentes autorités religieuses sont tout à fait d'accord.

Si les puissances se départissaient tant soit peu de leur égoïsme, le comité de Salonique serait facilement remis à la raison.

LA GRÈCE ACTUELLE

LE RÉGIME DE RELÈVEMENT

LA QUESTION CRÉTOISE

CHAPITRE III

LA GRÈCE ACTUELLE — LE RÉGIME DE RELÈVEMENT

La ligue militaire. — Assemblée revisionniste. — Ministère Dragoumis. — Ministère Venizélos. — Dissolution de l'assemblée. — Élections nouvelles. — Votes des lois fondamentales. — Influence de M. Venizélos. — Rapprochement de la Bulgarie et de la Grèce. — L'armée grecque. — Mission militaire française. — Mission navale anglaise.

Le Roi de Grèce « par son habile et persévérante diplomatie » avait obtenu de l'Europe la concession de la Thessalie et du sud de l'Épire, sans que cette importante augmentation de territoire ait rien coûté au pays. A la fin de la guerre de 1897 contre la Turquie, le Roi, grâce à la médiation de la Russie, de la France et de l'Angleterre, avait fait restituer à la Grèce les provinces envahies et la paix avait été conclue au prix d'une minime rectification de la frontière de Thessalie.

Il semblait que de si grands services rendus au pays par la monarchie devaient la rendre inattaquable. Par la faute des parlementaires et des associations politiques, il ne devait pas en être ainsi.

Au mois d'août 1909, le ministère Rallys cédait le pouvoir au ministère Mavromichalis, la ligue militaire, maitresse du pays, imposait au gouvernement une série de mesures révolutionnaires, au premier rang desquelles la suppression des prérogatives militaires des princes royaux. Le ministère dut souscrire à ces exigences qui furent ratifiées au mois d'octobre suivant par la Chambre des députés.

Le programme avoué de la ligue militaire comprenait la réforme complète de l'administration avec application de toutes économies au développement de la puissance militaire de la nation. Le ministère dut proposer un ensemble de réformes dans ce sens que l'assemblée vota sous la pression des régiments, quelques timides protestations s'étaient produites au cours des discussions. M. Dragoumis avait réclamé la liberté de voter les lois avec plus d'indépendance. Il avait fallu en passer par les exigences de la ligue et voter la législation imposée par elle.

Le journal *le Chronos*, organe de la ligue, s'employa activement à plusieurs reprises à maintenir, chez les députés récalcitrants, la terreur salutaire qui assurait le succès des mesures dictées au parlement.

Un projet de loi réduisant, le nombre des circonscriptions électorales, fut l'occasion de difficultés et de protestations de tous genres. L'affaire Lapathiolis en fut une autre encore plus critique.

Le colonel Lapathiolis, ministre de la guerre, ayant déclaré à la tribune qu'une opposition de politiciens était sans aucune portée, alors que l'on possédait la confiance du peuple, l'opposition, dirigée par MM. Rallys et Theotokis, se refusa à siéger tant que le colonel Lapathiolis serait ministre de la guerre.

La ligue en appela au peuple contre l'opposition. « Le peuple a transféré à l'armée l'autorité et le pouvoir pour mener à bien le programme de réformes... L'armée, organe de la volonté populaire, possède le droit de réaliser cette volonté jusqu'à ces extrêmes. »

Au moment où le pire paraissait devoir se produire, le ministre de la guerre disparaît, lâché par la ligue, pour avoir fait acte d'indépendance personnelle.

Bien entendu l'opposition recommença de plus belle, mais pour céder immédiatement devant les injonctions de la ligue apportées en séance par des officiers en armes.

Le ministre de l'intérieur donna alors sa démission. Après quoi la ligue déclara au gouvernement qu'il avait sa confiance.

Succession d'incidents violents, sans coordination apparente. Coup d'État militaire qui dans la pensée de ses chefs devait entraîner la proclamation d'un gouvernement provisoire et ensuite la dictature.

Aussi comprend-on que le Roi ait répondu à cette déclaration de confiance que lui octroyait la ligue : qu'il continuerait à faire son devoir de monarque constitutionnel, mais que s'il ne devait plus avoir la confiance de l'armée et de la marine, il devrait prendre une sérieuse décision, la couronne ne pouvant accepter d'être en tutelle.

A ce moment, M. Venizélos apparaît sur la scène politique.

Orateur éminent, légiste consommé, M. Eleutherios Venizélos est fils d'un combattant des guerres d'Indépendance qui reçut de ce chef l'indigénat hellène.

M. Venizélos est le promoteur d'un projet de revision par une assemblée nationale, projet immédiatement accepté par la ligue. MM. Rallys et Theotokis se rallient aussi au projet de revision, si la ligue consent à se dissoudre.

Le Roi cède aux instances du peuple et de la ligue et accepte de convoquer l'assemblée nationale avec un mandat de revision limité à des points déterminés.

C'est le 30 mars 1910 que le Roi a donné lecture à la Chambre hellène de son message ordonnant la convocation de la Chambre revisionniste.

« Messieurs les députés,

« Les circonstances dans lesquelles vous avez été convoqués en session extraordinaire vous sont bien connues : vous avez été appelés à travailler, conformément à l'esprit de la constitution, à une œuvre de réformes destinée à rendre efficaces les prescriptions constitutionnelles tant au point de vue intérieur qu'extérieur; une agitation provoquée inopinément par un pénible obstacle national continuait depuis la mi-août. La grave crise politique s'acheminait vers une impasse, car une action irrégulière dénotait la volonté de l'opinion publique surexcitée d'imposer un changement de méthodes politiques en vue de l'établissement des affaires du pays et de l'affermissement du régime auquel sont indiscutablement liées les aspirations nationales. Une issue apparaissait. Elle me fut désignée, à l'occasion de la démission de mes ministres, par toutes les sommités politiques du pays réunies autour de mon trône.

« Messieurs les députés, je suis heureux de constater que l'opinion presque unanime du Parlement s'est rangée à cette façon de voir, ainsi qu'en témoigne le vote, par lequel le 18 février la Chambre adopta la proposition qui lui fut soumise de reviser les clauses non fondamentales de la constitution. Je promets que cette décision sera exécutée. Un décret royal, pris sur la proposition de mes conseillers responsables, convoquera la Chambre revisionniste men-

10

tionnée dans l'article 107 de la constitution et qui décidera les clauses à reviser.

« Messieurs les députés, je vous exprime mes remerciements royaux pour le noble zèle et le dévouement à la patrie et à la dynastie, dont vous vous êtes inspirés dans l'accomplissement de votre tâche, au cours de cette session extraordinaire; vous avez secondé mon gouvernement dans ses efforts pour le rétablissement définitif des affaires du pays et le retour parmi nous du calme nécessaire au bien-être de la patrie. »

La ligue militaire se séparait ensuite après la publication d'un manifeste de son comité exécutif :

« La ligue se souvenant des difficultés et de la corruption qui pendant sept mois entravèrent son chemin, appelle l'attention du peuple grec sur tout ce qui concerne son sort futur et exprime la conviction que, la ligue étant dissoute aujourd'hui, l'armée reste gardienne vigilante de son propre honneur et des rêves nationaux. »

L'armée et la marine étaient rendues à leur mission de défense nationale, l'intervention de l'armée dans les affaires intérieures du pays prenait fin, en même temps que les membres de la ligue étaient relevés du serment qu'ils avaient prêté le 28 août.

Telles étaient les circonstances plutôt agitées qui précédèrent l'arrivée du cabinet Dragoumis au pouvoir, qu'il conserva jusqu'à la réunion de l'assemblée revisionniste.

Les élections de l'assemblée nationale grecque ont assuré la défaite des anciens partis parlementaires et le mouvement réformateur est sorti très fortifié de ces élections. Le grand triomphateur a été M. Venizélos.

Le gouvernement turc a fait immédiatement connaître aux puissances protectrices qu'il prendrait de suite des mesures si les députés crétois siégeaient à la nouvelle Chambre grecque.

D'après le journal *Athinaï* la classification des députés à la Chambre hellène était la suivante : « Théotokistes (partisans de Théotokis, chef d'un parti parlementaire important), 94. Rallystes (partisans de M. Rallys, chef d'un parti parlementaire, ancien président du conseil en 1909), 64. Mavromikalistes (partisans de M. Mavromikalis, ancien président du conseil en 1909), partisans d'une constituante, 34. Zaïmistes (partisans de M. Zaïmis), 13.

Crétois, 4. Indépendants ou populaires (qui ne se sont recommandés d'aucun groupe parlementaire), 146. Ces populaires se divisant en 86 revisionnistes (partisans d'une constituante), 30 agrariens de Thessalie, 26 radicaux (partisans d'une constituante), 4 socialistes.

M. Venizélos, élu à une énorme majorité, sera le chef effectif de cette Chambre qui se déclarera « constituante, la monarchie restant placée au-dessus des discussions ».

Parmi les députés élus sous l'étiquette de populaires, on citait M. Dragoumis, président du conseil, Callergis, ministre des affaires étrangères, Zagraphos, ancien ministre, Zervoudokis, Valaoriti, banquier, Benakis, chef de la communauté d'Alexandrie.

A la suite de ces élections la Porte remit une note de protestation aux puissances protectrices qui conseillèrent la modération en faisant remarquer que l'attitude du gouvernement grec n'avait cessé d'être des plus correctes.

A l'ouverture de la session de l'assemblée grecque qui eut lieu le 14 septembre, le roi a prononcé le discours suivant :

« Les conditions dans lesquelles la nation a accepté le vote parlementaire du 18 février ont prouvé la volonté commune de maintenir intact le régime constitutionnel en vigueur dans notre pays. C'est sur cette même base que fut manifesté le désir général que seules les bases fondamentales de la constitution fussent revisées. Le peuple fut ainsi appelé à élire un nombre double de députés aux fins de reviser ces clauses.

« Messieurs les députés, mon cœur se réjouit de votre présence dans cette enceinte, je me réjouis d'autant plus de votre présence dans ce lieu qu'elle prouve que la libre manifestation du sentiment populaire, exprimée selon les lois du pays, revêt de son autorité l'assemblée appelée à délibérer sur les modifications dictées par la constitution elle-même.

« Je m'en réjouis encore plus parce que la manière éminemment pacifique, libérale et conservatrice avec laquelle les électeurs ont usé de leur suprême droit politique a prouvé encore une fois dans cette circonstance exceptionnelle la maturité du peuple hellénique venant s'ajouter à ses autres qualités et qu'il est capable d'éclairer et de guider ses mandataires dans l'étude et l'élaboration d'une réforme devant porter un remède aux affaires publiques.

« Messieurs les députés, votre tâche devra être bien laborieuse, mais je suis convaincu qu'en assurant celle-ci avec le soin diligent que des circonstances difficiles et nécessitant un surcroît de sagesse et d'application imposent, et en poursuivant l'accomplissement de votre mandat avec vos qualités de patriotisme, d'expérience politique, de connaissance des besoins, des sentiments, des caractères et des volontés du peuple hellénique, vous allez surmonter toutes les difficultés pour mener à bonne fin l'œuvre qui vous incombe.

« Vous pourrez ainsi préparer pour la chambre, qui doit vous succéder en une session régulière, une base plus saine au fonctionnement de nos institutions et à l'établissement d'un ordre politique plus propre à la réalisation de l'idéal national. »

Dès les premières séances l'assemblée hellène se montra nerveuse. Les revisionnistes et les constituants commencèrent la bataille sur la question du serment constitutionnel dont les revisionnistes réclamaient la prestation avant toute discussion. Le président du conseil, M. Dragoumis, dut d'abord intervenir.

Deux motions furent présentées à la séance du 16 septembre.

L'une déclarant que l'assemblée usant de son droit souverain accepte la prestation du serment d'après l'article 64 de la constitution. L'autre, émanant des partisans de la revision, déclarant l'assemblée légalement constituée, affirmant la souveraineté de cette assemblée pour la revision de toutes les clauses non fondamentales de la constitution et l'adjonction de nouvelles clauses.

Après une longue discussion, l'assemblée a adopté par 148 voix contre 121 la motion sur le serment constitutionnel, réservant la question relative aux attributions et aux pouvoirs de l'assemblée.

Après la validation de ses membres, l'assemblée a élu président, par 175 suffrages sur 334 votants, M. Hesseling.

Le nouveau président est d'origine allemande. Son père avait accompagné en Grèce le roi Othon, gouverneur de Lomia, pendant la guerre turco-grecque il fut chargé de négocier les préliminaires de la paix. Il est âgé de soixante-quatre ans et est revisionniste. Son élection à la présidence permit de penser que la majorité de l'assemblée se contenterait de reviser et ne se déclarerait pas constituante. La loi du 18 février 1910 ayant limité les points sujets à revision, si l'assemblée allait au delà, une crise gouvernementale, même dynastique, serait à redouter.

Ces premières séances avaient été des plus agitées et le chef du gouvernement, M. Dragoumis, avait été obligé de donner constamment de sa personne à la séance du 22 septembre-5 octobre; il s'exprimait ainsi : « Je puis vous affirmer que jamais depuis le mois d'octobre 1864, époque où S. M. le Roi monta sur le trône, jusqu'à l'heure actuelle, la Grèce n'a été en péril comme elle l'est aujourd'hui, périls extérieurs, périls du dedans, ces derniers inséparés de ceux de l'extérieur pouvant conduire la Grèce à une situation telle qu'elle ne puisse plus continuer à régler ses affaires en toute liberté ainsi qu'elle a pu le faire jusqu'ici. Lorsque les nations ne peuvent plus s'administrer librement — plaise à Dieu qu'il n'en soit pas ainsi pour la Grèce — elles subissent le sort de la Pologne. »

La situation était bien telle que la dépeignait le président du conseil. Menacée d'une invasion turque et déchirée par les luttes politiques, la Grèce avait à redouter une révolution.

La protection de l'Angleterre et de la France a pu détourner la guerre étrangère, restait à régler la situation intérieure. M. Dragoumis n'osa l'entreprendre avec les moyens dont il disposait, le cabinet donna sa démission le 11 octobre.

A l'idée que M. Venizélos pourrait être chargé de constituer le nouveau cabinet, les attaques de la presse ottomane recommencèrent de plus belle.

On lit dans le *Tanine :*

« Aujourd'hui M. Venizélos ne possède plus la nationalité ottomane. La loi ottomane peut le considérer comme en ayant été privé et par conséquent comme un homme avec lequel le gouvernement impérial ne peut avoir de relations officielles. Par conséquent il n'y a pas de doute à cet égard, porter M. Venizélos à la présidence du conseil, c'est provoquer ouvertement la Turquie. Notre désir de maintenir la paix nous défend de riposter à cette attitude agressive. Mais, si nous ne perdons pas notre sang-froid, nous pensons que le gouvernement n'a autre chose à faire que de rappeler son ministre d'Athènes et de rompre toute relation officielle avec la Grèce. Ensuite qu'arrivera-t-il? Les Hellènes le savent (1). »

(1) Le *Stamboul.*

« Le chef du parti de l'union, Halil Bey, disait à ce moment : nous maintenons nos droits, l'application de la loi sur la nationalité ottomane contre Venizélos et Pauloyorghis. Ces deux hommes ont perdu la nationalité ottomane, non seulement, ils ne rentreront plus dans l'empire ottoman, mais leurs biens qui se trouvent sur le territoire ottoman seront confisqués et on agira envers eux comme envers les réfractaires. Quant à l'éventualité de la nomination de Venizélos à la présidence du cabinet hellénique, notre décision à ce sujet est également catégorique. Dès que Venizélos sera devenu président du conseil, tous les traités existant entre la Grèce et nous, tous les privilèges et toutes les relations seront rompus et abrogés. »

Ces menaces de guerre n'étaient pas prises au sérieux par la presse russe.

Le *Novoï Vremia* disait à Saint-Pétersbourg :

« Nous ne savons pas ce qui arrivera dans cinquante ans, mais dans les limites de la génération actuelle le retour à l'empire turc des territoires serbe, roumain, bulgare ou grec apparait impossible. Or, si la Turquie ne peut réaliser d'acquisitions territoriales, elle n'a aucun motif de faire la guerre, car la Turquie ne peut davantage songer à s'enrichir au moyen d'une contribution de guerre imposée à ses voisins qui sont loin d'être riches. Une guerre ne peut donc que lui occasionner des dépenses colossales et lui faire courir des risques très graves. Et voilà pourquoi la Turquie ne peut que soutenir la politique pacifique de la Russie. »

Aussi dans le *Tasviri Efkiar :*

« Si la Grèce agit de façon à signifier une annexion de la Crète, partie intégrante de l'empire ottoman, les troupes ottomanes répondront avec raison à cette folle audace de jeter les yeux sur le bien d'autrui sans déclaration de guerre par l'occupation de la Thessalie également sans déclaration de guerre. C'est le gouvernement ottoman et la nation et non quelques irresponsables, comme le dit le *Times*, qui exerceront cette représaille, nouvel article à ajouter au droit international. »

Malgré les menaces turques, le 17 octobre le cabinet était constitué de la façon suivante :

Présidence du conseil, guerre et marine.	M. VENIZÉLOS.
Intérieur........................	M. REPOULIS.

Justice	M. Demetracopoulos.
Affaires étrangères	M. Gryparis.
Finances	M. Caromilas.
Travaux publics	M. Alexandris.
Agriculture, commerce	M. Bénakis.

Ce cabinet pouvait compter sur l'appui des indépendants, du parti Théotokis et du parti des Thessaliens.

Au moment où dans la Chambre grecque constituants et revisionnistes étaient aux prises au sujet de la formule du serment, M. Venizélos s'était déclaré en faveur du serment conforme à l'article 64 de la charte : « Fidélité à la patrie, au Roi et à la Constitution. »

Ses paroles furent pour la sagesse, dit le *Stamboul*, durant ces débats, il se révéla l'homme de la situation ; tandis que les chefs des anciens partis étaient plus ou moins discrédités ; que les dictateurs militaires de l'an dernier avaient déçu l'opinion foudée sur eux, le leader nouveau se montra digne de sa popularité. Cette popularité se fit non de flagorneries populaires, mais de sincère patriotisme, de clairvoyante intuition et de sagesse. Il se rangea du côté des revisionnistes se prononçant pour une politique de mesure et de prudence.

Du *Tanine* à ce sujet :

« Comment pouvons-nous respecter comme premier ministre étranger un homme que la loi ottomane considère comme sorti de notre nationalité? Il ne peut donc y avoir aucune relation entre M. Venizélos et le gouvernement ottoman.

« Si les Grecs sont libres de porter au pouvoir qui leur semble, nous avons aussi bien le droit de ne pas entrer en relations avec un individu dont nos lois font un coupable. La Sublime Porte n'a autre chose à faire que de rappeler son ministre à Athènes et de rompre les relations politiques.

« Le congé illimité accordé à Nabi Bey serait-il le prélude de cette rupture? En tout cas nous estimons que le gouvernement n'a pas de temps à perdre en demi-mesures. »

En dehors de ces attaques discourtoises et injustifiées du *Tanine*, le ton général de la presse turque demeura relativement modéré et le ministère Venizélos fut bien accueilli ou tout au moins on parut décidé à lui accorder crédit.

Le programme de ce ministère avait reçu l'approbation royale, il était modéré. La Grèce attendait de M. Venizélos la revision de la constitution par l'assemblée nationale, tâche qui ne paraissait pas disproportionnée avec les qualités de gouvernement qu'on s'accordait à reconnaître chez le nouveau président du conseil.

A la séance du 21 octobre, le président du conseil a déclaré qu'il s'efforcerait de réorganiser tous les services, de rétablir la discipline dans l'armée et la marine et de développer la puissance militaire du pays. « Le gouvernement s'efforcera de faire de la Grèce un élément d'ordre et de paix et de la faire respecter en toutes circonstances. Le gouvernement veut la consolidation de la paix, nécessaire pour le progrès et la prospérité de tous les peuples habitant l'Orient, peuples avec lesquels la Grèce entend rester en excellentes relations. » Le bruit s'étant répandu que la combinaison ministérielle n'avait abouti que parce que M. Venizélos avait obtenu du roi la promesse de dissoudre l'assemblée nationale, la question fut posée à la tribune par le député Eutaxias.

Un groupe important contestait au gouvernement le droit de dissoudre l'assemblée nationale comme une Chambre ordinaire.

La discussion s'échauffa et les explications données par le ministère n'ayant pas calmé l'émotion, la question de confiance fut posée par M. Venizélos.

Au moment du vote, les députés mavromichalistes et rhallistes ayant quitté la salle, 160 députés restèrent seulement en séance. Le quorum ne put être atteint faute d'une vingtaine de voix.

Le gouvernement voyant, dans l'attitude du parlement, une marque de méfiance décida de remettre sa démission au roi pour éviter la dissolution de l'assemblée.

« A Athènes et dans toute la Grèce règne l'inquiétude la plus grande. On est convaincu en effet que la formation d'un nouveau cabinet sera infiniment difficile sinon impossible. Il est possible que le roi, à défaut d'une autre issue, en soit réduit à dissoudre le parlement, mais cette dissolution ne serait pas elle-même une issue, car les conséquences d'une pareille démarche pourraient être incalculables. Si l'on veut résumer la situation en un mot, on doit dire que la Grèce traverse non seulement une crise ministérielle, mais une crise de l'État. » *(Écho de Paris*, 24 octobre 1910.)

Sur les instances du roi, le cabinet consentit à examiner à nouveau la situation.

Uue manifestation populaire de plus de 20 000 personnes joignit ses instances à celles du roi et M. Venizélos donna l'assurance que, grâce à la collaboration de l'autorité royale et du peuple, le programme de réforme serait réalisé.

M. Venizélos posa devant la Chambre la question de confiance. Un vote favorable lui fut accordé par 201 voix contre 31 et 27 abstentions. Mais, jugeant que l'adhésion du parti théotokiste était demeurée réservée et que par suite l'appui de ce parti serait très précaire, M. Venizélos fit signer au roi un décret de dissolution. « Cette assemblée contenait, a dit M. Venizélos, trop de représentants imbus des idées d'un régime politique défunt; de plus les députés inspirés par les idées nouvelles ne se présentaient point avec un programme suffisamment mûri. »

La nouvelle assemblée avec pouvoirs de revision, élue le 28 novembre, se réunit le 8 janvier.

Pour sauver la Grèce, il faut mettre un terme aux agitations des parlementaires, immobiliser les politiciens de métier et fortifier le pouvoir du roi : tel est le programme du gouvernement. M. Venizélos à déclaré lui-même qu'il s'inspirerait du respect absolu de la légalité, en même temps que de la soumission aveugle aux lois du pays.

« Pas de compromissions, pas de marchandages ni avec les hautes ni avec les basses couches sociales, la résistance à toutes les démagogies, à celles d'en haut comme à celle d'en bas, avoir le gouvernement comme moyen et non comme but, savoir ne rien sacrifier des idées estimées utiles au pays, quitter le pouvoir plutôt que de descendre aux compromissions qui déshonorent les gouvernements et sont une entrave à la marche en avant des peuples. »

« D'autre part, a encore dit M. Venizélos, en ce qui concerne notre politique extérieure et plus spécialement nos relations avec la Turquie et les États des Balkans, je n'ai pas à cacher que nous avons besoin de paix (et c'est la meilleure garantie de nos intentions pacifiques), d'une longue période de paix, pour assurer l'application du programme de réformes exigées par les circonstances. Ce n'est pas en pareille situation que l'on a envie de chercher querelle aux voisins.

« Par cela même, nous sommes animés des intentions les plus pacifiques autant envers la Turquie qu'envers les autres États des Balkans. Je m'efforcerai donc de dissiper par de franches et loyales explications tous les malentendus qui ont pu surgir entre ces États et la Grèce. Car, je le répète encore, tous nos efforts doivent tendre au maintien de la paix nécessaire à la prospérité et à la régénération de l'Europe orientale, à améliorer par conséquent nos relations avec tous les États avec lesquels nous voudrions avoir les plus excellents rapports ». Suivant le ministre de la justice, M. Demetrocopoulos, « la base de la réorganisation économique du pays est la réorganisation de la justice, car sans la seconde, la première n'est qu'une chimère. Ceux qui connaissent les conditions dans lesquelles ont lieu les procès, ceux qui connaissent les lenteurs de la justice reconnaîtront que le système économique le plus perfectionné est condamné d'avance sans une véritable justice, sans la réorganisation judiciaire. »

Les chefs des anciens partis manifestèrent alors l'intention de ne pas se mêler à la nouvelle lutte électorale.

« Ils refusent de participer aux élections, dit *le Temps*, cette retraite est la seule attitude qui leur convienne, à condition qu'elle soit sincère. S'ils voulaient éviter M. Venizélos, ils n'avaient qu'à soutenir franchement M. Dragoumis au lieu de lui rendre la vie intenable. Ils ont rendu inévitable l'arrivée aux affaires de l'ancien chef du gouvernement crétois. Le roi est dans son droit et dans son devoir en exigeant « l'essai loyal », qu'il a eu plus qu'eux du mérite à accepter. Il y a lieu d'ailleurs de penser que le pays soutiendra le souverain. Les anciens partis déjà trop affaiblis sont menacés au prochain scrutin d'un désastre définitif et l'on conçoit qu'ils désirent l'éviter. D'une façon où de l'autre, l'essentiel est que disparaisse avec eux la funeste politique de marchandages qu'ils sont d'accord pour représenter. Leur coalition apparaît dans leur attitude commune d'aujourd'hui. C'est cette coalition qui doit être frappée et condamnée par le vote des électeurs. »

La dissolution de l'assemblée a été approuvée tant par les districts ruraux que par la capitale.

La presse étrangère s'est montrée non moins favorable au gouvernement dans la circonstance.

A Sofia, en particulier, le *Préporetz* a été des plus sympathiques.

L'attitude de ce journal a une signification qui ne saurait être négligée en raison de ses attaches officielles.

« M. Venizélos, dit le *Préporetz*, a gagné la confiance du roi et de la nation. Il triomphera certainement des anciens politiciens qui ont tenté de le renverser. C'est un véritable homme d'État. Il sait où il va et sous sa direction les affaires de Grèce prendront sans doute une tournure favorable.

« Le président du conseil se croit assuré de faire élire une Chambre homogène formée de conservateurs et de libéraux avec majorité conservatrice. Une telle assemblée pourrait faire œuvre législative utile. »

M. Venizélos se mit de suite à la besogne.

Une circulaire fut adressée par lui aux officiers pour leur rappeler qu'ils ne devaient pas s'occuper de politique.

« Les officiers doivent se consacrer à leurs devoirs professionnels. L'armée existe pour protéger le trône et pour défendre le pays, pour assurer l'ordre et l'exécution des lois. »

D'après une loi en vigueur, tout officier d'un grade inférieur à celui de colonel qui demande un congé, dans le but de se présenter aux élections, renonce à tout avancement.

Il était bon de rappeler ces prescriptions. Quelques jours après le commandant de la garde d'Athènes et plusieurs officiers se voyaient infliger une sévère punition.

« Comment ne pas reconnaître, disait le journal *les Nouvelles de Grèce*, qu'empêcher les officiers ou les fournisseurs de l'armée de piller le trésor, mettre un terme à l'appétit des fonctionnaires qui s'enrichissent aux dépens de la nation, poursuivre la rentrée régulière des taxes qui restent dues depuis de nombreuses années non par les plus pauvres et dont le nombre s'élève, d'après les calculs du gouvernement, à 140 millions sont des moyens excellents pour augmenter les ressources de l'État. »

En même temps des pourparlers étaient engagés pour l'achat en Angleterre de deux cuirassés en construction pour le compte du gouvernement chilien et le ministre négociait un emprunt de 150 millions à émettre en France, au printemps 1911, autorisé par la loi du 6-19 mars 1910.

Dès le mois de novembre 1910, une avance de 40 millions avait été consentie au gouvernement hellénique par un groupe de banques au nombre desquelles : la Société Générale, le Comptoir National d'Escompte, la Banque de Paris et des Pays-Bas, la Banque de l'Union parisienne.

M. Venizélos ne tarda pas à confirmer son programme. « Mon programme sera avant tout un programme de réformes qui s'étendra à toutes les branches des services publics. Les idées directrices de ma politique peuvent se résumer en quelques mots : Respect absolu de la légalité, soumission aveugle aux lois du pays.

« Nous sommes animés des intentions les plus bienveillantes tant envers la Turquie qu'envers les autres États des Balkans. Je m'efforcerai de dissiper par de franches et loyales explications tous les malentendus qui ont pu surgir entre ces États et la Grèce. »

Le 28 novembre, au club politique de Larissa, M. Venizélos a développé à nouveau son programme. Dans l'ordre fiscal préconisant la réforme des impôts indirects, des droits de succession et des douanes, le président du conseil a déclaré que si l'on veut relever les industries du pays il faut faire une refonte complète des tarifs.

De même tout est à modifier dans le domaine de l'agriculture, en particulier dans la province de Thessalie. Le ministère de l'agriculture aura à résoudre la question de l'hydraulique rendant à l'agriculture un territoire considérable en même temps que définitivement assaini.

Le gouvernement créera des établissements de crédit dont bénéficiera l'épargne publique, il développera de tout son pouvoir les œuvres de prévoyance et d'assistance.

Son programme comprend la diminution des frais d'administration, l'extension de l'initiative des individus et des communes, les statuts des fonctionnaires, la réorganisation de la police, la réforme de la législation civile et pénale, l'augmentation du nombre des justices de paix, le développement de l'enseignement, la modification de l'enseiguement.

Le ministère de la guerre, réuni à celui de la marine, sera réorganisé sous une direction compétente, les dépenses inutiles y seront supprimées en même temps que les intérêts de l'État seront scrupuleusement garantis.

Nous sommes un gouvernement pacifique par excellence, a dit M. Venizélos, le pays ayant besoin d'une longue période de tranquillité afin de nous recueillir, de relever nos moyens militaires. Le peuple grec a salué la nouvelle constitution de la Turquie, c'est là une chose explicable, vu nos intérêts avec ce pays limitrophe.

« Cela justifie aussi notre intérêt pour ce qui se passe en Turquie.

« En poursuivant la suppression de tout malentendu avec la Turquie et les autres États balkaniques pour qu'il s'établisse entre eux un lien qui puisse prendre plus tard une forme plus concrète, nous espérons et nous acceptons pour notre œuvre la sympathie du monde civilisé. »

Ainsi que le remarque le journal *le Temps*, depuis que se manifeste l'accord du Roi et de M. Venizélos, « le pouvoir exécutif a repris la place qui lui appartenait et qu'il n'aurait jamais dû perdre ».

Tout le monde gouvernait plus ou moins en Grèce, au cours de ces dernières années. Ligue militaire, groupements parlementaires, coalitions politiques de toute nature, le gouvernement devait s'effacer chaque jour davantage pour éviter la crise qui pouvait l'emporter, aujourd'hui « le Roi a repris la barre et c'est bien quelque chose ».

La présence de M. Venizélos à la présidence du conseil n'eût-elle eu d'autre résultat, qu'elle serait par là même pleinement justifiée et que la Grèce ne saurait lui être trop reconnaissante d'avoir consenti une tâche aussi difficile dans les circonstances troublées où elle se présentait à lui.

Il convient de s'accorder avec la Turquie, disait naguère en Italie M. Zaïmis.

« La Grèce doit s'attirer la sympathie des puissances par une politique de travail sérieux à l'intérieur et d'intentions pacifiques à l'extérieur. C'est aujourd'hui un bonheur pour la Grèce que les trois puissances protectrices sont celles qui forment la triple entente. D'autres, comme l'Italie par exemple, ne lui sont pas moins favorables... »

Le résultat des élections a été la victoire complète du parti de M. Venizélos. Sa politique, qui a pour objet la régénération du pays, a été comprise et approuvée par la presque unanimité du peuple hellène; 277 partisans de M. Vénizèlos et 85 indépendants ont été élus. En réalité l'opposition est d'environ quarante voix.

L'assemblée revisionniste a élu M. Stratos (venizéliste) président par 249 voix sur 276 votants; MM. Dikeos, Papaïannou, Perros, vice-présidents; Grigoriou, Kogevinas, Xiros, Christopoulos, secrétaires; Papadam, questeur; Galanos, bibliothécaire.

La majorité de M. Venizélos est plus que suffisante pour lui permettre la réalisation de son programme.

Il faudra, dit l'*Indépendance belge*, que l'on fasse l'éducation du peuple par la presse, par des conférences, par une propagande continue pour l'amener à comprendre ce qu'est une politique de principes, les raisons pour lesquelles elle est supérieure.

« D'après ce qui transpire, le gouvernement ne veut des emprunts que pour des travaux publics, ne veut pas faire d'armements à outrance; il veut gouverner le pays, le réorganiser avec les ressources existantes. Tout cela est très bien et s'il parvient à réaliser ce programme économique, M. Venizélos aura grandement mérité de la patrie et l'on pourra lui prédire une longue vie politique. »

Le président du conseil des ministres a ainsi exposé son programme à un représentant de l'agence Havas :

« Nous avons pensé avant tout à l'armée et à la marine, mais comme nous n'adoptons pas une politique d'aventures, nous n'augmenterons pas les dépenses de ces deux départements : elles seront ce qu'elles ont été ces derniers temps. Nos forces de terre et de mer seront proportionnées à nos ressources, nous tâcherons seulement de mieux employer les crédits qui leur seront affectés afin d'obtenir le maximum de puissance avec le minimum irréductible de dépenses.

« Nous avons demandé à la France, qui nous l'a accordée, une mission militaire pour la réorganisation de l'armée. Le commandant de cette mission a été désigné, c'est le général Eydoux, un des meilleurs officiers généraux de l'armée française dont le *Messager d'Athènes* vient de publier les états de services. C'est à la mission française qu'incombera le soin de réorganiser notre armée. Nous sommes bien résolus à lui accorder tout l'appui dont elle aura besoin pour l'accomplissement de sa tâche. Nous donnerons le commandement effectif d'une division, d'une brigade, d'un régiment, d'un bataillon à des officiers supérieurs français afin que cette division, cette brigade, ce régiment puissent servir de modèle et d'exemple; de cette façon nous sommes convaincus que nous aurons sous peu une armée solidement constituée et fortement disciplinée, capable par conséquent de défendre les intérêts et l'honneur du pays.

« Ce que je vous ai dit de l'armée de terre se fera également pour l'armée de mer. Nous nous sommes adressés à l'Angleterre, qui ne nous a pas encore répondu, pour obtenir d'elle une mission navale. Cette mission devra s'occuper d'abord de la réfection de l'arsenal maritime et de tout ce qui concerne la marine de guerre. La marine sera commandée par l'amiral réorganisateur et des commandements d'unités de combat seront donnés à des officiers de sa nation qui l'accompagneront en Grèce.

« Il ne sera rien changé pour le moment au recrutement de l'armée de terre. Au recrutement des équipages nous apporterons quelques changements que l'expérience a rendus nécessaires. Jusqu'ici les équipages étaient recrutés jusqu'aux sept huitièmes par voie de tirage au sort, le reste était composé de volontaires. Désormais la moitié seulement des équipages sera recrutée par le tirage au sort; l'autre moitié sera composée de volontaires ayant servi quelques années dans la marine marchande.

« Le service des eaux et forêts, pour la réorganisation duquel nous allons demander un haut fonctionnaire à l'Autriche, nous coûte cher et pourrait rapporter davantage, car il y a en Grèce de belles et vastes forêts mal exploitées actuellement et du renouvellement desquelles on ne s'occupe guère après les coupes. Une école forestière bien organisée, de laquelle sortiraient des conservavateurs et autres forestiers munis du savoir nécessaire, sauverait nos bois du gaspillage et de la dévastation, dévastation et gaspillage qui ne profitent à personne.

« La gendarmerie et la police, deux choses qui se tiennent et se complètent l'une l'autre, ont aussi besoin d'une meilleure organisation.

« Nous nous sommes adressés à l'Italie pour lui demander des organisateurs de la gendarmerie. Nous ne savons pas encore à quelle nation nous nous adresserons pour la police et la douane.

« Étant donné l'esprit conservateur des Hellènes et leur amour de l'ordre, on peut présumer qu'avec une gendarmerie et une police suffisantes et bien organisées, il y aura ici beaucoup moins de crimes que dans les pays les plus policés. Un bon service douanier aura pour résultat de diminuer ou même de faire disparaître la contrebande que la configuration des côtes et le grand nombre d'îles et d'îlots découpés en criques, baies et anses rendent si facile.

« Le budget de 1911 se soldera en équilibre réel, car il sera basé sur des revenus réels et non sur des recettes hypothétiques. On ne peut encore rien dire sur le budget de 1910, l'exercice en cours ne devant, d'après l'année financière grecque, se clôturer que le 31 octobre 1911.

« Répondant à une de vos questions, je dis que nous n'apporterons pas pour le moment de changement radical au régime tributaire. Il n'y aura donc pas de nouveaux impôts et nous ne procéderons au remaniement radical de l'impôt que lorsque nous aurons un budget en équilibre stable, car si nous savons ce que l'impôt actuel produit, on peut toujours se tromper sur le rendement d'impôts remaniés ou d'impôts nouveaux.

« On oublie trop que nous sommes avant tout un pays agricole, commercial et maritime, que l'agriculture et la marine sont les deux mamelles nourricières de la Grèce. On a donc tort, à mon sens, de favoriser des industries qui n'étaient pas nées viables, en frappant de droits excessifs les produits des industries similaires de l'étranger.

« Par contre, nous devons encourager les industries viables qui peuvent se procurer dans le pays même les matières premières, les industries qui pour vivre ne comptent pas seulement pour gagner sur leurs marchandises, sur les taxes d'importation des marchandises similaires des pays étrangers, taxes qui ont rendu la vie si chère en Grèce. Il y aura donc une revision du tarif général, lequel composé de pièces et de morceaux, ne répond plus aux besoins du commerce et de l'industrie.

« Grâce à l'intelligente initiative de nos armateurs, notre marine marchande a pris un développement qui tient du prodige. Nous n'avons pas eu besoin de lui accorder, comme on l'a fait ailleurs, des primes de navigation pour la soutenir. Elle ne nous demande qu'une chose, une législation navale plus conforme aux besoins actuels de la marine marchande.

« Le ministère de l'agriculture, du commerce et de l'industrie, création nouvelle, commencera à fonctionner le 1er janvier prochain de notre style. Il aura beaucoup à faire. Le titulaire M. Benachi me paraît à hauteur de sa tâche. Il a déjà étudié les principales questions qui ressortissent à son département et en particulier à ce qui concerne la Banque agricole et le Crédit foncier, deux institutions absolument indispensables au développement économique du pays.

« Le dessèchement des marais qui, avec le monopole de la quinine dont on sait les heureux effets, délivrera le pays du paludisme, ira de pair avec les travaux d'irrigation.

« Ils précéderont la solution définitive de la question agraire qui préoccupe si vivement les populations si intéressantes de la Thessalie, ils en seront pour ainsi dire la préface.

« La Thessalie à laquelle je porte, à laquelle nous portons le plus vif intérêt pourra devenir ainsi le grenier de la Grèce, qui en ce moment paye un fort tribut à l'étranger pour son alimentation en céréales. » Le gouvernement a activé le plus possible la revision de la constitution. Reconnaissant qu'un pouvoir faisant contrepoids à la Chambre était devenu indispensable, on a songé tout d'abord à la création d'un sénat, puis on s'est arrêté à la formation d'un conseil d'État avec pouvoirs très étendus.

« Le conseil d'État, dit *l'Indépendance roumaine*, serait la formule transactionnelle qui peut être admise et par les partisans de la création d'un sénat et par les partisans du maintien de la Chambre unique puisqu'il aurait la préparation des lois dans ses attributions. »

L'opposition des « partis » théotokiste, rhallyste, mavromichaliste ne gêne en aucune façon le gouvernement. *Le Neon-Asty*, organe de M. Rhallys, est à peu près le seul journal d'opposition qui a attaqué positivement M. Venizélos.

D'après M. Theotokis, M. le président du conseil passerait le meilleur de son temps à accuser les partis sans pouvoir rien prouver, sans pouvoir améliorer la situation. On accuse les partis et surtout le parti théotokiste d'avoir en dix ans créé un déficit de vingt millions. La chose n'est pas prouvée. Et même si on admet l'exactitude des chiffres présentés par M. le ministre des finances, il ne faut pas oublier qu'en dix ans la Grèce a dû faire face à des dépenses imprévues pour des nécessités nationales, 50 millions au plus bas mot. La Grèce n'avait alors qu'un budget de dépenses de 124 à 127 millions, alors que les prévisions pour 1911 s'élèvent à 137 millions. (D'après le projet du budget les recettes ordinaires prévues s'élèvent à 130 600 000 drachmes et les dépenses ordinaires à 135 094 474 drachmes.)

Le gouvernement se propose de demander le vote de l'impôt sur le revenu et sur les terres arables dans le but de répartir les charges d'une façon équitable.

Il faut arriver à créer des ressources qui permettent le dégrèvement des objets de première nécessité qui sont en Grèce à un prix très supérieur à leur valeur réelle.

« Nous imposons des charges au peuple, a dit le président du conseil, au cours d'une interpellation de M. Négris, député de l'Attique, mais c'est pour répondre aux besoins de la défense nationale. Les dépenses pour les départements militaires sont des dépenses productives, car nous voulons donner au peuple le sentiment de la sécurité qui est indispensable pour le succès des œuvres de progrès. Et l'on ne saurait nous accuser d'exagérer le chiffre de ces dépenses alors que notre budget de la guerre est le plus modique comparé à celui des autres États balkaniques, grands et petits. »

M. Eutaxias, ancien ministre des finances, a bien déclaré que le vote de ces nouveaux impôts était inutile et que le budget pouvait s'équilibrer par une plus stricte application des lois de finances :

« Si par exemple on applique nos lois nouvelles sur la comptabilité publique et la voirie, nous devons faire des économies de plusieurs millions au chapitre des dépenses du budget. Également si on applique strictement mon organisation nouvelle de la douane du Pirée et de la police des impôts indirects, nous aurons une augmentation de recettes de plusieurs millions aussi.

« Pourquoi ces lois ne sont-elles pas appliquées? Pour les motifs que nos successeurs au ministère des finances, MM. Dragoumis et Coromilas, connaissent. Eux-mêmes savent pourquoi on a appliqué quelques-unes de nos lois, on a négligé d'en appliquer d'autres et enfin pourquoi quelques-unes n'ont été appliquées qu'en partie, à la suite d'un travail souterrain contre notre œuvre. Si les lois d'impôt avaient été toutes exactement appliquées, nous aurions eu un accroissement de recettes d'au moins douze millions, au lieu de cela nous n'avons eu qu'une augmentation de cinq millions et demi (1). »

(1) Le budget de 1911. *(Les Nouvelles de Grèce.)*

Précisant cette déclaration, M. Eutaxias a ensuite dit qu'à son avis « l'impôt sur le revenu ainsi que la loi sur le droit de séjour des sujets hellènes en Turquie et en Égypte et les certificats de nationalité des nationaux dispersés dans le monde » devraient produire deux millions et demi de recettes.

Au cours du mois de janvier 1910 un incident militaire a inquiété quelque peu le pays, pouvant jusqu'à un certain point faire redouter la reprise des agitations de l'ancienne ligue.

Des sous-officiers se réunissaient chez le colonel Lapathiolis, ancien ministre de la guerre à l'époque de la ligue militaire. M. Venizélos, appréhendant un nouveau mouvement des éléments constitutifs de l'ancienne ligue, fit arrêter le colonel Lapathiolis.

En cela, le président du conseil a fait preuve d'énergie, dit *l'Indépendance belge*, car la moindre faiblesse de sa part eût pu comporter les plus graves conséquences.

M. Venizélos a eu parfaitement raison de réagir dès le début contre toute tentative nouvelle de certains éléments militaires pour exercer une influence directe sur le gouvernement. Il est très douteux d'ailleurs que le colonel Lapathiolis eût été suivi, car des aventures comme celle d'il y a un an ne se recommencent pas dans un pays moderne.

Six sous-officiers qui avaient adressé au roi une protestation furent arrêtés par ordre du ministre de la guerre. Mécontents de n'avoir pas été admis à l'école militaire, ces sous-officiers se réunissaient fréquemment chez le colonel Lapathiolis et se préparaient à déserter.

L'affaire n'eut pas d'autre suite.

La grève des tramways et la question de la langue grecque agitèrent aussi l'opinion publique, au cours des derniers mois.

L'opposition avait prétendu qu'une centaine de grévistes avaient été arrêtés sans qu'aucun acte d'accusation eût été dressé contre eux et avaient été incarcérés sans motif.

Le ministre de l'intérieur déclara que le gouvernement avait appliqué la loi et les députés socialistes qui avaient interpellé durent se contenter de cette réponse.

M. Mistriotis, professeur à l'Université, ayant fait une campagne en faveur de la langue grecque épurée et cette campagne étant devenue le prétexte de manifestations violentes, le gouvernement dut intervenir. La Chambre fut saisie de la question.

Le député Cladis se déclara l'adversaire de l'inscription dans la constitution de tout texte obligeant à l'emploi de la langue épurée. Les députés Tsirimocos, Caparanos, Zouridès, Caromilas, Cantagouris, Lamprinopoulos, Lagopathis, prirent parti pour ou contre.

Le président du Conseil (1), « après avoir rappelé les efforts tentés par les hommes de science pour ramener la langue grecque à sa beauté antique, montre que leurs efforts furent déçus et que l'on dut en arriver à admettre la langue épurée qui, en somme, est identique à celle employée à Byzance.

« M. Venizélos fait l'historique de la question, note les efforts de M. Hadzidâkis, Psychoris remémore la question des évangiles et en passant blâme sévèrement l'attitude de M. Mistriotis qui a exploité la question linguistique contre ses ennemis et confrères Hadjidakis, Politis et Lambros. Le mouvement prit une tournure révolutionnaire et les partis s'empressèrent d'exploiter à leur tour la question.

« En ce qui concerne plus spécialement la question de savoir s'il faut établir la langue épurée comme langue officielle, M. Venizélos estime que le mieux serait que la Chambre émette un vote dans lequel elle déclarerait que la langue officielle du royaume est celle dans laquelle ont été votées les lois du passé, mais le gouvernement ne s'opposera pas à ce qu'une disposition spéciale soit insérée dans la constitution si tel est l'avis de la Chambre.

« En ce qui concerne les employés, le président du conseil estime que, sauf les instituteurs, ils ont en dehors de leur service le droit d'employer la langue qu'ils voudront.

« Dans sa péroraison, M. Venizélos prêche le respect des convictions de tous et signale le danger qui résulterait pour la nation de la retraite du ministère et du parti libéral cherchée par les partis restés en dehors de la Chambre ».

Les députés Dragoumis et Popp parlèrent ensuite et le lendemain le député Colombakis réclama une enquête sur les influences étrangères dans la question de la langue.

« M. Venizélos (2) fort justement fait observer que le pays a

(1) Compte rendu du journal *les Nouvelles de Grèce*.
(2) *Ibid.*

besoin de calme et qu'une discussion de trois jours sur la question suffit. Il propose que la proposition de M. Colombakis ne vienne en discussion que dans huit jours, d'autant plus que des instructions ont été données au Parquet qui a ouvert une enquête sur les vagues accusations de M. Mistriotis.

« La question de confiance est posée et la proposition de M. Venizèlos est adoptée par assis et levés. »

La conclusion de l'affaire fut que M. Mistriotis a été suspendu pendant trois mois par le ministre de l'instruction publique, ce qui équivalait à un renvoi définitif, puisqu'à l'expiration de ces trois mois M. Mistriotis est atteint par la limite d'âge qui met terme à son professorat.

Malgré les réminiscences d'opposition des partis, M. Venizélos continue à posséder la confiance de la presque unanimité du parlement. Avant le commencement de la discussion des articles de la loi sur la presse, au cours du mois de mars, la Chambre lui donnait un vote de confiance par 211 suffrages sur 223 votants, les ministres n'ayant pas pris part au vote. L'élan aura été donné par M. Venizélos, dit un journal d'Athènes, et ses successeurs seront obligés de le suivre sous peine d'être désapprouvés immédiatement par le peuple qui voit avec un soulagement inexprimable le président du conseil persévérer résolument dans la voie où il s'est engagé et s'attaquer aux abus de toute sorte qui avaient fait de l'État grec un corps tombant en pourriture.

« Cet enthousiasme, cette confiance, cette conviction, ce dévouement des Hellènes pour le président du Conseil sont très compréhensibles, après la chute des forces morales et réelles du royaume libre, résultat de tant de fautes dont nous sommes tous responsables, il s'est trouvé un homme qui, ayant conscience de ses responsabilités, mais aussi des forces latentes du pays, a su prendre la direction des affaires et donner confiance à la nation. »

Tous ont vu en M. Venizélos le sauveur de la Grèce.

Une agence d'informations télégraphiait d'Athènes, à la date du 2 avril : « Les députés de Thessalie avaient proposé l'acceptation d'une loi sur l'expropriation forcée. Combattant cette proposition, M. Venizélos a prononcé un magnifique discours qui a littéralement émerveillé la Chambre, jamais le président du conseil ne fut aussi brillant, et son argumentation d'une logique admirable fut exprimée dans un style et un langage qui soulevèrent des bravos unanimes.

« Le droit de l'État d'exproprier pour cause de nécessité publique les biens de n'importe quel citoyen est incontestable et il faut que les propriétaires de « Tchiflicks » en soient bien convaincus, de telle sorte qu'avant qu'un gouvernement ait à recourir à l'expropriation forcée, ils acceptent de céder volontairement leurs terres, moyennant juste et préalable indemnité.

« Le gouvernement n'a pas cessé de se préoccuper de la question thessalienne et s'il n'a pas fait connaître plus tôt ses intentions, c'est qu'il n'avait pas encore suffisamment élucidé le problème agricole ; celui-ci ne peut être résolu de façon aussi rapide, aussi convulsive, mais la solution ne doit pas tarder. Aussitôt après le vote de la constitution, le gouvernement déposera ses projets, car pendant les mois qu'il a passés au pouvoir sa principale étude a été celle de la question agraire. »

Les députés de Thessalie retirèrent leur proposition et M. Venizélos expliqua dans un autre discours les projets agricoles du gouvernement.

« C'est le devoir des hommes politiques, dit en terminant le président du Conseil, de tomber pour leurs idées, car, devenant les victimes de leurs idées, ils préparent et facilitent l'œuvre de ceux qui viendront demain.

« Ce qui nous intéresse, ce n'est pas le triomphe du « moi » personnel, c'est le triomphe de l'idée, car elle constitue le succès du but national que le pays doit accomplir, c'est là seulement que je vise, c'est là seulement ce que poursuit le parti libéral. Ceux qui croient cette œuvre difficile, ceux qui ne sentent pas leurs épaules assez solides pour porter la croix, ont le droit d'abandonner la lutte, s'ils pensent que je trahis.

« J'ai la conscience tranquille : Nous — et par là j'entends le parti libéral et le gouvernement qui a l'honneur de diriger le sort du pays — nous serons en toutes circonstances le plus sûr soutien de l'ordre social, mais nous ne voulons pas rester dans les dispositions anciennes pour que soudain le tout tombe en ruines. Nous voulons que l'ordre social, suivant le progrès, s'adapte aux circonstances de chaque jour afin que l'État puisse remplir sa haute mission. »

A propos de la discussion de l'article 17 de la constitution, une agence d'information s'exprimait en ces termes le 2 avril : « Les députés thessaliens ont demandé l'expropriation forcée des grandes propriétés en Thessalie, M. Venizélos, président du Conseil, a déclaré que le gouvernement accepte l'expropriation, mais ne la poursuivra pas. Il présentera une série de projets de lois tendant à l'amélioration de la condition des cultivateurs et rendant l'expropriation volontaire avantageuse pour les propriétaires.

« Sera-t-il possible d'améliorer le sort de ces cultivateurs de Thessalie sans violer les droits des propriétaires?

« La propriété est réglementée dans cette province par des conventions internationales et par le traité de 1897 qui a mis fin à la guerre entre la Turquie et la Grèce; sera-t-il possible d'arriver à une modification avantageuse de la situation?

« M. Venizélos veut pour l'État le droit absolu d'expropriation non par mesure d'utilité publique, mais par mesure d'intérêt public.

« L'État n'ira pas jusqu'au bout de son droit; mais on s'y prendra de manière à ce que les grands propriétaires terriens demandent eux-mêmes l'expropriation qui devra tendre à faire des petits cultivateurs sans terres, des petits propriétaires terriens.

« La chose ne se fera pas tout de suite, mais elle se fera infailliblement sous peu dans des conditions acceptables pour tout le monde, et comme ce seront les grands propriétaires qui demanderont à être expropriés, nul n'aura le droit d'invoquer les clauses des traités qui placent ces propriétés sous la sauvegarde du droit international. (1) »

Des projets de lois d'enseignement, d'agriculture, sur la marine et sur l'armée, sur les questions économiques et ouvrières, ont été soumis à l'assemblée dès la reprise de ses travaux, après les fêtes de Pâques.

A propos de la reprise des relations avec la Roumanie, le ministre des affaires étrangères a énuméré les motifs de cette reprise de relations. Les principaux sont : la réouverture des écoles grecques, la libre circulation des journaux grecs, la révocation des mesures d'expulsion contre les sujets hellènes, les intérêts

(1) Journal *le Messager d'Athènes*.

commerciaux et maritimes des Grecs en Roumanie. M. Venizélos a insisté sur la nécessité d'oublier le passé, de conserver des rapports amicaux avec les États balkaniques, la Grèce n'ayant de motifs d'inimitié contre aucun d'eux. « Le gouvernement hellénique considère, comme une politique utile, l'aplanissement de tout malentendu et de tout froissement avec ces États. Être en rupture de relations avec l'un d'eux amoindrit la situation internationale de la Grèce. »

Les premiers mois de l'année 1911 ont été occupés par les débats et le vote de la nouvelle constitution des Hellènes. Cette nouvelle constitution est bien l'œuvre magistrale de début du ministère de M. Venizélos. Le président du Conseil s'est prodigué au cours des séances, donnant des conseils inspirés par le souci du relèvement national et appuyant de son autorité les modifications jugées utiles à la chose publique.

« A M. Venizélos, dit *le Messager d'Athènes*, il n'est que justice de le reconnaître, appartient l'initiative de cette solution. C'est lui qui suggéra la revision de la charte pour terminer un état de choses révolutionnaires dont l'armée, après le coup d'éclat du début, ne savait plus comment sortir. C'est lui qui eut encore la volonté et la force de balayer la première revisionniste, l'anarchique assemblée qui menait la liberté, et peut-être la Grèce, à la ruine sous prétexte de défendre les droits souverains du peuple, et c'est lui qui d'une main vigoureuse conduisit la majorité, parfois indécise, au point où il fallait arriver, pour clore définitivement, espérons-le, l'ère dont on voudrait effacer jusqu'au souvenir dans l'histoire politique de la Grèce moderne. »

Le 1er juin la nouvelle charte constitutionnelle est entrée en vigueur. La Chambre avait décidé que les élections de la nouvelle Chambre se feraient dans les quatre mois qui suivraient le décret royal proclamant la fin des travaux parlementaires, cette décision encore était l'œuvre du président du Conseil qui ne voulait pas d'une législation manquant de netteté et de dispositions formelles.

« Je puis dire que notre œuvre est achevée, a dit M. Venizélos au cours de la séance, et que nous voyons, après l'achèvement de la revision, monter à l'horizon le soleil de la renaissance. Nous allons de l'avant en plein optimisme, certains de la renaissance du peuple, certains que l'État se transformera en un État ami de la paix, pour s'accentuer encore, ce qui a surpris quelques-uns, lorsque j'ai proclamé pour la première fois la mission pacifique du nouvel ordre de choses; en un État occupant une place honorable parmi les nations policées; en un État progressant et suivant les évolutions de la nouvelle civilisation se trouvant au premier rang des nations civilisatrices du Balkan; en un État ne convoitant rien de ce qui appartient aux autres; en un État enfin fort et florissant ayant la force de défendre son honneur et ses intérêts en tout état de cause. »

La longue ovation faite par la Chambre au président du Conseil prouve que tous lui rendent justice et que sa nomination à la dignité de grand-croix de l'ordre du Sauveur, qu'il refusa si noblement, estimant qu'il ne devait rien accepter étant président du Conseil, eût été bien accueillie et considérée comme une juste récompense du service rendu à la patrie.

Une députation de vingt membres de la Chambre s'est rendue auprès du Roi pour lui annoncer le vote de la nouvelle charte constitutionnelle. Sa Majesté a répondu en ces termes : « Je reçois avec une vive joie l'annonce que l'œuvre de revision, confiée à la double Chambre par le vote du peuple hellène, est achevée, j'exprime sans réserve mes remerciements ainsi que mes félicitations à MM. les députés d'avoir accompli avec tant de succès cette importante mission.

« La revision des dispositions non fondamentales de la charte constitutionnelle effectuée, en pleine concordance de vues entre la couronne et les représentants du peuple et achevée heureusement par la modification et le complément de ces dispositions, réalise, avec l'assistance divine, un désir souvent manifesté dans le pays.

« Elle assure l'évolution normale des principes libéraux qui sont les fondements de notre régime et facilite l'introduction de lois organiques destinées a affermir l'autorité du régime constitutionnel. Partageant pleinement la conviction de la double Chambre que cette revision sera le commencement d'une ère nouvelle dans la vie nationale, qu'elle favorisera la prospérité de mon peuple et affirmera la renaissance du pays, je souhaite qu'un succès entier couronne votre œuvre législative qui complétera la revision. J'invoque la protection du Très-Haut afin qu'elle dirige nos communs efforts au mieux des intérêts du pays, afin qu'elle couvre la nation et la maintienne dans la voie du progrès, de la grandeur et de la prospérité. »

Quelques jours après le président du conseil des ministres disait dans un banquet politique : « Nous avons l'inébranlable conviction que le parti des libéraux, notre parti, n'oubliant jamais les principes sur lesquels il s'est fondé, sous lesquels il a marché, sera l'organe de la renaissance, de la reconstruction, de la transformation de cette nouvelle Grèce qui répondra entièrement à notre idéal et à celui de tout l'Hellénisme. »

M. Venizélos avait tous les droits de s'exprimer ainsi au lendemain de la revision de la constitution, son œuvre personnelle, qui a réjoui tous les amis de la Grèce. Le projet de budget pour 1911, déposé par le ministre des finances, présentait les résultats suivants : recettes, 231 131 104 drachmes; dépenses, 183 188 731 drachmes; d'où un excédent de recettes de 47 942 373 drachmes. Il est à remarquer que la plupart des augmentations de dépenses sont prévues pour les besoins de la défense nationale; c'est ainsi que la caisse de défense nationale recevra 3 325 062 drachmes de plus que l'année précédente, la caisse de la flotte recevra 708 857 drachmes de plus.

La Chambre a voté le budget sans modifications importantes, puis elle s'est séparée le 25 juillet ayant, il est impossible de le méconnaître, travaillé avec patriotisme au relèvement du pays poursuivi avec tant d'énergie par M. Venizélos.

La Chambre a repris ses travaux au cours du mois d'octobre sans qu'aucune modification ministérielle se soit produite.

M. Venizélos a su maintenir son autorité dans des conditions qui lui assurent une longue durée. « La majorité, dit *le Messager d'Athènes,* nous avons failli dire l'unanimité des députés qui soutiennent sa politique, n'a cessé d'avoir confiance en lui et de plus il a toute la confiance du Roi. Dans ces conditions toute tentative pour amoindrir son autorité n'a aucune chance de succès. Ses adversaires mêmes en conviennent et quelques-uns parmi les plus clairvoyants ne font de l'opposition que par acquit de conscience. »

Un certain nombre de projets de lois ont été déposés par le gouvernement au commencement de cette session. Sur la réglementation des jeux de hasard, la réorganisation du service pénitentiaire, la presse, la procédure, les peines et responsabilités encourues par les auteurs d'accidents causés par les automobiles, les services du ministère de la justice, le traitement des juges.

La guerre entre l'Italie et la Turquie qui avait tout d'abord éveillé les plus légitimes appréhensions n'a pas eu en Grèce les répercussions que l'on pouvait redouter. La Porte, qui avait tout d'abord manifesté des dispositions agressives contre la Grèce, n'a pas tardé à se rendre compte du danger qu'aurait comporté pour elle une agression à ce moment sur le sol hellénique. Chef Ket-Toghoud Pacha avait été envoyé en Albanie à Monastir avec une forte colonne de troupes ayant mission de fortifier la frontière. A plusieurs reprises, le gouvernement ottoman a déclaré que les concentrations de troupes opérées sur les frontières visaient exclusivement à prévenir les opérations de l'armée italienne.

Le gouvernement hellénique a dû s'en déclarer satisfait, tout en conformant son attitude aux événements ultérieurs.

Au mois d'avril dernier un groupe important d'étudiants bulgares (plusieurs centaines), présidés par M. Tépavitcharof et accompagnés de professeurs de l'école des Beaux-Arts de Sofia et de représentants de journaux bulgares, est venu à Athènes et y a séjourné quelque temps.

Les jeunes Bulgares ont été très aimablement accueillis par l'Université d'Athènes. MM. Philadelphée, professeur d'archéologie, et Lambros, professeur d'histoire, leur exprimèrent le plaisir que causait à la jeunesse athénienne, leur arrivée sur le sol hellène.

M. Popilof, du journal *Vetcherna-Pochta*, répondit que les Bulgares n'étaient pas venus seulement pour admirer les beautés naturelles et les antiquités du sol grec, mais dans un but plus important et plus élevé.

« Nous sommes venus, a dit M. Popilof, pour vous annoncer l'ère nouvelle dans laquelle est entré le peuple bulgare, pour vous apporter de sa part l'expression des sentiments amicaux et sincères qu'il nourrit aujourd'hui à l'endroit du peuple grec. Nous venons vous serrer la main en signe d'oubli d'un passé funeste qui a séparé deux peuples ayant une même mission et qui a fait naître une rivalité indigne de notre époque et de sa civilisation. »

M. Petkow, ancien député, a été non moins explicite. L'opinion de la presse et du peuple bulgare est que la visite, sans avoir un but politique immédiat, ne manquera pas cependant d'avoir des suites politiques. Le rapprochement des deux peuples est considéré par nous comme très proche. Certes les hommes politiques ne prendront aucune responsabilité de cette visite dans laquelle officiellement on ne voit qu'une marque de politesse, mais ils prévoient qu'il en naîtra des faits d'une grande importance.

Les journalistes bulgares furent reçus par le Président du conseil, qui leur déclara que la visite des étudiants bulgares était l'indice d'un rapprochement entre la Bulgarie et la Grèce qui ont tant d'intérêts communs.

« Je n'oublie pas, a dit M. Venizélos, que lorsque nous luttions en Crète pour l'autonomie de l'île, nous reçûmes de chaleureuses félicitations des combattants bulgares qui nous souhaitaient la prompte réalisation de nos vœux. »

Dans ses remerciements, au moment du départ de Grèce, M. Tepavitcharof a dit que ce n'était pas sans hésitations que ses compagnons s'étaient décidés à affronter les fatigues et les dangers d'un aussi long voyage.

« Nous avons surmonté ces difficultés, a ajouté M. Tepavitcharof, pour pouvoir venir dans la capitale du peuple grec et lier des rapports amicaux et cordiaux entre la jeunesse bulgare et grecque, lequel lien aboutira à une entente avec les deux pays qui ont le même idéal national à accomplir. L'utilité d'une pareille entente d'après moi vous est connue, mais je pense qu'il ne sera pas mal d'en dire quelques mots.

« La politique que nos deux pays jusqu'à ce jour ont suivie a été une politique de désaccord qui a fait souffrir les intérêts des deux pays et qui a pu seulement être nuisible à nos deux nations. Voyant le mal de cette politique, il ne reste qu'à nous donner franchement la main et promettre de cette chaire qu'en retournant dans notre pays et dans nos villes natales, nous propagerons cette entente et le désir, dans un moment donné, de montrer au monde civilisé qu'il y a dans la péninsule balkanique deux peuples qui seront toujours prêts à se défendre et à s'aimer. Vive la liberté et vivent la Grèce et la Bulgarie! »

Souhaitons, dit *le Messager d'Athènes*, auquel nous avons emprunté le texte de quelques-uns de ces discours, « que les universitaires bulgares soient les annonciateurs d'une ère nouvelle dans les relations entre chrétiens d'Orient divisés, ennemis, et pourquoi? Nous l'avons déjà dit, pas par la faute de l'hellénisme ».

Les journaux bulgares le *Volia* et le *Narodeniglas*, rapportent les déclarations faites par M. Venizélos à leurs correspondants au cours de ce voyage à Athènes. « Cette visite pourra amener des résultats précieux pour les rapports entre les peuples balkaniques. Les Grecs comme les Bulgares sont partisans de la paix dans les Balkans, à la condition que des droits égaux soient garantis à leurs co-nationaux en Turquie et dans l'espoir que l'œuvre de renaissance inaugurée en ce pays s'accomplisse.

« Nous sommes amis des Turcs et désirons entretenir les plus amicales relations avec eux. Les peuples balkaniques doivent s'entendre entre eux et trouver en eux-mêmes la force de garantir leur développement cultural sans l'aide des puissances. » M. Venizélos a dit aussi au correspondant du journal l'*Outro* que la Grèce et la Bulgarie ont tant d'intérêts politiques et économiques communs qu'on peut les considérer désormais comme des peuples frères, « une entente mutuelle, une alliance entre elles est actuellement, absolument nécessaire et je souhaite que la visite des étudiants bulgares en Grèce marque le commencement d'un pareil accord entre les deux pays ».

Le *Retch* n'aurait pas cru que cette visite à Athènes aurait eu cette importance politique. « Nous avons constaté que la société et la presse grecques ont attribué à la visite un sens presque purement politique. La nation bulgare ne peut dissimuler sa joie d'entendre des paroles d'amitié de la Grèce. »

Tout arrive, dit à ce propos le *Paris-Journal*, et il convient de s'attendre à tout désormais, même aux choses les plus invraisemblables...

Au cours des derniers mois de l'année 1910, la possibilité d'un rapprochement et subsidiairement d'une alliance gréco-bulgare avait été discutée et commentée.

Le *Den*, de Sofia, ne croyait pas à cette entente. « La campagne du patriarcat grec, à propos des Églises contestées, rend l'entente impossible, nous sommes contre une entente avec la Grèce, ce rapprochement ne profiterait qu'à la Grèce seule et donnerait aux Grecs la liberté de commencer avec les Turcs une guerre contre la Bulgarie. »

Le correspondant du *Times* à Athènes dit qu'il incombe au gouvernement bulgare de continuer l'œuvre de rapprochement inaugurée entre la Grèce et la Bulgarie. « La Grèce a parlé par M. Venizélos et par l'accueil enthousiaste fait aux excursionnistes bulgares. »

Le *Yeni Gazeta* disait à ce sujet :

« Une partie de la presse grecque a lancé la nouvelle d'un accord entre la Grèce et la Bulgarie et les cris continuels des journaux bulgares entretiennent cette idée. Nous surveillons notre politique, et l'éventualité d'un accord gréco-bulgare n'est pas pour nous faire peur, d'autant plus que nous ne voyons pas là où sont les vrais intérêts des Hellènes et que la raison ne peut admettre tant d'inconséquence; d'un autre côté les journaux bulgares non seulement n'ont pas renoncé à leur publication de fausses nouvelles, mais encore en sont arrivés à parler comme des devins, des prophètes : des événements si extraordinaires et si proches surgiront dans les Balkans que le monde sera plongé dans la stupeur; ce sont ces paroles que la presse grecque interprète comme une déclaration de guerre concertée de la Bulgarie et de la Grèce contre la Turquie.»

Le *Néologos* :

« L'entente gréco-bulgare préconisée est peut-être une leçon très instructive pour ceux qui offensent ouvertement le royaume hellène et qui mènent campagne contre tout ce qui est hellène, bien que la moindre des choses hellènes n'ait avec le royaume de Grèce que les liens de sang, de langue et de religion et non point des relations politiques, comme veulent le croire ceux qui organisèrent et continuèrent le boycottage officiel contre la Grèce et mènent la guerre contre l'autorité nationale et religieuse des grecs ottomans, le patriarcat œcuménique.

« C'est, disons-nous, cette entente gréco-bulgare, une leçon des plus instructives qui démontre que deux ennemis implacables peuvent s'accorder, la nécessité l'exigeant...

« En cette circonstance, les Grecs de Turquie firent leur devoir patriotique en insistant, tant ici où ils ont des droits civiques et politiques qu'en Grèce, en vertu de leurs liens de parenté, afin qu'il ne soit pas ajouté un second ennemi à la Turquie, la Grèce, et que l'alliance gréco-bulgare ne marque pas le commencement de nouveaux coups d'État en Macédoine, lesquels rapportés en Europe de deux sources différentes trouveraient facilement crédit et donneraient matière aux immixtions intérieures. »

D'après *l'Indépendance roumaine* : « Du côté grec on a répandu à plusieurs reprises la version qu'un accord gréco-bulgare est sur le point d'intervenir en vue d'une action commune contre la Turquie.

« Dans les cercles compétents bulgares, cette version n'est ni confirmée ni démentie, cependant on admet la possibilité qu'un pareil accord survienne tôt ou tard. Il faut avouer qu'il n'y aurait rien de plus étrange qu'un accord entre ces deux adversaires acharnés. »

Le journal *le Sabah* ne l'admettait pas. « Est-il vrai qu'une entente ait eu lieu entre Athènes et Sofia? Est-ce que cette « entente » serait « les liens amicaux » dont il a été question dans le discours du roi Ferdinand? Voilà ce que l'on se demande. Bien que les termes du discours politique soient choisis avec le soin le plus extrême, ce serait aller un peu loin dans les présomptions que de prêter absolument le sens « d'entente politique » au mot « liens », nous estimons que cette expression « liens » signifie pour le moment amitié plus forte qu'auparavant.

« Même si ce mot avait le sens « d'entente », l'importance serait pour nous bien limitée.

« Nos lecteurs connaissent certainement le principe des « deux pavillons » qui a cours dans la marine anglaise, ce principe posé en règle par la nation anglaise est celui d'avoir une marine plus puissante que celles de deux puissances européennes réunies.

« Or l'armée ottomane a adopté la même loi envers nos petits États, nos voisins dans la zone balkanique. La principale garantie de la paix en Orient et de notre sécurité extérieure, c'est la supériorité de notre armée sur les forces réunies de deux autres États. »

S. E. l'exarque bulgare s'exprimait en ces termes (mai 1911) sur ce projet d'entente :

« L'entente des deux éléments frères s'accentue de jour en jour et gagne du terrain. Nous sommes deux peuples orthodoxes, il faut que nous oubliions le passé. Aujourd'hui dans toute l'Europe souffle un vent de rapprochement. L'heure est venue d'une collaboration commune, des raisons sérieuses imposent aujourd'hui la réconciliation des deux éléments. Nous autres, d'ailleurs, nous sommes les enfants de la grande Église, nous avons été élevés dans son sein. L'idée de l'entente se propage largement, et comme preuve je vous cite la cessation des altercations et des conflits sanglants en province entre les deux éléments déjà amis (1). »

Le patriarche œcuménique s'est déclaré fort satisfait de la réception des étudiants bulgares à Athènes. Cette visite est des plus importantes pour le rapprochement des deux nations.

« Nous sommes en pourparlers avec l'exarchat en vue d'une entente, a dit le patriarche. Le schisme a été une erreur. Contrairement à ce que pensent les Bulgares, le Phanar n'était pas hostile à la nation bulgare. Pour que le schisme soit terminé, à mon avis, il faudrait que l'Église bulgare demande pardon au patriarcat. Le saint-synode a le pouvoir de décider, s'il est possible, de se passer de cette démarche (2). »

Plus récemment, au mois d'août 1911, un journal bulgare libéral, *Narodni-Prava,* a publié plusieurs articles en faveur de l'entente gréco-bulgare.

L'auteur de ces articles, M. Hadjief, ancien député bulgare, estime que la Grèce seule offre à la Bulgarie les éléments d'une entente sincère et durable.

« La Macédoine, loin d'être un sujet de discorde entre la Bulgarie et la Grèce, constitue au contraire l'unique raison d'un rapprochement. »

L'article du *Messager d'Athènes,* qui résume la thèse soutenue dans le *Narodni-Prava,* par M. Hadjief, ajoute : « La Macédoine autonome peut devenir la base de la confédération des États balkaniques qui est la solution la plus rationnelle du problème oriental. L'entente une fois établie entre la Bulgarie et la Grèce, le Monténégro y adhérera tout naturellement, puis la Serbie, prise entre l'Autriche et la Macédoine, sera condamnée à la mort par asphyxie, si elle n'entre dans une confédération des États du Balkan. »

La guerre entre l'Italie et la Turquie semble avoir accentué le rapprochement dont la venue des étudiants bulgares à Athènes a été la première manifestation.

(1) Interview du journal *Tachydromos.*
(2) Journal *Volia.*

M. Gennadief, ancien ministre, envisageant dans le journal *Volia* la possibilité d'une guerre gréco-turque, comme conséquence de l'état d'hostilité entre Rome et Athènes, écrivait que le devoir de la Bulgarie dès la première détonation serait d'envahir la Turquie.

« L'erreur de 1897 ne doit plus être renouvelée, la nation bulgare ne le permettrait pas. La Bulgarie, avec l'armée dont elle dispose, ne doit pas rester spectatrice et laisser la Turquie écraser la Grèce, car ce serait préparer sa propre perte. »

Quelques jours après on écrivait de Sofia au *Messager d'Athènes :*

« Les États balkaniques resteront neutres dans la querelle italo-turque. Mais dans le cas où la Turquie aurait la pensée de chercher chez les voisins une compensation à la perte de la Tripolitaine, les troupes des États balkaniques recevraient en même temps l'ordre d'entrer dans le territoire ottoman.

« Au début l'entente n'existait qu'entre la Grèce et la Bulgarie. Ce n'est qu'après les arrangements pris entre ces deux États, arrangements qui auraient été portés à la connaissance de la Serbie et du Monténégro, que ces deux royaumes se seraient ralliés aux vues de la Bulgarie et de la Grèce. »

L'armée grecque comprend 23 000 hommes sur le pied de paix ; en temps de guerre elle peut réunir 65 000 combattants de première ligne et à la mobilisation générale près de 170 000 hommes.

L'armée se compose de trois divisions (10 régiments d'infanterie, 8 bataillons de chasseurs, 8 régiments d'artillerie, 3 régiments de cavalerie).

Les 62 batteries nouveau modèle sont approvisionnées actuellement à 700 coups par pièce, d'autres munitions en nombre considérable sont attendues et 100 000 fusils de modèle perfectionné sont approvisionnés à 70 000 000 de cartouches.

D'après *le Messager d'Athènes* qui tient ces renseignements d'une étude récente sur la situation militaire et la politique de M. Theotokis, « de 1905 à 1909, époque où il quitta pour la dernière fois le pouvoir, le ministère Theotokis a acheté 40 000 fusils et 7 000 carabines, systèmes Manlicher, avec leurs munitions ; 36 batteries de campagne à tir rapide et 6 batteries de montagne, système Schneider-Canet, avec toutes les munitions, tous les accessoires nécessaires et d'importantes quantités d'effets d'habillement.

Il a de plus effectué ou commencé la construction de 6 casernes d'infanterie, de 31 dépôts de matériel de mobilisation, de 27 hangars d'artillerie et d'autres bâtiments de moindre importance.

La caisse de la défense nationale a contribué au relèvement de l'organisation militaire.

Les revenus de cette caisse ont fourni au gouvernement hellène les ressources extraordinaires qui lui faisaient défaut « pour transformer l'armement, pour compléter le matériel d'équipement et en partie les constructions militaires ».

La caisse de la défense nationale ayant disposé en quatre ans, 1906-1909, d'environ 50 millions, il n'est pas douteux que son action ait été des plus considérables.

Une mission militaire française s'occupe en ce moment de la réorganisation de l'armée grecque. Cette mission a pour chef le général Eydoux, ancien commandant de la 68e brigade d'infanterie, ancien chef d'état-major du 13e corps d'armée.

Elle se compose, du commandant Bousquier, chef d'état-major, du sous-intendant Bonnier, du capitaine Charpy, aide de camp. Infanterie, le commandant Bordeau, le capitaine Savary, le capitaine Romieu. Cavalerie, le commandant de Tournade, le capitaine Herbillon. Artillerie, le lieutenant-colonel Lepidi, le capitaine Holtzapfel. Génie, le commandant Crosson-Duplessis, le capitaine Pillat.

Le général Eydoux a déclaré à un représentant du journal hellène *Hestia*, qu'il se proposait de réorganiser l'armée grecque en utilisant les qualités nationales.

« L'armée grecque doit répondre au caractère grec, a dit le général, caractère qui se distingue du reste par plus d'une grande qualité : elle doit être l'expression de l'activité morale et matérielle de la nation. »

D'après les dispositions d'une loi très récente, le général Eydoux a reçu le commandement supérieur de toute l'armée grecque et la direction de tous les établissements militaires. Le ministre de la guerre se bornera à administrer. Les membres de la mission ont été promus dans l'armée hellénique à un grade supérieur à celui qu'ils occupaient dans l'armée française afin de les mettre à même de recevoir le commandement des régiments ou des bataillons modèles. Cette mesure a dû être précédée du vote d'une loi spéciale par l'assemblée hellène, vote qui a eu lieu à l'unanimité après que le président du conseil a déclaré que le commandement d'officiers français en uniformes français rappellera aux Hellènes la part glorieuse prise par l'armée française à l'émancipation de la Grèce.

Quelques jours après les officiers de la mission française, se rendant au *Te Deum* de l'anniversaire de l'indépendance, étaient l'objet d'une chaleureuse ovation.

Les commandants des divisions sont décidés à seconder de leur mieux la mission française et à profiter de ses leçons et de son expérience « pour donner à l'armée grecque la solide organisation sans laquelle elle ne saurait, quoi qu'il arrive, marcher à l'ennemi avec des chances de succès ».

« Il fallait comme chef de la mission, dit le journal *le Temps*, un homme qui ne fût pas seulement un militaire capable et un organisateur consommé, mais aussi un diplomate. Sa tâche était en effet difficile et délicate. Il avait affaire avec un peuple très patriote et très intelligent assurément, mais par cela même prêt à saisir l'insuffisance ou les faiblesses d'un chef étranger, de plus un peuple susceptible et resté ce qu'il était dans l'antiquité : à la fois aristocrate et démocrate, détestant chez celui qui le commande presque autant le manque de distinction que la hauteur.

« C'est vous dire qu'on était anxieux de connaître la personne du chef que la France allait envoyer, mais les appréhensions ont été de brève durée.

« Le général Eydoux a eu vite fait de conquérir tout le monde par sa vive intelligence, son ardeur au travail, l'aménité de son commerce et la distinction de ses manières, j'ai eu l'occasion de parler de lui avec nombre d'officiers et je n'ai entendu qu'une opinion. De son côté M. Venizélos n'a pas caché à son entourage combien il était ravi du choix fait à Paris et il a montré sa satisfaction en faisant droit sans tarder à toutes les demandes du général français. »

Le général Eydoux, qui a quitté la France le 27 janvier 1911, a le meilleur espoir dans le succès. Venu en Grèce pour travailler au relèvement militaire du pays, ses impressions sont excellentes. Un correspondant du *Temps* qui les a recueillies les rapporte en ces termes :

« La mission a été cordialement accueillie, fraternellement même. Pressé de connaître l'armée, je me suis présenté dans tous les corps de troupe de la garnison. Je les ai vus dans leur casernement et sur le terrain d'exercice, dans la vie journalière et leurs travaux divers, et je puis proclamer leurs hautes qualités militaires. Le soldat est discipliné, sobre, dévoué, remarquablement intelligent. Il comprend le moindre signe, saisit rapidement les explications et en fait son profit : en quelques semaines les artilleurs de la dernière classe ont appris le maniement du canon livré par le Creusot et les tirs, faits sous mes yeux avec de jeunes servants, ont été absolument réussis.

« Les officiers sont animés d'un ardent patriotisme et prêts à tous les efforts, à tous les sacrifices pour la cause hellénique. Ils ont travaillé et se sont assimilé toutes les études faites à l'étranger. Aucune publication militaire importante ne leur est étrangère. Quelques-uns parmi eux ont suivi les cours de différentes académies de guerre et de différentes écoles en France, en Allemagne, en Italie et en Belgique et en ont rapporté des connaissances très étendues. Par suite des faibles effectifs dont ils disposaient et de l'impossibilité dans laquelle ils se trouvaient d'exécuter des manœuvres de plusieurs unités, la pratique peut leur faire défaut, mais c'est à combler cette lacune que nous allons travailler.

« Leur esprit est excellent, d'une nature très impressionnable, il faut évidemment ménager leurs susceptibilités et compter beaucoup sur leur amour-propre. Ce sont des pur sang qu'il faut conduire avec beaucoup de doigté. Mais n'est-ce pas le propre d'une bonne éducation militaire d'exalter les qualités naturelles, de s'adresser au cœur, de substituer à la discipline passive la discipline active qui repose sur l'autorité morale; tous les règlements de manœuvre ne prescrivent-ils pas de faire appel à l'initiative et à la réflexion?

« Un chef en qui ils sentiront le guide, le conseiller et le soutien dont parle le règlement français de 1904, obtiendra d'eux tout ce qu'il voudra : avec des pur sang on ne reste jamais en route.

« Les exercices de cadres, études sur la carte et autres travaux les effrayent un peu, car ils craignent de ne pas s'y montrer à la hauteur de leur tâche, de s'y attirer des observations. Ils ont été rassurés et leur désir est maintenant d'en exécuter le plus souvent possible.

« Ils y assistent en grand nombre sans être désignés et paraissent y trouver un grand intérêt, toujours prêts à profiter de l'enseignement donné et écoutant le directeur de l'exercice avec la plus grande déférence.

« En définitive je suis persuadé que tous les officiers sont animés des meilleures intentions : qu'avec un avancement très lent et des avantages peu sérieux, ils sont prêts à sacrifier leurs intérêts personnels pour assurer l'indépendance de leur pays, sa grandeur et sa prospérité; qu'ils possèdent toutes les qualités militaires de discipline, de solidarité, de dévouement, d'abnégation qui font la force d'une armée. C'est pour moi et pour les officiers de la mission une douce joie et un grand honneur de les aider dans leurs efforts. »

D'après le plan de réorganisation du général Eydoux des unités modèles pour chaque arme doivent être formées dans la seconde division (Athènes).

Le Messager d'Athènes dit que dans l'infanterie le régiment modèle sera le 1er régiment. Il aura pour noyau la première compagnie qui sera commandée par le capitaine français. Lorsque quatre compagnies auront acquis une instruction suffisante, elles constitueront le premier bataillon modèle dont le capitaine français, promu au grade de chef de bataillon, recevra le commandement. Puis deux autres bataillons encore seront instruits pour former, avec le premier, le régiment modèle. Les officiers français seront assistés d'officiers grecs qui, formés à leur école, formeront d'autres officiers. Ceux-ci deviendront instructeurs à leur tour.

Le même système sera appliqué à l'artillerie, la cavalerie et le génie. En trois ans la division d'Athènes, division modèle, sera devenue une admirable pépinière qui fournira à l'armée hellénique des officiers joignant à une solide instruction les qualités naturelles du soldat grec auxquelles les étrangers rendent unanimement hommage.

Une école de tir pour l'infanterie, une autre pour l'artillerie, un cours d'application pour la cavalerie, une section spéciale dans le bataillon modèle du génie pour les officiers d'infanterie compléteront l'instruction des officiers et des hommes.

Le chef d'escadron de Tournade a été nommé au commandement du 2e régiment de cavalerie dans lequel le capitaine Herbillon commande un escadron.

Le commandant Bordeau a été nommé au commandement du 1er régiment d'infanterie dans lequel le capitaine Savary et le capitaine Romieu commandent une compagnie.

Le commandement du 3e régiment d'artillerie de campagne a été donné au lieutenant-colonel Lepidi et celui d'une batterie du même régiment au capitaine Holtzapfel.

Les 3e et 4e bataillons du génie sont commandés par le colonel Crosson-Duplessis

Une mission italienne, composée du comte Caprini, commandant de carabiniers, des capitaines de carabiniers Manora et Lodi, procèdent à la réorganisation de la gendarmerie grecque.

En même temps la mission anglaise a commencé la réorganisation de la marine.

Le 25 avril le contre-amiral Tuffnell, qui en est le chef, a été reçu par le président du conseil et a pris la direction des différents services.

La mission se compose encore du capitaine de frégate Gofton-Salmond, du capitaine de frégate Errington, du commissaire en chef Townsend, de l'ingénieur Gould des constructions navales.

Le contre-amiral Tuffnell est conseiller naval du gouvernement grec avec le commandement en chef des forces navales.

Le contre-amiral Tuffnell est né en 1857, il se distingua en 1905 en Chine à Schang-Haï, au cours de l'insurrection des Boxers.

Au mois de juillet la mission navale a été complétée de la façon suivante : le capitaine de vaisseau Boyl, chef d'état-major, le constructeur en chef Joseph Pill, le capitaine de corvette P. Harvey et M. Evert Campbell, secrétaire.

L'amiral Fournier, consulté il y a plusieurs années sur la réorganisation de la marine grecque, avait conseillé « une flotte très mobile composée de bâtiments légers et de submersibles avec équipages parfaitement exercés, dépôts de charbon fortifiés dans l'Égée et dans la mer Ionienne, arsenal doté de l'outillage le plus perfectionné ».

L'amiral avait même conclu : « Ayez un arsenal assez important pour servir de base d'opérations à n'importe quelle flotte, les nations maritimes les plus puissantes rechercheront votre amitié et la question d'Orient prendra une autre tournure (1). »

(1) *Le Messager d'Athènes*, 12 septembre 1911.

L'amiral Tuffnell envisagerait de même la réorganisation de la flotte hellène ; d'après une conversation avec le maire d'Agostoli publiée dans le journal *Athénaï*, l'amiral Tuffnell serait d'avis « que les petits États doivent proportionner leurs armements à leurs ressources financières ». L'amiral anglais aurait conseillé, d'après la conversation rapportée par le même journal, de ne pas s'inquiéter outre mesure de la présence de dreadnoughts dans la flotte turque. « L'entretien, l'emploi, la direction de ces gigantesques engins sont autant de graves questions pour les grandes puissances, à plus forte raison pour la Turquie qui ne possède ni les sommes nécessaires pour leur entretien ni le matériel humain indispensable. »

« La Grèce, dit l'amiral, doit par conséquent acquérir au plus tôt une flotte ainsi composée : 1° vingt contre-torpilleurs ; 2° dix torpilleurs ; 3° trois submersibles, et 4° trois croiseurs cuirassés. Possédant déjà 8 contre-torpilleurs, 4 torpilleurs, 2 submersibles, 3 croiseurs et l'*Avérof*, elle doit, pour compléter son matériel, construire 12 contre-torpilleurs, 6 torpilleurs, 1 submersible et 2 croiseurs cuirassés du type *Avérof*, mais de tonnage moindre et avec une meilleure disposition de l'artillerie.

« Inutile de dépenser un sou pour la transformation des trois vieux cuirassés. Bien entretenus ils pourront servir pendant de longues années encore à la défense des côtes et à l'instruction des équipages, ce qui permettra d'user le moins possible le nouveau matériel. Le tout, y compris l'entretien de cette flotte pendant dix ans, n'exigera pas une dépense supérieure à 125 millions, dans deux ans le matériel pourra être complété et l'instruction des officiers et des hommes sera entièrement achevée (1). »

(1) *Messager d'Athènes*, 12 septembre 1911.

LA QUESTION CRÉTOISE

LA QUESTION CRÉTOISE

La Crète au moyen âge. — Le siège de Candie. — Insurrection de 1897. — Autonomie. — Gouvernement du prince Georges de Grèce. — Intervention des puissances. — Menaces de la Turquie. — Embarras des puissances.

L'île de Crète, restée sous la domination turque depuis le fameux siège de Candie fait par le sultan Ibrahim, appartenait auparavant depuis 1204 aux Vénitiens qui l'avaient acquise du marquis de Montferrat auquel elle était échue au moment des croisades.

La conquête de l'île par les Turcs dura plus de vingt ans, puisque la ville de Candie ne capitula qu'à la fin de l'année 1669. Au cours de cette longue campagne et du siège qui dura plus de deux ans pour prendre fin le 27 septembre 1669, la noblesse française s'était signalée par son héroïsme. Ce fut une véritable croisade contre les infidèles, cette longue lutte dans laquelle tant de gentilshommes français périrent pour la défense de l'île. Le duc de la Feuillade avait amené avec lui 600 volontaires, 360 restèrent morts ou prisonniers. Parmi les morts, ce furent le duc de Beaufort, le marquis de Fabert, le comte de Saint-Jean, le chevalier de Lodève, le comte de Rosan, les chevaliers de la Guère, de Bourneuf, de Villarceaux, de la Haye, de Montreuil, de Chauvrinière, de Beauvais.

Parmi les blessés et les prisonniers : le marquis de Linières, les chevaliers d'Harcourt, de Conti, le marquis de Bois Dauphin, le comte de Montbron, les chevaliers de Montigni et de Villiers, le duc de Caderousse, le comte de Saint-Val, le duc de Château-Thierry, des Montausier, des Charbonnière, des Navailles, des Montégu, des d'Harcourt, des Monpesat et tant d'autres qui ne revirent plus la terre de France.

Les Crétois supportèrent toujours difficilement la domination turque, de nombreuses insurrections ne cessèrent de se produire dans l'île.

Le contre-coup des événements survenus en Grèce à propos de la Thessalie et de l'Épire se fit sentir en Crète où depuis la guerre d'indépendance les esprits étaient restés surexcités.

Au début de l'hiver 1897, des combats sanglants entre chrétiens et musulmans eurent lieu à la Canée, et malgré la présence des cuirassés des puissances l'insurrection s'étendit à toute l'île.

La Grèce intervint par l'envoi de navires de guerre et de troupes régulières.

Les représentants des puissances remirent alors (le 2 mars) l'ultimatum suivant au gouvernement hellénique :

Sur l'ordre de mon gouvernement, je porte à la connaissance de Votre Excellence que les grandes puissances se sont entendues pour arrêter la ligne de conduite destinée à mettre fin à une situation qu'il ne dépendait pas d'elles de prévenir, mais dont la prolongation serait de nature à compromettre la paix de l'Europe.

Les puissances sont tombées d'accord sur les deux points suivants :

1° La Crète ne pourra en aucun cas, dans les conjonctures actuelles, être annexée à la Grèce.

2° Vu les retards apportés par la Turquie à l'application des réformes arrêtées avec elles, les puissances sont résolues, tout en maintenant l'intégrité de l'empire ottoman, à doter la Crète d'un régime d'autonomie absolument effectif, destiné à lui assurer un gouvernement absolument séparé sous la haute suzeraineté du Sultan. La réalisation de ces vues ne saurait, selon les puissances, être obtenue que par le retrait des navires et des troupes helléniques.

Elles attendent avec confiance cette détermination de la sagesse du gouvernement hellénique, qui ne voudra pas persister dans une voie contraire aux résolutions des puissances.

Les ministres ne dissimulent pas que leurs instructions leur prescrivent de prévenir le gouvernement hellénique, qu'en cas de refus, les puissances sont irrévocablement déterminées à ne reculer devant aucun moyen de contrainte si, à l'expiration du délai de six jours, le rappel des navires et des troupes n'est pas effectué.

Le gouvernement hellénique répondit que le nouveau régime

autonome proposé ne répondrait pas aux intentions des puissances et qu'il subirait vraisemblablement le sort des autres systèmes d'administration déjà mis à l'essai en Crète.

« Ce n'est pas la première fois que la Crète se trouve dans cet état de soulèvement dans ces derniers temps, plus de six fois, les horreurs de l'anarchie ont ébranlé et mis en péril son existence.

« Si le nouveau régime ne rétablit pas définitivement l'ordre en Crète, l'anarchie continuant ses ravages, l'œuvre de destruction et d'extermination sera parachevée; devant une telle perspective notre responsabilité serait énorme, si nous ne venions pas prier les grandes puissances de ne pas insister instamment sur le système d'autonomie proposé, mais de rendre à la Crète ce qui lui avait déjà été accordé lors de l'affranchissement des autres provinces formant l'organisme hellénique et de la réunir à la Grèce, à laquelle elle a déjà appartenu au temps de la présidence de Capo d'Istria. »

La réponse du gouvernement hellénique admettait que la présence en Crète de tous les navires de guerre de la flotte grecque n'était pas indispensable, si les navires de guerre des puissances devaient s'opposer au débarquement des troupes turques, mais que le retrait des troupes helléniques était impossible dans l'intérêt du rétablissement de l'ordre.

« Notre devoir notamment nous impose de ne pas abandonner le peuple crétois à la merci du fanatisme musulman et à celui de l'armée turque, qui de tout temps a participé sciemment aux actes d'agression de la populace contre les chrétiens. »

De nombreuses incursions sur le sol ottoman organisées par des irréguliers grecs préludèrent aux hostilités.

Trois mille volontaires, au nombre desquels la compagnie des volontaires italiens, franchirent la frontière de Macédoine dans la nuit du 8 au 9 avril. Les 11, 12, 13 avril se passèrent en combats avec les bataillons turcs.

Le soir du 13 avril, craignant d'être tournés, les volontaires grecs rentrèrent en Thessalie. Le 16 avril les opérations régulières commencèrent par une rencontre entre la 6ᵉ division turque et l'aile droite des troupes grecques.

Le combat continua le 17, pendant que le maréchal Edhem Pacha disposait ses troupes pour l'offensive. Le 18 août l'action s'était très étendue. Le 19 et le 20, les troupes continuaient à être engagées sur toute la ligne et le 21 la première division grecque se mettait en retraite sur Larissa. Les troupes turques échelonnées le long de la frontière comprenaient 6 divisions d'infanterie (105 bataillons, 6 escadrons, 26 batteries) et une division de cavalerie.

Les Grecs n'avaient à leur opposer qu'environ 40 bataillons, 5 escadrons, une quinzaine de batteries et 5 à 6 compagnies du génie.

Le 22 avril les 5e et 6e divisions turques se portaient en avant. La 3e et la 2e division appuyaient le mouvement. Après un combat d'artillerie assez violent, l'armée grecque se mettait en retraite sur Larissa. Le 24 les Turcs occupaient la ville de Tyrnavos et le 25 celle de Larissa. Pendant ce temps la flotte grecque bombardait quelques points de la côte du golfe de Salonique.

Au cours des hostilités entre la Turquie et la Grèce, les amiraux qui commandaient les escadres des puissances en Crète avaient tenté d'établir une sorte de paix relative dans l'île empêchant chrétiens et musulmans de se massacrer. L'île ayant été remise en dépôt par la Porte entre les mains des puissances, les droits de leurs représentants étaient devenus absolus.

Le capitaine de vaisseau Amoretti, de l'armée italienne, était gouverneur de la Canée avec le titre de commandant supérieur; des détachements français occupaient Sitia et Spinalonga. Les Anglais étaient à Candie, les Italiens à Hiérapétra, les Autrichiens à Kissamo et les Russes à Rhetimno.

Au commencement de mars les puissances avaient déclaré que la Crète ne pourrait en aucun cas être annexée à la Grèce dans les conjonctures présentes, qu'elle serait dotée par les puissances d'un régime autonome.

La Turquie s'inclinant devant cette déclaration avait accepté le principe de l'autonomie « en se réservant la faculté de s'entendre sur la forme et les détails ».

C'était une porte ouverte à tous les atermoiements et à toutes les lenteurs, on sait à quel point les Turcs sont passés maitres en ce genre.

Les troupes turques étant toujours dans l'île où Djevad Pacha avait été envoyé par le Sultan pour régler la situation militaire, les musulmans avaient repris l'offensive et les amiraux des grandes puissances ne savaient plus comment appliquer les instructions de leur gouvernement, instructions presque toujours imprécises et en opposition avec ce que réclamait la situation. Plusieurs candidatures au gouvernement de l'île étaient restées sans résultat, on s'imagina solutionner favorablement la question en nommant le prince Georges de Grèce gouverneur de Crète.

En même temps la Crète était dotée d'une sorte d'autonomie dont elle dut s'accommoder bien malgré elle pendant plusieurs années.

Puis c'est M. Zaïmis à qui incombe le gouvernement de l'île. Ensuite nouvelle intervention des grandes puissances motivée par des incidents de tous genres. Le serment des députés de l'assemblée crétoise prêté, au nom du roi de Grèce, la volonté bien arrêtée de ces députés de ne pas laisser siéger les députés musulmans, les demandes répétées d'annexion à la Grèce, etc., etc.

Autant le gouvernement hellénique a fait preuve de sagesse et de modération au cours de ces derniers événements, autant le parti jeune-turc s'est montré agité et provocant. De nombreux meetings de protestation contre la Grèce ont eu lieu en Turquie à Salonique, à Constantinople, à Beyrouth pendant que le parlement turc ne perdait pas une occasion d'affirmer les intentions les plus belliqueuses. Le principe même de l'autonomie y était chaque jour mis en cause et l'on pouvait prévoir le moment où une nouvelle guerre allait mettre fin aux pourparlers.

Le journal *le Tanine* (1) résumait en ces termes les aspirations jeunes-turques :

Quel moyen de solution peut-on donc imaginer? Il ne faut pas chercher bien loin pour le trouver. Il en est un que ni les Crétois, ni les grandes puissances ne peuvent trouver mauvais, car tous ont été d'accord à ce sujet; c'est l'application de la constitution de 1899, élaborée par les Crétois eux-mêmes, approuvée provisoirement par les quatre puissances protectrices et proclamée par le haut commissaire. Il importerait seulement d'en éclaircir certains points. Ces points sont au nombre de cinq :

« 1° La détermination précise du droit de souveraineté du Sultan.

(1) 2 juin 1910.

On sait que l'article 1er de la constitution de 1899, en parlant des conditions posées par les grandes puissances, ne mentionne pas le nom du souverain ottoman. Il n'y a aucune raison pour ne pas dire clairement ce qui l'est indirectement. Il y en a au contraire une foule qui militent pour plus de précision.

« 2° Les événements ont prouvé combien il est insensé et dangereux de mettre à la tête du pouvoir exécutif de l'île un membre de la famille royale de Grèce ou un homme politique hellène. Jamais les Crétois ne croiront à la sincérité de déclarations concernant la sauvegarde des droits de souveraineté du Sultan, tant qu'ils verront que leur protection est confiée à ceux qui sont les plus intéressés à leur suppression.

« Les mêmes observations s'appliquent à la formation de la milice. La volonté sincère et sérieuse de maintenir le droit de souveraineté du gouvernement ottoman est inconciliable avec la nomination à la tête de cette milice d'officiers hellènes qui n'ont d'autre rêve que l'annexion de l'île.

« Si donc on estime inapplicable la désignation d'un fonctionnaire orthodoxe ottoman, il faut absolument spécifier que sous aucun prétexte le gouverneur ou le haut commissaire ne pourra être ni un prince de la famille royale hellène ni un homme politique du royaume.

« Si on opine pour la désignation, comme président du pouvoir exécutif crétois, d'un homme choisi par le Sultan sur une liste de trois candidats crétois élus par leurs compatriotes, nous supposons qu'on ne pourra voir là rien qui puisse porter atteinte aux aspirations de liberté des Crétois. L'expérience a suffisamment prouvé la nécessité d'interdire également aux officiers hellènes le commandement de la force armée.

« 3° La constitution de 1899 donne au chef du pouvoir exécutif le droit de nommer les muftis et les cadis.

« De même que cet article est une atteinte à la liberté de conscience des musulmans, il ne sauvegarde pas suffisamment leurs intérêts. Il convient tout au moins en matière religieuse de leur assurer les mêmes prérogatives que ceux de Bosnie et d'Herzégovine. On mentionne le nom du Sultan dans les prières, on respecte les droits de l'Evkaf et on ne met aucune entrave dans les relations entre les fidèles et les chefs de la communauté musulmane nommés ainsi que les cadis par le Cheik ul Islam.

« 4° L'expérience a prouvé que le pavillon ottoman, flottant sur un seul point de l'île, n'est qu'un signe de souveraineté bien vain et bien négligeable. Il en est un autre autrement respectable et utile qui ne porterait aucune atteinte à la large autonomie de la Crète, c'est l'établissement d'un dépôt de charbon à la Sude pour la flotte ottomane ainsi que la présence permanente d'un stationnaire turc. Le gouvernement ne peut-il pas faire, pour la sauvegarde de son prestige dans une île qui lui appartient, ce que les grandes puissances jugent nécessaire en pays étranger?

« 5° La constitution de 1899 donne au chef du pouvoir exécutif crétois un droit absolu de signer des traités. Un tel droit si étendu, pouvant être interprété par les légistes grecs comme applicable à la signature de traités politiques, est inacceptable. C'est sortir des prérogatives de l'autonomie administrative et préparer bien des conflits, car rien n'empêche alors le président crétois de conclure un traité militaire avec la Grèce. La Crète ne doit être en relation avec les puissances étrangères que par le canal du gouvernement ottoman et traiter uniquement par l'intermédiaire de la Sublime Porte. »

A la même heure le gouvernement crétois déclarait qu'il ne cessait de faire tout le possible pour maintenir l'ordre et la sécurité des musulmans dans l'île.

« La Crète, disait ce gouvernement, ne peut pas vivre en dehors des institutions grecques. C'est pourquoi, seul, un régime hellénique y est possible. Les puissances protectrices ne voudront pas compromettre la situation acquise, elles ne tarderont pas à permettre la réunion de l'île à la Grèce, et la Crète leur vouera pour cela une reconnaissance éternelle (1). »

L'autonomie que les journaux turcs prônent en termes si dithyrambiques a donné sa mesure dans l'île de Samos, on conçoit que les Crétois ne veuillent pas s'en contenter.

L'île de Samos jouit de cette soi-disant autonomie depuis 1832. Les habitants de l'île élisent leur parlement, mais le pouvoir exécutif est entre les mains d'un gouverneur désigné et nommé par le sultan. Que ce gouverneur soit chrétien, les libertés n'en

(1) Agence de Constantinople.

sont pas plus assurées puisqu'il a le droit d'inscrire d'office malgré la Chambre toutes les dépenses d'intérêt général qu'il lui plaît d'imposer. Kopassiz effendi, le dernier gouverneur de Samos, n'a-t-il pas provoqué par son administration tyrannique la révolte du mois de mai 1908? révolte noyée dans le sang par les troupes turques envoyées immédiatement de Smyrne. Depuis, une garnison turque est maintenue dans l'île en violation formelle des clauses de l'autonomie accordée en 1832.

On conçoit que les Crétois se méfient d'une autonomie semblable, alors surtout qu'ils sont prévenus que la Porte entend ne nommer ni M. Zaïmis ni aucun autre Grec indépendant.

« Ce petit peuple de Crète, dit *la Correspondance nationale* (1), mériterait cependant toutes les sympathies de l'Europe, par l'énergie indomptable avec laquelle il a lutté depuis 1820 pour secouer le joug qui l'écrasait et aussi par la sagesse dont il a fait preuve depuis qu'il possède une demi-indépendance. C'est ainsi que les rares musulmans établis dans l'île, non seulement sont respectés dans leurs personnes et dans leurs biens, mais encore jouissent de privilèges précieux comme celui d'être jugés par des cadis de leur race et de leur religion. Et pourtant ces musulmans semblent bien, depuis quelques mois, jouer à l'instigation du gouvernement ottoman le rôle d'agents provocateurs; d'une part ils font tout pour exaspérer le sentiment national crétois, d'autre part ils se plaignent mensongèrement que leur vie soit en danger et réclament à grands cris l'intervention des troupes turques ou tout au moins celle des puissances étrangères. Les Jeunes-Turcs ont su sans doute, en employant des moyens efficaces, s'assurer le concours de journaux qui ont influencé l'opinion en leur faveur.

« Tel journal propose d'envoyer dans les eaux crétoises des vaisseaux de guerre largement approvisionnés de munitions. Tel autre demande qu'on débarque des troupes dans l'île sans plus attendre. On veut en somme que les puissances se jettent sur la Crète et l'immobilisent, lui tenant pour ainsi dire les mains tandis que les Turcs l'enchaîneront de nouveau. Mais de contraindre la Turquie à l'observation des traités et au respect du droit des gens, on ne parle guère dans la presse ni dans les chancelleries.

(1) 8 juin 1910.

« Or n'est-ce pas manifestement au mépris des principes du droit international que le gouvernement ottoman prétend rendre la Grèce responsable des faits et gestes des Crétois et menace d'envahir la Thessalie si ceux-ci persistent à vouloir envoyer des députés à l'assemblée d'Athènes (1) ? »

La mission ottomane qui a parcouru la France au mois de juin 1910 n'a pas perdu son temps à Paris, et dans la circonstance la Turquie a largement bénéficié du mouvement d'opinion créé en sa faveur par les amitiés de loges et de réceptions maçonniques.

Le 31 mai le gouvernement de l'île de Crète a remis un mémorandum aux puissances protectrices réclamant le maintien des garanties.

« En retirant au mois de juillet dernier leurs troupes de Crète, les puissances protectrices s'en sont remises, pour le maintien de l'ordre public et la sécurité de la population musulmane, à l'énergie et à la loyauté des autorités constituées. La commission prend à témoin les consuls généraux des efforts sincères et de l'activité qu'elle a déployés pour remplir cette tâche que les circonstances dans lesquelles elle se trouve contribuent à rendre particulièrement difficile. Pour y arriver elle n'a pas manqué de faire valoir aux yeux du peuple crétois et de lui rappeler sans cesse, à tout prix, l'initiative bienveillante que lui ont promise les puissances protectrices dans leur déclaration du 15-28 octobre 1908, si l'ordre était maintenu et la sécurité de la population musulmane assurée. Si elle croit être en droit de dire aujourd'hui qu'elle sut répondre loyalement à l'attente des puissances, la commission se permet de solliciter instamment des gouvernements protecteurs de daigner, dans l'intérêt même de l'ordre et de la paix, ne pas lui retirer leur appui moral qui lui est si précieux, car c'est uniquement dans la confiance du peuple crétois envers les puissances qu'elle a trouvé les moyens et l'autorité nécessaires pour se conformer jusqu'ici à leurs recommandations.

« Pour des motifs qui échappent à la commission, les puissances protectrices n'ont pas cru opportun d'aborder la discussion dont elles déclaraient, il y a seize mois, ne pas être éloignées. La tâche de la commission n'en est rendue que plus difficile, car la situation

(1) *La Correspondance nationale* et *les Nouvelles*, 22 juin 1910.

anormale, où se trouve depuis près d'un an et demi la Crète, ne peut se prolonger indéfiniment sans danger.

« Le peuple crétois, qui sort à peine d'une lutte inégale et cruelle, a la conscience profonde de son droit. Sa cause lui est sacrée, ses revendications sont légitimes, rien ne pourra l'en détourner, l'histoire des dernières années et les faits exposés dans le mémoire ci-joint prouvent assez que la Crète ne peut vivre en dehors des institutions grecques.

« L'attraction nationale vers la mère patrie est telle que tout gouvernement autre que le gouvernement hellénique doit céder sous l'impopularité et la désaffection publiques et manque d'autorité. Nul autre, si fort soit-il, ne peut offrir en Crète les garanties indispensables de durée et de sécurité qui apporteront au pays la confiance et le bien-être dont il a tant besoin.

« Le *statu quo*, tel qu'il est appliqué depuis le 24 septembre 1908, constitue un pas de plus vers la réalisation des vœux nationaux, à l'abri de toute atteinte extérieure, de par la volonté des puissances protectrices et en vertu de leurs déclarations envers les Crétois. Ce *statu quo* est un élément positif dans la situation internationale de l'île et la preuve tangible aux yeux du peuple crétois des intentions des quatre gouvernements.

« Après l'application pendant près de deux ans d'un tel régime, la commission du pouvoir exécutif ne peut douter que les puissances protectrices, dans leurs sentiments de toute équité et de bienveillance dont le peuple crétois n'a pas démérité, ne voudront pas compromettre des situations acquises envisagées dans des notes officielles, en s'écartant du chemin qu'elles ont elles mêmes tracé.

« Elle espère que les consuls voudront bien être auprès des puissances protectrices les interprètes autorisés de l'ardente prière que la commission leur adresse au nom du peuple crétois, afin qu'elles ne tardent pas à donner à sa juste cause la seule solution qu'elle comporte. Elle le fait avec la ferme conviction que la sanction de l'union viendra en temps utile couronner l'œuvre pour laquelle la Crète a voué aux puissances protectrices une éternelle reconnaissance.

« La Turquie voudrait que les puissances s'arrêtent à l'autonomie, alors que la Crète demande l'annexion à la Grèce. »

L'autonomie sous la souveraineté turque, déclare Rifaat Pacha, ministre des affaires étrangères, avec un statut précisé par les puissances protectrices lui évite de notables charges qui résulteraient, aux points de vue fiscal et militaire, de l'union avec la Grèce. Elle lui permet, par les facilités douanières qu'elle lui assure en Turquie, le développement d'un commerce déjà important. Il n'y a donc aucune raison de fait qui milite contre les raisons de droit. Le fait et le droit sont en faveur de notre thèse.

La Crète ne s'y fie pas, peut-on l'en blâmer?

La Turquie prétend ignorer tout ce qui s'est passé en Crète au cours des quinze dernières années. La Crète n'y consent sous aucun prétexte.

M. Venizélos, chef du gouvernement crétois, le déclarait à un rédacteur de la *Neue Freie Presse*. « Le but de tous nos efforts doit être celui de réaliser un jour la réunion de l'île à la Grèce. Mais, en attendant, il faudrait qu'au moins le *statu quo*, tel qu'il s'était établi à la suite du retrait des contingents internationaux, fût maintenu.

« Je relève une fois de plus que nous voulons nous conserver les sympathies des puissances protectrices, car c'est avec elles seules que nous avons affaire et non pas avec la Turquie. J'ai la ferme conviction qu'en maintenant l'ordre dans ce pays et qu'en veillant anxieusement à ce qu'il n'arrive le moindre mal aux musulmans, nous nous préparons ainsi la meilleure voie vers le but auquel tendent nos efforts, c'est-à-dire a voir se réaliser un jour notre union avec notre patrie hellénique.

« L'opposition dont M. Michelidakis est le chef n'accepte pas que les puissances admettent la souveraineté de la Turquie sur l'île.

« Si les puissances devaient persister à parler des droits de souveraineté au lieu des droits de suzeraineté reconnus par le *statu quo*, des troubles éclateraient sans retard en Crète. Le peuple résisterait par tous les moyens à sa disposition à une tentative faite pour empêcher que, conformément à la constitution octroyée, le roi de Grèce propose un haut commissaire pour la Crète (1). »

A la suite d'un ultimatum remis au comité exécutif par les consuls des puissances, M. Venizélos a répondu par une note rappelant aux puissances protectrceices « la sollicitude du gouvernement

(1) *Neue Freie Presse*.

crétois envers la minorité musulmane et disant que la commission du pouvoir exécutif, déférant à la volonté des puissances protectrices expressément formulée et se basant sur le vote de l'assemblée nationale, prie les consuls de faire connaître à leurs gouvernements que les députés appartenant à la religion musulmane sont admis à siéger dans l'assemblée sans prêter serment et que les fonctionnaires musulmans ne seront pas empêchés d'accomplir les devoirs de leur charge ni privés de leur traitement, en raison de ce serment ».

La presse turque prétendit que 59 seulement des membres de l'assemblée crétoise s'étaient réunis pour le vote relatif au serment prêté au nom du roi de Grèce et que les députés chrétiens de l'opposition ainsi que les députés musulmans n'avaient pas pris part à la délibération.

« Comme le nombre total des députés de l'île est de 130 dont 114 chrétiens et 16 musulmans et que, d'après la constitution, l'assemblée ne peut tenir séance tant que la moitié plus un de ses membres ne sont pas présents, il est évident que la séance tenue cette fois par 59 membres pour la solution de la fameuse question du serment est sans aucune valeur légale et que la décision prise est aussi légalement nulle et non avenue.

« Par conséquent, de même que les membres de l'opposition qui assisteront à la réouverture de l'assemblée ajournée à quatre mois auront le droit que leur donne la loi de ne pas reconnaître la décision prise, si nous nous taisons durant cette situation, ce sera admettre la constitution légale de la réunion et alors non seulement les députés musulmans restant en dehors du nombre des députés requis pour former la majorité ne seront pas reconnus comme membres de l'assemblée, mais encore le serment prêté par les membres chrétiens au nom du roi de Grèce restera acquis. Il résulte donc de ces explications que les 59 députés chrétiens réunis à la Canée, il y a quatre jours, ne formant pas la moitié des représentants de l'île, la séance qu'ils ont tenue comme la décision qu'ils ont prise n'ont aucune valeur au point de vue légal et que les Crétois, loin de se soumettre aux ordres des quatre puissances, persistent dans leurs prétentions. Par conséquent les mesures adoptées par le gouvernement provisoire crétois sont fallacieuses et l'on n'a nullement satisfait aux réclamations de la Sublime Porte.

J'ai estimé nécessaire d'attirer l'attention de l'opinion publique ottomane et de la presse par la voie de votre journal, afin qu'on ne se laisse pas leurrer par cette supercherie des politiciens crétois (1). »

Le journal *l'Indépendance belge* ne s'y est pas laissé prendre : « On dirait que l'Autriche-Hongrie et l'Allemagne ne sont point pressées de rentrer dans le concert et qu'elles préféreraient laisser les puissances se disant protectrices continuer à se débattre dans l'imbroglio crétois. Cette attitude est relevée par *le Tanine* qui condamne l'intention de vouloir retirer un avantage politique d'une situation dans laquelle on n'encourt aucune responsabilité. Le procédé est commode. Il reste à voir jusqu'où l'on voudrait le maintenir. Cette façon de se réserver pour un fait qui ne saurait se produire et de vouloir se dérober pour toute autre œuvre pratique procédant des nécessités du moment ne serait guère appréciée à Stamboul, malgré les déclarations amicales dont elle pourrait être enveloppée.

« La Crète avait proclamé son union à la Grèce au cours du mois d'octobre 1908.

« Les membres du gouvernement crétois et de l'assemblée ont prêté serment au roi de Grèce.

« Dans l'île habitent 320 000 chrétiens et 25 000 musulmans, pour la plupart à la Canée et à Candie. En 1904 les Crétois ne cessant de manifester leur désir d'être réunis au royaume de Grèce, le prince Georges fait connaître ce désir aux chancelleries en rappelant qu'en lui confiant le mandat de haut commissaire, à lui fils du roi de Grèce, les puissances ont bien indiqué que l'annexion de la Crète à la Grèce devait être réalisée dans l'avenir. »

L'Angleterre répondit par une note (lord Lansdowne) le 30 novembre 1904 :

« Permettre l'annexion de l'île à la Grèce serait une violation directe des assurances que les puissances ont données au sultan. Il serait difficile de soutenir que ces assurances seraient respectées, si les troupes internationales étaient retirées et si une garnison grecque leur était substituée avec le consentement des puissances. »

(1) Lettre de Mehmet Ali, député, au journal *Yeni Gazeta*.

Au mois de mars suivant le peuple crétois se réunissait à Therisso en assemblée générale et déclarait ne plus vouloir attendre la proclamation de sa réunion au royaume de Grèce « en un seul État libre et constitutionnel ». A la suite d'une révolte des chrétiens de l'île, les ambassadeurs des puissances durent en conférer et une nouvelle démonstration internationale dut rétablir le drapeau crétois qui avait été remplacé par le drapeau grec.

Le 10-23 juillet 1906 les puissances protectrices publièrent une note relative aux réformes nécessitées par l'insurrection de 1905. « Les puissances ont examiné dans l'esprit le plus bienveillant à l'égard de la Crète les conclusions de leurs délégués. Tenant à marquer au peuple crétois leur désir très sincère de tenir compte, dans la mesure du possible, de ses légitimes aspirations, elles jugent possible d'élargir dans un sens plus national l'autonomie et d'améliorer la situation matérielle et morale de la Crète par les mesures suivantes :

« Réforme de la gendarmerie et création d'une milice où l'élément crétois et hellénique pourrait être développé progressivement sous des officiers hellènes. Retrait des forces internationales aussitôt que la gendarmerie et la milice crétoises seront formées, l'ordre et la tranquillité rétablis et la protection de la population musulmane assurée;

« Extension à la Crète de la commission de contrôle des finances helléniques;

« En faisant part de ces décisions au peuple crétois les puissances protectrices ne doutent pas qu'il ne se rende compte que tout pas en avant dans la réalisation des aspirations nationales est subordonné au maintien de l'ordre et d'un régime stable. »

Le 1er-14 août 1908, nouvelle note des puissances motivée par la démission du haut commissaire, le prince Georges de Grèce. M. Zaïmis, le candidat du roi de Grèce, nommé haut commissaire des puissances, organise si heureusement alors les pouvoirs publics et en particulier la gendarmerie et la milice que les puissances se décident à retirer leurs troupes d'occupation.

L'évacuation commençait en juillet 1908, lorsque se produisit à Constantinople le mouvement jeune-turc qui eut pour conséquence presque immédiate l'occupation de la Bosnie et de l'Herzégovine par l'Autriche et la déclaration d'indépendance de la Bulgarie

Le peuple crétois profita fort habilement de ces événements dans les Balkans et des difficultés de tous genres qui en résultèrent pour déclarer l'union avec la Grèce et établir un gouvernement provisoire ayant mission de gouverner le pays au nom du roi des Hellènes.

Les puissances laissèrent, sans protester, s'établir cet ordre de choses si conforme aux aspirations de la population de l'île et aussi, il faut bien le reconnaître, le plus susceptible d'assurer le calme et la tranquillité.

En juillet 1909 les dernières troupes des puissances ayant quitté la Crète, le drapeau grec fut hissé partout en remplacement du drapeau crétois. Les Turcs, qui n'ont cessé de protester contre l'union de la Crète à la Grèce, organisent alors une campagne de boycottage, de meetings, de protestations, de notes, qui se termine naturellement par le retour des navires des puissances dans les eaux crétoises. Ce n'était plus l'occupation militaire de l'île, c'était encore sa surveillance armée. Pendant ce temps la dynastie grecque subissait les épreuves de l'émeute militaire, conséquence quelque peu brutale de la déclaration que la Grèce n'avait pas à revendiquer de territoire appartenant à la Turquie.

Malgré la tranquillité complète qui règne dans l'île, c'est ce moment que choisit le gouvernement jeune-turc pour réclamer des puissances : « que la Crète forme une province autonome payant tribut à l'empire ottoman et soit placée sous la souveraineté immédiate du sultan, que la baie de la Sude demeure une station navale militaire pour la Turquie, que le gouverneur soit nommé par le sultan sur la proposition des puissances, que ce soit un fonctionnaire suisse ou belge, que le nouveau statut constitutionnel de Crète soit soumis à la ratification de la nouvelle assemblée à élire, que l'île ne puisse entretenir, hors de la gendarmerie organisée militairement, aucune force armée, que le clergé musulman relève du cheik ul Islam et le clergé chrétien du patriarche de Constantinople ».

Les puissances n'osèrent souscrire à ces exigences, que le besoin de se faire une réclame monstre aux yeux de tout l'Islam avait pu seul suggérer au comité « Union et Progrès », mentor sévère du gouvernement ottoman et surveillant jaloux des prérogatives de tous les Jeunes-Turcs.

Elles firent connaître à la Porte qu'elles n'estimaient pas que le moment fût opportun pour s'occuper du régime définitif à établir dans l'île. Le *statu quo* est un élément positif dans la situation internationale de l'île et la preuve tangible, aux yeux du peuple crétois, des intentions des quatre gouvernements.

« Après l'application pendant près de deux ans d'un tel régime, la commission du pouvoir exécutif ne peut douter que les puissances protectrices, dans leurs sentiments de toute équité et de bienveillance dont le peuple crétois n'a pas démérité, ne voudront pas compromettre des situations acquises, envisagées dans des notes officielles, en s'écartant du chemin qu'elles ont elles-mêmes tracé. »

A la fin du mois de mai le gouvernement de la Crète remettait une note aux consuls des puissances protectrices dans laquelle, après avoir affirmé les efforts du gouvernement pour le maintien de l'ordre, il rappelait la déclaration des puissances du 15-28 octobre 1908 aux termes de laquelle le peuple crétois avait reçu l'assurance de toute la bienveillance des puissances si l'ordre était maintenu et la sécurité de la population musulmane assurée.

Il y serait pourvu au mieux des intérêts respectifs.

Au cours des mois de janvier et de février 1910, les plaintes, les réclamations, les protestations et les menaces de la Turquie ne cessent pas un instant. La prestation de serment des Crétois au nom du roi des Hellènes et l'application de la législation grecque en Crète exaspèrent les Jeunes-Turcs pour lesquels une diversion aux embarras intérieurs serait évidemment la bienvenue.

L'assemblée crétoise se réunit au mois d'avril. Les 124 députés chrétiens prêtent le serment d'usage à la séance du 9 mai au nom de la sainte Trinité : « Nous jurons foi à la patrie et au Roi constitutionnel, obéissance à la constitution et aux lois de l'État et nous jurons d'accomplir consciencieusement nos devoirs. »

Les 16 députés musulmans refusent de prêter le serment et protestent.

C'est cette protestation des musulmans qui s'était déjà produite, qui a mis le feu aux poudres, et redonné à la question crétoise toute son acuité. Le *Times* reçoit d'Athènes qu'une vive agitation se manifeste tant dans les milieux officiels que parmi le public, à propos de certaines déclarations parues dans le *Tanine* de Constantinople comme ayant été faites par Naby Bey, ministre de Turquie à Athènes, qui se trouve actuellement en congé dans la capitale ottomane. « Ces déclarations montrent un tel manque de respect à l'égard de la Grèce et du roi Georges et aussi un tel manque de tact diplomatique, qu'on croit que Naby Bey se hâtera de les démentir. »

Les factions politiques qui se disputent le pouvoir en Turquie trouvent leur compte à cette surexcitation des populations musulmanes jusqu'au jour où le fanatisme s'en mêlant, on leur demandera un compte probablement sévère de leur particularisme plus ou moins intéressé.

M. Venizélos, président du comité exécutif crétois, étant venu à Athènes au mois de juillet 1910, sa candidature fut mise en avant pour l'assemblée hellénique. Il fit connaître que, s'il était élu, il siégerait à l'assemblée. La presse turque jeta aussitôt feu et flammes.

L'*Ikdam :*

« Nous considérons déjà comme une grave atteinte à nos droits sur la Crète la formation à Athènes par M. Venizélos d'un parti politique. Si donc il pousse l'audace jusqu'à faire partie de l'assemblée nationale, nous interpréterons comme une provocation de la Grèce l'approbation de cette attitude. »

Bien entendu, une nouvelle communication du gouvernement turc fut faite aux puissances protectrices.

Il faut espérer, dit le *Sabah,* que les puissances protectrices, qui se sont portées garantes de la sauvegarde des droits ottomans sur l'île de Crète, adopteront les mesures nécessaires pour empêcher un acte qui constituerait une violation de notre souveraineté. Le gouvernement, conformément à la politique calme et modérée qu'il a toujours suivie, a tenu a attirer l'attention des grandes puissances dès maintenant sur une situation de nature à susciter des conflits.

D'après la *Vossische Zeitung,* Théotokis et Rallis auraient conclu un arrangement électoral; Théotokis recevrait 15 mandats; Rallis 29. Six de ces mandats seraient attribués aux chefs crétois Venizélos, Michelidakis, Paligeorgis, Condouros, Papamastorakis et Katsurakis.

M. Dragoumis, président du conseil, parlait de l'élection de M. Venizélos dans les termes suivants : « Personne, d'après la loi, ne peut poser personnellement sa candidature en Grèce. Les candidatures sont posées par un groupe d'électeurs, par une pétition au gouverneur de la localité. Mais le droit des électeurs n'a pas de limites. Ils peuvent présenter n'importe qui : un Français, un Anglais, voire un Esquimau. Si ce candidat réunit le nombre de voix voulu, il est proclamé député par le tribunal de première instance de sa circonscription, dont le rôle dans les élections se borne à recenser les suffrages et à proclamer ceux qui réunissent la majorité relative.

« Mais un candidat élu n'est député qu'après la vérification des pouvoirs, et l'on ne procède à la vérification qu'après avoir constaté la nationalité du candidat élu, qu'après s'être bien assuré qu'il n'exerce aucun emploi, s'il est citoyen hellène, dans un autre pays. M. Venizélos est citoyen hellène, mais il exerce des fonctions en Crète qui n'est pas unie à la Grèce, donc si l'on pose sa candidature et s'il est élu, il ne peut entrer à la Chambre qu'après s'être démis des dignités et emplois qui lui auraient été conférés par un gouvernement étranger, en l'espèce par le gouvernement crétois. »

M. Venizélos fut élu malgré les rodomontades turques et demeura député, parce que tel était son droit.

Pendant que se faisaient les élections en Grèce, la situation tournait au tragique en Crète. Les musulmans attaquaient les chrétiens et incendiaient leurs demeures à Rethymno et à la Sude. Les chrétiens ne tardèrent pas à en tirer vengeance.

La presse turque poussait de toutes ses forces à la guerre.

Le *Yeni Gazeta :*

« Sous prétexte de Crète, il est indéniable que nous sommes en quelque sorte sous la dépendance des puissances protectrices ; pour jouir entièrement de notre indépendance politique nous devons nous affranchir le plus tôt possible de cette sujétion.

« Il faut songer à la honte éventuelle de devenir un jour ou l'autre, à propos de la question crétoise, l'instrument d'une ou de plusieurs des quatre puissances à la suite de quelque incident proche ou éloigné qu'escomptent certains diplomates habiles.

« Les puissances prendront des mesures pour empêcher la guerre d'éclater entre la Grèce et la Turquie. Nous ne voulons pas de guerre, mais s'il faut la faire pour arriver à solutionner un moment plus tôt la question crétoise conformément à nos droit, nous ne devons pas hésiter un instant. Le moment est donc arrivé de montrer à ce sujet toute notre puissance politique et diplomatique, ainsi que tout notre patriotisme et notre énergie nationale, ce n'est plus l'heure de patienter. Par la mise en œuvre de tous nos efforts patriotiques et de toutes nos forces, nous devons nous affranchir de la tutelle politique qui pèse sur nous et qui menace de dégénérer en pression dans l'avenir. »

A peine l'affaire des élections à la Chambre grecque sortait-elle de la phase aiguë, qu'a surgi une nouvelle difficulté, relative aux officiers de la gendarmerie crétoise.

Comme on le sait, dit le journal l'*Ikdam*, en 1906, quand les officiers européens de gendarmerie quittèrent l'île, des officiers hellènes furent chargés de réorganiser la gendarmerie crétoise. Après une période de quatre années, ces officiers devaient retourner en Grèce et être remplacés par d'autres Hellènes également.

Lorsque les puissances hellènes en décidèrent ainsi, la Turquie était encore la vieille Turquie, c'est-à-dire que les puissances protectrices ne suivaient pas encore dans la question crétoise la politique qu'elles ont adoptée après la proclamation de la constitution ottomane.

Nous pouvons donc dire que les cabinets de Londres, de Paris, de Rome et de Saint-Pétersbourg se trouvent aujourd'hui en face d'une décision qu'ils ont prise il y a quatre ans, mais qu'ils ne pourraient adopter aujourd'hui. Si on veut aujourd'hui exécuter cette décision, c'est-à-dire si le cabinet d'Athènes envoie en Crète des officiers hellènes, l'empire ottoman sera contraint de considérer cette attitude comme un *casus belli*.

La difficulté serait surtout que le gouvernement crétois aurait voulu nommer, en remplacement des officiers hellènes, un certain nombre de sous-officiers crétois, remplacés eux-mêmes par des Hellènes.

Le *Sabah*, à cette occasion :

« Le gouvernement grec, considérant que le budget crétois ne lui permet pas de supporter les appointements que nécessite cette promotion, avait décidé d'admettre ces sous-officiers dans les cadres de son armée et de les remplacer par des sergents hellènes avec le titre d'instructeurs.

« Cette façon de procéder aurait, au dire des Turcs, violé le *statu quo*. »

Le parlement crétois s'est réuni le 10 novembre 1910.

Le parti Kunduro semblait disposé à soutenir le gouvernement, formé d'éléments sympathiques à M. Venizélos.

Le bruit se répandit immédiatement que la Chambre serait dissoute et que de nouvelles élections auraient lieu le 15 décembre.

Le 19 novembre le gouvernement crétois annonçait qu'il maintenait l'union avec la Grèce affirmée depuis deux ans. L'ouverture de l'assemblée nationale devant se faire, à nouveau, au nom du roi de Grèce.

Le 23 novembre les députés chrétiens ont signé une déclaration en faveur de l'annexion. Le président a donné lecture de cette déclaration, au début de la séance de l'assemblée.

L'enthousiasme a été immense et la séance a été ensuite levée.

« L'assemblée des Hellènes de Créte persiste d'une manière constante et inaltérable dans le programme national que le patriotisme du peuple crétois et les immenses sacrifices des générations entières ont consacré.

« Elle espère et est convaincue que les grandes puissances protectrices de la Crète, qui ont grandement contribué à l'état de choses actuel dans l'île, achèveront leur devoir de haute justice que l'histoire universelle est prête à enregistrer dans ses annales, confirmant ainsi par leur assentiment l'union de la Créte au royaume libre de la Grèce, votée depuis septembre 1903 par l'assemblée du peuple crétois. »

Les délégués musulmans ont riposté aussitôt par la protestation suivante :

« Délégués musulmans, nous avons l'honneur de porter à votre connaissance, monsieur le président, que l'ouverture de la deuxième session ordinaire de la troisième assemblée crétoise, au nom du roi des Hellènes, et le renouvellement du vote de l'union de 1908 s'opposent au sentiment de l'élément que nous représentons. Nous vous prions donc de bien vouloir faire enregistrer cette déclaration dans les procès-verbaux de l'assemblée. »

M. Criaris a ensuite été élu président.

Le conseil des ministres turcs a protesté à nouveau auprès des puissances protectrices contre le serment prêté au nom du roi des

Hellènes pendant que la presse de Constantinople recommençait sa campagne, demandant une solution immédiate de la question crétoise et rejetant toutes responsabilités des événements ultérieurs sur les puissances. Celles-ci paraissant décidées à maintenir pour l'instant le *statu quo*. L'opinion publique était persuadée que l'annulation de la motion d'annexion à la Grèce serait imposée à l'assemblée crétoise. A ce moment la démission de M. Maris, membre du gouvernement crétois, vint encore compliquer la situation.

L'assemblée a ensuite décidé de former un nouveau comité exécutif. M. Coundouros remplaçant M. Maris.

M. Michelidakis a fait appel aux puissances. L'exposé rappelle les épreuves subies par le peuple crétois pour obtenir son indépendance. Il insiste pour que l'état de choses actuel soit officiellement consacré et pour que la Crète soit définitivement réunie à la Grèce.

Le cabinet ayant donné sa démission le 23 décembre, le nouveau cabinet a été constitué de la façon suivante : MM. Ploumidakis, Bistolakis, Kokinakis, Angelakis, Koundouros.

Une caisse de défense nationale a été fondée en Crète. La Turquie a immédiatement protesté, mais sans résultat.

Actuellement les trois partis chrétiens (parti du gouvernement, parti Michelidakis, parti Koundouros) ont un programme unique. L'opposition ne se compose plus que de musulmans exaspérés par les votes de l'assemblée sur la loi de recrutement et sur la création du fonds spécial d'armement.

Les Turcs reprennent courage, et à la Chambre des députés ottomans à Constantinople, le grand vizir déclara que « l'intervention de la Grèce en Crète doit cesser ». La solution de la question crétoise serait, d'après lui, le retrait de la tutelle des puissances et le retour de la Crète à l'administration ottomane. Cette solution ne pouvant être imposée par la force, la Porte empêche tout progrès de la Crète vers l'union.

Une province soustraite à l'administration ottomane, dit à ce propos *le Messager d'Athènes*, ne peut plus retomber sous son joug. C'est un principe consacré par la diplomatie européenne que la Porte n'ignore pas.

Rifaat Pacha, ministre turc des affaires étrangères, a menacé d'envoyer des cadis en Crète pour y rendre la justice au nom de la Porte. Il alléguait que « la Grèce exerce la justice même sur des

Hellènes ottomans qui ont commis des crimes en Turquie ». D'après Rifaat Pacha « la Grèce entend par Hellènes toutes les personnes de race grecque et leur applique en Grèce la législation hellénique s'ils ont commis des crimes en Turquie. C'est pour cette raison que la Grèce a continuellement refusé de conclure un traité d'extradition avec la Turquie, alors qu'elle en a conclu avec les autres puissances. Elle sera forcée de conclure aussi avec la Turquie un traité de ce genre, mais il faudrait pour cela résoudre la question de l'indigénat, ce qui n'a pu être fait jusqu'ici à cause des difficultés qui ont surgi depuis la proclamation de la constitution ottomane ». Une clause du traité gréco-turc dispose que les contestations qui se produiraient pour l'application de ce traité seront soumises à l'arbitrage des puissances.

Cette question de l'envoi de cadis en Crète a ranimé les querelles. La population a paru décidée à empêcher par la force l'installation des cadis.

Le comité exécutif estimait que cette installation serait la négation des deux constitutions crétoises reconnues par les puissances.

La *Correspondance de l'agence d'Athènes* rapporte que les consuls des protectrices durent intervenir. « Leur doyen, le consul de Russie, donna à M. Coundouros, commissaire pour l'extérieur, l'assurance que la Porte n'a pas encore procédé à la nomination des cadis et pria, au nom de ses collègues, le gouvernement crétois d'user de toute son influence pour ramener le calme dans les esprits. La commission exécutive s'empressa de se conformer à cette prière. Elle fit paraître un communiqué rassurant dans une édition spéciale du *Journal officiel*. D'ailleurs l'attitude des puissances dans une question où le droit est exclusivement du côté de la Crète ne saurait faire de doute. »

Les Crétois veulent que les cadis — s'il doit y en avoir en Crète — ce à quoi ils ne se refusent en aucune façon — soient nommés suivant les prescriptions de la constitution crétoise. « D'après la constitution, c'est le gouvernement, en l'espèce la commission exécutive qui gouverne au nom du roi des Hellènes, qui nomme à tous les emplois civils, religieux et militaires et c'est au gouvernement crétois, à la constitution crétoise que tous les fonctionnaires prêtent serment avant d'entrer en fonctions. Le sultan n'a pas le droit de nommer des cadis, ni la Turquie celui de les rétribuer (1). »

La Crète continue à être gouvernée par une commission exécutive, surveillée par les puissances protectrices. Le drapeau grec flotte sur l'île, la justice est rendue au nom du roi des Hellènes, les troupes crétoises sont commandées par des officiers grecs, bien que le haut commissaire, M. Zaïmis, ne soit plus à la tête du gouvernement crétois, son mandat étant expiré depuis le 27 septembre 1911.

Dans une note aux puissances la Porte avait déclaré qu'elle n'accepterait pas « le renouvellement du mandat de M. Zaïmis, qu'elle n'avait du reste jamais reconnu, ni la nomination d'un autre haut commissaire dans les mêmes conditions ». Les puissances, occupées ailleurs par les difficultés de la question marocaine, s'étaient empressées de répondre que le moment était impropre à la solution de la question crétoise et que le *statu quo* serait maintenu.

Le *statu quo* est maintenu jusqu'à nouvel ordre sans haut commissaire. Le guèpier marocain a compliqué un peu plus l'imbroglio crétois.

L'assemblée crétoise s'est réunie le 8 octobre 1911, sous la présidence de M. Andréadakis qui a ouvert la session au nom du roi de Grèce. L'opposition s'abstint d'abord de siéger. Enfin le 21 octobre 98 députés étant présents, le quorum fut atteint.

Le doyen d'âge M. Andreadakis fut élu président par 89 voix, puis M. Lionakis déposa une proposition tendant à décider d'appliquer en Crète la constitution hellénique et les lois de la Grèce.

Le chef de la gendarmerie remplirait provisoirement les fonctions de commissaire royal avec pouvoir de contrôle sur toute la Crète, un comité civil serait chargé de l'administration intérieure, des députés élus par la population seraient envoyés à la Chambre hellène.

La proposition de M. Lionakis fut examinée par les députés crétois et donna lieu à des débats passionnés.

Le nouveau gouvernement crétois, en fonctions depuis le 4 no-

(1) *Le Messager d'Athènes.*

vembre, comprend : MM. Plumidis, procureur général, Zanalakis, juge, et Isychokis, banquier.

Quelle part de responsabilité incombe aux puissances protectrices dans le règlement de la question crétoise?

M. Victor Bérard, qui fait autorité par ses remarquables études sur la Crète, l'établit très nettement dans une série d'articles parus dans *la Revue de Paris* (1). L'attitude des puissances n'a été guère brillante et les succès remportés ne sont pas de ceux dont leur diplomatie puisse s'enorgueillir.

Au lieu de s'attacher à réaliser des accords, la diplomatie française s'est renfermée dans un projet de conférence qui a piteusement échoué, perdant ainsi tout le bénéfice que la France eût acquis de l'emploi d'une politique des accords.

A l'heure actuelle l'Angleterre et l'Italie s'en tiennent au *statu quo*, sous l'étiquette d'autonomie. La Russie verrait avec faveur, en attendant mieux, la Crète occupée à nouveau par les forces des puissances.

M. Victor Bérard dans *la Revue de Paris* (2) indique la « solution positive » de la question.

Il faut que les puissances protectrices commencent par se mettre d'accord entre elles ; malgré les répugnances de Londres, il est trop évident qu'après les douze années de protectorat et les paroles données tant à la Crète qu'à la Grèce, il ne peut être question que de « la réalisation des aspirations nationales », de l'union de l'île avec le royaume.

La triple entente a pris là-dessus un engagement formel. Le 15 octobre 1908, dans le programme de conférence arrêté à Londres entre sir Edward Grey et M. Isvolsky, la triple entente admettait : 1° la reconnaissance de l'indépendance bulgare moyennant règlement financier avec la Turquie; 2° la constitution de l'annexion bosniaque; 3° la restitution du Sandjak aux Turcs; 4° la reconnaissance de l'annexion de la Crète à la Grèce moyennant « la détermination des obligations financières de la Grèce envers la Turquie ».

Il faut ensuite que les puissances se mettent d'accord avec les

(1) *Revue de Paris*, 15 octobre 1908; janvier et février 1910.
(2) *Revue de Paris*, 15 juillet 1910.

Crétois; l'union ayant pour effet immédiat ou lointain d'obliger les musulmans à l'exil, il faut que les Crétois donnent aux puissances le moyen de protéger ou mieux de racheter les biens que ces musulmans laissent dans l'île. Il faut qu'une commission internationale fasse au plus tôt l'estimation de ces biens et que les puissances contractent un emprunt crétois pour les racheter.

Troisième accord entre les puissances et la Porte : ayant reçu la Crète en dépôt et ne pouvant plus rendre ce dépôt lui-même, les puissances doivent en offrir la valeur équivalente, c'est un prix à débattre et qui doit être fixé sans lésinerie.

Quatrième accord entre les puissances et la Grèce : le royaume hellénique, recevant la Crète de la main des puissances, veut-il rembourser, sous la forme d'un emprunt garanti par elles, les sommes qu'elles devront verser tant à la Porte pour l'île elle-même qu'aux musulmans crétois pour leurs biens?

De ces quatre accords, aucun n'aboutira sans le bon vouloir et même la collaboration de la Porte. La seconde condition de réussite pour nous serait donc de convaincre la Porte qu'en tout ceci l'amitié la plus désintéressée dicte notre conduite. Nous ne pouvons admettre qu'une solution définitive du problème crétois : l'union avec la Grèce, moyennant de justes indemnités aux musulmans et à la Turquie.

SERBIE

CHAPITRE IV

SERBIE

Gouvernement. — Organisation politique. — Finances. — Commerce. — Chemins de fer. — Congrès slave. — Voyage du roi de Serbie à Rome, à Paris. — L'armée serbe.

La Serbie, devenue indépendante en 1878, a été érigée en royaume en 1882, avec Belgrade pour capitale, et une population totale d'environ 2 500 000 habitants. Le territoire est divisé en 17 départements comprenant 81 arrondissements. Sa superficie est de 48 300 kilomètres carrés.

La capitale, Belgrade, compte 90 000 habitants. Les villes principales sont : Nisch, 22 000 habitants; Pirot, 10 000; Semandria, 7 000; Trania, 10 000.

Le roi Pierre Ier, de la maison Karageorges, fils du prince Alexandre, est né en 1844. Il fut élu roi le 20 juin 1903. Il avait épousé en 1883 la princesse Zorka de Monténégro qui mourut en 1890. Ses enfants sont : la princesse Hélène, née en 1884, mariée au prince Jean Constantinovitch, le 3 septembre 1911; le prince Georges, né en 1887; le prince Alexandre, prince héritier, né en 1889. Ancien élève de l'école de Saint-Cyr (1862-1864, promotion de Puebla), le roi de Serbie combattit dans les rangs de l'armée française pendant la campagne de 1870-1871 contre l'Allemagne. Il fut décoré à la suite de la bataille de Villersexel. C'est un ami de la France qu'il a habitée longtemps et où il posséde de nombreuses sympathies. Il a brillamment commandé en 1875 un corps de volontaires pendant l'insurrection de Bosnie-Herzégovine.

Après quatre cents ans de domination ottomane, les Serbes recommencèrent, au début du siècle dernier, les luttes pour leur indépendance, sous le commandement de Georges Petrovitch (Karageorges, Georges le Noir).

Quelques années après, commandés par Miloch Obrenovitch, ils battaient les Turcs et en obtenaient la concession de quelques libertés. En 1830, la Serbie reçut une sorte d'autonomie, qui peu à peu se transforma en complète indépendance.

Miloch abdiqua en faveur de son fils Michel qui dut abdiquer lui-même, et fut remplacé en 1842 par le fils de Karageorges. Celui-ci dut abdiquer à son tour et eut pour successeur Miloch Obrenovitch, souverain de Serbie pour la seconde fois.

Miloch Obrenovitch était reconnu roi en 1882, puis il abdiquait en 1889 en faveur de son fils Alexandre qui périt le 31 mai-11 juin 1903.

Le roi Pierre Ier règne depuis cette époque.

« Le monarque plane au-dessus des partis et gouverne pour le pays, écrit M. Joseph Aulneau dans *la Nouvelle Revue*. Son autorité est respectée et il est en même temps un souverain tolérant et libéral dans un État centralisé, mais d'essence et de constitution démocratique. »

La forme du gouvernement est la monarchie constitutionnelle avec une Chambre (Skouptchina) de 160 députés.

Au mois d'octobre 1910, au moment de la reprise des travaux de la Skouptchina serbe, le ministre de l'intérieur et celui de l'instruction publique étaient démissionnaires. La nomination de leurs successeurs ne fut pas des plus aisées.

« Dans le gouvernement composé par les radicaux modérés et les radicaux indépendants, dit *l'Indépendance roumaine*, le portefeuille de l'intérieur, le plus important pour l'influence prédominante d'un parti, a toujours été disputé entre eux. Cette fois encore ce portefeuille est l'objet de discussions et de disputes. La nomination à l'intérieur de M. Protitch, ministre des finances, rencontre des difficultés très sérieuses non seulement parce que M. Protitch, comme un des chefs des radicaux modérés, ne jouit pas de toute la confiance des indépendants, mais surtout parce que le titulaire pour les finances à la place de M. Protitch est très difficile à trouver. »

La Serbie a emprunté depuis trois ans 250 millions pour payer des dépenses extraordinaires, et le parti radical, qui est au pouvoir depuis sept ans, ne devait sa popularité et sa force qu'aux promesses d'économie dans les finances de l'État qui étaient inscrites en tête de son programme. Loin de s'éclaircir, la situation se complique. L'on comprend qu'il ne soit pas facile de trouver des hommes politiques désireux d'assumer les responsabilités.

La majorité radicale de la Skouptchina qui a créé la situation financière, voudrait la décliner, et le gouvernement ne peut dissoudre la Chambre sans s'exposer à ne plus retrouver les mêmes groupements après de nouvelles élections.

« Quant à l'opposition dans la Skouptchina, dit encore *l'Indépendance roumaine*, elle se préparera pour les événements qui vont suivre la débâcle du régime radical qu'elle croit inévitable. Les progressistes et les libéraux dont se compose l'opposition sont entrés en négociations pour dissoudre leurs partis et pour s'unir dans un nouveau parti fort et beaucoup plus nombreux, afin de se présenter aux élections générales avec une seule liste de candidats et avec un seul programme. Si cette union s'accomplit, la situation politique sera très simplifiée.

« Elle deviendra analogue à celle de la Roumanie où il y a deux partis forts et organisés qui se succèdent au pouvoir. »

L'auteur de l'article de *l'Indépendance roumaine* conclut que le défaut d'une opposition forte et puissante pouvant servir de contrepoids aux radicaux et capable de les remplacer au pouvoir, constitue un des plus grands obstacles au développement paisible et régulier du constitutionnalisme et du parlementarisme en Serbie.

M. Peritch a écrit dans *l'Indépendance belge* que le parti radical en Serbie est un parti de désordre et de destruction. « Malgré sa forte majorité au parlement ce parti n'a doté le pays d'aucune réforme sérieuse. »

C'est une profonde erreur répond le docteur Rista Mitkovitch, docent à l'université de Genève, dans *le Courrier européen*. Pendant le règne des deux fractions radicales coalisées un grand progrès a été réalisé dans la situation économique et politique du petit royaume. Le gouvernement radical a réussi après de longs et patients efforts à émanciper le pays économiquement de sa voisine ennemie.

Car, depuis la rupture des relations économiques avec l'Autriche, la Serbie s'est assurée de nouveaux débouchés. Elle exporte son bétail vivant en Italie, à Malte, en Égypte par Salonique. Elle a conclu avec l'Italie une convention vétérinaire plus avantageuse que l'ancienne avec l'Autriche. L'exportation totale depuis « la guerre des porcs » avec l'Autriche a presque doublé.

Le commerce et l'industrie se développent rapidement. Des capitaux étrangers affluent dans le pays. Plusieurs banques se sont fondées dernièrement à Belgrade, franco-serbe, serbe-italienne, serbe-belge.

La Serbie n'a jamais connu une activité pareille dans son histoire.

Sur l'initiative de M. Prodanovitch, ancien ministre, la Skouptchina a voté une législation ouvrière dont on commence à voir l'heureux résultat.

Le parti radical est maintenant fractionné en vieux radicaux et jeunes radicaux.

« Pendant que les jeunes radicaux sont partisans du suffrage universel, des milices nationales et de l'impôt progressif, les vieux radicaux se désintéressent complètement de ces réformes et poussent le parti de plus en plus à droite.

C'est ainsi que, récemment, ils ont fait voter une loi interdisant aux fonctionnaires de l'État la participation à la vie politique. Quoique les deux groupes radicaux possèdent à peu près le même nombre de députés, l'influence des vieux radicaux au parlement et dans le pays est notablement plus forte.

Cela tient au fait que la fraction des vieux radicaux est constituée en majeure partie par de gros propriétaires fonciers, grands et petits commerçants, dont l'influence est considérable dans la vie publique et qui se laissent docilement mener par quelques habiles et rusés politiciens tels que MM. Pachitch et Protitch (1).

Les sympathies du docteur Rista Metkovitch pour les jeunes radicaux ne semblent pas douteuses, aussi après ses appréciations sur les vieux radicaux ne s'étonne-t-on pas de retrouver dans le même article (2) des louanges sans réserve pour les jeunes radicaux. « Mais à côté de ces vieux radicaux, il y a des jeunes radicaux qui méritent à tous égards la confiance et les sympathies du peuple. Ce parti des radicaux indépendants est formé par l'élite intellectuelle du pays. La plupart de ses membres ont reçu leur

(1) *Action du parti radical en Serbie,* Dr Rista Metkovitch. *(Courrier européen.)*

(2) *Action du parti radical en Serbie.*

instruction dans les villes et les écoles de l'Occident, notamment en France, en Suisse et en Belgique. Soucieux de l'avenir de leur pays, ils ont un ardent désir de régénérer l'ancien parti radical en vue d'en créer un parti véritablement démocratique et moderne. Si les jeunes radicaux, pendant leur très courte durée au pouvoir, n'ont pu donner leur mesure, c'est grâce à la jalousie des vieux radicaux toujours avides de pouvoir. » Ce programme des jeunes radicaux serbes ressemble terriblement à celui qu'exposaient naguère, sur les rives du Bosphore, d'autres jeunes, qui depuis...

Il faut souhaiter de les voir profiter de l'expérience que ces autres jeunes sont à la veille de payer si chèrement.

Le 1er février 1908 le premier ministère d'union nationale fut constitué sous la présidence de M. Novakovitch. Le ministère dura jusqu'au mois d'octobre, où fut constitué le ministère de concentration radicale Pachitch.

Tout est calme dans le pays, disait récemment M. Pachitch à un correspondant du journal *le Temps*, la Serbie travaille. Le gouvernement de coalition veut achever l'exécution du programme qu'il s'est fixé. Il ne nous reste plus qu'à faire voter par la Skoupchina quelques lois militaires et financières. Nous nous proposons d'assurer l'équilibre du budget en 1911. C'est à une nouvelle loi sur les taxes que nous demanderons principalement les ressources indispensables. Mais cette loi ne sera pas faite seulement pour permettre d'équilibrer le budget. Nous en attendons des recettes plus considérables qui donneront du jeu à nos finances en prévision des années de vaches maigres, si l'avenir nous en réservait.

La Skouptchina a adopté un traité de commerce avec l'Autriche-Hongrie, le vote a été émis par 94 voix contre 22. Dans la discussion, le ministre des affaires étrangères, M. Milovanovitch, avait déclaré qu'il était de la plus grande importance pour la Serbie que la route d'Autriche-Hongrie demeure ouverte, cette route étant la meilleure pour les exportations nationales.

La meilleure politique, avait dit le ministre, est la politique pacifique. Le plus puissant intérêt est de jouir des bienfaits de la paix qui seule permet au pays d'être, au jour voulu, à la hauteur de la tâche que l'avenir peut imposer.

Le conseil des ministres en exercice fin 1911 était le suivant :

Présidence et affaires étrangères......	M. Milovanovitch.
Finances.........................	M. Protitch.
Guerre..........................	Général Stepanovitch.
Intérieur.......................	M. Trifkovitch.
Instruction publique et cultes........	M. Jovanovitch.
Commerce, agriculture, industrie.....	M. Copétanovitch.
Travaux publics..................	M. Ilitch.
Justice.........................	M. Arandjelovitch.

La Serbie est un pays agricole qui peut et doit prendre un développement considérable par les chemins de fer, les routes et les canaux.

Céréales, vignobles, fruits, forêts, s'y rencontrent en abondance. Les bestiaux (porcs, moutons) sont une source importante de revenus. Le lin, le chanvre, le tabac sont cultivés avec succès.

L'industrie minière commence à se développer. Mines de plomb, d'antimoine sont déjà en exploitation dans la vallée de la Save, des gisements importants d'or, d'argent, de mercure et de fer ont été reconnus.

Les exportations de 1905-1909 ont donné les résultats suivants : 1905, 71 604 francs; 1906, 81 471 francs; 1907, 80 740 francs ; 1908, 77 120 francs; 1909, 92 981 755 francs.

Pendant la même période, les recettes et dépenses budgétaires ont été de :

	Recettes.	Dépenses.
1905.....................	88 076 000	87 632 278
1906.....................	89 207 073	89 165 000
1907.....................	90 432 752	90 387 227
1908.....................	95 823 339	95 778 764

Le chiffre des exportations pendant le premier semestre 1911 a été de 53 500 000 francs en augmentation de sept millions sur la période correspondante de 1910.

Le projet de budget soumis en 1910 à la Skouptchina prévoyait 118 529 851 francs de dépenses ordinaires et 3 952 180 francs de dépenses extraordinaires.

Pour équilibrer le budget, le ministre des finances proposait une augmentation d'impositions sur le revenu et sur le droit de timbre.

En 1911 l'excédent des recettes sur les dépenses a été supérieur de huit millions de francs à celui de la période correspondante de 1910 (premier semestre). Les recettes des monopoles et du timbre se sont élevées à 34 millions contre 29 l'année précédente. Les impôts et contributions sont en plus-value de 3 millions. L'augmentation des recettes de l'État est due surtout au développement de l'agriculture. La partie agricole de la population est de 84,23 0/0 de la population totale de la Serbie.

Le budget ordinaire de 1912 prévoit 124 122 200 francs de recettes et 124 120 357 francs de dépenses. Les disponibilités du trésor assureront en plus le payement de 2 300 000 francs de dépenses spéciales.

A la fin de l'année 1910 la dette totale de la Serbie était de 626 410 000 francs compris le solde de l'emprunt du Crédit foncier 1886 s'élevant à 6 756 000 francs. Le service de la dette pour 1911 pouvait être évalué à 33 600 000 francs.

Jusqu'en 1906 presque tout le commerce extérieur de la Serbie se faisait avec l'Autriche-Hongrie. A cette époque la Serbie conclut une union douanière avec la Bulgarie que l'Autriche-Hongrie réussit à rendre infructueuse. Depuis ce temps le commerce extérieur de la Serbie a été en butte aux difficultés de tous genres et un parti s'est formé pour prôner les avantages d'une union douanière avec l'Autriche-Hongrie.

La question a même fait l'objet d'une communication à la délégation autrichienne en 1910.

Une telle union consommerait la ruine complète et immédiate de l'industrie serbe qui commence à s'organiser, ce serait aussi l'envahissement certain du sol serbe par les émigrants austro-hongrois qui accapareraient toute l'agriculture. M. Jaranoff, le distingué professeur au lycée bulgare de Salonique, dit dans *le Courrier européen* que cette union douanière austro-serbe serait « le coup mortel porté à l'idée de la formation d'une union douanière balkanique et par suite de la formation d'une confédération balkanique servant de rempart contre le germanisme envahissant. Elle serait ensuite la pénétration pacifique de l'Autriche en Orient et le rapprochement économique avec la ville de Salonique, le point de mire de la politique austro-hongroise depuis l'occupation de la Bosnie et de l'Herzégovine. Ce serait en un mot le triomphe sans bruit du Drang nach Osten germanique ».

La Serbie, enclavée entre l'Autriche et la Bulgarie, aspire à la possession d'un port; depuis l'annexion de la Bosnie-Herzégovine à l'Autriche, tout espoir est perdu du côté de la Dalmatie, que peut-elle espérer maintenant du côté de Salonique?

La ligne de Novi-Bazar-Salonique est décidée, mais cette ligne sera autrichienne en partie. La Serbie devra relier Nich à Novi-Bazar. Une autre ligne de Belgrade vers la Bosnie et les ports de Dalmatie s'impose également, la Serbie n'étant commercialement desservie que par la ligne de Vienne à Constantinople et par les ports qu'elle possède sur le Danube. Une portion de cette ligne jusqu'à Nich est en construction. Par Prichtena et Djakova au lac Touners elle atteindra l'Adriatique. Un monument érigé en mémoire de la victoire de Varvarin a été inauguré à Belgrade.

Le roi de Serbie, le prince héritier et le prince Georges, le chargé d'affaires de Russie, M. Mouraview, les représentants des corps élus et un certain nombre de notabilités russes assistaient à cette cérémonie commémorative d'une victoire de la guerre d'indépendance remportée, il y a cent ans, par les Serbes et les Russes.

S. M. le roi de Serbie a prononcé un discours rappelant que sans la participation très active du peuple russe à la guerre d'indépendance, la Serbie n'aurait sans doute jamais conquis sa liberté.

« La Russie et la Serbie s'avancent ensemble liées par les souvenirs de leur passé historique. Ces liens leur permettent d'avoir foi en la future grandeur de la noble idée slave. »

La presse allemande affirmant à cette époque qu'un projet de confédération balkanique était étudié entre le Monténégro, la Bulgarie et la Serbie, ces paroles ont eu un grand retentissement.

Le 10 juillet 1911, 300 congressistes slaves se sont réunis à Belgrade sous la présidence de M. Holetchek, président de l'Union slave de la presse. Les ministres de l'instruction publique, de la justice, les ministres de Bulgarie et de Russie assistaient à la séance d'ouverture.

« Dans son discours, M. Haletchek a insisté sur l'importance du congrès qui est une preuve de la solidarité des Slaves et sur la nécessité du groupement des capitaux slaves pour la réalisation de l'union économique. »

Le président de l'association des journalistes russes, M. Procopier, a apporté l'adhésion de l'association russe aux journalistes slaves.

Le bureau du congrès se composait du président, M. Nouchitch, président de l'association des journalistes de Serbie, des vice-présidents MM. Kulakovitch (Russe), Michkowsky (Tchèque), Guolovitch (Croate), Kroulikonsky (Polonais), Gorgiew (Bulgare), Venky (Slovaque), Gobritchek (Slovène), du secrétaire général M. Jean Heiret (Tchèque), des secrétaires MM. Poslovitch (Serbie), Paul (Slovène), Von Kekevitch (Croate), Kdedarof (Bulgare), Svetkovitch (Russe), Deminkovitch (Serbe), Tchemalovitch (Serbe-Bosniaque), Dilink (Serbe).

Le ministre de l'instruction publique a été nommé président d'honneur.

La première exposition de journaux a été inaugurée par le prince héritier. Le soir l'association des journalistes serbes a offert un banquet aux congressistes.

La Serbie est entrée résolument dans le mouvement qui resserre les affinités entre les peuples des Balkans.

L'annonce d'une convention militaire turco-roumaine a donné lieu à de nombreux commentaires en Serbie, mais la population ne s'est point affolée.

Le correspondant de *l'Indépendance roumaine* lui mandait de Belgrade à ce moment :

« Bien que les relations de la Serbie avec la Roumanie et la Turquie soient des meilleures et qu'elle ne se sente menacée ni d'un côté ni de l'autre, on a néanmoins l'impression que la situation générale en Orient est devenue très sérieuse, et que la Serbie a toutes les raisons de concevoir des inquiétudes pour son avenir. La Serbie est sincèrement amie de la paix, mais il est absolument impossible de prévoir l'attitude qu'elle prendrait le jour où éclateraient des événements par lesquels serait décidé le sort des Balkans.

Dans tous les cas elle ne pourra pas rester spectatrice indifférente de ces événements et elle y prendra part conformément à ses intérêts. Renoncer à toute action dans ces moments décisifs serait pour elle abdiquer son indépendance politique et son avenir national. Elle doit se recueillir et être prête à toutes les éventualités.

A l'occasion du voyage à Rome du roi Pierre Ier, le ministre de Serbie à Rome, M. Touitch, a dit à un rédacteur de la *Tribuna* que le peuple serbe demeurait profondément attaché à la Russie, à l'Angleterre et à l'Italie. « La Serbie n'oublie pas le concours matériel et moral qu'elle a reçu de l'Italie dans les moments difficiles de la guerre pour l'indépendance. »

Le voyage du roi de Serbie à Rome s'est effectué au mois de février 1911.

M. Milovanovitch, ministre des affaires étrangères, accompagnait le souverain.

De nombreux entretiens eurent lieu entre le ministre des affaires étrangères de Serbie et M. di San Giuliano.

Au dîner de gala du 16 février à Rome, des toasts particulièrement remarqués furent échangés entre les souverains.

Ce fut d'abord le toast du roi Victor-Emmanuel :

« Avec cordialité, répondant à nos liens intimes de famille, je souhaite aujourd'hui la bienvenue à Votre Majesté dans la capitale de l'Italie.

« La visite de Votre Majesté resserre les relations d'amitié qui existaient jusqu'ici entre nos deux pays. La nation italienne se joint à moi pour saluer dans la personne de Votre Majesté le souverain d'un peuple qui lui aussi a atteint son indépendance au prix d'efforts longs et héroïques.

« C'est maintenant aux énergies fécondes de la paix à affirmer et à développer les bienfaits de cette œuvre glorieuse et c'est du fond du cœur et avec pleine confiance que nous souhaitons à la Serbie cet avenir long et prospère dont le prix constitue une garantie sûre et efficace.

« Avec ces sentiments, je bois à la santé de Votre Majesté, du prince héritier, de toute la famille royale et je renouvelle mes vœux les plus chaleureux et les plus sincères pour le bonheur de la Serbie. » Puis le toast du roi de Serbie :

« Je remercie de tout cœur Votre Majesté de la réception magnifique et à la fois si affectueuse que cette antique Rome, glorieuse capitale de l'Italie, vient de me donner.

« Les relations de cordiale amitié qui existaient déjà si heureusement entre nos deux pays ont trouvé leur source dans les sentiments intimes de nos peuples ainsi que dans nos liens d'étroite parenté, une solidité encore plus renforcée. La nation serbe admire les vertus et les sacrifices que la nation italienne a mis au service de la patrie. Je suis sûr d'être le plus fidèle interprète des sentiments de mon peuple en exprimant les souhaits les plus ardents à la nation italienne et à sa glorieuse capitale en ce moment solennel où l'on commémore les grands événements qui ont scellé l'union de la nation italienne.

« Les précieuses paroles de sympathie que Votre Majesté vient de prononcer me donnent une nouvelle confiance que nous pourrons continuer à poursuivre dans la paix l'accomplissement des tâches multiples qui incombent aux jeunes nations ayant foi dans l'avenir et conscientes de leurs devoirs envers la grande famille des États civilisés.

« Je lève mon verre en l'honneur et à la santé de Votre Majesté, de leurs Majestés la reine et la reine mère, ainsi qu'à la gloire de l'Italie. »

Les conversations du roi Pierre et du roi Victor Emmanuel — dit *l'Indépendance belge* — ainsi que celles que M. Milovanovitch, ministre des affaires étrangères de Serbie, eut avec le haut personnel politique italien peuvent avoir une portée considérable au point de vue de la situation dans les Balkans. Une note officieuse publiée à Rome dit que les questions intéressant les deux gouvernements ont pu être examinées et résolues dans un esprit réciproque d'entente et dans une mutuelle compréhension des intérêts communs, surtout depuis que la Serbie amie et l'Autriche alliée ont rendu à leurs relations un caractère suffisamment normal pour qu'il n'y eût plus pour l'Italie incompatibilité entre ses amitiés et ses alliances. La note officieuse ajoute même que pour certains détails de la politique balkanique il y a partie liée entre l'Italie et la Serbie et que notamment la grosse question des chemins de fer aboutissant à l'Adriatique crée entre les deux pays une communauté d'intérêts qu'il convient d'avoir toujours présente à l'esprit. Ceci est intéressant parce que l'on peut en conclure que le projet de création d'un chemin de fer du Danube à l'Adriatique, — projet qui fut opposé jadis au projet autrichien du chemin de fer à travers le

Sandjak de Novi-Bazar, — revient ainsi à l'ordre du jour. Ce projet est en effet d'une importance capitale pour la Serbie, pour le Monténégro et pour l'Italie. On le croyait à peu près abandonné, mais le fait qu'il en a été beaucoup question à Rome tend à prouver que sa réalisation pourrait se produire plus tôt qu'on ne le pense. Pour la Serbie, la question est vitale, puisque ce serait l'issue pour elle vers l'Europe centrale et occidentale en dehors de toute dépendance de l'Autriche.

Le 16 novembre, le roi de Serbie est venu à Paris accompagné de M. Milovanovitch, président du conseil, du général Soralovitch, aide de camp général, du lieutenant-colonel Ostoyitch, maréchal de la cour, du colonel Popovitch, intendant de la liste civile, et des commandants Nicolaievitch et Yovanovitch, aides de camp.

La mission française attachée à sa personne se composait du général de division Bonneau, commandant le 7e corps d'armée, du lieutenant-colonel Hellot, du capitaine Desprès, attaché militaire à la légation de France à Belgrade, et de M. Clinchant, secrétaire d'ambassade.

Le soir de son arrivée à Paris le roi de Serbie exprimait à l'Élysée les sympathies du peuple serbe pour la France. « Fidèle interprète des sentiments de mon peuple, je puis vous assurer, monsieur le Président, que la Serbie est consciente de tous les titres de la France à sa reconnaissance. C'est pourquoi la nation serbe regarde dans cette visite de son roi à Paris, remise à la suite d'un deuil national auquel nous nous sommes associés bien sincèrement, la manifestation de ses sentiments d'amitié à l'égard de la France.

« Aussi la culture et le développement des relations de cordiale amitié avec la France sont-ils une de ses traditions les plus chères. Et puisque vous avez bien voulu évoquer le souvenir de ma modeste participation à vos luttes héroïques de 1870, qu'il me soit permis de dire que j'ai suivi alors la voie du devoir dictée par le cœur et par l'honneur à un jeune Serbe ancien élève de Saint-Cyr... »

Le roi de Serbie a tenu à aller visiter l'école militaire dont il avait suivi les cours. Il y fut l'objet d'une chaleureuse réception à laquelle il ne demeura pas insensible.

Le jour de son départ, il reçut la « promotion de Puebla » dont il avait fait partie. Cette promotion comprenait un certain nombre de généraux, au nombre desquels les généraux de Benoist, de Chabot, Dodds, de France, Girardel, de Courson, de Lardemelle, Kolb; des colonels, parmi lesquels les colonels de Bertier, Buffet, Moreau, de Montmorin, de Bellaing, Barthès, L'Hermitte, de Tricornot; des intendants, contrôleurs, etc., etc.

Au cours de cette visite, la population parisienne ne cessa de marquer sa reconnaissance au souverain de la Serbie qui avait si généreusement servi la France pendant la campagne de 1870-1871.

Les relations entre les peuples serbe et français deviendront certainement plus cordiales encore à la suite de cet échange de sentiments.

C'est incontestablement la Serbie qui est la plus menacée par la poussée allemande dans la direction de l'Orient. « Le danger germanique devient d'autant plus grand, dit M. Rista Metkovitch, qu'on assiste, avec l'annexion de la Bosnie-Herzégovine, au réveil subit, au rajeunissement de l'Autriche. L'étrange manifestation de force que la monarchie austro-hongroise a montrée lors de l'annexion de la Bosnie-Herzégovine a étonné le monde et déconcerté la diplomatie européenne. » La Serbie forte et bien armée sera d'un grand secours à ceux qui tôt ou tard tenteront de s'opposer à la germanisation de Salonique.

En Serbie le service est dû personnellement de dix-huit à cinquante ans. Le service actif est de dix-huit mois dans l'infanterie, deux ans dans les autres armes, huit ans dans la réserve, quatorze ans dans la milice. Une réserve spéciale est constituée par les classes de dix-huit à vingt ans, et de quarante-cinq à cinquante ans.

Le territoire est partagé en cinq régions : Belgrade, Nisch, Zaïëtchar, Valievo, Kraganievatz.

En temps de paix la Serbie dispose de 2 200 officiers, 33 000 sous-officiers et soldats.

L'effectif de guerre serait de : 1° 5 divisions d'infanterie (comprenant chacune 16 bataillons, 15 batteries, un escadron), une division de cavalerie (comprenant 16 escadrons), 2 bataillons d'artillerie de forteresse, un régiment du génie et les services; 2° 5 divisions de réserve (comprenant chacune 12 bataillons, 3 escadrons, 9 batteries, une compagnie de pionniers, les services) ;

3° 45 bataillons de milice, 5 escadrons, 5 compagnies d'artillerie et la gendarmerie.

L'infanterie est armée du fusil Mauser (modèle 99 à chargeur). Le canon de campagne est un de Bange de 80 millimètres. Un matériel de 75 millimètres fabriqué par le Creusot est mis en service.

L'auteur de l'étude sur « les armées et les flottes militaires de tous les États du monde, composition et répartition en 1909 », estime à 380 000 hommes les forces de la Serbie en temps de guerre, et cette puissance disposerait de 564 pièces de canon.

MONTÉNÉGRO

CHAPITRE V

MONTÉNÉGRO

Gouvernement. — Armée. — Couronnement du roi. — Chemins de fer. Commerce. — Alliances.

La population est d'environ 250 000 habitants. La superficie est de 9 080 kilomètres carrés.

Le prince Nicolas Ier Pétrovicz-Niegosch, prince et gospodar du Monténégro, de Tsernagore et des Berdas, est né, en 1841, le 25 septembre. Il a fait ses études à Paris et a été proclamé le 2-14 août 1860, succédant au prince Danilo son oncle.

La famille princière du Monténégro a eu son berceau, en Herzégovine à Niegosch. En 1550 ceux qui composaient alors la famille passèrent au Monténégro pour échapper à la persécution mahométane et y fondèrent, en souvenir de leur patrie d'origine, un nouveau Niegosch. En 1697 l'assemblée des voïvodes élut Vladika, un des Pétrovicz pour succéder au Vladika Visarion.

Le pouvoir suprême est resté depuis cette époque dans la même dynastie, se transmettant d'oncle à neveu, en raison de la situation spirituelle des princes régnants en même temps évêques et qui ne pouvaient, pour cette raison, contracter mariage.

Le prince Danilo, prédécesseur du prince Nicolas Ier, avait renoncé au privilège religieux, et était marié, mais il n'eut pas de postérité.

Le prince de Monténégro a épousé, en 1860, la princesse Miléna Vukotitz, d'une famille monténégrine, fille du voïvode Petar Stéphanow.

Ses enfants de ce mariage sont : 1° la princesse Militza, née en 1866, mariée au prince Pierre-Nicolas de Russie ; 2° la princesse Stana, née en 1865, mariée au prince de Leuchtenberg ; 3° le prince Danilo, né en 1871, marié à la princesse Jutta de Mecklembourg ; 4° la princesse Hélène, née en 1872, mariée au roi d'Italie ; 5° la princesse Anna, née en 1874, mariée au prince de Battemberg ; 6° le prince Mirko, né en 1879, marié à la princesse Nathalie Constantinowitch ; 7° la princesse Xénia, née en 1881 ; 8° la princesse Véra, née en 1887 ; 9° le prince Pierre, né en 1889.

« Personnellement le prince Nikita, entouré de son prestige guerrier, fait bonne figure dans la galerie des souverains contemporains ; naguère ignoré de l'almanach de Gotha, il marche aujourd'hui de pair avec les chefs des maisons souveraines de l'Europe (1) ».

« Souverain absolu au début de son règne, il abandonne par une nouvelle constitution datée de 1888 une partie de ses droits au Sénat. A Cettigne fonctionne une sorte de parlementarisme dont il faut dire cependant que le prince n'entend pas abuser (2). »

Le traité de Berlin reconnaissait au Monténégro la possession du pachalik d'Antivari, du territoire de Potgoritza et des côtes du lac de Scutari. Après une longue résistance de la Turquie, les puissances intervinrent et la Turquie dut s'exécuter.

D'après l'article 29 du traité de Berlin, le Monténégro ne pouvait avoir ni bâtiments ni pavillon de guerre. Le port d'Antivari et les eaux du Monténégro étaient interdits aux flottes de guerre des États. L'Autriche demeurait chargée de la police sanitaire et maritime sur ces côtes. Le pavillon marchand du Monténégro serait sous la protection consulaire autrichienne, le Monténégro devant adopter la législation maritime de la Dalmaltie. Une route et un chemin de fer à construire sur les territoires concédés au Monténégro devant faire l'objet d'une entente entre le Monténégro et l'Autriche.

A la suite de l'annexion de la Bosnie-Herzégovine et sur la proposition de la France et de l'Italie, l'Autriche consentit à l'abrogation de cet article.

M. Lamouche donne, dans *les Armées de la péninsule balkanique*, les détails suivants sur l'armée monténégrine :

« L'organisation militaire du Monténégro présente le type le plus parfait de la nation armée. En cas de besoin tout habitant

(1) Baron J. de Witte, *Des Alpes bavaroises aux Balkans.*
(2) Comte Hardy de Landemont, *De Cattaro à Cettigne.*

valide de quinze à cinquante-cinq ans prend ses armes et ses munitions et rejoint son chef de village ou de district qui devient chef militaire. Les femmes mêmes concourent à la défense du pays en transportant les aliments et les munitions des combattants.

« On considère que la principauté compte environ 43 000 hommes en état de porter les armes. Les formations prévues pour le temps de guerre comprennent 52 bataillons d'infanterie de 5 à 8 compagnies irrégulièrement répartis en huit brigades, une batterie d'artillerie pour chaque brigade; les bataillons et les compagnies ou les batteries sont chaque année rassemblés pendant quelques jours.

« Étant donné la faible configuration du Monténégro, son armée ne peut avoir qu'une signification défensive. Elle répond du reste parfaitement à son but. La configuration du pays et le courage des habitants suppléent au défaut d'instruction militaire. Derrière les rochers où chaque homme s'embusque et vise à loisir, la science tactique n'a qu'un faible rôle à jouer. Toute l'histoire du Monténégro, la résistance cent fois séculaire aux efforts des armées ottomanes rendent témoignage de la valeur de ce petit peuple. »

Les troupes monténégrines portent un uniforme en harmonie avec le costume national. Nous avons vu les soldats monténégrins à Cettigne, marchant en excellent ordre, faisant honneur à leurs officiers, quelques-uns portaient des décorations russes gagnées pendant la guerre contre le Japon.

D'après d'autres renseignements, les Monténégrins sont tous enrégimentés de dix-huit ans à soixante ans. Deux bataillons, deux batteries, un escadron, des cadres de bataillons et dix-neuf états-majors de brigade existent seuls en temps de paix. Cette organisation assure l'instruction militaire qui est donnée par périodes de quatre à six mois. En temps de guerre on peut compter sur 68 bataillons d'infanterie tant active que de réserve, présentant un effectif de 60 000 hommes.

Deux fusils sont en service : 1° un fusil à répétition de petit calibre, et 2° le fusil russe à magasin, système Berdan. L'artillerie se compose de canons à tir rapide, 18 pièces de campagne, calibre 75 millimètres, de 30 pièces de montagne et de quelques pièces de gros calibre pour la défense des positions.

Les Monténégrins sont d'excellents soldats, dans leurs montagnes ils sont imbattables. Les Turcs l'ont appris à leurs dépens. « On n'a pas oublié qu'il y a peu d'années, 2000 Monténégrins, habitant les montagnes qui enserrent le golfe de Cattaro, insuffisamment armés, tinrent pourtant tête à une armée autrichienne de 20 000 hommes qui perdit plus du tiers de son effectif. »

Si la proportion est restée constante, pour réduire l'armée monténégrine qui est actuellement de 60 000 hommes et pour annexer la principauté, il faudrait que l'Autriche mobilise plusieurs centaines de mille hommes.

L'Autriche risquerait une grosse partie dans un conflit avec les Serbes, soutenus ne fût-ce que moralement par la Russie. Serbes et Monténégrins ne céderaient qu'après une longue et énergique défense, animés qu'ils sont du désir d'augmenter leurs royaumes indépendants par l'émancipation de leurs frères slaves de la péninsule.

« Le Monténégro, soutenu depuis longtemps par l'influence russe, l'est aujourd'hui aussi par l'Italie. Cette puissance ayant de nombreux intérêts du côté de l'Albanie et du Monténégro depuis qu'au cours des dernières années les échanges commerciaux ont été facilités par l'établissement de lignes de navigation. Des services de bateaux italiens vont maintenant chercher les produits de ces deux pays; des vapeurs italiens traversent déjà le lac de Scutari d'Albanie au Monténégro, de Scutari à Vir Bazar, établissant ainsi la jonction avec Cettigne et l'on va commencer la ligne de chemin de fer monténégrin du port d'Antivari à Vir Bazar qui desservira à la fois Scutari et Cettigne. Réciproquement les Albanais ont des colonies en Italie, surtout en Sicile, et le trop fameux ministre Crispi était un Albanais (baptisé orthodoxe et non catholique), ce qui peut aider à comprendre son caractère.

« Quand on arrive de ce côté, il ne faut pas oublier non plus cette curieuse nature albanaise qui a elle-même une telle individualité ; ce pays resté si indépendant avec ses mœurs féodales, quoique fournissant au sultan ses gardes les plus sûrs et ses fonctionnaires les plus féroces; ce peuple qui aurait peut-être déjà depuis longtemps repris sa liberté s'il n'était devenu musulman.

« L'Albanais, c'est, si on le veut, le Suisse des Balkans, ce Suisse qui sert loyalement l'aigle à deux têtes d'Autriche comme les fleurs de lis de France jusqu'au jour où il a repris pour lui ses lacs et ses montagnes (1). »

L'annexion de la Bosnie-Herzégovine à l'Autriche et la situation prise par la Bulgarie dans les Balkans ont eu pour conséquence la transformation de la principauté du Monténégro en royaume.

En acceptant à l'époque, pour la Bulgarie et la Bosnie-Herzégovine, le fait accompli, contradictoirement avec les clauses du traité de Berlin, l'Europe légitimait dans une certaine mesure les aspirations du Monténégro, désireux de s'affranchir complètement de l'ingérence turque.

Imparfaitement remise de l'alerte causée par la révolte albanaise, encore embarrassée de la question crétoise, de l'insurrection de Hedjaz et des querelles toujours vivaces entre les Kurdes et les Arméniens, la Turquie n'était pas en situation de s'opposer utilement à la proclamation du royaume du Monténégro.

Gladstone dit un jour du prince Nicolas de Monténégro que « c'était l'homme le mieux doué et la plus remarquable qu'il connaisse ».

C'est en tout cas le prince Nicolas qui par sa diplomatie, par la sagesse de son gouvernement et par son habileté personnelle, a rendu possible la constitution du Monténégro en royaume.

« Ce petit pays, devenu la tête de pont de l'influence italienne dans les Balkans. C'est une des pierres d'attente de la future confédération slave des Balkans, destinée a arrêter l'expansion germanique vers l'est. C'est la forteresse de la politique italo-anglo-russe dirigée contre l'Autriche.

« Aussi ne faut-il rien négliger de ce qui se passe au Monténégro. Ce nid d'aigle, ce minuscule État insignifiant par lui-même sert de point d'appui à de puissants leviers entre les mains des grandes nations qui se disputent l'empire de la Méditerranée. En ce sens l'érection de la principauté en royaume est un événement diplomatique important.

« Le déplacement d'un simple pion sur un échiquier où une partie aussi serrée se joue ne doit pas passer inaperçu, car il a ses raisons et ses conséquences (2). »

(1) *La Bulgarie*, DE LAUNAY.
(2) *Éclair*, 18 juillet 1910, *Un nouveau royaume*.

« L'érection du Monténégro en royaume, dit *le Journal de Saint-Pétersbourg*, de nulle importance pratique, a une signification morale, annulant le dernier souvenir de l'esclavage des Slaves de la péninsule balkanique où le mot de principauté était à peu près synonyme de vassalité. Aujourd'hui l'extension du germanisme se heurtera au rempart de trois royaumes slaves qui évoluent rapidement vers la solidarité politique, seule garantie d'un avenir de prospérité et de grandeur qui ne manquera pas tôt ou tard, par la force de la gravitation, d'arracher à la couronne austro-hongroise les provinces slaves qu'elle ne détient qu'en vertu du droit du plus fort. Nous voulons espérer que l'érection du Monténégro en royaume mettra fin aux querelles de dynastie et orientera définitivement les esprits slaves vers la fédération tant désirée et si nécessaire pour donner au slavisme le rôle et l'autorité auxquels il a droit dans la vie internationale et que la division compromettait si puissamment jusqu'à ce jour. »

« Si le Monténégro devient royaume, dit *le Sabah*, c'est une question absolument personnelle, car son territoire n'est que de 9 080 kilomètres carrés, avec une armée de 36 000 hommes et de faibles ressources financières ; le traité de Berlin, tout en lui accordant le droit de posséder une marine marchande, lui interdit l'usage de navires de guerre.

« Jamais l'histoire n'a vu une telle organisation de la presqu'île balkanique : deux empires et cinq royaumes, y compris le Monténégro. Mais ce sera toujours bonnet blanc et blanc bonnet. La Russie n'aura montré le succès de sa politique que par la constitution d'une troisième royauté slave qui ne lui rapportera rien. En mettant une couronne royale, le prince Nicolas allégera considérablement son trésor. Qui sait si un jour ces trois éléments, bulgare, serbe, monténégrin, ne s'uniront pas sous le vocable unique d'empire slave du sud ! »

Les ministres d'Angleterre, de France, d'Allemagne et de Grèce ont remis dans la matinée du 24 août, en audiences solennelles, des messages de leurs chefs d'État.

La lettre de Sa Majesté l'empereur d'Autriche très particulièrement affectueuse se termine de la façon suivante :

« Les sentiments d'amitié que je nourris depuis longtemps pour vous et le vif intérêt que l'Autriche-Hongrie porte au Monténégro, par suite de leurs nombreuses relations de bon voisinage, m'inspirent le désir d'être un des premiers à vous apporter mes congratulations.

« Dieu veuille apporter au prince Nicolas un long et heureux règne et toutes les satisfactions que peut procurer au cœur d'un souverain l'amour de ses sujets et la prospérité de son pays. »

Le 30 août il a été donné lecture aux souverains du message de l'empereur de Russie nommant le roi de Monténégro feld-maréchal, le prince Danilo général, le prince Mirko lieutenant-colonel et le prince Pierre lieutenant dans l'armée russe. Ce message a été lu aux troupes, à la fin de la revue, par le général Zanko-Voukotitch.

« A l'occasion du jour où le peuple monténégrin couronne le jubilé quinquagénaire du règne glorieux de Votre Majesté par l'érection du Monténégro au rang de royaume, je m'estime heureux, Majesté, de vous donner un témoignage de mon respect cordial pour vous, en vous nommant, à partir du 28 août, maréchal de l'armée russe. » Le ministre des affaires étrangères de Serbie a exprimé par dépêche le souhait que Dieu donne au nouveau royaume serbe, sous le gouvernement de Nicolas, ainsi qu'au pays monténégrin et à toute la race serbe le bonheur et le renom.

Le roi de Serbie a envoyé ses vœux de bonheur à l'occasion de l'érection du Monténégro en royaume. Il était représenté aux fêtes du couronnement par le prince héritier Alexandre et par la princesse Hélène. Le roi d'Angleterre a adressé ses félicitations. Le lord-maire de Londres a envoyé ses vœux.

Le même jour un service religieux a été célébré en l'honneur de l'anniversaire du mariage du roi. Une réception a eu lieu au palais royal, le corps diplomatique, la Skouptchina et les hauts fonctionnaires ont présenté au roi leurs félicitations.

Le prince héritier de Grèce a aussi félicité le roi au nom de la nation hellène « qui prend part à la joie du pays ami et coreligionnaire ».

La Skouptchina, ayant adopté à l'unanimité la constitution du royaume du Monténégro, s'est rendue auprès du prince Nicolas pour lui demander d'agréer cette proposition.

Le prince Nicolas a répondu qu'il acceptait la décision de rétablir l'ancien royaume. Le prince reconnaît, en cette heure solennelle, avec joie et fierté que le bonheur de son peuple, ainsi que son propre bonheur, est que le Monténégro, sous la protection de Dieu tout-puissant et de la Russie fraternelle, occupe une place parmi les États civilisés. Il assume la dignité royale qui appartient au Monténégro en vertu des droits historiques ainsi que de ses propres mérites, il est fermement convaincu que toutes les grandes puissances salueront avec bienveillance, de même que le royaume sur le Danube serbe, le royaume sur la côte de la mer serbe comme un nouveau gage de progrès et de paix sur cette frontière entre l'orient et l'occident, et comme un gage encore plus ferme pour l'existence et l'avenir meilleur du peuple serbe.

« Que Dieu bénisse notre œuvre, notre patrie aimée et que le Monténégro prospère toujours de plus en plus. »

En réponse au discours d'hommage le roi a dit que la fidélité et le courage du peuple monténégrin n'avaient jamais fait défaut, ce qui lui avait permis de réussir dans ses entreprises. « C'est par les grandes qualités d'un tel peuple et avec le concours de la Russie fraternelle que j'ai pu obtenir ce résultat, a dit le roi. La cinquantième fête de mon mariage reçoit un plus grand éclat par la présence de mon cher gendre, le roi de la belle Italie. La reine Milena et moi nous sommes unanimes à remercier Dieu qui nous a guidés jusqu'ici. La proclamation est à présent un acte historique. Je compte sur l'Europe civilisée qui a toujours reconnu les grands sacrifices que le Monténégro a faits pour la liberté et le progrès, qu'elle verra, dans notre royaume restauré sur cette côte du serbisme, une garantie et un gage pour le maintien de la paix sur ce territoire.

« Comme par le passé aussi l'avenir ne sera pas sans difficultés, mais avec la confiance en Dieu le glorieux peuple monténégrin saura accomplir ce que la Patrie demandera de nous. »

« La presse italienne, dit le journal *le Temps*, consacre de longs articles élogieux et enthousiastes aux fêtes du Monténégro, au prince Nicolas qui sera roi dans quelques jours et au petit État qui jouit d'une grande sympathie en Italie. Tous les journaux s'occupent avec grand intérêt de l'évolution rapide que le Monténégro a su accomplir en peu d'années et de la place politique importante que ce petit pays a su conquérir, grâce aux fortes qualités de son peuple et à la sagesse de son souverain.

« Une grande quantité d'Italiens ont été assister aux fêtes du

Monténégro où déjà se trouvent de nombreux ouvriers italiens, employés à des travaux de chemin de fer, ports et autres constructions. Tous ces travaux sont en grande partie entrepris avec des capitaux italiens. »

Comment se comporteront les deux royaumes serbes l'un à égard de l'autre? lit-on dans *l'Indépendance roumaine* (Lettre de Serbie).

« C'est une question importante non seulement pour la nation serbe, mais pour les affaires balkaniques en général...

« L'annexion de la Bosnie-Herzégovine ne sera définitivement assurée que lorsque les deux aspirants dangereux, celui de l'Est et celui de l'Ouest, la Serbie et le Monténégro, sont et restent des rivaux constants et acharnés.

« Mais comme l'histoire fournit des exemples où deux et même plusieurs centres politiques ont travaillé d'accord à une œuvre nationale, s'ils se sont soutenus et entraînés mutuellement, le nouveau royaume de Monténégro ne pourra, avec son autorité et son prestige, que contribuer aux efforts de la Serbie, dans la voie de la politique nationale.

« On verra ce qu'il en adviendra avec les deux centres politiques. Tout dépend du tact et de la modération des deux côtés. Il est grand temps que toutes les récriminations cessent entre les deux pays. Il ne faut jamais provoquer les événements dont les conséquences ne peuvent pas être prévues et dont souvent la solution définitive ne dépend pas de ceux qui les ont fait naître. »

Le Monténégro possède à Antivari un excellent port dont la proximité avec la côte italienne fera évidemment le succès dans un avenir très prochain.

Une ligne de chemin de fer joint Antivari à Vir Bazar et cette petite ligne dont la longueur ne dépasse guère actuellement 150 kilomètres est peut-être appelée à devenir une voie très importante par son raccordement avec les autres lignes de la péninsule à Nisch.

« Le Gospodar souhaite vivement que la création du fameux transbalkanien depuis longtemps projetée lui permette de rejoindre par Padgoritza et Mitrovitza la ville serbe de Nisch, point de concentration de plusieurs lignes entre l'Europe et l'Orient. Les Monténégrins se trouveraient ainsi directement reliés à leurs frères du royaume serbe et mis en communication rapide d'une part avec le Danube et la mer Noire, de l'autre avec Constantinople et Salonique. Cette ligne favoriserait grandement leur petit commerce en lui ouvrant des débouchés qui lui manquent actuellement. La Russie, la Serbie et l'Italie y trouveraient aussi leur compte et elles poussent beaucoup à l'adoption de ce projet qui est naturellement contrecarré par l'Autriche. » — *Au Monténégro et en Albanie*, baron Jehan DE WITTE.

Les lignes actuelles qui desservent la péninsule, au nombre de trois, ont toutes Vienne comme point de départ : Vienne, Budapest, Belgrade, Sofia, Constantinople; Vienne, Budapest, Bucarest; Vienne, Budapest, Nisch, Uskub, Salonique.

L'Autriche voudrait raccorder Serajevo à Mitrovitza par le Sandjak et posséderait ainsi une nouvelle voie sur Salonique.

C'est ainsi que tout le commerce de cette importante région se trouve monopolisé par l'Autriche et par le compère de Berlin.

En l'état actuel, on ne peut combattre la prédominance allemande qu'en créant des lignes transversales entre le bas Danube et l'Adriatique, ce qui est assez facile à réaliser.

En utilisant les lignes déjà existantes, Bucarest, Sofia, Nisch-Uskub, la Russie peut faire parvenir ses produits à cent kilomètres de l'Adriatique; un raccordement de cette longueur, de Uskub à Durazzo, assurerait le débouché.

La ligne de Belgrade à Nisch pourrait être facilement prolongée jusqu'a Vir Bazar (150 kilomètres environ), tête de ligne d'Antivari, ce qui assurerait le transit du Danube à un port de l'Adriatique indépendant de l'influence allemande. L'intérêt de la Russie, de la Serbie, de la Bulgarie est manifeste dans l'exécution de ce projet.

L'Italie est trop directement intéressée à augmenter son trafic direct avec les ports de la péninsule balkanique pour qu'il soit utile d'insister.

Quant à la France, elle ne saurait rester indifférente à l'exécution de projets qui diminueraient l'activité du commerce allemand dans ces parages.

Les difficultés d'exécution, pour réelles qu'elles soient, ne sont donc pas insurmontables. Loin de là, on en parle dans le monde capitaliste.

L'annexion de la Bosnie-Herzégovine, la révolte d'Albanie et l'état d'anarchie dans lequel se trouve plongée la Turquie, par suite des intransigeances des comités, ont seuls retardé la constitution d'un consortium par lequel des capitaux italiens, russes, français, anglais et serbes assureraient le transit en dehors de toute immixtion allemande, — ce qui ne serait pas à dédaigner.

Le congrès de Berlin avait confié à l'Autriche la surveillance du port d'Antivari dont l'accès demeurait interdit aux navires de guerre de toute nation.

Depuis peu cette interdiction est levée. « Ce port est un des meilleurs refuges naturels de la Méditerranée. Parfaitement abrité, assez profond pour recevoir les plus puissants cuirassés modernes, il est assez large pour donner asile en même temps à plusieurs grandes escadres. Des travaux de fortifications vont être entrepris à Antivari qu'une voie ferrée reliera bientôt à Scutari d'Albanie et à Prisrend pour rejoindre, vers Katchianik, le chemin de fer de Salonique. Le nouveau port va devenir la capitale économique du pays et, peut-être même, sa capitale politique en remplacement de Cettigne trop difficilement accessible.

« Au point de vue des ententes et des alliances la situation du Monténégro est excellente. L'Autriche le respecte, car elle se rend compte que ce petit royaume constitue une sorte de forteresse inexpugnable sur le flanc de la route Serajewo, Novi-Bazar, Mitrovitza, axe de la poussée autrichienne vers Salonique... Les raisons d'intérêt s'ajoutent aux considérations sentimentales pour cimenter l'union de l'Italie et du Monténégro. Celui-ci constitue dans la péninsule balkanique la sentinelle avancée de notre voisine, il maintient ouvert pour elle le chemin de l'Albanie occidentale.

« Au jour fatal où cette province, déjà en grande partie italianisée, se détachera de l'empire ottoman, le Monténégro en recevra sa part et vraisemblablement étendra ses frontières jusqu'à la rive droite du Drin-Noir, englobant ainsi Scutari et le port de Dulcigno. » *(Correspondance nationale.)*

La révolte des Malissores et des Mirdites au printemps dernier faillit déchaîner la guerre entre le Monténégro et la Turquie. La Porte prétendait que le Monténégro violait la neutralité en offrant asile aux insurgés albanais. Le Monténégro affirmait ses sentiments pacifiques, mais en présence de l'attitude des troupes ottomanes groupées en nombre sur ses frontières, des mesures, de précaution durent être prises et l'armée fut en partie mobilisée.

Un nouveau ministère fut constitué.

Présidence du conseil et affaires étrangères..............	M. TOMANOVITCH.
Justice. Instruction publique.	M. VOUCOVITCH.
Guerre..................	M. le général Ivo CJOURAVITCH, commandant de la 4e division.
Intérieur.................	M. Marko DJOUKANOVITCH, président du conseil d'État.
Finances. Travaux publics...	M. Philippe VERGOVITCH, président de la cour des comptes.

Le 23 août le ministère démissionnaire fut remplacé par le suivant :

Présidence du conseil	M. TOMANOWITCH.
Justice. Instruction publique, cultes..................	M. DOZITCH.
Ministère des affaires étrangères..................	M. GREGOVITCH.
Intérieur, agriculture, postes et télégraphes...........	M. DJOUKANOVITCH.
Finances, travaux publics ...	M. VERGOVITCH.
Guerre..................	Le général VOUKOVITCH.

Sa Majesté le roi de Monténégro est venu à Saint-Pétersbourg au mois de janvier dernier.

Un dîner a été donné en son honneur au palais d'hiver, auquel assistaient l'Empereur, l'Impératrice, l'Impératrice douairière, les grands-ducs et les grandes-duchesses, le Roi et le prince Pierre de Monténégro, la suite du Roi, le ministre de Russie à Cettigne.

Pendant le repas, l'Empereur a porté le toast suivant :

« Je suis content de saluer Votre Majesté Royale, maintenant qu'elle a couronné, en prenant le titre de Roi, vos cinquante années de grandes actions politiques, de bravoure militaire et de gouvernement fécond.

« La continuation du développement pacifique et de la prospérité du jeune royaume, sous la sage conduite de Votre Majesté, trouvera toujours un vif écho de sympathie fraternelle et, en cas de besoin, un appui chez moi et en Russie.

« Je bois à la santé du roi de Monténégro, du feld-maréchal de l'armée russe, de la reine Milena et de toute la maison royale, de l'héroïque peuple monténégrin. »

Le roi Nicolas a répondu en exprimant ses plus sincères remerciements pour les aimables paroles de l'Empereur, particulièrement en ce qu'elles concernaient son cher Monténégro.

Quant à lui, il est profondément touché de la haute distinction qu'on lui a accordée, en sa qualité de chef du brave peuple montagnard à jamais fidèle, en le nommant feld-maréchal de l'armée russe.

Le Roi a donné à l'Empereur l'assurance qu'il disposait, lui aussi, du dévouement fidèle et sans bornes de tous ses Monténégrins qui aiment ardemment l'Empereur de Russie et la Russie et qui voient dans leur puissant appui la meilleure garantie pour l'avenir.

ROUMANIE

CHAPITRE VI

ROUMANIE

Gouvernement. — Armée. — Finances. — Agriculture. — Commerce. — Pétrole. — Entente de la Turquie et de la Roumanie.

La Roumanie compte 6 500 000 habitants. Le territoire a une surface de 131 000 kilomètres carrés et est divisé en trente-deux districts.

Le roi de Roumanie, S. M. Charles Ier, né le 20 avril 1839, second fils du prince Charles-Antoine-Joachim de Hohenzollern-Sigmaringen et de la princesse Joséphine de Bade, a été élu et proclamé prince régnant, avec le droit d'hérédité par le plébiscite du 30 mars 1866. Il a épousé en 1869 la princesse Élisabeth de Wied. Le trône de Roumanie devait revenir au prince Guillaume, fils du prince Charles, mais, par acte du 18 mars 1889, le prince Guillaume y a renoncé en faveur de son frère le prince Ferdinand qui porte depuis lors le titre de prince de Roumanie.

Le service militaire est obligatoire entre vingt et un et quarante ans.

Le territoire est réparti entre quatre régions de corps d'armée ayant pour quartiers généraux Craïova, Bucarest, Galatz et Jassy.

L'armée active comprend : « 35 régiments d'infanterie à 3 bataillons, 9 bataillons de chasseurs, 34 bataillons de réserve. Dix-huit régiments de cavalerie (83 escadrons), 13 régiments d'artillerie de campagne (87 batteries montées, 3 à cheval, 5 d'obusiers). Cinq bataillons de pionniers. Deux régiments (22 compagnies) d'artillerie de forteresse, 4 escadrons du train, 4 compagnies du service de santé. Trente-quatre cadres de bataillons de milices. Dix compagnies de gardes frontières. Trois escadrons et 2 compagnies de gendarmerie. Effectifs de paix : 3 475 officiers, 91 785 hommes (1). »

En temps de guerre, les troupes roumaines peuvent atteindre le chiffre de 300 000 hommes. Depuis 1892 elles sont armées d'un fusil à répétition, système Mannlicher, du calibre de 6 millimètres 5. Les batteries sont à six pièces de canons Krupp de 75 et de 87 millimètres.

« La capitale de la Roumanie, Bucarest, qui compte actuellement 300 000 habitants, est devenue une sorte de camp retranché défendu par dix-huit forts et de nombreuses batteries reliées entre elles par une voie ferrée et rattachées au réseau de chemins de fer roumains. Les places de Galatz (64 000 habitants), Namoloasa et Focshani complètent le système de défense; ces trois places sont constituées chacune par une ligne circulaire de défense dans laquelle les forts sont remplacés par des groupes d'ouvrages disposés sur trois rangs à Galatz et à Focshani et sur deux rangs seulement à Namoloasa. Les deux premiers rangs se composent de petites batteries de très faible relief, à profil en glacis, de sorte qu'à peu de distance, elles sont complètement invisibles.

« Dans le talus intérieur sont disposées de petites niches en béton, destinées à recevoir des coupoles pour canons à tir rapide de 37, 53, 57 millimètres. Les coupoles des batteries du premier rang sont mobiles et en temps de paix sont conservées dans des hangars. Au troisième rang se trouve seulement un gros ouvrage circulaire bétonné (très exceptionnellement deux), armé de deux ou trois pièces de gros calibre, obusiers ou mortiers de 120 millimètres sous coupoles (2). »

L'armée roumaine a fait ses preuves pendant la guerre de 1877-1878. On peut compter sur elle pour la défense du sol national.

Outre les villes de Bucarest et de Galatz on peut citer comme particulièrement commerçantes celles de Braïla, 58 000 habitants, Craïova, 45 500, habitants, Plœsci, 45 000 habitants, Botosani, 32 500 habitants, Turnseverin, 19 000 habitants, Constantza, 13 000 habitants.

(1) *Armées et flottes militaires de tous les États du monde.*

(2) L. Lamouche, *les Armées de la péninsule.*

La dette publique est de 1 598 976 306 francs. Mais cette dette « est représentée par un actif d'égale valeur constitué par le domaine industriel de l'état et par différentes constructions et installations (1). »

L'état roumain « peut payer en partie les annuités de sa dette seulement avec les revenus de ses domaines industriels, agricoles ou miniers et avec sa participation aux bénéfices de certaines institutions financières. Tous ces revenus représentent à peu près 42 000 000 de francs (2). »

Le cabinet libéral présidé par M. Bratiano, qui occupait le pouvoir depuis le mois de mars 1909, s'est retiré au commencement de l'année 1911.

Il avait succédé au cabinet libéral Démètre Stourdza, successeur lui-même du ministère conservateur Cantacuzène qui s'était retiré au moment des troubles agraires qui agitaient à ce moment la Roumanie.

Le ministère Bratiano s'efforçait d'organiser la Roumanie tout à fait en État moderne. Une faction importante des libéraux en manifesta son mécontentement et le ministère se retira.

Le roi confia à M. Carp, chef du parti conservateur, le soin de former le ministère qui fut composé de la façon suivante :

Président du conseil et finances......	M. Carp.
Intérieur........................	M. Marghieoman.
Agriculture......................	M. Lahovary.
Affaires étrangères	M. Trajoresco.
Justice......	M. Michel Cantacuzène.
Guerre..........................	M. Nicolas Filipesco.
Travaux publics..................	M. Delavranca.
Instruction publique	M. Constantin Arion.
Commerce, industrie	M. Menitzesco.

M. Carp est le chef du parti conservateur, mais une forte partie des conservateurs s'est constituée en parti conservateur démocrate dont M. Take Jonesco est le chef.

Cette scission n'a pas facilité les débuts du nouveau ministère.

(1) *La dette publique de la Roumanie*, Nicolas Xenopol, sénateur au parlement roumain. (*La Grande Revue*, 25 août 1910.)

(2) *Ibid.*

Le gouvernement aurait, dit-on, le projet de présenter une loi sur les assurances en cas d'accident ou de maladie et sur les retraites ouvrières. Les propriétés rurales d'une superficie inférieure à dix hectares seraient exemptes d'impôts. Les tarifs douaniers seraient réduits ainsi que les tarifs de chemins de fer. L'armée serait augmentée et l'administration réformée.

La Roumanie, journal conservateur démocrate, a accueilli le nouveau ministère en ces termes : « Il est impossible que la Roumanie de 1911 se rende complice de ce mouvement de réaction qui n'est, ni plus ni moins, que la suppression sans phrases et presque sans formes des institutions libres et du régime représentatif. Nous nous trouvons en présence d'un ministère antiparlementaire, le pays sera à la hauteur des grands devoirs que la situation lui impose. »

Le parlement comptant une forte majorité de libéraux et les libéraux ayant fait preuve de l'incapacité où ils se trouvaient de continuer à gouverner, le nouveau président du conseil a obtenu du roi un décret de dissolution.

Les élections de la nouvelle Chambre ont été fixées au 16 février et sa réunion au 7-20 mars.

Quelques jours après M. Take Jonesko déclarait, dans une réunion électorale : « J'ai cherché à édifier quelque chose dans ce pays et je n'ai jamais songé à détruire; mais si les événements s'enchaînent de façon à ce que, pour construire, il nous faille recourir à quelque secousse, nous y sommes décidés. »

En même temps M. Carp, président du conseil, publiait un manifeste-programme.

Il était dit dans ce manifeste que le parti conservateur est hostile à toute revision de la constitution, qui à ses yeux ne réussirait qu'à donner une autre forme à des droits politiques déjà acquis; que des réformes d'ordre social donneraient une organisation nouvelle aux métiers, mettant les droits des ouvriers à l'abri des empiétements des patrons et assurant aux travailleurs une protection efficace en cas d'accident, de maladie, d'infirmité ou de vieillesse; que la législation concernant la situation des paysans et celle des fonctionnaires subalternes serait améliorée par des mesures contre le renchérissement excessif de la vie et par la suppression de plusieurs impôts de consommation ; qu'une impulsion énergique sera donnée aux initiatives économiques; que le gouvernement se consacrera au développement de l'enseignement et au perfectionnement de la défense nationale.

Cent soixante et un députés gouvernementaux et vingt et un députés de l'opposition ont été élus.

L'ouverture du parlement a eu lieu le 20 mars, le message royal déclarant : la grande majorité acquise au gouvernement indique qu'il jouit de la confiance du pays. Cet accord entre le pays et le trône constitue une garantie pour l'accomplissement de la mission du gouvernement, et cela d'autant plus, qu'il peut considérer avec calme la situation extérieure.

La politique constante et posée que la Roumanie poursuit sans hésitation depuis plus d'un quart de siècle a assuré les meilleures relations avec tous les États. « Le maintien de la paix, qui est le but commun de leurs aspirations, est également notre principal désir. »

Le gouvernement a porté déjà à la connaissance publique les mesures qu'il juge nécessaires pour assurer, pour améliorer l'état économique et social du pays. « Elles formeront l'objet de votre activité au cours de la nouvelle législature. Pendant la courte session actuelle, votre mission sera principalement l'étude et le vote du budget. En votant les lois connexes au budget vous accomplirez le premier pas décisif vers les réformes exigées par la situation intérieure et notamment pour adoucir la vie des paysans et de nombreux habitants des villes frappés par le renchérissement de la vie.

« Avant qu'il soit possible de voter les lois sur la vente de la terre aux paysans, l'assurance des ouvriers, la nouvelle organisation des métiers, la décentralisation administrative, vous aurez à secourir dès maintenant les paysans en dégrevant les lots inférieurs à six hectares des impôts de l'État et à améliorer, d'autre part, la situation des fonctionnaires inférieurs des chemins de fer ainsi que les salaires des membres de l'enseignement primaire et secondaire.

« La situation de nos finances permet ces améliorations, elle permet également de destiner, sans porter atteinte à l'équilibre budgétaire, une augmentation de 8 millions à fortifier l'armée pour la grandeur de laquelle le pays a toujours été prêt à faire les sacrifices les plus grands. »

« Les dernières lois sur la propriété paysanne, écrit M. Pinon dans *la Revue des Deux Mondes,* ont été demandées par les grands propriétaires eux-mêmes. Ils se rendent compte qu'ils ne perdront rien en aidant, fût-ce au prix d'un sacrifice, à la constitution des petits domaines autour de leurs grandes terres patrimoniales. A la suite des terribles émeutes rurales de mars 1907, l'urgence d'une réforme apparut; il fallait mettre les paysans à l'abri de l'usure et leur assurer un domaine qui restât leur propriété inaliénable. Le Roi annonça et promit des lois destinées à donner satisfaction à la classe paysanne et son gouvernement les proposa et les fit voter par le parlement. En voici les principales dispositions : le droit d'affermage est limité; nul ne peut ni directement ni indirectement, par personne interposée, prendre à ferme ou exploiter comme fermier plusieurs domaines, à moins que leur étendue totale ne dépasse pas 4000 hectares de terre cultivable; on a mis fin par ce moyen au trust des fermages, à l'accaparement des terres par quelques gros fermiers juifs de Moldavie qui obligeaient les paysans à accepter des conditions de travail salarié ou de sous-affermage trop onéreuses.

« Les domaines appartenant à l'État ou à des institutions de bienfaisance, tous les biens de mainmorte doivent être administrés en régie ou affermés à des associations paysannes légalement constituées; ils ne peuvent pas être loués à des particuliers.

« Depuis dix ans des banques populaires ont été fondées dans presque toutes les communes de Roumanie. Elles sont destinées à faire fructifier en toute sécurité l'épargne des cultivateurs; elles disposent d'un capital de 100 millions et ont déjà pris en ferme un grand nombre de domaines pour lesquels elles paient des fermages se montant à près de 7 millions de francs. Une loi nouvelle leur accorde certains privilèges et organise le contrôle de l'État sur leur gestion.

« Une loi dite des contrats agricoles établit toute une série de règlements destinés à protéger le paysan contre la cupidité des grands propriétaires et des fermiers. Il est créé dans chaque département un inspecteur agricole; des commissions mixtes nommées par les propriétaires et les paysans sont appelées à se prononcer sur les litiges qui peuvent survenir. Un conseil supérieur de l'agriculture est créé à Bucarest et chargé de veiller à l'application des réformes agraires. Les communes ont été dotées de pâturages, achetés à l'amiable par l'État aux grands propriétaires, afin de rendre les petits cultivateurs moins dépendants des grands fermiers et des propriétaires de « latifundia » qui trop souvent leur imposaient des conditions très dures pour le pâturage de leur bétail. Ces terres doivent être progressivement ensemencées en plantes fourragères, trèfle, luzerne, etc., etc., afin de mettre autant que possible le bétail du cultivateur à l'abri des désastres amenés par de longues sécheresses.

« L'État fait don à chaque école rurale du pays de trois hectares et demi de terres arables, pour servir à la création de jardins potagers et fruitiers dans le voisinage le plus proche de l'école. Là où il ne sera pas possible de se procurer cette étendue de terres par voie d'achat, elle sera prise à bail, aux frais de l'État qui en paiera les fermages sur le budget du ministère de l'instruction publique.

« Une somme de 15 millions est accordée par l'État à titre de secours, aux propriétaires qui ont souffert des dommages pendant les révoltes agraires de 1907.

« Une caisse rurale est fondée à Bucarest. Elle a pour mission d'acquérir à l'amiable ou par voie d'adjudication publique de grands domaines dont elle fait ensuite le partage entre les cultivateurs qui désirent les acheter et qui, moyennant un acompte de 15 0/0, peuvent acquitter le reste du prix en 50 annuités majorées d'un intérêt de 5 0/0.

« Tout dernièrement a été soumise au parlement une loi tendant à exempter de l'emprunt foncier les propriétés paysannes inférieures à six hectares.

« Toutes ces mesures constituent une véritable rénovation économique et sociale de la Roumanie. La valeur des terres depuis quatre ans a haussé de 30 à 40 pour 0/0. Le taux moyen des fermages est plus élevé et pourtant les charges des paysans ont été allégées, leur sort est moins misérable et moins précaire. »

Le commerce intérieur est pour une grande part entre les mains de maisons allemandes.

« Il existe d'importantes colonies allemandes dans les principales villes : à Bucarest, à Constantza, à Braïla, à Galatz, à Jassy.

Il y a également depuis longtemps des colonies allemandes de peuplement dans la Dobrudja (1). »

Le commerce des céréales a été pendant de nombreuses années la seule source de revenus pour la Roumanie. Il n'en est plus ainsi.

L'industrie s'est développée, de nombreuses manufactures se sont établies, filatures, verreries, fabriques de matériel, constructions métalliques, etc. Enfin la découverte d'importants gisements de pétrole a donné un essor considérable aux affaires. En 1905 la production s'est élevée à 614 870 tonnes, en 1906 à 887 091 tonnes, en 1907 à 1 129 097 tonnes représentant une valeur de « 50 800 000 francs », en 1908 à 1 147 627 tonnes, en 1909 à 1 297 257 tonnes, en 1910 à 1 352 289 tonnes.

On prête au ministère Carp l'intention de réunir en une caisse générale toutes les sociétés pétrolières. Ce serait une organisation analogue à celle des sociétés de Russie et de Galicie qui ont acquis par l'union des débouchés considérables.

L'état roumain, qui possède une grande quantité de gisements, prendrait l'initiative de l'union et formerait une société qui rachèterait toutes les exploitations qui appartiennent en ce moment aux étrangers.

D'après *l'Indépendance belge* « la taxe de 1°/。 que perçoit l'État sur chaque exploitation donne un revenu de trois millions; la redevance sur les terrains de l'État produit deux millions; on aurait ainsi cinq millions pour faire face aux annuités nécessitées par le rachat de tous les chantiers de pétrole ».

La production du district de Prahova est de beaucoup la plus considérable, ensuite viennent les districts de Dambovitza, Buzeu et Bacau.

D'après un rapport du ministre de Belgique à Bucarest « le capital engagé dans l'industrie du pétrole a été porté en 1910 de 232 à 274 millions de francs dont 104 millions, soit plus du tiers, d'origine allemande. Puis viennent, dans l'ordre d'importance, la Hollande 62 657 000 francs, l'Angleterre 26 millions, la France 18 millions, l'Italie 15 millions, la Roumanie 14 millions, l'Amé-

(1) Raymond Perraud, *Questions diplomatiques et coloniales*, 1er août 1910. *(La Roumanie économique et politique.)*

rique 12 millions, la Belgique 8 millions, l'Autriche-Hongrie 5 millions de francs.

« La plupart des sociétés ont distribué aux actionnaires des dividendes variant de 10 à 4 0/0; les autres ont couvert leurs frais d'exploitation.

« L'exportation des produits pétrolifères a atteint en 1910 582 000 tonnes, soit sur le dernier exercice une augmentation de 150 000 tonnes ou 36 0/0. L'accroissement est particulièrement marqué pour le lampant : il se chiffre par 76 965 tonnes ou 30 0/0, puis vient la benzine avec une augmentation de 17 000 tonnes et enfin le pétrole combustible avec une majoration de 52 000 tonnes (1). »

On a beaucoup dit et écrit que la Roumanie, rompant avec son passé et ses traditions, était entrée résolument dans la sphère d'influence allemande. Des protestations se produisent cependant contre cette politique allemande qu'une partie des Roumains verrait avec défaveur. On lit à ce propos dans *l'Indépendance roumaine :* « Nous sommes restés et nous resterons des Latinss dans toute l'acception du mot, un peuple frère de la France, à laquelle il tient par ses qualités de clarté et de limpidité, par ses penchants généreux et son amour de la liberté. »

La triple alliance a su tirer parti de la situation et utiliser la Roumanie au moment où la Bulgarie paraissait disposée à demander des comptes à la Turquie.

« L'action de la Triplice fut complétée par un rappel à la Roumanie qu'en cas d'une attaque des Bulgares en Macédoine, nul ne l'empêcherait, au moment opportun, d'envahir la Bulgarie.

« Du reste cette attitude était conforme aux assurances données par le gouvernement roumain à l'Autriche-Hongrie et à l'Allemagne.

« La Roumanie, sentinelle avancée de la Triplice dans les Balkans, a pour fonctions d'arrêter, dans la mesure du possible, les armées russes au cas éventuel où elles marcheraient sur Constantinople et de menacer les derrières de la Bulgarie pour l'empêcher d'aller à Salonique. L'intérêt de ce rôle s'est encore affirmé ces jours derniers, puisque c'est à ces arrangements que l'on doit, au moins

(1) *Recueil consulaire belge.*

pour le présent, d'avoir pu éviter un conflit sanglant (1). »

Aujourd'hui, c'est un fait avéré, dit *le Sabah*, que « les sentiments de tous les Ottomans sont pour que les liens qui unissent la Turquie et la Roumanie deviennent de plus en plus solides, et les dirigeants de l'empire sont absolument de cet avis. Grâce à ces sentiments réciproques des Turcs et des Roumains, on peut être certain que le traité de commerce qui va être conclu sera tout à fait à l'avantage des deux pays ».

Un journal de Paris ayant annoncé, au cours du mois de septembre 1910, une convention militaire entre la Turquie et la Roumanie, la question fut commentée par la presse européenne. *La Libre Parole* dit, sous la signature de M. de Rauville, que la Turquie eut un rôle à jouer à côté de la Triplice dans l'éventualité d'un conflit européen, tout le monde le sait. Sous Abdul Hamid le fait était avoué et le gouvernement jeune-turc, après une courte hésitation qui le fit d'abord pencher vers l'Angleterre, auteur de la révolution dont il était issu, revint à la tradition hamidienne conforme d'ailleurs avec les intérêts de l'empire ottoman, menacé surtout par la Russie et l'Angleterre.

Quant à la Roumanie, elle est devenue un satellite forcé de l'Autriche; prise comme un coin entre cette puissance, la Russie, la Bulgarie et la Serbie, elle n'a de débouché que sur la mer Noire, fermée elle-même par la Turquie, conformément à un traité international.

La Roumanie entra dans le cycle triplicien. Elle prit le biais de conclure un accord avec la Turquie pour ne pas se lier directement avec l'empire autrichien, soucieuse toujours de se réserver une retraite si les événements l'y poussaient.

Voilà ce que tout le monde sait depuis plusieurs mois déjà. Pourquoi donc le bruit mené actuellement autour de ce vieux-neuf? La cause de ce brusque « pétard » nous paraît facile à expliquer. Remarquons d'abord que le journal qui s'est fait l'écho de la nouvelle avoue qu'elle lui vient de Constantinople, non de Bucarest ni de Vienne. C'est donc la Porte qui a commis l'indiscrétion, si indiscrétion il y a. On comprend alors fort bien que la Turquie, résolue d'en finir avec la Grèce, mais menacée d'une intervention

(1) *Le Matin*.

bulgare, ait voulu engager à fond la Roumanie en revélant l'accord et avertir en même temps la Bulgarie qu'elle pourrait bien avoir à garder ses frontières du nord comme celles du midi... Il apparaît donc avec évidence que l'annonce tardive et bruyante de l'entente turco-roumaine n'est qu'une manœuvre des Jeunes-Turcs pour inquiéter la Bulgarie.

D'après *le Neues Wiener Tagblatt :*

« Il n'existe pas de convention militaire entre la Roumanie et la Turquie, parce qu'une convention tacite est la conséquence même de la situation. »

La Gazette de Cologne déclare que la convention n'existe pas.

La Gazette de Voss est aussi d'avis que le rapprochement turco-roumain est la conséquence de la situation dans les Balkans.

La Roumanie est intimement unie aux puissances de la Triplice, elle tend maintenant la main à la Turquie et celle-ci, suivant la formule : « Les amis de mes amis sont mes amis, » resserre ses relations avec les puissances tripliciennes.

Le Daily Telegraph considère comme vraisemblable l'alliance turco-roumaine.

La Gazette de Francfort reproduit un commentaire du journal *le Jeune Turc*, et s'y associe entièrement. « La nouvelle d'une entente avec la Roumanie est peut-être prématurée, mais ce qui n'existe pas aujourd'hui peut devenir demain une réalité. Nous souhaitons vivement que cette entente se réalise bientôt. »

On pense généralement à Saint-Pétersbourg que les circonstances poussent à l'accord turco-roumain, bien que le roi de Roumanie se garde avec soin des complications et que le gouvernement s'efforce de se tenir en dehors des agitations de la péninsule des Balkans.

D'après *le Mattino,* l'ambassadeur d'Allemagne à Constantinople est le vrai sultan de Turquie. Il a été le seul à comprendre que les Jeunes-Turcs sont une bande d'aventuriers perdus au milieu du chaos de l'empire ottoman et qu'ils ne peuvent se maintenir qu'en s'appuyant sur le militarisme et l'instinct de la défense musulmane.

Si on laisse le temps à la Turquie de s'organiser militairement et à la diplomatie allemande de continuer ses intrigues, on verra quelle formidable menace se prépare là-bas, au bout de la Méditerranée.

Du journal *l'Action française :*

« L'équilibre que l'accord anglo-franco-russe imaginé par le roi Édouard VII tendait à réaliser, est rompu au profit du système à la tête duquel se trouve l'Allemagne. C'est une phase nouvelle de la lutte qui se poursuit depuis de longues années entre les deux groupements européens. C'est aussi la suite logique des succès remportés d'octobre 1908 à mars 1909 par l'Autriche et l'Allemagne unies dans la question d'Orient.

« Le nationalisme et l'outrecuidance des Jeunes-Turcs ne connaît plus de bornes depuis qu'ils se sentent soutenus par Vienne et par Berlin. »

Le Giornale d'Italia ne croit pas que l'accord existe, mais il recommande de surveiller attentivement les initiatives des diplomates dans la région des Balkans.

Le Corriere d'Italia, au contraire, croit à l'accord turco-roumain pour neutraliser les influences slaves et antigermaniques.

La Tribuna est incrédule. L'Italie désire le maintien du *statu quo* en Orient. Elle est favorable au nouveau système de gouvernement turc.

La presse turque ignore l'alliance turco-roumaine. Il existe entre les deux pays une amitié sincère et durable, cimentée par la communauté d'intérêts.

La communauté valaque ottomane, dit *le Stamboul*, a exprimé en toute occasion des sentiments de dévouement et de loyalisme envers le gouvernement constitutionnel. La Turquie n'a jamais eu à se plaindre des Valaques.

Le journal *Vetcherna Pochta* dit que le général Paprikoff et M. Bahmetieff, agent diplomatique de la Russie à Sofia, auraient été hostiles à la Roumanie dès l'année 1889.

« En 1902, d'après ce journal, le général Paprikoff a signé à Pétersbourg, comme ministre de la guerre du cabinet du docteur Daneff, une convention qui contenait, entre autres, le plan d'une coopération des armées russe et bulgare contre la Roumanie. Les Roumains ont eu connaissance de cette convention et depuis lors ils ont travaillé constamment à faire face au danger russo-bulgare. »

D'après le journal serbe *le Samou Prava*, au sujet de l'adhésion de la Turquie à la triple alliance :

« Cette combinaison, si même on y trouvait des raisons en Turquie, pourrait devenir pour cette dernière une telle source de dangers sans d'autres rapports que l'éventualité seule de ces dangers serait suffisante pour l'arrêter sur une pente où il n'y aurait plus pour elle ni recul ni retour possible. »

C'est une sérieuse observation que la Serbie, par l'organe de son gouvernement, fait à la Turquie. Elle est d'autant plus sérieuse que la Serbie a toujours été pour une entente cordiale avec la Turquie et que le gouvernement serbe est toujours resté fidèle à cette idée malgré toutes les déceptions qu'il a subies de la part de la Turquie.

Lorsqu'il y a quelques mois la population serbe en vieille Serbie et en Macédoine a cru avoir à se plaindre des autorités turques à l'occasion du désarmement, le gouvernement serbe s'est toujours montré loyal et conciliant vis-à-vis de la Turquie, malgré les protestations de l'opinion publique entière qui lui reprochait de manquer de cette énergie que manifestait de son côté la Bulgarie pour les mêmes causes et dans les mêmes circonstances.

Le gouvernement serbe, après les expériences amères des événements qui se sont déroulés à la suite de l'annexion de la Bosnie, avait une conviction tellement profonde de la nécessité de l'entente et de l'alliance entre les États balkaniques qu'il évitait scrupuleusement toutes les complications de nature à compromettre cette entente. La convention entre la Turquie et les puissances centrales, si elle se réalise, serait un réveil cruel de ces rêves d'alliance.

L'Indépendance belge estime que la politique turque manque de suite. « Les Turcs eux-mêmes ne doivent pas être très rassurés, car des circonstances peuvent se produire demain qui détermineront les Roumains à se retourner contre ceux dont ils s'apprêtent à devenir aujourd'hui les alliés. »

Du *Courrier européen :*

« Grâce à l'attitude maladroite, certes, mais loyale de la Grande-Bretagne et de la France dans la question crétoise; d'autre part, grâce aux incertitudes et intrigues financières dans lesquelles le gouvernement ottoman se vit soudain enfoncé, la diplomatie austro-allemande sut profiter du désarroi profond qui régnait à Constantinople pour aggraver et le conflit crétois, en voie d'arrangement, et le conflit avec la Bulgarie à cause du désarmement des Macédoniens pour faire valoir une fois de plus ses services d'ordre militaire et enfin pour rapprocher anciens tyrans et anciens vassaux, les Turcs et les Roumains... »

Les plans de Vienne, qui consistent principalement à rendre impossible une solidarité balkanique, viennent donc d'avoir un succès que M. d'Ærenthal lui-même n'osait espérer aussi proche.

Au traité militaire qui lie formellement la Roumanie et la Triplice et dont le roi Carol, dans son interview retentissante accordée à M. Munz en avril dernier, a reconnu implicitement l'existence, s'ajoute donc une convention sinon écrite, du moins tacite entre la Turquie et la Roumanie, ce qui veut dire entre la Turquie et la Triplice.

TURQUIE

CHAPITRE VII

LE RÉGIME JEUNE-TURC

Population de la Turquie. — Mise en vigueur de la constitution. — Le parti des Jeunes-Turcs. — Révolution de 1909. — Régime des cours martiales. — Les capitulations. — Intervention de la France. — Maçonnerie. — Massacre d'Adana. — Intervention en Perse. — Intrigues de l'Allemagne. — Conséquences de l'entrevue de Potsdam. — Chemins de fer persans. — Ligne de Bagdad. — Terminus dans le golfe Persique. — Grandes manœuvres en 1910. — Armée turque. — Sa réorganisation.

Le territoire de l'empire a une superficie de 2 968 400 kilomètres carrés. La population paraît être d'environ 25 millions d'habitants, les chiffres ne pouvant être qu'approximatifs par suite de l'absence de recensement et du défaut d'état civil régulier.

« L'empire ottoman, d'après le journal *le Radical*, compte environ 25 000 000 d'habitants. Turquie d'Europe 6 500 000 habitants, Turquie d'Asie 17 500 000 habitants, Afrique du Nord turque 1 000 000 d'habitants. Dans la Turquie d'Europe, les musulmans composent au moins la moitié de la population. Dans cette moitié ce sont les Turcs qui l'emportent en nombre, puis viennent les Albanais qui forment une masse estimée de 615 000 à 1 000 000 d'habitants. Les autres musulmans appartiennent à d'autres éléments, mais comme la communauté confessionnelle l'emporte sur la communauté de race, il n'y a là rien à craindre pour les Turcs.

« Les Grecs représentent la plus forte agglomération, environ un million et demi, dont le quart est à Constantinople. Les autres races musulmanes sont : Bulgares 700 000, Serbes 700 000, Juifs 190 000, Arméniens 150 000, Kontzo-Valaques 100 000.

« Parmi les nationalités déjà nommées, les Grecs et les Arméniens sont les seuls qui se présentent en masses importantes en d'autres parties de l'empire. Les Grecs sont environ un million, répandus sur les côtes de l'Asie Mineure, mais ils représentent là une minorité trop faible pour agir. Les Arméniens sont dans le même cas avec leur million d'individus en Asie Mineure.

« La Turquie d'Asie se divise en Asie Mineure, Arménie turque et Kurdistan, Syrie et Mésopotamie, Arabie turque. Les dix-sept millions et demi d'habitants de ce territoire se répartissent ainsi : Turcs 7 500 000, Syriens et Arabes 5 000 000, Kurdes 1 200 000, Arméniens 1 115 000, Grecs un million.

« Là encore les Turcs composent le groupe le plus important comme nombre, viennent immédiatement ensuite les Syriens et Arabes. Enfin si nous comptons la population arabe et berbère de la Mésopotamie, nous avons les chiffres suivants pour les groupes principaux de tout l'Empire : Turcs 10 millions, Syriens et Arabes 6 millions, Grecs 2 millions, Arméniens 1 200 000, Kurdes 1 250 000. »

Les deux langues officielles de l'empire ottoman sont le turc, la langue de la dynastie au pouvoir, et l'arabe, la langue du Coran, la langue sacrée. « L'Ottoman, pour parfaire ses études, se trouve dans la nécessité d'apprendre notoirement le français ou l'anglais. Il devient polyglotte par la force des choses, ce qui développe principalement son centre linguistique, au détriment des autres facultés cérébrales. Rappelons qu'il n'y a pas d'industrie en Turquie et que l'agriculture et le commerce y sont à l'état rudimentaire. Il faut donc absolument au peuple turc un seul idiome évoluant ainsi que lui-même, de façon à devenir l'un et l'autre un instrument de progrès (1). »

Jusqu'en 1909, il n'y avait en Turquie que 7 000 kilomètres de routes et à peu près la même longueur de chemins de fer, dont environ 2 000 kilomètres pour la Turquie d'Europe.

Le gouvernement se proposerait de construire plus de 30 000 kilomètres de routes nouvelles et de nombreuses voies ferrées.

La ligne de chemin de fer du Hedjaz, qui a une longueur d'environ quinze cents kilomètres, est la seule des chemins de fer de Turquie qui appartienne réellement aux Turcs.

« Les Anglais possèdent la ligne de Smyrne à Aïdin de 576 kilomètres. Les Autrichiens détiennent les chemins de fer orientaux,

(1) *A propos de la révolution ottomane*, Dr Noamé (de Tunis).

935 kilomètres. Les Français administrent la ligne de jonction Salonique-Constantinople de 510 kilomètres, celle de Smyrne à Cassaba et prolongement de 519 kilomètres, celle de Damas-Hamah et prolongement Rayak-Alep de 581 kilomètres et la ligne Jaffa-Jérusalem de 87 kilomètres. Les Allemands ont la ligne de Bagdad qui mesure jusqu'ici 200 kilomètres, celle de Marsina-Tarse-Adana, 67 kilomètres, le chemin de fer d'Anatolie dont les lignes Haidar-Pacha-Ancyre, Eski-Chehir-Konia et Arifi-Ada-Bazar forment un total de 1 035 kilomètres et la ligne Salonique-Monastir 219 kilomètres. Le total se répartit donc ainsi : Français, 1 697 kilomètres; Allemands, 1 519 kilomètres; Turcs, 1 500 kilomètres; Autrichiens, 955 kilomètres; Anglais, 516 kilomètres, divers, 41 kilomètres, soit en tout 6 228 kilomètres.

« Mais si l'on compte les lignes projetées, c'est-à-dire les 820 kilomètres du chemin de fer de Bagdad, les 102 kilomètres de la ligne Homs-Tripoli, les 190 kilomètres de la ligne Sonia-Panderna (ces deux dernières aux Français), les 40 kilomètres de la ligne Baba-Eski-Tesk-Klesse (aux Autrichiens), on arrive à un total de 7 380 kilomètres dont 2 339 aux Allemands, 1 989 aux Français, 995 aux Autrichiens, les Anglais restant avec leurs 516 kilomètres du chemin de fer de Smyrne à Aïdin qui ne jouit d'ailleurs d'aucune garantie kilométrique.

« En garanties kilométriques l'État ottoman a payé 749 000 livres turques en 1909 et dans les cinq dernières années 3 714 000 livres turques. Quant aux lignes nouvelles, à part le chemin de fer de Bagdad, elles ne jouissent pas de la garantie kilométrique (1). »

L'organisation administrative de la Turquie a été réglée en 1864 par Midhat-Pacha.

Le territoire est divisé en vilayets gouvernés par des valis qui comprennent des livas ayant à leur tête des mutessarifs et des kazas dirigés par des kaimakams. Ce sont les divisions correspondant à la province, à l'arrondissement et au canton.

Un projet de loi récent prévoit la création d'un conseil général par vilayet ayant pour mission l'organisation financière du vilayet. Ce conseil se composerait de deux membres par kaza, élus pour quatre ans. Chaque vilayet acquerrait ainsi une autonomie écono-

(1) *Le Stamboul.*

mique de nature à développer la prospérité financière de l'Empire.

Le premier budget, présenté au parlement turc en 1909, était réglé d'après les chiffres suivants :

Recettes : 577 millions.

Dépenses : 661 millions.

Le déficit prévu, qui était de 84 millions dans le projet de budget, se trouva atteindre 124 millions après le vote du parlement.

« Dans le budget suivant (applicable à la période mars 1910-mars 1911), le déficit prévu est encore de 101 millions (1).

Le projet de budget de l'exercice 1328 (mars 1912 à mars 1913) est établi de la façon suivante :

Dépenses : 34 111 361 livres turques.

Recettes : 30 452 604 livres turques.

D'où un déficit de 3 658 757 livres turques.

Les dépenses de la défense nationale (marine, guerre, établissements militaires) entrent pour 33 pour 100, et la source de la dette publique pour 35 pour 100 dans le total des dépenses.

Les recettes prévues étant en notable augmentation sur celles de l'exercice précédent, l'exposé du ministre des Finances s'exprime ainsi : « L'augmentation des recettes doit être attribuée surtout au progrès et au développement produits dans notre vie économique en général et en partie aux réformes introduites petit à petit dans le mode de perception et des autres services de finances.

« Depuis le commencement de l'ère constitutionnelle, le gouvernement a assuré une série d'entreprises d'utilité publique, entre autres la construction de chemins de fer et de routes en Roumélie et en Anatolie, la construction de ports, l'irrigation de la Mésopotamie, l'encouragement de l'industrie. Mais ces entreprises ne sont pas encore arrivées à un degré pouvant donner des résultats. Tout de même la constitution ayant fait tomber les obstacles qui s'opposaient au progrès a produit un développement du mouvement économique en général. Une différence importante se fait remarquer dans notre situation d'aujourd'hui avec celle d'il y a trois ans. »

Le sultan Abdul Hamid II était empereur depuis le 31 août

(1) René Moulin, *les Finances turques et l'emprunt.*

1876, lorsque la constitution fut mise en vigueur le 24 juillet 1908. Cette révolution souleva l'enthousiasme général tant à Constantinople que dans les provinces de l'empire.

M. Alfred Durand dans son livre *Jeune-Turquie* et *Vieille-France* dépeint en ces termes les sentiments de la capitale : « Pendant dix jours, d'imposantes manifestations se sont succédé. Toutes les rues étaient pavoisées, des groupes composés de milliers de citoyens les parcouraient et, de temps en temps, l'un d'eux haranguait la foule qui soulignait ces allocutions de frénétiques hourras. Dans ces discours, il n'était question que de fraternité, de tolérance, de concorde, les orateurs presque tous musulmans voulaient bien établir que la liberté avait uni tous les Ottomans, sans distinction de race ni de religion, dans la plus étroite solidarité, des scènes touchantes eurent lieu. Cette foule qui présentait parfois des agglomérations considérables atteignant jusqu'à 50 000 personnes a été d'une correction étonnante. Par sa sagesse, sa modération et sa discipline le peuple ottoman a démontré qu'il était digne de la liberté. »

M. René Moulin, rédacteur en chef de *la Revue hebdomadaire*, rapporte qu'en Macédoine l'allégresse fut générale. « A Salonique, à Monastir, à Uskub, écrit M. Moulin (1), l'enthousiasme est indescriptible. Dans les rues des cortèges imposants de Bulgares, de Serbes, de Grecs fraternisent dans une commune et radieuse ivresse de liberté. Sur les places publiques, dans les cercles, dans les théâtres, une foule en délire acclame sans interruption la *Marseillaise;* des comitadjis bulgares, qui inlassablement tenaient la campagne, viennent spontanément faire leur soumission au comité « Union et Progrès ». Ce que des années d'efforts et de luttes incessantes n'avaient pu obtenir, le nom seul de la Constitution suffisait à le réaliser. Cet enthousiasme que soulève la Macédoine se répercute jusque dans les provinces de l'Asie Mineure, mais la terre asiatique le transforme : il devient plus sobre, plus modéré et les causes qui l'ont provoqué sont elles-mêmes différentes. »

Le 17 décembre de la même année le Parlement se réunissait à Constantinople.

Ahmad Riza Bey en fut le premier président avec Nedchia

(1) *Force et faiblesse de la Jeune-Turquie.*

Draga, Aristidi Pacha et Ruhy el Haldy vice-présidents. La première séance fut l'occasion de nouvelles manifestations qui ne le cédaient en rien à celles qui avaient suivi la proclamation de la Constitution. C'était bien le triomphe des comités et en particulier du comité « Union et Progrès » qui avait mené la campagne en faveur de la Constitution.

Au cours de l'année 1907, dans un congrès qui avait eu lieu à Paris, les délégués des comités s'étaient mis d'accord sur un programme de revendications. « Le Congrès des partis d'opposition qui agissent en Turquie, réuni du 27 au 29 décembre 1907, déclare vouloir obtenir la solidarité de tous les peuples de l'empire ottoman qui souffrent en commun du régime despotique imposé au pays et rendu exécrable aux yeux du monde entier par les crimes monstrueux du souverain actuel Abdul Hamid II. Nous nous déclarons donc prêts à mener la lutte en acceptant et en recommandant les mesures suivantes : 1° résistance armée aux actes du pouvoir; 2° résistance non armée par la grève des fonctionnaires, de la police, etc...; 3° refus de l'impôt; 4° propagande dans l'armée; les soldats seront invités à ne marcher ni contre la population ni contre les révolutionnaires; 5° insurrection générale; 6° d'autres moyens d'action imposés par les circonstances.

« Le régime hamidien périra dans un avenir prochain si tous ceux qui souffrent par lui ont, comme nous l'avons, la ferme volonté de l'abattre. C'est une muraille croulante qu'il suffira de pousser d'un coup d'épaule pour faire entrer à flots, dans l'empire délivré, la sainte lumière de la liberté et de la justice.

« Vive la solidarité des nations jusqu'ici désunies! »

Vive l'union des forces révolutionnaires (1)! Le réquisitoire-programme avait été accueilli avec enthousiasme par tous les Comités, et la population des villes de l'empire s'était de suite mise à l'œuvre pour aider à sa réalisation.

La mise en vigueur de la Constitution fut le triomphe du parti jeune-turc qui prit la direction des affaires publiques. La proclamation de la Constitution de 1876 avait été un succès pour les esprits généreux épris de liberté, mais le sultan n'avait pas tardé

(1) *Jeune-Turquie et Vieille-France.*

à faire payer de l'exil ou de la prison l'expression publique de ces aspirations.

« Malgré la persécution, malgré le régime d'espionnage et de terreur maintenu par le sultan Aldul Hamid, les idées nouvelles gagnaient du terrain, les doctrines d'émancipation acquéraient chaque jour de nouveaux partisans. Inutile de faire remarquer que l'action du comité « Union et Progrès » est incessante. La proclamation, en 1908, de la Constitution est l'œuvre de ces comités.

« Le peuple ne croyant pas possible un changement radical du pouvoir, Abdul Hamid fut laissé à la tête du gouvernement et autour de lui s'installèrent aux honneurs et dans les ministères un grand nombre de ceux qui, de l'étranger où ils vivaient dans les intrigues et les agitations politiques, avaient préparé la révolution.

« Le gouvernement désorganisé, l'entourage du sultan terrorisé ne surent empêcher cette intrusion. « Bientôt, écrit M. Étienne Richet dans la *Nouvelle Revue*, le comité « Union et Progrès » fut débordé par une bande sans nom qui, sous le couvert de la liberté et de la justice, commença par mettre aux enchères le titre de patriote et les postes en vue. Aux plus offrants, on donna une ambassade, un pachalik, une préfecture; au menu fretin, des places de juges, de scribes et de collecteurs d'impôts.

« La création dans les provinces de sous-comités de l'association secrète « Union et Progrès » obéissant au mot d'ordre du comité directeur ne tarda pas à suivre la vente des places. Les protestations soulevées par la conduite des chefs déterminèrent bientôt ceux-ci à chercher un élément de force, un point d'appui solide; ils invitèrent donc les officiers à faire partie du comité secret sans se soucier de l'indiscipline et des graves inconvénients qui en résulteraient. »

C'est ainsi qu'aux exactions du sultan Abdul Hamid succédait un régime de mainmise sur les finances et le gouvernement du pays au profit d'un syndicat politique habilement organisé.

Faites-nous crédit de quelques années, disaient les nouveaux hommes de gouvernement, vous serez étonnés des grandes choses que nous accomplirons.

A vrai dire, le peuple leur donnait ce crédit, supposant que tout ce dont il était témoin était l'accompagnement nécessaire des changements de régime et de direction politique.

Mais lorsqu'il vit que cet état, loin d'être passager, tendait à s'installer définitivement au bénéfice de groupements autocrates, les méfiances et les critiques se firent jour de toutes parts.

« Les journaux commençaient à protester, dit M. Émile Richet. Parmi les plus violents on signalait *le Berbesti*. Ses adversaires n'hésitèrent pas : ils firent assassiner sur le pont Karakeuy à Constantinople le rédacteur en chef de cette feuille. Plus tard, ce fut le tour d'Ahmed-Samin, rédacteur du *Sadaï Millet*.

« On comprend sans peine que, lancés dans cette voie, les malfaiteurs publics n'ont pas hésité à fausser le suffrage universel pour s'assurer des élections favorables. Lorsque, après un simulacre de consultation populaire, ils se sont considérés comme les maîtres définitifs de l'empire, ils ont montré tout de suite le bout de l'oreille. D'un coup ils ont supprimé la liberté de la presse, la liberté de réunion, la liberté de parole. »

La conséquence de ces vexations, de ces attentats et de ces violations de libertés fut la révolution du 13 avril 1909 contre le comité dont la disparition était ardemment souhaitée.

Le Sénat et la Chambre des députés, réfugiés à San Stefano, appelèrent les troupes de Salonique et d'Andrinople et les firent entrer à Constantinople pour exécuter une répression sans objet.

« Toute la garnison de la capitale avait mis bas les armes, écrit encore M. Émile Richet, et regagné ses casernements dans l'ordre le plus parfait. Au pis aller cette entrée décidée, l'armée d'envahissement, composée surtout de volontaires grecs, juifs et bulgares, devait observer strictement les conditions convenues de ne pas tirer un coup de fusil, de ne pas molester les soldats revenus de leur plein gré à la discipline. Il n'en fut rien. Sur les ordres de Mahmoud Chefvket Pacha qui eut l'audace de dire plus tard qu'il n'avait pas voulu entrer à Constantinople les mains dans le sang, des salves meurtrières décimèrent des hommes désarmés et l'on assassina sans raison de paisibles ulémas. »

Le 27 avril l'assemblée dite nationale destituait le sultan et proclamait à sa place, sous le nom de Mehemet V, le prince Mehmed-Rechad, troisième fils du sultan Abdul-Medjid.

Le souverain dépossédé fut interné à Salonique où il languit dans des transes continuelles, ayant tout à redouter de ceux qui ont pour mission de le séparer du reste des humains.

Depuis lors, le nouveau gouvernement ottoman a cherché l'orientation qui lui donnerait des appuis en Europe. Il s'est d'abord consacré à compléter le fonctionnement de son organisation politique, occupant ses loisirs à des massacres d'Arméniens et à des exécutions décidées par des cours martiales.

Des complots ont été organisés de toutes pièces. L'un d'eux même vient d'être récemment liquidé par des exils et des réclusions.

On aurait découvert, au mois de juillet 1910, à Constantinople, l'existence d'une association politique ayant pour objet de renverser le gouvernement existant.

Sous la dénomination de « islahat » (Islahati-Essasié-Osmanie, réforme constitutionnelle), cette association comprenait un assez grand nombre de comités et sous-comités à Constantinople, Brousse, Sivas, Samsoun. Parmi les chefs principaux de « l'islahat » on a cité Ahmed Bey (Ahmed Féhim) Chérif Pacha, ancien ambassadeur en Suède, Moustapha-Natik Pacha, ancien aide de camp du sultan, Riza-Nour Bey, député Osman Bey, docteur Munir, Ahmed-Kemal, l'avocat Hadji-Hilmy Effendi, Irfan Bey.

D'après le journal *le Préporetz :*

« Cette société est qualifiée de réactionnaire. Il suffit de considérer la qualité des personnes arrêtées, des députés, des officiers, des avocats, des médecins pour s'en convaincre.

« On suppose que le gouvernement turc fait exprès un grand bruit autour de l'affaire afin de se débarrasser de ses adversaires politiques. »

Le même journal dit que l'organisation secrète est composée de cinq cents Ottomans mécontents du gouvernement jeune-turc et a un caractère conspiratif dont la raison ne se trouve que dans l'existence conspirative de l' « Union et Progrès » même qui met en œuvre des moyens illégaux pour empêcher tous les autres de s'organiser au nom de leurs idées politiques. Personne ne doute que la série des assassinats politiques commis soit due au comité jeune-turc.

Si on laissait aux partis politiques la liberté de se constituer et si la lutte était portée sur un terrain légal, il n'y aurait point d'organisations conspiratives dans le pays. D'après les procès-verbaux d'instruction de l'affaire auprès de la cour martiale, une partie des membres de l'association distribuaient des écrits politiques contre le gouvernement, pendant que d'autres s'occupaient de la correspondance avec le comité de direction siégeant à Paris et les comités organisés sur plusieurs points du territoire turc. L'instruction a fait découvrir des proclamations à l'armée encourageant la troupe à se joindre aux révoltés albanais et à renverser le gouvernement; d'autres proclamations étaient adressées aux Albanais leur promettant aide et assistance.

Au cours de l'instruction, la plupart des personnes impliquées dans les poursuites ont été mises en liberté, puis la cour martiale a acquitté les autres, à l'exception de Chérif Pacha, ancien ambassadeur en Suède, et de Kemul Bey condamnés par contumace à la détention perpétuelle.

Ces deux condamnés habitant la France ne s'en portent pas plus mal.

Le docteur Munir a été aussi condamné à quinze ans de travaux forcés.

On a prétendu qu'aucun des accusés n'avait eu d'aussi noirs desseins et qu'ils ambitionnaient seulement le retour à la liberté et aux garanties légales.

Pareille ambition désignait suffisamment à la vigilance des cours martiales dans un pays où règne en maître le comité composé de juifs et de francs-maçons qui siège à Salonique.

Le parti jeune-turc ayant inscrit sur son programme l'abolition des capitulations, il est impossible de passer complètement sous silence cette question si importante au point de vue international et surtout au point de vue français.

Les capitulations sont, on le sait, des conventions passées entre gouvernements chrétiens d'une part et le gouvernement turc de l'autre.

La première capitulation fut consentie au roi de France François Ier en 1535.

Une deuxième fut consentie au roi de France Charles IX en 1569, puis une troisième au roi Henri III, c'est à cette époque que remonte la préséance accordée à l'ambassadeur de France sur les autres représentants des puissances.

La quatrième fut signée sous le règne du roi Henri IV en 1597, bientôt suivie en 1604 de la cinquième et de la sixième en 1673 sous le règne du roi Louis XIV.

La septième, signée en 1740, obligeait pour l'avenir le gouvernement ottoman. De nombreux traités, notamment ceux de 1802, 1838, 1861, confirmèrent les privilèges accordés par les capitulations.

Bien que le traité de 1861 eût pris fin en 1890, ce sont toujours ses dispositions qui règlent les relations entre la France et la Turquie, c'est ainsi entre autres privilèges que les procès entre Français sur le sol ottoman continuent a être jugés uniquement par les consuls français.

En Turquie, dit l'*Indépendance roumaine,* pour toutes les contestations, même pour les crimes ou délits qui leur sont reprochés, les étrangers sont en fait soustraits à l'action de l'autorité musulmane, ils sont considérés comme vivant hors de l'empire ottoman et cela au mépris de la souveraineté ottomane.

Tout d'abord la France protégea les sujets de tous les autres États, puis le gouvernement turc fit des concessions à la plupart des États de l'Europe. La première capitulation autrichienne est de 1718. La première capitulation russe est de 1783, puis vinrent les traités conclus avec la Suède, le Danemark, les Deux-Siciles, la Toscane, la Prusse et l'Espagne.

Les capitulations belges sont de 1838 et 1840, les capitulations portugaises datent de 1843. Par le traité du 10 juillet 1861, l'Italie se vit confirmer les privilèges et les immunités qui avaient été octroyés autrefois aux divers gouvernements italiens. En 1830 la Turquie et les États-Unis conclurent une convention dont une disposition accorde aux citoyens américains le droit d'être jugés en matière pénale par leurs ministres et par leurs consuls (21 août 1910).

En 1890, l'Allemagne renonça au bénéfice de la capitulation qui lui avait été concédée. Cette puissance continue à jouir du traitement de la nation la plus favorisée, c'est dire que rien encore n'est changé pour elle.

Les capitulations, dit le *Giornale d'Italia,* sont une véritable épine au cœur des Jeunes-Turcs. Mais qui connaît les vieilles plaies qui attristent la vie de cet infortuné pays sait bien que le jour est lointain où les Européens pourront avoir la garantie de vivre en sécurité sans les protections spéciales qui résultent pour eux de l'actuel régime des capitulations.

Ce peuple, qui a les plus indiscutables qualités de caractère et de tempérament, reste au fond aujourd'hui ce qu'il était hier, c'est-à-dire très impressionnable, impulsif, fanatique, jusqu'à oublier le premier des devoirs à l'égard des étrangers qui vivent dans l'empire.

Le comte Ostrorog, conseiller au ministère de la justice, a exprimé en ces termes son avis sur la question des capitulations. « Le gouvernement ne pense pas à exiger la suppression absolue et immédiate des capitulations, estimant aussi que ce serait prématuré. Pour le prouver il suffit de rappeler les déclarations faites par le ministre de la justice Nedjmeddine Bey à un rédacteur du *Temps* au cours d'une interview sur cette question. Nedjmeddine Bey avait dit que le gouvernement ottoman caressait le légitime désir de la suppression ultérieure et absolue des capitulations, mais qu'il fallait pour cela patienter quelque temps, et il avait fixé ce délai à cinq années. Mais il pouvait y avoir un moyen terme entre une suppression radicale immédiate et l'ancien système de laisser aller et de laisser faire. C'est cette voie que le gouvernement a trouvée et qu'il veut indiquer. D'après les aveux mêmes des légistes les plus impartiaux et les plus éminents, il est patent que l'application étendue des capitulations a donné lieu à des hésitations, à d'inutiles différends et quelquefois aussi à des faits absolument contraires au droit et à l'équité. Il est désirable pour les deux parties, en vue de l'établissement de relations sages et sincères, de mettre fin à cette situation. Il faut reviser les dispositions des capitulations, supprimer les causes de conflit ainsi que tout ce qui est de nature à blesser l'amour-propre national et à donner lieu à un refroidissement dans les relations entre les Ottomans et les étrangers; enfin trouver un *modus vivendi* provisoire basé sur l'amitié, la sincérité, le droit et la justice. Voilà ce que demande le gouvernement impérial. Quel est le gouvernement, l'homme d'État qui puisse taxer cette prétention d'exagération et d'inopportunité? » (*Le Stamboul,* 14 septembre 1910).

Les Jeunes-Turcs poursuivent leur campagne contre les capitulations.

Un Italien ayant violenté un Français, le consul italien voulut juger le coupable, l'autorité turque lui fit subir une détention préalable, puis l'acquitta malgré les protestations de l'ambassade d'Italie à Constantinople.

Le *Corriere d'Italia* à cette occasion fit les réflexions suivantes :

« Quel serait le sort d'un Européen qui, par suite d'une condamnation pour quelque délit, devrait expier sa peine dans les prisons turques? Neuf fois sur dix, il n'en sortirait pas vivant. Comment fonctionnent les tribunaux? Les procédés brutaux des fonctionnaires publics, l'ignorance, le fanatisme anti-européen ne commandent-ils pas toujours? Le désordre, le fanatisme ont-ils cessé dans les administrations publiques? »

Si les Jeunes-Turcs ne s'étaient pas grisés de leurs prétendus succès, la Porte se serait peut-être orientée vers une politique d'entente avec ceux qui, comme elle, sont menacés par le germanisme, mais le comité « Union et Progrès », en lutte avec les libéraux qui lui reprochent son absolutisme, s'est jeté dans les bras de l'Allemagne qui a profité fort habilement de la situation. En sorte qu'à l'heure actuelle Vieux et Jeunes-Turcs sont à peu près d'accord pour résister à l'action de la France et de l'Angleterre.

Dès le premier jour de leur apparition sur la scène politique les Jeunes-Turcs ont été les favoris des loges.

« L'Europe franc-maçonne et impie les soutient amplement, car tous les Jeunes-Turcs sont des francs-maçons sinon convaincus, du moins paraissant sincères aux loges européennes.

« Et cependant, à le bien considérer, leur mécanisme est un mécanisme purement turc, avec l'idée bien précise de faire revenir les temps héroïques des Turcs, alors qu'ils faisaient trembler toute l'Europe et que la chrétienté se voyait obligée de se liguer pour s'opposer à leur marche envahissante (1). »

Une étude récente sur la question d'Orient (2) insiste sur le caractère maçonique des comités jeunes-turcs.

Ce serait une étrange aberration, écrit l'auteur de cette étude, que de voir dans ces pseudo-civilisés des agents possibles d'amélioration pour une race qui n'en est pas susceptible. L'islamisme

(1) La franc-maçonnerie européenne et la direction des affaires d'Orient. (Journal *l'Éclair*, 17 mai 1910.)

(2) *La Question d'Orient*. Athènes, 1910.

est voué à la barbarie irrémédiable, et cela par définition, par son essence même; ce qui doit donner de l'espoir, c'est au contraire la certitude que ce mouvement, quelles qu'aient été les intentions de ceux qui l'ont conduit, va précipiter la dissolution de ce qui reste encore de la domination turque. Les recrues que fait la franc-maçonnerie parmi les désabusés du Coran ne pourront que hâter la ruine finale en introduisant un dissolvant plus actif dans les crevasses de la bâtisse croulante. On l'a vu de suite : les liens fragiles qui rattachent encore à la Turquie, sous un vasselage nominal, la Bulgarie, la Bosnie, l'Herzégovine et la Crète se sont rompus à la suite de la commotion. Un petit coup de plus et tout tombait.

Très récemment M. Vandal écrivait dans la *Revue Bleue* à propos des Jeunes-Turcs : « Il me paraît également à souhaiter que les Jeunes-Turcs ne s'épuisent pas à la recherche de solutions absolues. Leur rôle doit être surtout de ménager les transitions nécessaires, d'établir un régime d'adaptation générale et d'accommodement. Leur gouvernement doit beaucoup négocier, se faire agent de pacification et de détente. C'est d'ailleurs dans cette voie qu'il entre en aplanissant, par des concessions réciproques, son différend avec les patriarcats chrétiens. L'incorporation des chrétiens dans l'armée est une épreuve très délicate; menée à bien elle peut tourner au profit commun, à condition de respecter scrupuleusement leurs croyances et leurs observances respectives, les différentes races peuvent s'estimer davantage en apprenant à mieux se connaître; s'ignorer, c'est presque se haïr.

« Il est enfin une tâche par laquelle la révolution peut achever sans doute de se consacrer et de se légitimer, ce sera d'améliorer l'état économique de l'empire, de poursuivre assidûment le progrès matériel et pratique. En dehors des villes et de certains groupes, la masse des populations a moins d'aspirations que de besoins. Pour les paysans de Roumélie et d'Anatolie, la constitution restera longtemps encore lettre close; par contre, ils savent parfaitement ce que c'est qu'une bonne route, un bon chemin de fer, un canal d'irrigation, ce que sont des facilités de communication et de culture.

« A leur procurer ces biens, le gouvernement jeune-turc traduira en langage populaire et mettra à la portée de tous, au niveau même des intelligences les plus frustes, son haut idéal. »

Au mois de juin 1910, quatorze membres de la mission turque étaient reçus, à Paris, à la loge Voltaire. Un vice-président du Grand-Orient de France les accueillit à bras ouverts.

Il y avait au nombre de ces Turcs des officiers, des magistrats, des fonctionnaires.

Après l'échange des salutations officielles entre le vice-président du Grand-Orient et le plus qualifié des Turcs, un orateur jeune-turc « rappelle que la maçonnerie française a contribué puissamment à la révolution turque et que pour la maçonnerie l'œuvre continuera normalement à se développer. C'est pour ce motif, explique l'orateur, que nous avons fondé dans tout l'empire et principalement dans les pays les plus fanatiques, comme la Syrie, des loges qui constituent des foyers de lumière. Le clergé ottoman, qui ne ressemble en rien au clergé français, marche avec les francs-maçons turcs (1) ».

Le F.·. vénérable de la loge de Téhéran, ayant revendiqué pour son atelier la gloire d'avoir organisé la révolution persane et ayant fait appel au concours de la Jeune-Turquie, le même orateur lui répond immédiatement « que désormais, entre les deux maçonneries, il s'établira un service régulier de communications officielles et fraternelles ».

La révolution de 1908 en Turquie est bien l'œuvre de la franc-maçonnerie et les comités qui gouvernent actuellement la Turquie continuent à être inspirés par la maçonnerie.

En veut-on d'autres preuves?

On lit dans *le Times* du 17 juin :

« Le comité « Union et Progrès » a fait alliance avec la franc-maçonnerie politique qu'il utilise vraisemblablement dans des buts de propagande, afin d'obtenir de l'appui dans les pays musulmans voisins et peut-être dans certains États européens (2). »

On lisait dans le numéro du 28 avril du même journal : « Il est bien connu que le comité « Union et Progrès », avant la révolution de 1908, utilisa l'abri et le secret des loges, généralement juives, de Salonique; le parti des Jeunes-Turcs semble maintenant s'être identifié avec cette forme de la franc-maçonnerie.

(1) Journal *l'Éclair*. Les Jeunes-Turcs au Grand-Orient, 20 juin 1910.
(2) Journal *l'Eclair*, 21 juin 1910.

« Le mouvement est presque uniquement politique et est en général le résultat d'une propagande occulte. Beaucoup de Turcs ont été amenés à s'affilier aux loges dans l'idée qu'ils font ainsi partie d'une institution anglaise. Naturellement il est très difficile pour eux de distinguer entre la franc-maçonnerie anglaise et celle du continent. On a fait également un usage abusif du nom du roi.

« La diffusion de la franc-maçonnerie de pays latin explique l'usage trop fréquent des mots de « clérical » et de « réaction » dans les discussions politiques en Turquie et l'influence juive qui se fait sentir fortement, sans aucun doute, chez les affiliés turcs (1). »

Les Jeunes-Turcs sont francs-maçons de la nuance sectaire de la maçonnerie française. La bienveillance et la sympathie des chefs de la République athée et persécutrice des catholiques ne peuvent leur faire défaut dans ces conditions.

« On a été indulgent en Europe pour l'orgueil et les prétentions qu'étalent les Jeunes-Turcs dans leur politique extérieure. On a supporté le boycottage des produits autrichiens d'abord, grecs ensuite, sans se rendre compte qu'ils développaient la haine de tout commerce européen.

« On a toléré les prétentions des Jeunes-Turcs dans la question crétoise, dans la question tunisienne, on a écouté patiemment leurs déclarations grandiloquentes sur la renaissance de la Turquie, sur leurs mirifiques réformes qui sont restées des mots sonores et vides. On ne s'est pas inquiété de leurs armements hâtifs, hors de proportion avec leurs ressources budgétaires. On ne s'est même pas ému lorsque le gouvernement de Constantinople a demandé la suppression des capitulations, seule garantie de sécurité relative que possèdent les Européens en Turquie. Mais il faut bien savoir que le résultat de la révolution jeune-turque et de la faiblesse de l'Europe a été une recrudescence du fanatisme musulman, un développement même de la haine de l'étranger et de l'arrogance de l'Islam vis-à-vis des « chiens de chrétiens (2). »

Les massacres d'Adana ne sont-ils pas quelque peu la conséquence de cette poussée de fanatisme?

(1) Journal *l'Éclair*, 21 juin 1910.
(2) *L'Éclair*, 10 septembre 1910.

Du 14 au 17 et du 25 au 27 avril 1909, on y a massacré des chrétiens et les troupes envoyées pour rétablir l'ordre ont eu leur part dans les pillages et les exécutions. Cette fois encore les missionnaires français et les sœurs se sont prodigués pour la protection des chrétiens et c'est à bien juste titre que l'Académie française leur décernait en 1910 un de ses prix de vertu, sur l'éloquent rapport de l'un de ses membres, M. Frédéric Masson.

La vérité sur les massacres d'Adana n'avait pas été commode à établir. Les Jeunes-Turcs s'étaient efforcés de les nier, ou tout au moins d'en dissimuler l'importance.

« Malgré que les Jeunes-Turcs trouvassent la complicité des ambassades européennes, écrit M. Frédéric Masson (1), des nouvelles filtrèrent. On entendit les cris des victimes, on aperçut les flammes des bûchers sur lesquels les chrétiens mouraient par milliers. Les puissances envoyèrent des vaisseaux de guerre : il est vrai que ce fut une démonstration éminemment pacifique et que les équipages qui eussent pu former un superbe corps de débarquement reçurent l'ordre de regarder la haute mer où de joyeux cachalots se jouaient pour le plaisir des yeux. Toutefois on ne pouvait plus nier tout. « Simples rixes, dirent donc au mois de mai les Jeunes-Turcs, rixes fâcheuses à coup sûr, mais où les torts sont plus que compensés. Ce sont les chrétiens qui ont commencé, et, à Adana par exemple, ils ont tué 1 924 Turcs et en ont blessé 533, au total 2457, tandis que les Turcs, en se défendant, n'ont tué que 1455 Arméniens et en ont blessé 382, total 1137. Vous voyez 4000 victimes en tout; assurément, c'est beaucoup, c'est trop, mais les torts ont été partagés... »

Au mois de juin, à la suite d'enquêtes qu'étaient venus faire sur place certains députés ottomans, le gouvernement turc gratta ses chiffres. Il annonça qu'il y avait maldonne, c'était à présent 3 000 victimes pour Adana, 11 000 pour les environs et, sur les 14 000, seulement 1 500 musulmans.

« Au mois d'août, comme certains Européens avaient fait des chiffres, les Jeunes-Turcs impassibles, et, malgré les variations antérieures qui eussent pu diminuer leur autorité, sérieux comme le cheik ul Islam en personne, proclamèrent que, sans doute, il y avait

(1) Les massacres d'Adana en 1909. *Le Gaulois,* 27 décembre 1910.

eu ci-devant des erreurs d'addition, mais qu'à présent ils tenaient leur total et qu'il y avait eu à Adana seulement 3 521 victimes dont 782 musulmans. Mais ce total fut victorieusement contesté et, au mois de septembre, à la suite d'une enquête menée par les prêtres de toutes les confessions, le patriarcat arménien annonça pour le seul vilayet d'Adana un chiffre global de 21 361 chrétiens morts dont environ 19 000 Arméniens schismatiques, catholiques ou protestants; les autres, Grecs, Syriens, Chaldéens et Jacobites. Ce chiffre de 21 000 morts est encore, m'a-t-on dit, très en dessous de la vérité. On a laissé de côté les blessés, dont beaucoup ont succombé, dont un très grand nombre demeurent estropiés; on n'a pu arriver à un chiffre exact pour des villages où tout fut détruit, maisons, hommes, femmes et enfants. Les Kurdes avaient cerné le village, entassé la population entière dans l'église, enduit les murs de pétrole et incendié : tout était mort. »

Une question persane a surgi au cours de l'année 1910, venant brouiller encore un peu plus, et bien mal à propos, l'échiquier oriental.

Depuis 1896, époque de la mort du shah Nasr-el-Din, la Perse a été livrée à toutes les intrigues politiques et à tous les bouleversements. L'autorité du gouvernement étant impuissante à assurer le fonctionnement régulier du pays, l'Angleterre et la Russie en ont profité pour fortifier leur influence et étendre leur action.

Le traité du 31 août 1907, conclu entre ces deux puissances, a sanctionné un accord dont la Perse faisait les frais.

Au sud, une partie du territoire persan était attribué à l'influence anglaise, au nord la Russie s'attribuait les mêmes droits. Entre les deux régions une autre zone étant restée neutre, l'Allemagne chercha à y faire pénétrer son influence par la concession d'un embranchement sur Téhéran de la ligne de chemin de fer de Bagdad.

L'Angleterre et la Russie réussirent à faire échouer ce projet, acceptant en revanche la concession à l'Allemagne du privilège de la voie ferrée de Bagdad.

C'est alors que la Turquie entra en scène en envoyant des troupes sur le territoire persan.

« Les chefs-jeunes turcs, fiers de leur alliance avec l'Allemagne, l'Autriche et la Roumanie, et pleins de confiance dans la valeur et la solidité de leur armée, brûlent de compenser par un peu de gloire et même par des acquisitions territoriales la perte de la Bosnie, de l'Herzégovine et de la Roumélie orientale. C'est sous l'influence de ce désir secret que les troupes ottomanes ont en plusieurs points franchi la frontière sans défense, qui sur plus de douze cents kilomètres sépare la Perse et la Turquie d'Asie. Malgré les protestations du vizir persan Mostafi-el-Mamalek, des troupes turques de toutes armes sont maintenant établies à Makou, à Ourmiah, à Khoi-Selmas, à Sudj-Balak et à Aserbaidjan sous prétexte de protéger les sujets ottomans résidant en Perse. » (*Correspondance nationale.*)

Au moment où l'armée turque prenait possession de partie de la Perse, le journal *le Sabah*, de Constantinople, s'exprimait en ces termes :

« Le monde doit savoir que nous n'avons aucune convoitise sur la Perse et que l'unique désir des 35 millions d'Ottomans est son salut et son bonheur. Si même on nous y taillait une part, nous refuserions de léser le moindre de ses intérêts. L'idée seule du partage de la Perse est une éventualité qui oppresse notre conscience. Notre aspiration est qu'il ne reste pas trace de pareille tendance.

« Nous réprouvons énergiquement les imputations de la presse anglaise et russe. La politique ottomane n'a et ne peut avoir aucune visée sur la Perse. Elle n'est pas de nature à faire naître des dangers de guerre. L'attitude de la Sublime Porte a pour principe d'assurer le respect des droits et de maintenir la paix. Elle gardera cette attitude aussi bien dans les affaires de Perse que dans toutes les questions. »

On écrivait encore au même moment sur les bords du Bosphore :

« Le vali d'Erzéroum aurait fait une enquête sur les lieux au sujet du contesté turco-persan, dans la circonscription du sandjak de Bayazid. D'après cette enquête les territoires en question font partie intégrale de l'empire ottoman. On ne sait comment et par quelle délimitation erronée ces terrains étaient restés entre les mains des Persans. La véritable situation ayant été tirée au clair, ces terrains ont été occupés par les troupes ottomanes.

« Par ailleurs, des Persans auraient incursionné sur le territoire turc, du côté de Navahi-i-Djedidé. Les troupes ottomanes les auraient dispersés et poursuivis, sur le territoire persan, bien entendu.

« Les valises du consul ottoman à Tebriz ayant été razziées par des Persans, les troupes ottomanes, postées sur la frontière, sont intervenues et ont poursuivi les pillards, toujours sur le territoire persan.

« L'intérêt de la Turquie pour la Perse s'explique évidemment d'abord par le voisinage géographique, mais aussi par d'autres considérations. En dépit des différences de sectes, des rivalités entre Sunnites et Chiites, la Perse est, comme on sait, un pays musulman. Elle est donc un de ces pays d'Islam dont les Turcs, qui détiennent le califat, ne peuvent que souhaiter le maintien et le relèvement.

« Comme les Persans ont fait eux aussi une révolution qui présente bon nombre d'analogies avec la révolution ottomane, la Jeune-Perse a de ce chef un titre particulier à la sympathie de la Jeune-Turquie.

« Enfin la Perse, limitrophe du golfe Persique, est soumise dans le sud à l'action de l'Angleterre et, dans le nord, aux entreprises de la Russie, que les Turcs considèrent comme leur ennemi le plus redoutable (1). »

La diplomatie allemande sut tirer parti de la situation en se servant de la Perse comme élément de discorde entre la Turquie et la Russie.

« La Russie se sent encore trop faible pour intimider l'Allemagne, et quant à l'Angleterre elle ne se lancera jamais dans une aventure qui pourrait lui ménager des surprises et ne menacera jamais l'Empire allemand de lui faire la guerre (2). »

Des mesures militaires ont été prises pour protéger le consulat turc à Ourmia.

La Turquie ne veut rien de la Perse, c'est entendu, mais les troupes ottomanes occupent un grand nombre de localités dont elles entendent bien ne plus sortir.

Le gouvernement anglais adresse au gouvernement persan un

(1) André Chéradame, *The Near East*, 18 octobre 1911.
(2) Journal *le Post*, de Berlin.

ultimatum l'informant que, passé le délai de trois mois concédé pour faire cesser les troubles dans le sud du territoire, des forces de police, commandées par des officiers anglais, occuperont la région s'étendant entre Ispahan et la frontière anglaise, sans excepter la zone réservée à la Perse par l'accord du 31 août 1907. Un droit de 10 pour 100, prélevé sur le produit des douanes, payera les frais de cette organisation.

La Russie a ensuite occupé la zone du territoire persan reconnue par l'Europe soumise à son influence.

Il pouvait résulter de cette situation les complications les plus sérieuses : ou bien le partage de la Perse entre l'Angleterre et la Russie, et alors l'Allemagne ne pourrait manquer de défendre énergiquement les intérêts allemands engagés dans la construction du chemin de fer de Bagdad en même temps que la Turquie garnirait ses frontières, ou bien tout au moins le gouvernement persan, si on peut en rétablir un autrement que de nom, resterait indéfiniment sous la tutelle armée de la Russie et de l'Angleterre, ce que ni la Turquie ni l'Allemagne n'accepteraient facilement.

Un gouverneur de Fars fut nommé par le gouvernement persan et 800 hommes de troupes furent envoyés à Chiraz.

Il s'est agi aussi de la formation d'un corps de gendarmerie dont le commandement aurait été confié à des officiers italiens.

L'Allemagne eût été désireuse que l'Italie s'intéressât à la solution de la question persane, ne fût-ce que pour l'aider à faire échouer les plans de la combinaison anglo-russe. Mais comme personne ne l'ignore, l'Italie tient essentiellement à rester en excellents termes avec l'Angleterre.

« La Russie, dit un journal de Londres, est parfaitement en mesure de maintenir la paix dans le nord du territoire persan. N'est-ce pas une façon d'insinuer que l'Angleterre est aussi capable de maintenir la paix dans le sud? La situation se complique encore de ce que, au moment de l'envoi de l'ultimatum anglais, expirait le délai pendant lequel la Perse ne pouvait faire aucune concession, accorder aucun privilège à une puissance européenne sans en avoir obtenu préalablement l'autorisation de la Russie et de l'Angleterre.

« La prolongation du chemin de fer de Bagdad dans la direction de Téhéran est vivement désirée par le gouvernement allemand qui souhaite non moins ardemment créer autour de cette ligne une vaste sphère d'influence économique, commerciale et politique. » (Ne s'agit-il pas aussi de formation de compagnies allemandes qui doivent mettre la région en coupes réglées?) Comment supposer que les intrigues de l'Allemagne ne redoublent pas en ce moment et ne doit-on pas voir un indice indéniable de l'action de cette puissance dans les accès de nationalisme panislamique qui se sont produits à Constantinople?

La réunion de Persans, de Turcs, et de Tunisiens qui a eu lieu à Constantinople n'a pas acclamé Guillaume II sans bonnes raisons et ce n'est sans doute pas sans en avoir pesé les termes que cette réunion a envoyé à l'empereur d'Allemagne un télégramme dans lequel il était dit, si l'on en croit la presse allemande (*Lokal-Anzeiger*) :

« Comme membres de la grande famille musulmane, qui dans tous les graves besoins a trouvé dans Votre Majesté impériale un aide et un protecteur auguste, les Perses qui depuis cinq ans luttent désespérément pour leur liberté ont été grièvement atteints par des menaces anglaises d'invasion. En souvenir des paroles que Votre Majesté prononça sur la tombe de Saladin et qui promettant l'aide de Votre Majesté en faveur du maintien de leurs droits firent battre plus vivement les cœurs de 350 millions de musulmans, et en souvenir des nobles actions qui dans les questions de Macédoine et du Maroc ont acquis à Votre Majesté la reconnaissance du monde de l'Islam, nous espérons que vous ne refuserez pas à la Perse menacée votre inestinable intervention.

« Des milliers de mahométans nous ont chargé, dans une réunion grandiose, d'exprimer à Votre Majesté cette espérance en même temps que leurs sentiments de gratitude et de dévouement. Le monde de l'Islam dédie d'ardentes et de sincères prières à Votre Majesté, à l'impératrice et au peuple allemand. » L'empereur d'Allemagne avait, parait-il, prononcé à Damas un discours dans lequel il exaltait le sultan Saladin, le héros de l'Islam, et promettait son amitié à tous les musulmans. Cette promesse avait été recueillie et conservée pour reparaître sous une forme quelque peu gênante pour la diplomatie allemande. L'opinion publique ne s'en occupa en Allemagne que pour en atténuer la portée et en discuter les conséquences. L'ambassade d'Angleterre à Constantinople manifesta au ministère de l'intérieur turc son mécontentement pour les paroles impérieuses prononcées contre l'Angleterre au cours de cette réunion.

Le ton de la presse turque est à l'avenant :

« Au point de vue des théories du droit international, dit *le Sabah*, malheureusement non appliquées encore dans la politique officielle, ni l'intervention précédente russe, ni l'ultimatum que vient d'envoyer l'Angleterre ne sont justes. Mais, en présence d'un danger aussi grave, il n'y a aucun profit matériel de parler de droit et de justice. L'ultimatum est un fait accompli et fait accompli sera demain aussi l'occupation. »

De l'*Ikdam* :

« La politique suivie en Perse par le gouvernement anglais mérite d'attirer l'attention et il est fortement présumable que l'Allemagne y répondra. Aussi devons-nous nous attendre à de prochaines et sérieuses complications entre les grandes puissances. »

Du *Tanine* :

« Pour pouvoir se procurer un argent qu'elle ne peut trouver qu'en Russie et en Angleterre, la Perse doit se plier aux dures et inimaginables conditions qui lui sont posées. Il est probable que l'Angleterre a remis son ultimatum pour obliger enfin le gouvernement persan à passer sous ses Fourches Caudines. Ce qui est indubitable aussi, c'est que, tout en recevant de l'argent, la Perse ne pourra rien faire, car les troubles profonds qui la secouent actuellement ne sont pas de ceux qu'on guérit avec de l'argent.

« Du moment que le gouvernement n'aura pu rétablir le calme, l'Angleterre mettra son ultimatum à exécution, c'est-à-dire enverra des troupes en Perse, de sorte que la Perse écrasée d'un côté par l'occupation militaire sera en outre étroitement liée à l'influence économique sous laquelle elle est tombée. »

Le 27 octobre, le croiseur anglais *Fox* a débarqué un détachement de marins en armes à Lindja, sur le golfe Persique, pour protéger la ville contre une forte bande de pillards.

Lindja est un port ayant une population d'environ 8 000 habitants, centre d'un important commerce de nacre et de perles. La ville appartient à l'iman de Mascate. Quelques jours après un autre navire de guerre anglais, *Proserpina*, débarquait des troupes près de Khabar dans le golfe Persique et un combat avait lieu avec les indigènes; ces opérations militaires ont été prétexte à de longues récriminations de la presse turque.

On a prétendu que la Russie, dont les troupes occupent le nord de la Perse, avait poussé l'Angleterre; d'autres ont cru voir un procédé d'intimidation destiné à enlever la conclusion d'un emprunt de 30 millions que la Perse négociait à ce moment en Angleterre.

En tout cas la Turquie en prit prétexte pour renforcer ses troupes sur la frontière et pour pénétrer sur le territoire persan; le 6e corps occupa plusieurs districts pendant qu'une colonne était envoyée dans le nord, dans la direction de Nadjat. La Perse protesta, mais sans aucun succès.

Au dire de certains, l'Allemagne aurait poussé la Turquie à avoir sur la frontière des effectifs égaux à ceux des troupes anglaises et russes.

« Si la Turquie, aurait-on dit à Berlin, désirait conserver l'amitié de l'Allemagne, elle devait agir conformément aux décisions prises à Berlin contre les projets anglo-russes en Perse et en tout cas elle pouvait compter sur l'appui de l'Allemagne en toute éventualité. » A Dubaï le croiseur *Hyacinthe* intervenait aussi. A cette dernière affaire les Anglais auraient eu 15 morts ou blessés et les Arabes une quarantaine. A Téhéran il y eut des réunions de protestation. Une de ces réunions, à laquelle assistaient plusieurs milliers de personnes, protesta contre les violences que la Russie et l'Angleterre employaient contre la Perse. On y a réclamé bruyamment l'appui de la Turquie et celui de l'empereur d'Allemagne, « protecteur de l'Islam ».

Entre la Russie et l'Angleterre ayant chacune leur zone parfaitement délimitée, il restait pour la Turquie une région comprenant Hamadan, Hispahan et Ourmia. L'occupation de cette partie de la Perse assurait à l'Allemagne la libre occupation économique de la Mésopotamie par l'établissement du chemin de fer de Bagdad.

Dès que les troupes turques furent entrées en Perse, elles ne cessèrent d'avoir des rencontres avec les Persans. Pendant l'exécution de ces mesures militaires le gouvernement de la Porte affirmait qu'il tenait « à ce que la Perse demeure l'État voisin de la Turquie », redoutant le voisinage d'une grande puissance, Angleterre ou Russie.

L'Allemagne, étant intervenue auprès du gouvernement russe, essayait d'entraver en Perse l'action de l'Angleterre et de la Russie. Une entente séparée aurait même été proposée à la Russie dans le but manifeste d'amener une mésentente entre les deux alliés. Le projet de la ligne Téhéran-Kanikin avait été le prétexte avoué de ces négociations.

Les déclarations du chancelier de l'empire, M. de Bethmann-Holweg, sur la conclusion d'un accord entre la Russie et l'Angleterre pour la constructions des lignes du nord de la Perse et du chemin de fer de Bagdad ont produit une certaine impression à Londres.

On s'en est cependant assez facilement consolé, d'abord parce que l'on y comptait absolument sur la loyauté de la Russie et aussi un peu parce que l'on y était exactement renseigné sur le côté financier de l'entreprise de construction des chemins de fer de la Perse et que l'on savait que cette entreprise n'était nullement au nombre de celles dont les capitaux français et anglais favoriseraient l'exécution.

« Les avances de l'Allemagne ne remplacent pas les fonds qu'il faudrait un jour se procurer sur le marché de Londres et de Paris. La Russie n'ira donc pas au delà d'un échange cordial de vues avec l'Allemagne et force restera encore cette fois à la puissance du capital qui n'existe pas à Berlin. »

Commentant le discours prononcé par le chancelier de l'empire allemand le 10 décembre, la presse allemande insinuait que les rapports entre l'Angleterre et l'Allemagne étaient des plus cordiaux. L'entrevue de Potsdam n'aurait donc pas contrarié les visées actuelles de l'Angleterre en Asie.

« Ce qui montre combien nos relations avec l'Angleterre se sont améliorées, disait un journal pangermaniste, c'est que dans la lutte électorale, dans aucun programme, le spectre de l'invasion de l'Angleterre par une armée allemande ne joue un rôle, cette constatation est de nature à nous satisfaire. »

On a prétendu que l'Angleterre aurait fait la guerre plutôt que de se laisser imposer un chemin de fer allemand aboutissant au golfe Persique.

Aurait-elle changé d'avis depuis l'entrevue de Potsdam, si la cordialité des relations dont parlait la presse allemande existait aussi complètement qu'on le disait à Berlin?

Ou bien n'aurait-elle pas redouté de se heurter, dans la question persane, à une coalition d'intérêts que M. Hanotaux a définie (1) : la combinaison de tous les intérêts et de toutes les forces groupées dans ce vaste amphithéâtre où courent les deux fleuves bibliques, à savoir l'Allemagne, la Perse, la Turquie, et peut-être même la Russie à l'arrière-plan; en un mot, la grande majorité des puissances de l'Europe faisant front contre elle en Asie.

D'après l'*Evening Times*, l'accord de la Russie et de l'Allemagne aurait été conclu dans les termes suivants :

Article premier. — Le gouvernement impérial russe se déclare prêt à ne pas s'opposer à la réalisation du projet de chemin de fer de Bagdad et s'engage à n'opposer aucun obstacle à la participation des capitaux étrangers à cette entreprise, étant bien entendu qu'aucun sacrifice de nature pécuniaire ou économique ne sera demandé à la Russie.

Article 2. — Afin d'aller au-devant des vœux du gouvernement allemand de relier le chemin de fer de Bagdad au réseau éventuel des chemins de fer de Perse, le gouvernement russe s'engage à réaliser, aussitôt ce réseau construit, la construction de la ligne unissant sur la frontière turco-persane la ligne de Sadidje à Khanikin aussitôt l'embranchement du chemin de fer de Bagdad et la ligne de Koniah à Bagdad complétés.

Le gouvernement russe se réserve le droit de fixer à un moment qu'il choisira lui-même la route définitive de la ligne qui doit relier Khanikin.

Les deux gouvernements faciliteront le trafic international sur la ligne de Khanikin et éviteront toutes les mesures qui pourraient le gêner, par exemple l'établissement d'un temps de transit ou d'un traitement différentiel.

Article 3. — Le gouvernement allemand s'engage à ne pas construire de lignes de chemin de fer dans une zone autre que la ligne Bagdad et frontière russe et perse nord Khanikin et à ne pas prêter son appui matériel ou diplomatique à des entreprises semblables dans cette zone.

Article 4. — Le gouvernement allemand enregistre qu'il n'a pas d'intérêts politiques en Perse et qu'il y poursuivra seulement

(1) L'Europe en Orient. *Revue hebdomadaire*,

des buts commerciaux. Il reconnaît d'autre part que la Russie a des intérêts spéciaux dans la Perse septentrionale aux points de vue politique, stratégique et économique.

Le gouvernement allemand déclare qu'il n'a aucune intention de chercher pour son propre profit ou d'appuyer pour qui que ce soit, pour des sujets de sa juridiction ou pour des sujets d'autres nations, toute concession pour les voies ferrées, voies de navigation et télégraphes ou autres concessions de nature territoriale au nord de la ligne commençant à Kusrichin, traversant Ispahan Yezd et Khakh et se terminant à la frontière afghane sous la latitude de Ghasik. Si le gouvernement allemand cherche de telles concessions, il doit d'abord s'entendre avec le gouvernement russe, d'autre part le gouvernement russe continuera à reconnaître vis-à-vis du commerce de l'Allemagne en Perse le principe de l'égalité absolue de traitement.

Un tel accord, règlement intégral des intérêts allemands et russes en Perse, ne pouvait avoir d'efficacité réelle que s'il était accompagné d'une entente analogue entre la Russie et l'Angleterre, dont les sphères d'influence et l'action en Perse ont été délimitées par un acte antérieur. « Les garanties obtenues par la Russie pour ses intérêts dans le sud de la Perse, les intérêts russes et anglais étant formellement liés. »

L'Angleterre n'a pas paru satisfaite outre mesure de cet accord auquel elle n'était pas intervenue et les journaux anglais n'ont pas caché leur mécontentement.

On lit à ce propos dans le *Standard :*

« Nous n'objectons en rien à l'accord russo-allemand pourvu que l'on n'empiète pas sur nos droits commerciaux et politiques dans la Perse méridionale. Nous n'avons nullement l'intention de relâcher notre emprise sur la région du golfe Persique ou de nous y laisser supplanter par des entreprises soit commerciales, soit politiques. D'autre part, il peut être désirable de voir les intérêts des diverses nations, dans l'ensemble de l'Orient moyen, plus précisément définis.

« Si les négociations russo-allemandes tendent à ce but, elles seront suivies par nous avec satisfaction, si elles ont un autre but, nous saurons défendre nos intérêts dans ces régions que nous ne pouvons négliger.

« La plus grande partie du commerce du golfe Persique nous appartient. La sécurité de notre frontière indienne, les exigences de notre commerce nous forcent à obtenir la tranquillité intérieure de la Perse méridionale, à justifier les avertissements adressés par sir Edward Grey au gouvernement de Téhéran; — que les hommes d'État du continent le comprennent et nous pouvons attendre sans inquiétude les accords que les ministres du tzar et du kaiser allemand peuvent juger bon de conclure. »

Cette publication de l'*Evening Times* n'ayant pas été sérieusement démentie, est restée le seul document quasi officiel de l'accord jusqu'au 19 août 1911, jour de la signature du texte définitif par M. Nératow au nom du ministre des affaires étrangères de Russie et de M. de Pourtalès, ambassadeur d'Allemagne à Saint-Pétersbourg.

« Partant du principe que le commerce de toutes les nations jouit de droits égaux en Perse, et considérant que la Russie possède dans ce pays des intérêts particuliers, tandis que l'Allemagne n'y poursuit que des buts commerciaux, les gouvernements allemand et russe se sont mis d'accord sur les points suivants :

Article premier. — Le gouvernement impérial allemand déclare qu'il n'a pas l'intention de solliciter pour lui-même la construction de chemin de fer ou la concession de services de navigation ou de télégraphie, ou de soutenir des demandes en ce sens de la part de ressortissants allemands ou étrangers, au nord d'une ligne allant de Kasr à Chirin, en passant par Ispahan, Iezd et Khakh et atteignant la frontière afghane au degré de latitude de Gashil.

Article 2. — Le gouvernement russe, qui a l'intention d'obtenir du gouvernement persan une concession en vue de la création d'un réseau de chemins de fer dans la Perse septentrionale, s'engage de son côté, entre autres choses, à demander la concession de la construction d'un chemin de fer qui doit partir de Téhéran et aboutir à Khaskin pour relier ce réseau ferré à la frontière turco-persane et à la ligne de Sadidich à Khaskin. Dès que ce tronçon du chemin de fer de Bagdad sera terminé, cette concession une fois obtenue, les travaux de construction de la ligne indiquée doivent commencer au plus tard deux ans après l'achèvement du tronçon de Sadidich à Khaskin, et être terminés dans le délai de quatre ans.

Le gouvernement russe se réserve d'établir en son temps le tracé définitif de la ligne en question, mais il tiendra compte en cette occasion des desiderata du gouvernement allemand. Les deux gouvernements favoriseront le trafic international sur les lignes de Khanékine à Téhéran et de Khanékine à Bagdad, et éviteront toutes les mesures qui pourraient l'entraver, comme la création de droits de douane transitoires, ou l'application de tarifs différentiels.

Si au bout d'un délai de deux ans, après l'achèvement de l'embranchement de Sadidieh à Khanékine, du chemin de fer de Konix à Bagdad, la construction de la ligne de Khanékine à Téhéran n'est pas commencée, le gouvernement russe informera le gouvernement allemand qu'il renonce à la concession pour cette dernière ligne. Le gouvernement allemand aura dans ce cas la faculté de solliciter de son côté la concession de cette ligne.

Article 3. — Vu l'importance générale qu'a la réalisation du chemin de fer de Bagdad pour le commerce international, le gouvernement russe s'engage à ne prendre aucune mesure qui pourrait entraver la construction du chemin de fer, ou empêcher la participation des capitaux étrangers à cette entreprise, à supposer naturellement qu'il n'en résulte pour la Russie aucun dommage pécuniaire ou économique.

Article 4. — Le gouvernement russe se réserve le droit de confier à un autre groupe financier étranger la construction de la jonction projetée entre un réseau de chemins de fer en Perse et la ligne Sadidieh à Khanékine.

Article 5. — Indépendamment de cela, le gouvernement russe se réserve le droit de participer aux travaux dans la forme qui lui conviendra, quel que soit le mode de construction de la ligne en question, et de rentrer en possession du chemin de fer moyennant remboursement des sommes effectivement dépensées par les constructeurs.

Les hautes parties contractantes s'engagent en outre à se faire participer mutuellement à tous les privilèges de tarifs ou autres que l'une d'elles obtiendra en ce qui concerne cette ligne. Toutes les autres clauses du présent accord restent valables pour tous les cas. »

L'impression produite à Constantinople a été des plus défavorables. La promesse par l'Allemagne de n'encourager la construction d'aucune ligne au nord de Kanikin a été une véritable surprise.

Le journal *le Tanine* a qualifié l'attitude de l'Allemagne de peu amicale.

Plusieurs autres journaux turcs constatent que les grandes puissances se préoccupent assez peu de la Turquie. On semble redouter dans les cercles gouvernementaux que la partie du chemin de fer de Bagdad qui aboutira au golfe Persique ne puisse pas être réalisée par le concours exclusif de l'Allemagne et de la Turquie et qu'elle doive être internationalisée.

Ce résultat serait dû à l'action commune de la Russie, de la France et de l'Angleterre.

Du coup la politique de l'amitié avec toutes les grandes puissances européennes que préconisait la presse turque est fortement ébranlée.

Le journal *l'Ikdam* le déclare nettement :

« Il importe, dit-il, de préciser d'une façon définitive et au plus tôt notre situation politique internationale. Nous devons nous assurer l'amitié particulière d'un des États les plus grands et les plus puissants qui règnent sur l'équilibre actuel européen, à condition de sauvegarder en même temps nos intérêts réciproques. Il nous est impossible de vivre sur un pied d'égale amitié avec toutes les puissances, car nos intérêts politiques ne s'accordent pas avec les leurs. »

Aussi le journal *le Tanine :*

« En assurant cet intérêt, la Russie, l'Allemagne nous lèsent. Voilà pourquoi nous prétendons que c'est la Perse et nous qui paierons les frais de l'accord russo-allemand.

« On aurait dû nous consulter sur la question de laisser l'Anatolie orientale sans voie ferrée. Nous avions à dire et on ne nous a rien demandé. Nous adresserons à la Russie le quintuple des critiques que nous formulons contre l'Allemagne. »

L'Allemagne a fait savoir à la Sublime Porte que l'accord avec la Russie était strictement limité aux chemins de fer persans.

La France n'aurait-elle pas intérêt à s'entendre avec la Turquie sur ce point?

« La Turquie a encore voix au chapitre pour que le chemin de fer de Bagdad se fasse, dit *le Gaulois*. Il faut qu'elle accorde la garantie kilométrique, et pour que cette garantie kilométrique soit donnée, il est nécessaire que nous accordions au gouvernement ottoman notre consentement à une surtaxe des douanes de 4 pour 100 environ. On suppose qu'au cours de l'entrevue de Potsdam, M. Sassonoff, le nouveau ministre des Affaires étrangères de l'empire russe, aurait accepté que les chemins de fer russes qui seront construits dans le nord de la Perse, soient reliés avec le chemin de fer de Bagdad, qu'une ligne partant de Bakou sur la mer Caspienne, passant par Téhéran, aboutisse à Miskhi tête de ligne de chemins de fer de l'Inde. Encore faudrait-il obtenir le consentement de l'Angleterre qui ne peut voir, sans une certaine appréhension, ces travaux d'approche de l'influence russe et allemande. »

Cette nouvelle ligne de plus de 8000 kilomètres raccourcirait bien le trajet vers l'Inde, mais elle aurait aussi, au point de vue anglais, le sérieux inconvénient de favoriser les intérêts du commerce russe en Perse et de diminuer dans une certaine mesure l'importance des défenses naturelles de l'Inde.

On sait que le panislamisme est le grand moyen employé actuellement pour concurrencer l'Angleterre.

« Si les Allemands, dit *le Courrier européen* (1), se sont mis dans la tête de relier l'empire ottoman aux Indes, dans lesquelles fermentent quarante millions de musulmans, en majorité Sunnites, faciles à soulever, il est tout naturel qu'ils préparent les moyens ou plutôt le moyen, car il n'en existe qu'un : entreprendre des travaux hydrauliques sérieux (le concours des propriétaires est acquis d'avance) pour irriguer en grand les plaines qui jalonnent le parcours, celles d'Arnaoua, de Kermansbah, Bizoutom, Sannah, Khengaver et surtout la ceinture admirable qui entoure Hamadan et aménager l'incomparable chute d'eau de Saveh. La mise en valeur de ces plaines donnerait des produits à transiter à la voie ferrée en projet dont l'exécution dépassera certainement 300 000 francs par kilomètre sur le parcours que nous indiquons, avec des recettes annuelles kilométriques à prévoir de tout au plus 4 000 francs à 5 000 francs si la production reste ce qu'elle est. »

(1) *L'Angleterre et la Russie en Perse*, 25 novembre 1910.

Il est bien évident que la construction d'une ligne d'un rendement aussi déficitaire masquerait d'autres intentions sur la nature desquelles il est inutile d'insister.

Quant à l'irrigation des plaines, si jamais elle est réalisée, ce serait une œuvre gigantesque qui donnerait à la culture plus d'un million d'hectares. On a dit que la dépense devrait en être évaluée à plus de « huit millions de livres turques », si outre les dépenses d'exécution on tient compte des frais d'immigration des populations qui seront nécessaires pour cultiver.

Des plans et devis de travaux d'irrigation de la région qui s'étend entre le Tigre et l'Euphrate ont été dressés par sir Willcocks.

Les inondations du Tigre et de l'Euphrate sont à ce point fréquentes que les riverains perdent leurs récoltes à peu près une année sur trois. Pour obvier aux inondations de l'Euphrate, qui a un débit de 12 000 mètres cubes par seconde au moment de la crue, on propose de dériver le trop-plein des eaux de ce fleuve en temps de crue. La dépense est évaluée à environ 8 750 000 francs et trois années suffiraient à l'exécution des travaux.

Le lac Akkar Kief près de Bagdad, qui atteint en superficie jusqu'à trois cent mille mètres carrés lorsque les eaux sont hautes et dont le niveau est de 35 pieds au-dessous du Tigre, serait utilisé pour régulariser les crues de l'Euphrate.

Une branche de l'Euphrate, nommée Sakhlawia, communiquait jadis avec ce lac. Il s'agirait de rétablir la communication en construisant des écluses dans la branche Sakhlawia et un barrage dans le lit du fleuve.

Le lac serait aussi relié au Tigre par un canal qui irriguerait la région du nord de Bagdad. Un autre canal partant du sud du même lac rejoindrait le vieux Tigre après avoir irrigué une superficie considérable de terrains très propres à la culture. L'exécution de l'ensemble de ces travaux durerait environ huit ans.

On devra faire un grand nombre de barrages.

Le type des barrages égyptiens a été adopté. Cela pour trois raisons, dit M. Gaston Legrand, ancien secrétaire de sir William Willcoks, dans *la Correspondance d'Orient* (1). « 1° Ils pourront

(1) *La Mission de sir William Willcoks.*

être entièrement ouverts et on évitera ainsi une hausse qui, en Mésopotamie, serait désastreuse; 2° le Tigre et l'Euphrate s'élèvent par rapides à-coups et la quantité de matières en suspension qu'ils véhiculent peut atteindre 750 parties sur 100 000 ou cinq fois le maximum du Nil. Ce sont ces dépôts qui ont fait disparaître les anciens canaux dont les prises étaient sur l'Euphrate, dépourvu lui-même de barrages; tant qu'ils étaient de véritables rivières, tout alla bien, mais quand ils commencèrent à s'envaser, il leur fut impossible de livrer passage au volume modérément chargé de matières en suspension qu'amenait le fleuve quand il baissait, et ils se contentèrent des eaux bourbeuses de la crue qui finirent par les anéantir. Maintenant ils partiront tous d'un point en amont des barrages qui seront entièrement ouverts quand la crue arrivera chargée de limon tandis que les prises seront closes afin de l'empêcher d'envahir les canaux; 3° au moment de la décrue, quand on ouvrira les prises, il y aura encore une quantité considérable de limon ; or avec le système adopté on pourra fermer les ouvertures les plus rapprochées, et, comme la masse des sédiments qui roule est toujours là où la vitesse est la plus grande, forcer le courant à le porter de l'autre côté. »

« Le Tigre est la seule voie de communication digne de ce nom existant entre le reste du monde et Bagdad qui serait complètement isolée si elle venait à être coupée, éventualité qui pourrait ne pas être éloignée. Aussi, quoique en règle générale, dans des pays comme la Mésopotamie les fleuves doivent servir à l'irrigation et les chemins de fer au transport, est-il nécessaire de prendre des mesures de conservation. Quatre branches du Tigre mettent en danger la navigation, la première est la Bitera, en amont d'Amara. Ici, il n'y a pas péril en la demeure, car aux basses eaux la vitesse est insignifiante, mais les trois autres, la Chala à Amara, le major Kebir sur la rive droite un peu en aval, et la Mechera immédiatement après, sur la rive gauche, menacent sérieusement le fleuve dans son existence.

« Parfois la situation est si grave entre Amara et Gournah que les bateaux à vapeur ont dû souvent interrompre leur service. Sir William propose comme remède trois prises régulatrices pour la Chala, le major Kebir et la Mechera. »

Les premiers projets de chemin de fer transiatique remontent à 1882. La Porte les vit d'abord d'un mauvais œil. En 1888, par la convention du 20 mai-2 juin, la Deutsche-Bank rachetait les 92 kilomètres de la ligne Scutari-Ismid construite par des Français, mais appartenant à ce moment à une compagnie anglo-grecque. En 1888 encore le baron de Kaulla obtint la concession de la section Ismid à Angora (486 kilomètres) et de celle d'Eski-Chehir-Konia (444 kilomètres).

En mai 1899 une compagnie allemande concluait avec les groupes français de la banque impériale ottomane un accord ayant pour objet la construction d'une ligne Konia-Bagdad-golfe Persique. La participation réservée aux capitaux français était de 40 pour 100.

Peu après le sultan concédait cette ligne pour 99 ans à la Deutsche Bank et à la Compagnie des chemins de fer d'Anatolie. « Le gouvernement ottoman, dit dans *l'Économiste européen* M. Hippeau, ancien consul général en Asie Mineure, s'est lié les mains en 1899 en fermant les débouchés aux réseaux anatoliens en exploitation. Il eût été plus logique de leur permettre de se développer en pénétrant hardiment soit dans le centre de l'Anatolie, soit dans la Mésopotamie, que de confier à une seule compagnie l'exécution d'un nouveau réseau comportant, sans trafic aucun, un parcours total de 2800 kilomètres de Konia à Bassora. Il s'est engagé à concourir jusqu'à concurrence de plus de 50 millions par an à l'exécution d'une ligne stratégique et non commerciale qui traverse l'État dans sa plus grande étendue. »

Cette concession gênait visiblement la Russie, qui dès lors fit tout au monde pour en retarder l'exécution.

« Le groupe français a décliné sa participation de 40 pour 100 offerte en 1899 à cause de l'opposition de la Russie et parce qu'un parcours difficile et coûteux sans compensation de trafic, gagé uniquement par la garantie kilométrique de la Turquie, lui paraissait une entreprise dangereuse.

« La combinaison à laquelle on s'était arrêté en 1903 et qui prévoyait une participation de 30 pour 100 pour l'Allemagne, de 30 pour 100 pour l'Angleterre, de 30 pour 100 pour la France et de 10 pour 100 pour la Russie n'a pas eu plus de succès. » *(Le Journal.)*

La *Deutsche-Bank* est restée sans concours financier de Paris et de Londres.

La ligne a pourtant été construite jusqu'à un point situé à environ 200 kilomètres au delà de Konia, à Eregli. En ce moment la compagnie fait exécuter les travaux de traversée de la chaîne du Taurus. Les difficultés d'exécution sont telles que la ligne n'avance que de quelques kilomètres chaque année au prix d'énormes sacrifices d'argent.

La ligne « atteindra le Tigre à Mossoul, descendra la vallée de ce fleuve jusqu'à Bagdad, longera ensuite l'Euphrate jusqu'aux environs de son confluent avec le Tigre et se dirigera sur Zobeïr ». De Zobeïr au golfe Persique le tracé ne semble pas définitif et ce n'est pas la partie la moins laborieuse de la besogne qui reste à faire, car le point terminus paraîtrait devoir être Koweït, et là on se heurte à l'Angleterre dont la situation militaire hors de pair ne permettra pas l'accès.

La région du sud de la Perse et du golfe Persique est tout entière sous l'influence anglaise, les produits anglais pénètrent dans toute la partie nord de l'Arabie jusqu'à Bagdad. L'Angleterre est maîtresse aux îles Barrhein, à l'île Kishim, à l'île Macolm.

« L'iman de Mascate, dit M. H. Marchand dans les *Questions diplomatiques et coloniales* (1), indépendant en fait, se montre déférent vis-à-vis du représentant du gouvernement des Indes placé à ses côtés et salue de bon gré la protection inéluctable de la grande puissance.

« Les îles Bahreïn, en face de la presqu'île d'El-Katar, n'ont pas conservé longtemps leur caractère de domaine vacant. Un vaisseau de guerre britannique y a fait acte de possession. Entre ce point et l'estuaire du Chatt-el-Arab, le port de Koweït était seul digne d'attention. Le cheik Mobarek vivait paisiblement dans sa modeste principauté, indifférent aux sollicitations pressantes du vali de Bassorah qui s'efforçait de le rattacher administrativement à sa province. Il témoignait, par ailleurs, d'une très exacte déférence vis-à-vis du sultan de Constantinople, mais cette attitude lui était dictée par le souci de ses palmeraies du Fao en territoire turc.

« Il était donc dans les meilleures dispositions pour subir la

(1) *Les Questions d'Arabie.*

douce violence d'un tiers étranger, susceptible de lui imposer une indépendance définitive vis-à-vis des autorités de Bassorah.

« En 1899, le colonel Meade, résident britannique du golfe Persique, signait avec Mobarek une convention qui assurait à celui-ci une protection spéciale, sous réserve de ne faire aucune cession de territoire à l'insu du gouvernement britannique. La précaution n'était pas inutile. En 1900, une mission allemande, conduite par le consul général à Constantinople, entamait sans succès avec le cheik de Koweït des pourparlers tendant à l'acquisition d'une concession pour le terminus du Bagdad-Bahn. Peu de temps après, en 1901, Abdul Hamid marquait un intérêt soudain à ce port de Koweït... Une corvette turque décrépite y jetait l'ancre et son commandant se préparait à prendre possession de la ville, mais un croiseur anglais mouillait justement à quelques encablures. Le capitaine Pears déploya une persuasive éloquence et les Turcs s'éloignèrent. Ils devaient revenir quelques mois après.

« Un personnage officiel, nanti d'un message pressant pour le cheik, se heurta à l'inévitable croiseur britannique et sa mission échoua. A quelques mois de là, l'un des émirs du Nedj, Ibn-Rachid, tentait, à l'instigation des Turcs, de s'emparer de Koweït. L'attitude résolue d'une compagnie de blue jackets qui se trouvait là à point nommé écarta l'orage. Enfin le gouvernement d'Abdul-Hamid, soucieux de trouver un terminus, faisait occuper Khor-Abdallah et Khor Zobeïr ainsi que les îles Baubyan au nord de Koweït. »

En dépit des protestations du cheik Mobarek, cette occupation a persisté.

Bien entendu, la Porte s'inscrit en faux contre cette situation, et affirme que Koweït n'a jamais cessé de faire partie du territoire ottoman.

Le député de Bassorah, Abdul Wéhab effendi, a résumé dans *le Tanine* les arguments en faveur de la thèse turque.

« Si on consulte les documents officiels, dit ce député, on constate clairement que Koweït est une dépendance de Bassorah, de même que Bassorah relève lui-même du vilayet de Bagdad. Toutes les pièces conservées aux archives du ministère de l'Intérieur ainsi qu'au grand Vizirat et dans le vilayet de Bagdad et de Bassorah montrent le lien qui unit Koweït à Bassorah et la soumission à l'État de la famille de son possesseur. C'est d'ailleurs ce que confirme également le rapport de Midhat Pacha, le fondateur de la liberté.

« Alors que les liens existants entre le gouvernement ottoman et la ligue des possesseurs de Koweït n'avaient cessé de s'affirmer avec toute la sincérité et la solidité que l'on sait, il a fallu les nombreux différends qui ont surgi par suite de l'ignorance et de la mauvaise administration de certains fonctionnaires, pour créer la zizanie entre les deux parties et amener les choses au point où elles se trouvent aujourd'hui.

« Le cheik Mobarek qui se disait autrefois simplement caimakam de Koweit, signe maintenant comme chef des tribus de Koweït et souverain de Koweït, sans toutefois nier sa sujétion ottomane.

« Comme tous, le cheik sait parfaitement que l'empire ottoman est l'unique recours de tous les musulmans et que c'est un devoir primordial de lui rester attaché et fidèle. »

« Ces arguments et autres, développés par le député de Bassorah, sont de pur sentiment et sans aucune valeur en présence de la division navale anglaise qui a remplacé à Koweït le croiseur malencontreux. Le cheik Mobarek est devenu pour une raison ou pour une autre l'homme des Anglais et le chemin de fer de Bagdad n'aura son point terminus à Koweït que si l'Angleterre le veut bien. Y consentira-t-elle?

« D'un chemin de fer aussi voisin du Beloutchistan et par conséquent de la route de l'Inde, l'Angleterre ne saurait, en effet, se désintéresser. » Et si elle n'y consent pas, faudra-t-il se résigner à choisir, comme terminus de la ligne, Umm-Kasr ou Khar-Abdallah ou quelque autre point de minime importance?

L'Angleterre, maîtresse incontestée du golfe Persique par sa flotte, paraît décidée à avoir le dernier mot dans la question.

D'après *la Gazette de l'Allemagne du Nord,* le gouvernement allemand ne conteste pas que l'Angleterre ait de sérieux intérêts engagés dans l'affaire du chemin de fer de Bagdad. « Ce que l'Angleterre peut obtenir, aurait dit sir Edward Grey d'après le journal allemand, ce sont des garanties pour des conditions égales pour tous et en exigeant qu'il n'y ait pas de tarif de faveur, les Anglais formulent une demande justifiée. » De pareilles garanties, ajoute *la Gazette de l'Allemagne du Nord,* « ne sont pas difficiles à obtenir, car elles se trouvent déjà au fond assurées par les circonstances données. A plusieurs reprises on a fait savoir de source allemande que toute faveur spéciale à une nation au cours de l'exploitation du chemin de fer de Bagdad est une chose absolument impossible et que les transports sur le chemin de fer auraient lieu d'après des tarifs invariables connus du public et dont chacun pourrait surveiller l'application. »

La concession accordée à la compagnie allemande comprend plusieurs lignes secondaires dont l'une ira de Bagdad à la frontière occidentale de la Perse. Cette ligne rejoindra à Khanikin le chemin de fer transpersan que les Russes se proposent de réaliser un jour entre Téhéran et Tiflis. Une autre ligne concédée est celle d'Osmanié à Alexandrette.

Le sultan ayant accordé, par la convention du 23 mai 1908, à la compagnie concessionnaire la part qui lui revenait sur l'excédent des revenus affectés à la dette publique ottomane, la compagnie était dès cette époque en mesure de se procurer par des emprunts les capitaux nécessaires aux travaux de construction. « La question qui se posait pour les concessionnaires, dit M. Robert de Caix (1), était seulement celle de l'émission desdits emprunts, et elle continue à se poser exactement pour eux après comme avant l'entrevue de Potsdam. Ils peuvent certes les placer peu à peu en Allemagne où commence à se créer une fortune consolidée. C'est bien à tort et avec une légèreté imprudente que l'on a contesté la possibilité d'émettre aucun emprunt d'État sur le marché allemand.

« La question ne porte que sur la rapidité avec laquelle ce marché peut fournir les capitaux nécessaires au Bagdad. Mais il est certain que si les Allemands veulent aller vite, il leur faut obtenir le concours de Paris et de Londres. C'est-à-dire qu'aujourd'hui, comme avant le dernier et impressionnant événement diplomatique, le seul problème qu'aient à résoudre les constructeurs du Bagdad est de trouver le moyen d'obtenir que le gouvernement français consente à admettre à la cote de notre Bourse les emprunts turcs, destinés à permettre la réalisation de cette entreprise et que le gouvernement britannique ne continue pas à dissuader d'y parti-

(1) La question du Bagdad après Potsdam. *(Questions diplomatiques et coloniales.)*

ciper les financiers anglais qui observent une louable discipline nationale. »

Les lignes d'Anatolie telles que Samsoun-Siva-Smyrne-Egadir, le réseau français Smyrne-Kassaba, la ligne anglaise Smyrne-Aidin peuvent faire une sérieuse concurrence à la ligne allemande Haidar-Pacha-Konia, première section de la ligne de Bagdad.

La Russie a toujours le monopole des chemins de fer de la haute Arménie, la fusion du réseau français, du réseau anglais, des chemins de fer anatoliens peut se produire d'un instant à l'autre. La voie de Smyrne peut convenir davantage au commerce que celle de Constantinople, enfin les concessions françaises de chemins de fer en Syrie qui peuvent entrer prochainement dans la période d'exécution sont autant d'événements à prévoir qui peuvent influer sur le rendement du chemin de fer de Bagdad.

Le compagnie française du chemin de fer Beyrouth-Damas a depuis 1888 la concession de la ligne Rayak, Homs, Hamah-Alep avec prolongement par Biredjick vers l'Euphrate et Téleck.

Depuis 1908 la ligne atteint Alep et la concession Homs-Tripoli a été accordée à la même compagnie.

« Cependant, dit *le Journal*, après la concession de la ligne Tripoli-Homs, il est certain, comme le fait très bien ressortir M. Hippeau, que Tripoli deviendra la véritable tête de ligne, le véritable débouché de Damas et d'Alep pouvant soutenir une véritable concurrence avec Caïffa d'une part et Alexandrette de l'autre, d'autant qu'un embranchement sera construit sans doute entre Rayak et Homs, reliant la ligne d'Alep à celle du Hedjaz et la ligne Rayak Alep sera la voie directe de Bagdad, la voie de pénétration dans la vallée du Tigre. »

Cette concurrence des lignes françaises serait désastreuse pour le chemin de fer allemand de Bagdad, malgré les positions d'attente réservées par l'Allemagne à Caïffa et à Alexandrette. C'est dans ce sens que M. Hippeau conclut dans *l'Economiste européen*. « Le Bagdad turco-allemand tranformé en voie militaire n'est plus un transiatique adapté aux nécessités commerciales et au progrès écomique : c'est une manifestation ruineuse de mégalomanie qui coûtera cher à la Turquie, à condition qu'elle puisse en supporter la charge, ce qui n'est pas vraisemblable. Et, comme la règle de la plus courte distance déterminera toujours les conditions des transports, Smyrne en profitera la première, puis Mersina, Tripoli, Samsoun où la voie ferrée créera un remarquable courant d'affaires qui s'étendra peut-être aux régions de Kaïsarieh et de Malata. Cette dernière région peut être également visée par la compagnie française de Syrie qui possède depuis vingt ans le privilège d'exploiter ces territoires en prolongeant son réseau jusqu'à Teleck. »

Des grandes manœuvres d'une importance inusitée ont eu lieu en Turquie, dans la direction de la Bulgarie, au mois d'octobre 1910.

Deux divisions d'infanterie, deux divisions de redifs et une division de cavalerie sous les ordres de Ishak Pacha y ont pris part (39 bataillons d'infanterie, 34 batteries, 4 régiments de cavalerie).

Le général Zéky Pacha commandait le premier corps (armée de l'est), le général Isset-Fuad Pacha dirigeait les arbitres.

La première division était commandée par le général Saïd Pacha, la deuxième par le général Hassan-Izzet Bey, Chefket Pacha commandait la division d'Héraclée et Djemal Pacha la division de Brousse.

L'année suivante, l'état-major turc avait encore supposé l'arrivée de l'armée bulgare par Mustapha se dirigeant sur Andrinople. Le ministre de la guerre a commandé les opérations qui se sont terminées par une grande revue à laquelle assistait le sultan.

Quelques journaux turcs ont pris prétexte de la présence du sultan à cette revue pour rappeler que depuis deux cent cinquante ans on n'avait pas vu de sultan à la tête d'une armée. Ces journaux concluaient par des attaques contre la Bulgarie accusée de vouloir troubler la tranquillité de l'Europe orientale.

Comme le régime jeune-turc paraît disposé à chercher au dehors des compensations aux difficultés intérieures, les déclarations de ces journaux ne sont pas restées inaperçues à Sofia.

Dans les cercles politiques bulgares on en a été quelque peu préoccupé, connaissant la patience avec laquelle l'Europe a supporté les incartades de toute nature du nouveau régime ottoman.

Une nouvelle loi militaire a été votée récemment. D'après la loi, le service militaire est dû de vingt ans à quarante et un ans, de nombreuses exemptions subsistent encore ; sur le pied de paix l'armée turque compterait environ 260 000 hommes. En temps de guerre la Porte se proposerait de mobiliser 1 500 000 hommes avec 1 600 pièces de canon et 250 000 hommes de troupes de réserve, d'Albanais et de gendarmes. L'armement se compose de fusils Mauser, Martini et Peabody et de canons Krupp. Il y a lieu de tenir compte que l'état des finances turques est toujours des plus précaires et que l'ère des révolutions n'est pas irrévocablement close.

La marine compte un certain nombre de croiseurs, de canonnières et de torpilleurs, mais de ce côté encore, tout au moins présentement, il y a lieu de faire les réserves les plus formelles au point de vue de la puissance offensive et même défensive. La guerre italo-turque n'a pas amélioré la situation.

Il existe en Turquie une école militaire qui fut institué en 1831 à la caserne de Matchka. Dix ans après cette école fournissait à l'armée des lieutenants et sous-lieutenants.

Cette école fut ensuite transférée à la caserne Pancaldi (quartier de Pera), où elle est encore.

L'armée turque est instruite par des officiers allemands, « en congé régulier, qui continuent à concourir pour l'avancement avec leurs camarades demeurés en Allemagne. Le général Von der Goltz a été vice-président du conseil de la guerre ottoman, c'est-à-dire généralissime des armés turques. L'Allemagne fournit la Turquie de canons, de fusils, de munitions, d'équipages de pont et de navires de guerre. Elle doit lui livrer prochainement des aéroplanes et des sous-marins. Sur les instances allemandes le 4e corps ottoman, d'Asie Mineure, a été dédoublé et un 8e corps, dont le siège est à Erzeroum, menacerait directement, en cas de conflit européen, les frontières de la Transcaucasie russe, tandis que l'armée roumaine, mobilisée, retiendrait sur le Danube une notable partie des forces bulgares.

D'après un journal italien, *l'Esercito italiano,* la réorganisation de l'armée turque serait faite prochainement sur les bases suivantes :

Les troupes seraient groupées en corps d'armée comprenant deux ou trois divisions. Chaque division comprendrait trois régiments d'infanterie à trois bataillons, un bataillon de chasseurs, un régiment d'artillerie de six batteries et un régiment de cavalerie à cinq escadrons. Il y aurait en outre par corps d'armée un bataillon de pionniers, un bataillon du train et une compagnie de télégraphistes.

L'infanterie serait aussi portée de 294 bataillons à 370.

L'empire ottoman vient d'être divisé en quatorze corps d'armée :

1° Constantinople ; 2° Andrinople ; 3° Salonique ; 4° Kirk-Kilissé ; 5° Rodosto ; 6° Monastir ; 7° Uskub ; 8° Erzeroum ; 9° Damas ; 10° Van ; 11° Erdzinjan ; 12° Mossoul ; 13° Bagdad ; 14° Sanaa.

En plus, il y a 5 divisions indépendantes dont trois en Europe, Kozana, Janina, Schkodra ; une en Afrique, Tripoli, et une en Asie, la Mecque.

CHAPITRE VIII

Insurrections du Yémen et du Hauran. — Dissentiments dans l'armée. — Agitations nationalistes. — Incident Kittani. — Protestations de la presse française. — La frontière de Tripolitaine. — Nationalisme ottoman. — Sympathies allemandes. — Appréciations des journaux. — Guerre italo-turque. — Agitation parlementaire.

Les insurrections d'Albanie et du Yémen ont été, au cours des dernières années, l'objet des continuelles préoccupations du gouvernement ottoman.

Nous avons parlé des insurrections albanaises au cours d'un précédent chapitre, celles du Yémen et du Hauran valent aussi un rapide exposé.

L'Yémen et l'Assir sont deux provinces voisines du Hedjaz, aux portes de la Mecque et de Médine, le long du littoral de la mer Rouge, s'étendant jusqu'au détroit de Bab-el-Mandeb auprès d'Aden.

Habitée par des populations belliqueuses et indépendantes, cette région n'est, en réalité, soumise au gouvernement turc que depuis une quarantaine d'années. Depuis ce moment elle constitue la province de l'Yémen.

A peine quelques villes peu importantes : Mekha, Hodeidah, Rounfoudak, Sanaa.

Excepté aux environs d'Hodeidah, peuplée d'Arabes, de nègres et d'Abyssins, la suzeraineté de la Porte était tantôt nominale, tantôt effective, se traduisant soit par des levées d'impôts, soit par des répressions de toute nature, suivant l'heure et le bon plaisir des Sultans.

On conçoit qu'avec un tel système de gouvernement, les populations n'attendaient que des occasions pour se révolter. Ces occasions d'ailleurs ne manquaient pas et l'histoire de cette région n'est qu'une longue suite de soulèvements suivis d'opérations militaires plus ou moins organisées et plus ou moins heureuses.

Lorsque les « Jeunes-Turcs » prirent le pouvoir, l'Yémen était en insurrection.

L'iman Yahia, chef des Zeïdis, en était le chef.

Le parti national arabe accepta tout d'abord avec faveur les nouveaux événements. Les Hutchakistes et les Drachakistes, puissantes associations arméniennes, firent de même, mais cet accord général dura peu. Le gouvernement de fer des Jeunes-Turcs, leur volonté bien arrêtée de supprimer toute autonomie et toute nationalité exaspéra à nouveau les provinces, d'autant que les promesses qui leur avaient été faites n'étaient tenues nulle part.

Une ambassade fut envoyée par l'iman Yahia à Constantinople, au commencement de l'année 1909. Les négociations n'ayant pas réussi, l'insurrection reprit de plus belle et les tribus des Beni-Salil, des Beni-Qeiss et des Zaramik, après avoir infligé une défaite aux troupes turques, investirent la ville d'Hodeidah, interceptant toute communication le long des côtes.

Des troupes furent alors envoyées de Constantinople sous le commandement de Saïd Pacha.

Yahia répondit en prêchant la guerre sainte. Une armée de 30 000 hommes vint se ranger sous ses ordres pendant que dans l'Assir surgissait un madhi, Mohamed-Ben-Idris, qui soulevait les Beni-Kohtan, les Beni-Thakif, les tribus des Tehama, et tous les mécontents. Il disposait de son côté de 25 000 combattants, d'autres tribus révoltées comptaient en plus environ 20 000 fusils. L'iman et le madhi, qui au commencement des hostilités ne s'entendaient guère, finirent par faire alliance. C'est cette formidable insurrection, dans un pays malsain, montagneux, sans routes, sans moyens de communication, que les troupes turques ont eu à combattre et à réprimer.

Quelques journaux de Constantinople ont démenti d'abord l'importance de cette révolte assurant qu'en dehors des Bédouins se trouvant sous les ordres de l'iman Yahia toutes les autres tribus étaient fidèles au gouvernement constitutionnel.

L'un d'eux (1) annonçait qu'un cheik disposant de plus de 40 000 hommes déclarait qu'il se chargerait de châtier les tribus

(1) *Le Stamboul*, 16 mai 1910.

rebelles réunies sous les drapeaux de l'iman Yahia et qu'il les obligerait à faire leur soumission complète aux autorités impériales. Si l'iman Yahia avait disposé des Bédouins de l'Yémen, ainsi que le disait la presse turque, on se demande quels auraient bien pu être dans ce pays les éléments susceptibles de lui être opposés en dehors des troupes régulières envoyées par la Métropole. Un journal allemand, *le Berliner Tageblatt,* annonçait que Saïd Idritsch, à la tête de nombreuses tribus, avait cerné cinq bataillons turcs, qu'une bataille avait eu lieu et qu'il y avait eu de nombreux morts et blessés.

Au mois de décembre 1910, la révolte recommençait de plus belle, c'était le soulèvement général des Arabes dans toute la région avoisinant la mer Rouge.

Au mois de janvier suivant, le ministère de l'intérieur de Turquie résumait les événements du Yémen dans les termes suivants :

L'iman Hamideddin habitant la région montagneuse du Yémen oriental et appartenant à la secte des Zeïdis et après sa mort son fils, l'iman Yahia, et ses partisans ont de tout temps dirigé leurs attaques contre la partie montagneuse du Yémen placée sous l'administration ottomane. Ils ont parfois poussé l'audace jusqu'à occuper Sanaa, chef-lieu du vilayet. Le gouvernement n'a pas manqué d'envoyer à plusieurs reprises des expéditions militaires pour mater ces rebelles. Cependant ils n'ont pas cessé de continuer leurs attaques chaque fois qu'ils en ont trouvé l'occasion, en troublant ainsi l'ordre et la sécurité dans toute la région.

En présence des difficultés que rencontraient de nouvelles expéditions, le gouvernement, afin de rétablir l'ordre, avait émis l'idée de scinder le Yémen en deux vilayets. Le premier devait comprendre la partie montagneuse (Acyr) et le second la région de Tihamé. Le vilayet des montagnes ayant pour chef-lieu Sanaa devait être confié à l'iman Yahia avec plein pouvoir de désigner les fonctionnaires du Cheri, civils et militaires. Les taxes levées devaient être affectées aux dépenses locales et le surplus, s'il en restait, devait seul être expédié dans la capitale. Le quartier général du corps d'armée devait être transféré à Menakhé et l'on ne devait laisser qu'une faible garnison à Sanaa. Un projet de loi avait même été élaboré à cet effet et soumis à la sanction du pouvoir législatif.

Cependant, étant donné que le Yémen par sa situation topographique est divisé en trois régions : le Djebal, le Tehamé et l'Acyr, et que l'iman Yahia, habitant la partie montagneuse et appartenant à la secte des Zeïdis, ne jouissait d'une réelle influence que sur les Zeïdis qui sont toujours en conflit avec les habitants de Tehamé et d'Acyr appartenant à la secte des Chafi, la modalité préconisée pour la région montagneuse ne pouvait être appliquée pour les deux autres parties et devenait ainsi insuffisante à rétablir l'ordre.

En présence de ces difficultés et surtout de l'apparition, sur ces entrefaites, d'un certain Saïd-Idris qui, s'assurant le concours des tribus de l'Acyr et de Tehamé, avait commencé à bloquer les villes et à couper les routes, le gouvernement avait senti la nécessité de prendre des mesures plus radicales pour le rétablissement de l'ordre dans le Yémen. Les difficultés d'une expédition militaire n'existant plus alors, le gouvernement avait envoyé au Yémen et dans l'Acyr de nouvelles forces pourvues des munitions et approvisionnements nécessaires.

La région de l'Acyr fut détachée du Yémen et érigée en mutessarifat indépendant, le général de brigade Suleyman Pacha fut nommé gouverneur et commandant de l'Acyr et le général de brigade Mehmed-Ali Pacha, vali et commandant du Yémen, investi de pleins pouvoirs. Des canonnières ont été affectées à la surveillance du littoral. Dès l'arrivée des réguliers, les insurgés des régions de Léhie et Zuhra furent pourchassés et les communications rétablies entre Handjour-Haddjé et Kanferda. Les Bédouins de ces parages demandèrent l'aman.

Le gouvernement, dont le but était d'éviter l'effusion du sang et d'introduire dans cette partie de l'empire des réformes en rapport avec les us et coutumes du pays et d'assurer ainsi l'attachement au califat et au gouvernement ottoman de cette population turbulente, a cru bon, avant d'avoir recours à des mesures rigoureuses, d'inviter Saïd-Idris à faire sa soumission. A cet effet, on ménagea une entrevue avec lui et Saïd Pacha, commandant de la colonne volante, et Suleyman Pacha Mutessarif, commandant d'Assyr, Saïd-Idris prêta serment de fidélité au calife, des prières publiques furent récitées et Saïd tint même sa parole en contribuant à recueillir les impôts et en rétablissant les lignes télégraphiques coupées.

L'ordre ayant été ainsi assuré dans la région d'Assyr et, d'autre part, l'iman Yahia ayant cessé ses attaques, le gouvernement avait renoncé à une grande expédition militaire. Il avait même licencié les bataillons d'infanterie et il procédait avec la plus grande tranquillité aux réformes dictées par les nécessités locales.

Conformément aux désirs de la population, les dispositions du chéri ont été mises en application et une commission spéciale avait été envoyée par le cheik ul islamat pour l'établissement des tribunaux du chéri. Eu égard à la situation précaire de la population du Yémen, le gouvernement supprima un certain nombre d'impôts s'élevant annuellement à 80 000 livres. Il y a été fondé l'année dernière 32 écoles, et cette année-ci 20 autres, dont l'une pour filles; celles qui existaient ont été reformées et l'école des filles à Sanaa a été reconstruite. Une vingtaine d'écoles seront bientôt créées et une école modèle sera construite à Hodeïda.

Les travaux publics n'ont pas été négligés. La construction d'une route de huit cents kilomètres entre Sanaa et Menaha a été entreprise. Les travaux de construction de la ligne ferrée entre Hodeida et Sanaa et du port de Yahana seront incessamment entrepris. Le gouvernement a recruté les gendarmes parmi les indigènes. Il a affecté des appointements aux cheiks et a réparé la grande mosquée de Badju. La surveillance du littoral a été renforcée pour empêcher l'introduction des armes en contrebande. Alors que le gouvernement s'occupait à prendre toutes les mesures et disposition voulues pour assurer l'ordre dans cette région et le bien-être des habitants, Saïd-Idris se souleva de nouveau, cette fois-ci dans le but de se tailler une principauté. L'iman Yahia de son côté excita la population contre le gouvernement, attaqua les villes et marcha sur Sanaa, ce qui vient d'obliger le gouvernement à recourir à des mesures rigoureuses.

D'après les télégrammes du mutessarifat d'Acyr, Saïd-Idris a averti les tribus qui se sont ralliées à lui, de se tenir prêtes en armes avec six mois de vivres et de munitions; il a envoyé des émissaires de tous les côtés pour inciter la population à la révolte et s'est opposé au passage des nouvelles recrues ainsi que des troupes de relève allant de Djizan à Ebna. Quant aux télégrammes arrivés du vilayet du Yémen, ils font savoir que Saïd-Idris a armé la population et l'a invitée à se tenir prête à ses ordres :

qu'il a fait transporter auprès de lui les armes et les munitions de contrebande qui se trouvaient à Alkaz et arrêter à Sibian quatre officiers et cinq soldats; qu'il a fait prendre et prend encore des otages et des gages des tribus soumises au gouvernement; nommé des mudirs et des naibs dans ces tribus et y continue les représailles; qu'il a coupé les communications entre Elha, Djezan et Kanife; cerné ainsi les forces qui se trouvent dans cette région; répandu des idées séditieuses parmi la population de Zirank; tenté de couper également les communications télégraphiques entre Lehié et Sid et fait enlever par des brigands et conduire en un lieu inconnu les fonctionnaires de la douane d'Elvessim, puis arrêter au cours de son voyage et exiler à Elnezire le député Ali Souïdi.

Un télégramme du mutessarifat expédié d'Acyr le 11-24 décembre et qui vient de parvenir, annonce qu'Ebha est cernée depuis un mois, qu'elle continue à se défendre et que les tribus éloignées se rallieront certainement aux assiégeants au nombre de deux mille environ; que Saïd-Idris a proclamé la constitution d'une principauté et demandé de nouvelles adhésions à ce sujet. Enfin un rapport adressé par le même mutessarifat au commandement du détachement militaire ainsi qu'au caïmakan de Djizan et qui vient de parvenir au ministère par la Porte laisse entendre que la situation à Ebha n'a rien d'inquiétant, que cette ville est en état de résister aux attaques des tribus et même de toute la population de l'Assyr, qu'elle a des vivres et des munitions pour plusieurs mois et que, malgré les efforts faits par Idris pour soulever les environs, par suite de la présence dans son entourage d'un grand nombre d'otages, des dissensions se sont élevées entre certaines tribus et ses hommes.

D'après les télégrammes arrivés du vilayet du Yémen et concernant la situation de Djebal, l'iman Yahia a adressé un manifeste aux cheiks de Taaz pour les engager à la guerre sainte. Le sang des gendarmes et des troupes coule impunément. Au cours de la rencontre qui a eu lieu récemment entre les forces militaires et plus de mille bandits envoyés vers Elheda et Perm, les rebelles ont été mis en déroute après avoir laissé 63 morts et 113 blessés; quant aux troupes ottomanes, elles ont eu en tout 40 morts et blessés. Dans un autre combat nouveau entre les insurgés et le détachement chargé de transporter des approvisionnements de Souk-el-Hassib à Hedje les rebelles ont eu 10 morts et 25 blessés et ont incendié plusieurs villages d'Ezat.

L'iman a organisé des bandes qu'il a envoyées dans divers cazas et nahiés ainsi que dans les cazas d'Hedje, de Eus et du côté d'Amran ; le but de cette organisation relativement assez vaste est de couper les communications de Sanaa, Hedje et Taaz et de fomenter un soulèvement général. La route de Lehiyé à Hedjé est coupée ainsi que toutes les communications de Sanaa avec les postes militaires qui se trouvent dans les montagnes. Les habitants des villages de cette région font partir leurs familles et leurs biens et se préparent à la guerre.

Ainsi qu'il appert des renseignements ci-dessus, le but de l'iman Yahia comme de Saïd-Idris est d'exercer le pouvoir dans l'Assyr et l'Yémen. Le gouvernement ottoman, afin de prévenir l'effusion du sang, a dès le début de la question recouru à toutes les mesures de douceur et s'est efforcé d'amener une heureuse solution par l'envoi, comme mutessarif et commandant de l'Assyr, du général de brigade Saïd Pacha à qui Saïd-Idris aurait autrefois promis soumission.

Mais voyant que l'iman Yahia persistait dans ses menées insurrectionnelles et dans ses attaques, le gouvernement reconnaissant la nécessité de montrer sa force et d'étouffer un état de choses pernicieux a procédé à la formation et à l'envoi d'un corps expéditionnaire de 31 bataillons d'infanterie, de 5 batteries d'artillerie et de 3 sections de mitrailleuses avec d'abondants approvisionnements de munitions et décidé de continuer dans la région l'application des réforme nécessaires dès que, grâce à Dieu, les rebelles auront été réprimés et la tranquillité assurée.

Ceci était la note officielle, émanant directement de la Sublime Porte et comme telle plus que sujette à caution.

En réalité, la situation du gouvernement jeune-turc était des plus graves et pouvait très facilement tourner au tragique.

Les chefs arabes n'entendant pas accepter les réformes qui ne cessent de se produire à Constantinople, ont soulevé la question du khalifat et ils prétendaient la régler les armes à la main.

Il y a déjà quelques années, dit *l'Écho de Paris,* ils voulaient le faire, mais à cette époque, malgré tous ses crimes, Abdul Hamid jouissait d'un grand prestige : pendant vingt-cinq ans tous les Musulmans avaient deux fois par jour prié Allah pour lui! et c'est une des raisons qui ont obligé le comité « Union et Progrès » à lui laisser la vie sauve. La mort de l'ex-sultan n'aurait pas été acceptée par l'Islam. Ce que les Arabes ont différé pour ces raisons de religion et de sentiment, ils veulent l'accomplir maintenant. Saïd-Idriss et Mahmoud-Yahia ont d'ores et déjà l'appui des Arabes de l'Hedjaz, des grands émirs Ibn-Erasschid et Ibn-Seoud dans le Chomer et le Nedjed, des tribus importantes de Mésopotamie et de celles de la Palestine, bien que ces dernières soient pour la moitié catholiques.

Ce changement de khalifat est, nous le répétons, dans les réelles intentions des Arabes, et les Turcs incapables de l'empêcher perdront leur suprématie dans le monde musulman. Nous savons d'après ce qui nous a été confié que le programme du parti national arabe sera à peu près suivi, c'est-à-dire que le nouveau khalife sera le chef religieux de tout l'Islam en même temps que souverain temporel d'un petit État entièrement musulman, renfermé dans les limites actuelles du vilayet de l'Hedjaz depuis le golfe d'Akaba jusqu'à l'Assir.

Quant au titulaire du khalifat, qui sera-t-il? un vice-roi voisin ou un descendant de Mohamet, sultan détrôné dont le voyage à la Mecque fut brusquement arrêté, ou Saïd-Idriss ou Mahmoud-Yahia?

On a cru voir dans la révolte de l'Yémen la main du khédive Abbas II. Le commissaire de la Porte en Égypte prétendait que le khédive espérait obtenir le khalifat.

Le comité de Salonique pensait-il de même, lorsqu'il voulait qu'Abbas II soit mis en demeure de prendre nettement parti pour « la souveraineté ottomane établie par les firmans impériaux »?

Le khédive le voudrait-il qu'il ne serait pas à même d'obéir au comité de Salonique. L'Angleterre y mettrait bon ordre.

Pendant ce temps, l'Allemagne ne manque pas de rappeler à tout instant à la Porte qu'elle a des droits de suzeraineté sur l'Égypte et qu'elle est en mesure avec son appui d'imposer sa volonté.

Les Arabes révoltés étaient au nombre de plus de 70 000. Les villes de Sanaa, d'Ebbah ont été bloquées. Hodeidah a été menacée à plusieurs reprises, Assyr a succombé. C'est une véritable armée que le gouvernement a dû envoyer pour réprimer la révolte.

Issed Pacha, chef d'état-major de l'armée turque, commandait cette armée, ayant auprès de lui un nombreux état-major. Le colonel Avni Bey, le colonel Ahmed-Hamdi Bey, le commandant Ali Fuad Bey, le colonel Redjed Bey, les capitaines Safvet Bey, Alaeddin Bey, Kadri Bey.

Le parti vieux-turc suivait avec attention les événements de l'Yémen, prêt à en tirer parti contre les libéraux, si les troupes ottomanes subissaient quelque échec. La presse égyptienne a pris parti franchement pour les Arabes; l'Allemagne voyait avec faveur le gouvernement jeune-turc embarrassé par l'Yémen et l'Albanie; l'Italie songeait que possédant déjà l'Érythrée, il ne serait pas désagréable de s'agrandir de ce côté.

La solution de la question était donc des plus complexes et empruntait à diverses circonstances une importance presque insoupçonnée. M. Gaston Rouet a écrit à ce propos dans les *Questions diplomatiques et coloniales* (la question du Yémen) : « Le Yémen est la pierre d'achoppement de la politique des libéraux Osmanlis. Que cette pierre se détache et tombe de l'édifice, ce peut être le commencement de la désagrégation de l'empire ottoman. »

La question albanaise étant une autre pierre d'achoppement, le gouvernement turc a grand intérêt a s'entendre avec ses voisins jusqu'à complet règlement de ces questions. L'insurrection du Yémen a continué avec des alternatives de succès et de revers pour les Arabes jusqu'à la guerre italo-turque. A ce moment l'iman Yahia consentit un accord avec le gouvernement ottoman sur les bases suivantes :

« 1° Dans toutes les parties du Yémen, la loi du chéri sera appliquée.

« 2° Les juges de tous les tribunaux seront nommés et pourront être destitués directement par l'iman, sauf à celui-ci d'avertir le gouvernement chaque fois qu'il y a lieu à nomination ou à destitution.

« 3° Une haute cour d'appel est instituée à Sanaa. Cette cour aura mission d'examiner les questions qui lui seront soumises par l'iman et qui devront être communiquées au gouvernement.

« 4° Le président et les membres de la Cour d'appel seront

nommés par l'iman, leur nomination sera sanctionnée par le gouvernement.

« 5° Au cas où un arrêt comportant la peine de mort (kissasse) serait rendu par un tribunal de la juridiction de l'iman, les juges, conformément aux prescriptions du chéri, feront le nécessaire pour arriver à une transaction entre les héritiers de la victime et les auteurs du crime. Si la transaction est impossible, la sentence sera envoyée à Constantinople pour être ensuite retournée, après avoir été confirmée par le Cheik ul Islam et sanctionnée par iradé impérial, et ce dans un délai de quatre mois.

« 6° Les juges et les fonctionnaires seront convenablement rémunérés; si leur conduite donne lieu à des plaintes, l'iman en référera au gouvernement.

« 7° Le gouvernement pourra nommer des juges pour les habitants du Yémen qui n'appartiennent pas au rite zeïchite et qui sont du rite hanefite ou chafeïte.

« 8° Pour l'examen des procès qui surgiraient entre les Zeïdites et les Chafeïtes des tribunaux mixtes seront institués, composés de juges appartenant aux rites zeïdite et chafeïte.

« 9° Pour l'examen des affaires dans les communes et les villages, des juges ambulants seront nommés. Le gouvernement désignera des gardes spéciaux qui prendront le nom « d'huissiers » à l'effet de protéger les juges ambulants.

« 10° L'organisation de l'enseignement conformément aux besoins du pays appartient à l'iman. A cet effet l'administration des établissements pieux et le recouvrement des recettes y relatives sont du ressort exclusif de l'iman.

« 11° Tous les condamnés pour crimes politiques antérieurs à la date de la conclusion de l'arrangement sont amnistiés, il est fait également remise de tous les impôts arriérés dus jusqu'à ce jour.

« 12° Certaines populations ainsi que certaines régions, dont cette longue série de troubles a causé la ruine, seront exemptées de tout impôt pendant une période de dix ans.

« 13° Les impôts perçus au profit de l'État ne comprendront que les impôts reconnus par la loi islamique.

« 14° Si une plainte est formulée contre un agent du fisc et notamment s'il y a fraude, le gouvernement et les juges locaux procéderont en commun à une enquête : l'arrêt rendu par ces derniers sera exécuté par le gouvernement.

« 15° La population zeïdite est libre de faire des donations à l'iman soit directement à lui-même, soit par l'intermédiaire des cheiks ou des juges.

« 16° L'iman, pour les terres qui lui appartiennent, payera la dîme suivant la loi du chéri.

« 17° L'iman mettra en liberté les otages qu'il détient.

« 18° Les hommes et les fonctionnaires de l'iman et du gouvernement, à condition de ne pas porter atteinte à la sécurité publique, pourront voyager en toute confiance dans l'intérieur du Yémen.

« Aucune entrave ne pourra être apportée à l'exécution de l'arrangement, après qu'il aura été sanctionné par firman impérial. Telle est la phrase finale de la convention. La population du Yémen attend avec impatience la sanction de cette convention qui aura nécessairement pour résultat de donner la tranquillité à cet intéressant pays, puisqu'elle est basée sur le principe de la décentralisation des nationalités, la seule politique qui puisse faire le bonheur des populations de ce pays et assurer la prospérité et la puissance de l'empire (1). »

La situation ne laisserait pas d'avoir eu une certaine gravité en Asie Mineure et « particulièrement à Mouche, Sigherd, Erdzinjan où des mouvements réactionnaires se dessinaient ».

Le ministre de l'intérieur Talaat Bey avouait au mois de mai 1910 (2) à un rédacteur du journal *Iamanak* « qu'il venait de donner aux valis, mutessarifs et caïmakams des provinces de Bitlis et de Van, des ordres sévères et catégoriques pour assurer la sécurité et le bon ordre dans leur ressort ».

A cette époque le même ministre se proposait même d'entreprendre un voyage en Asie Mineure, afin de se rendre compte de la situation dans cette contrée; et cette situation en valait la peine, certains chefs kurdes, Moussa Bey et Hadj Rassim Bey, se promenant alors à travers villes et villages à la tête de bandes armées. Le patriarche arménien dut menacer de démissionner « ne pou-

(1) Document publié par le journal *la Tribune des nationalités*. Constantinople.
(2) Journal *Stamboul*.

vant plus diriger sa communauté sous les menaces perpétuelles ».

Dans la province de Bagdad, même note, les villages sont visités et razziés par des tribus révoltées. « La tribu de Montefilk, notamment, a pillé tout le bazar de Chatrah. Les pertes matérielles s'élèvent, dit-on, à plus de 2000 livres turques. Il y a eu en outre des victimes. Les soldats qui se trouvaient dans ces parages étaient insuffisants pour arrêter le flot de Bédouins. »

La presse de Beyrouth n'était pas plus optimiste en ce qui concerne la Syrie.

« La Syrie est la province la plus réactionnaire de l'empire et être en lutte continuelle avec ses gouvernants est une règle dont les Syriens ne sauraient se départir. »

« On prétend que sous le règne d'Abdul Hamid un traité secret garantissait le payement d'une indemnité importante aux Syriens pour empêcher les insurrections et le pillage.

« Le gouvernement jeune-turc avait refusé le payement de l'annuité, ce qui avait amené immédiatement des désordres. » (*Indépendance belge.*)

L'insurrection du Hauran a été une véritable campagne de guerre ayant nécessité l'envoi de généraux, de canons et de nombreux régiments. « L'expédition du Hauran se composera de 4 bataillons de Constantinople, 3 de Smyrne, 4 de Damas, une division de redifs de la région d'Adana, soit au total 27 bataillons, y compris les mitrailleuses et plusieurs batteries d'artillerie à tir rapide. De plus, elle pourra au besoin faire appel aux Bédouins et aux Circassiens qui ont promis leur concours contre les Druses. Les Circassiens se sont engagés à empêcher les Druses du Hauran de se réfugier dans le Liban. Samy Pacha partira le 9 août pour Beyrouth : les opérations commenceront dans une quinzaine de jours, dès son arrivée dans le Hauran.

« La cause immédiate de l'expédition réside dans le fait que les Druses du Hauran attaquèrent dernièrement deux villages chrétiens et brûlèrent une femme vive; mais le but essentiel est de mâter définitivement les Druses, de désarmer la population et de faire une œuvre similaire à celle de l'Albanie. » (3 août 1910, journal *l'Éclair*.)

Une révolte a éclaté parmi les Druses dans le Hauran. Deux villages chrétiens ont été détruits et de nombreuses personnes ont éte tuées. Comme cette région a été en état d'agitation depuis la proclamation de la constitution, le gouvernement a décidé d'y envoyer immédiatement une expédition composée de 26 bataillons avec 8 batteries de canons à tir rapide. Cette expédition sera sous le commandement de Samy Pacha, ancien préfet de Constantinople.

« Un télégramme officiel de Damas en date d'hier estime que depuis dimanche le nombre des victimes des Druses est d'un millier. On pousse activement les préparatifs en vue de l'expédition. Des troupes ont déjà quitté Damas pour se rendre sur la scène des désordres. Les réservistes du vilayet de Castamouni ont été appelés sous les drapeaux. (*Le Times*, 4 août.)

Le Hauran dont il s'agit est une fraction de la Syrie.

« Le Hauran proprement dit s'étend directement du sud du Ghoutah au territoire de Damas. Au sud-est, c'est le désert. Le massif élevé du Djebel-Hauran en couvre une grande partie. C'est le pays de Basan, de la Genèse et des prophètes. La partie basse du Hauran est une plaine très riche et très fertile, quelquefois légèrement ondulée, quelquefois plate, où s'élèvent çà et là des monticules de forme arrondie, qui sont d'excellents points de reconnaissance. La plaine est couverte dans toutes les directions des ruines de villes romaines jadis construites en basalte noir. Arabes pasteurs et nomades, Syriens cultivateurs et Druses, voilà les trois éléments de la population du Hauran. Les parties les plus peuplées sont les environs du Djebel-Hauran et les pourtours du Ledjah dont les escarpements présentent une défense plus facile que la plaine contre les courses annuelles des Bédouins et les exactions des Druses. Sur le front sud-est du Ledjah, au nord-est du Hauran, habitent principalement les Druses. Sur les pentes escarpées et jusque sur la crête noirâtre de ses roches basaltiques, on voit se dresser leurs villages que l'on prendrait à distance pour autant de châteaux forts.

« La population druse, qui n'était évaluée en 1860 qu'à environ 4000 âmes, a considérablement grossi depuis lors.

« Le Liban après les événements de 1860 leur a envoyé à diverses reprises de nombreuses colonies qui s'y sont fixées pour échapper aux châtiments. On évalue le nombre global des Druses à 180 000 hommes environ. Ils se déplacent graduellement dans la direction de l'est et c'est ainsi qu'ils ont envahi peu à peu le Djebel-Hauran. Ils se disent musulmans, mais il ont plutôt une religion particulière dont le prophète a été Mohammed-el-Drazzi, d'où est venu le nom de Druses donné à ses sectateurs. Leur langue est le pur arabe; comme dans le Liban, chaque village druse du Hauran a son cheik héréditaire et beaucoup de ces cheiks possèdent de grandes richesses en troupeaux.

« Les Arabes nomades de ces cantons sont peu nombreux : ce sont quelques faibles tribus qui vaguent sur les confins du désert.

« Les Arabes sédentaires habitent le pourtour du Ledjah et quelques parties du Djebel Hauran. Ce sont ces villageois qui ont à souffrir des incursions des Druses. » (*Le Stamboul.*)

Le député de Bagdad, Baban-Zadé-Ismaïl Hakki Bey, écrivait dans *le Tanine*. « L'insurrection qui vient d'éclater n'est pas aussi étendue qu'on le croit et qu'on veut le faire croire. Il serait ridicule de vouloir comparer ce mouvement à l'insurrection d'Arabie, comme certains journaux grecs le font.

« Les révoltes des tribus ont été de tout temps la maladie qui a secoué ce pays. Il est inutile de chercher là des causes constitutionnelles ou réactionnaires. Le seul mobile de tels faits est l'ignorance. Il est naturel qu'à la première occasion, une population habituée à l'anarchie se livre au pillage et au meurtre. D'ailleurs, l'insurrection ne s'est pas étendue à tout le Sandjak. Il en est une partie qui a de tout temps été soumise et souffre beaucoup des exactions des rebelles montagnards. C'est pour châtier ces agresseurs audacieux que le gouvernement vient d'expédier des troupes.

« Le gouvernement trouvait déjà étrange le contraste d'un Hauran sauvage et nomade au milieu d'une région civilisée comme la Syrie, comme une mèche toujours prête à mettre le feu au milieu des difficultés intérieures. Mais ce sont les habitants du Hauran eux-mêmes qui ont préparé l'intervention du gouvernement et appelé le châtiment armé.

« En présence du pillage de plusieurs villages, ainsi que du meurtre d'une partie de la population musulmane et non musulmane, le gouvernement n'avait plus à hésiter un instant. »

Du journal arabe *El Mouktebès :* « Dans l'espace d'une quarantaine d'années, quatre insurrections ont pris naissance au Hauran. Le gouvernement a dû faire de grands sacrifices tant en hommes qu'en argent pour amener l'apaisement. On évalue à plus de 600 000 livres turques les dépenses des expéditions militaires.

« Le nombre des soldats qui ont trouvé la mort dans cette contrée peut être évalué à plus de 10 000... Les événements les plus importants sont ceux qui se sont déroulés en 1894. Les troubles ont alors duré environ deux années. Les Druses eux-mêmes en ont très sensiblement souffert. Ils finirent par se soumettre et le gouvernement put alors y introduire quelques réformes qui permirent d'assurer au trésor des revenus s'élevant à 600 000 livres par an. »

Le nombre des victimes des Druses aurait été d'une soixantaine au cours des derniers événements.

« Les Druses, dont on peut évaluer le nombre des révoltés à 40 000, pourraient fournir un contingent de beaucoup supérieur. Ils sont de races guerrières, fiers, n'aimant pas le Turc; trop amoureux de leur liberté pour se plier aux exigences d'une bonne organisation constitutionnelle, sans défendre les armes à la main ce qu'ils considèrent comme leurs droits. Ils possèdent tous des armes à feu perfectionnées ainsi que de grandes quantités de munitions amassées depuis quelques années. S'ils se retranchent dans leurs montagnes et veulent combattre, le gouvernement n'est pas encore sur le point de les tenir. » (*Le Phare d'Alexandrie.*)

Le gouvernement turc a posé l'ultimatum suivant aux insurgés avant de recourir à la force :

Livraison des armes et des auteurs des brigandages. Soumission aux lois. Payement de toutes les contributions à recouvrer. Payement d'une indemnité aux parents des victimes. Application du service militaire. Payement des dommages pour les troubles.

Avant de commencer les opérations, Samy Pacha, commandant des troupes, avait fait la proclamation suivante :

« Comme on ne peut tolérer dans aucune partie du pays soumis à une administration régulière, les actes de rébellion et les crimes abjects commis dernièrement par une partie des Druses, à l'instigation séditieuse de certains individus dans le Djebel-Druse, le gouvernement impérial a résolu de châtier d'une façon exemplaire ceux qui ont perpétré ces attentats perfides et ignominieux et ceux qui en ont été les complices.

« Alors que tous les efforts de notre gouvernement constitutionnel tendent à assurer intégralement et également à tous les peuples ottomans et à toutes les régions les bienfaits des mesures et des lois de nature à contribuer au bonheur du pays et de la nation, et que pour atteindre ce but il a eu recours à toutes les œuvres les plus bienfaisantes, et s'est imposé des sacrifices matériels et moraux, il est intolérable religieusement, légalement et humainement qu'une partie du peuple devienne çà et là, consciencieusement ou non, l'instrument inique des intérêts et des buts inavouables qui avaient cours sous l'ancien régime du despotisme et qu'une foule d'innocents soient victimes de ces atrocités et de ces oppressions. Comme il importe donc absolument d'empêcher le retour et la continuation de pareils faits, de rétablir la sécurité de la vie et des biens, ainsi que la tranquillité publique, le gouvernement nous a donné pleins pouvoirs pour adopter et appliquer à ce sujet, sans crainte et sans hésitation, dans les limites de la légalité, toutes les mesures coercitives quelles qu'elles soient.

« Par conséquent, le corps expéditionnaire est absolument résolu, conformément à la volonté divine et soutenu par l'expresse et puissante autorité du gouvernement, à appliquer les prescriptions de la justice contre les perfides qui ont commis des actes contraires aux lois de l'État ou à la sécurité du pays et qui sont convaincus de tendances et d'agissements de nature à porter tant soit peu atteinte à l'unité ottomane, qui ont participé de quelque façon que ce soit ou prêté leurs concours occulte ou manifeste aux actes de brigandage et de rébellion soit dans le Djebel-I-Druse soit dans la région environnante.

« De même qu'il est fermement décidé aussi à assurer la sécurité et le repos de toute la population paisible et innocente.

« J'invite donc tous les habitants avides de justice et heureux de l'application des réformes à avoir pleine confiance dans les intentions bienveillantes et catégoriques du gouvernement et, au contraire, j'avertis ceux qui ne se soumettront pas aux injonctions faites, qu'ils tomberont sous les rigueurs les plus sévères de la loi. »

Le transport et la concentration des troupes occupèrent quelques semaines.

Le 4 octobre, un bataillon d'infanterie escortant un convoi de munitions fut attaqué par les Druses. Le même jour, une autre attaque eut lieu contre trois bataillons, dans les environs d'El-Moska; dans ces deux engagements les Druses eurent le dessous. Plusieurs villages furent incendiés par les troupes turques à la suite de ces rencontres. Les insurgés de Makran eurent le même sort.

Par contre, les insurgés s'emparaient de convois de ravitaillement et razziaient plusieurs centaines de chameaux.

Les Druses se sont ensuite retirés dans les parties les plus inaccessibles après avoir abandonné le fort de Chahba. Une colonne a été envoyée dans la direction d'Elmétoun. La cavalerie occupait El-Hateb. Troupes turques et druses ont déployé une valeur égale.

Au nombre de 7 à 8 000 les Druses sont partout en même temps, harcèlent sans cesse les convois et les colonnes.

Des renforts ont été expédiés à Samy Pacha. Malgré les succès du début de la campagne, le général turc était loin d'être au bout de ses peines; lorsque les Druses virent qu'il leur était impossible de tenir plus longtemps dans le Djebel-el-Druse, ils se réfugièrent chez leurs alliés dans la région du Safah et dans celle du Ledjah.

Un correspondant écrivait de Beyrouth, le 10 octobre, au *Journal des Débats :*

« Pour que l'expédition du Djebel-el-Drouz donnât un résultat durable, il aurait fallu que la Turquie eût organisé en outre une campagne ayant pour but de soumettre les Bédouins du désert de Syrie et les tribus turbulentes de l'Irak-Arabi. Or c'eût été là une œuvre de longue haleine qui eût nécessité plusieurs années d'efforts et des dépenses excessives que le trésor ottoman n'est pas actuellement en état de supporter.

« Avant d'avoir tiré un coup de fusil dans le Hauran, la Porte avait dépensé 200 000 livres turques. Depuis, de nouveaux sacrifices d'argent ont été encore consentis, ce qui fait que cette petite opération de police, qui est déjà fort onéreuse, coûtera encore plus cher dans la suite. »

Ce qui se passait alors en Égypte préoccupait visiblement aussi le gouvernement de Constantinople. L'Angleterre aurait pris la résolution de fortifier sa prépondérance en Égypte. Le siège du commandement général militaire, actuellement à Malte, serait prochainement transféré au Caire. Un résident général anglais dirigeant en fait toute l'administration y serait envoyé avec les pouvoirs les plus étendus. L'effectif de l'armée anglaise d'occupation serait porté à 30 000 hommes. On annonçait de grandes manœuvres de l'armée anglaise, sous la direction du général en chef sir Maxwell.

Dans le courant du mois de décembre 1910 l'insurrection gagna la Palestine et le nord de l'Arabie. Les lignes télégraphiques furent coupées et les gares incendiées entre Maan et Mudev-Véré, plusieurs parties de lignes furent détruites. Un bataillon ayant été cerné par les rebelles, cinq bataillons ont dû être envoyés à son secours. L'existence même du chemin de fer du Hedjaz se trouvait ainsi mise en cause.

En même temps Kerak tombait au pouvoir des rebelles et il fallait, pour reprendre la ville, y envoyer de nombreux bataillons.

Des cours martiales ont été organisées à Saint-Jean-d'Acre, Mahan, Tibériade, Sofed, Tyr, Marjayoun.

Les caisses publiques ayant été pillées à Kerak, 300 000 piastres avaient disparu. La tribu des Hamour Medjali en restitua près de 50 000 et celle de Travena plus de 58 000.

Les causes de cette révolte paraissent avoir été un recensement de la population en vue de l'application du recrutement et le refus, par le gouvernement turc, de payer aux Arabes du désert le tribut assurant aux voyageurs le libre passage à travers la région.

Ismaïl Pacha, vali de Damas, aurait été, a-t-on prétendu, l'auteur responsable des mesures qui auraient provoqué cette insurrection qui aurait eu de l'écho à Kerak encore incomplètement pacifiée.

Toutes les difficultés ne furent pas de même ordre.

La révolution jeune-turque ayant introduit dans l'armée le désordre, l'indiscipline et l'anarchie, l'instruction des troupes est tout entière à reprendre. Les officiers sortant du rang ont bien la pratique du métier, mais ceux provenant des écoles militaires n'ont-ils pas quelque peu oublié, dans les agitations récentes, une partie des enseignements de leurs instructeurs allemands? On sait que l'école de Pancaldi, qui est à Constantinople la pépinière des généraux de l'armée turque, a été l'objet des sollicitations et des instances répétées des comités.

De cette propagande, il doit être resté des ferments révolutionnaires qui ne disparaîtront pas de sitôt. Par contre, des officiers subalternes déclarent que le comité « Union et Progrès », composé de juifs et d'ambitieux, mène la Turquie à sa perte. Ils disent même « qu'ils auraient démoli le comité « Union et Progrès » comme ils ont démoli la tyrannie hamidienne, s'ils ne craignaient une intervention européenne et une aggravation de la situation que les révoltes de l'Yémen, du Hauran et d'Albanie ont rendue critique ».

Compliquant encore les questions de religion déjà si complexes dans l'empire, des israélites russes et allemands, établis en Turquie, essayent de créer une nouvelle autonomie religieuse. Ils s'efforcent, dit l'*Indépendance belge*, d'introduire dans les communautés l'enseignement de l'hébreu et travaillent ouvertement à la reconstitution d'une nation juive. C'est, en somme, une nouvelle nationalité qui vient s'ajouter à toutes celles qui luttent déjà, en Turquie, pour conquérir une existence autonome. Les Sionistes ottomans s'attaquent directement au grand rabbin de Turquie qui veut naturellement maintenir la situation actuelle essentiellement favorable aux israélites, et la communauté de Salonique vient de manifester en faveur du grand rabbin, désapprouvant par ce geste même les particularistes. La communauté israélite risque en effet, du fait de l'agitation créée par les Sionistes, de perdre les sympathies des autorités jeunes-turques.

Le gouvernement ne peut voir leur agitation que d'un mauvais œil. Il a interdit l'achat de terrain par les israélites en Palestine, afin de s'opposer de cette manière à la reconstitution pratique d'une nation juive. Cette politique se comprend aisément, telle quelle, la lutte des nationalités n'étant que trop aiguë en Turquie.

Dans l'armée turque existent de profonds dissentiments d'où peuvent sortir, à chaque instant, les complications les plus graves. Certains corps d'armée, tels que le 4e (Erzinjan) et le 6e (Bagdad), sont demeurés en majeure partie fidèles à Abdul Hamid dont la déchéance leur semble une violation de la loi coranique. A Andrinople, à Erzeroum, à Constantinople, de violents conflits se sont élevés entre officiers de l'ancien régime, issus du rang, et officiers sortis des nouvelles écoles militaires.

« Parmi les populations musulmanes elles-mêmes se sont révélées, depuis la révolution de 1908, de sérieuses divisions. Une partie des Osmanlis s'est ralliée au nouveau gouvernement par conviction, crainte ou intérêt, mais beaucoup demeurent attachés à la cause du sultan déchu; chez tous d'ailleurs grandit l'impopularité d'un parlement dont le temps se consume en discussions stériles et qui semble préoccupé surtout d'imiter le byzantinisme de nos assemblées françaises.

« Enfin, dans l'ivresse de leur victoire et malgré les conseils de quelques hommes d'État plus clairvoyants et plus avisés, les Jeunes-Turcs ont énervé et affaibli le pouvoir central, cette autorité tutélaire qui constituait la véritable armature de l'empire; n'ayant plus la force de soutenir ce grand corps sans consistance, il devient de plus en plus probable que la Turquie continuera à s'affaiblir et à se dissoudre. L'homme malade avait imprudemment remis son sort entre les mains de médecins maçonniques qui ne pouvaient que hâter sa perte.

« La cause des Jeunes-Turcs est celle de la franc-maçonnerie européenne (1). »

Les Algériens et les Tunisiens habitant Constantinople se sont groupés en association confessionnelle pour maintenir et même développer les relations entre leurs pays d'origine et la capitale de l'empire turc.

A l'occasion de l'arrivée à Constantinople des bâtiments de guerre achetés à l'Allemagne, au mois de septembre 1910, cette association a largement manifesté son attachement à l'Islam et au gouvernement de la Sublime Porte.

Le *Jeune-Turc*, qui est l'organe du comité « Union et Progrès » et du parti jeune-turc, a souligné cette manifestation sur laquelle les Français feraient bien de méditer quelque peu.

Serait-ce pour la France la récompense des encouragements qu'elle a prodigués outre mesure aux partisans du régime constitutionnel en Turquie?

Serait-ce encore un rappel mérité que le traité du Bardo n'est toujours pas reconnu par la Turquie?

Le gouvernement jeune-turc s'illusionne sur les résultats de sa politique et en prend par trop à son aise avec les cabinets européens.

Il ne serait pas inopportun que le ministère des affaires étrangères de France se détermine à le faire sentir catégoriquement.

(1) *La Correspondance nationale,* 18 mai 1910.

Les Algériens et les Tunisiens *résidant et de passage à Constantinople* ont dépassé la mesure à l'occasion de l'arrivée des cuirassés allemands à Constantinople.

Pour n'avoir été que semi-officielle, cette manifestation n'en a pas moins été parfaitement incorrecte au point de vue français et tout à fait déplacée. « Ces Algériens et ces Tunisiens ont tenu, dit le journal le *Jeune-Turc*, à donner par cette occasion une nouvelle preuve de leurs sentiments inébranlables d'ottomanisme en organisant une grande manifestation. Ils avaient affrété une mouche, qu'ils avaient pavoisée aux couleurs ottomanes. Deux inscriptions, en arabe et en turc, bien en vedette, portaient : « Salut et hommage des Mohadjirs algériens et tunisiens aux deux héros Haïreddine Barberousse et Thogourd Reiss. » Il faut se rappeler que le souvenir de Barberousse est bien pieux pour les Algériens, car c'est cet illustre amiral qui a délivré, au commencement du quinzième siècle, l'Algérie et la Tunisie du joug des Espagnols. »

Ce souvenir du joug espagnol est un à-propos auquel les Français feront sagement de prêter quelque attention, d'autant que ces Tunisiens et ces Algériens avaient à leur tête un fils de l'émir Abd-el-Kader, un ex-cadi tunisien, des cheiks, des professeurs, des journalistes et des médecins, ce qui constitue bien le noyau d'un état-major intellectuel, tel que les Jeunes-Turcs peuvent le souhaiter, pour nous créer des difficultés dans un très prochain avenir.

On a dit que ce même comité tunisien-algérien aurait terminé sa manifestation par une visite au tombeau de Barberousse et qu'un certain Habid-Payras Bey y aurait prononcé un discours dans lequel il affirmait que les Algériens et les Tunisiens étaient et resteraient toujours des Ottomans.

Si, par Ottoman, Habib-Payras Bey entend pratiquant la religion de Mahomet, nous n'y contredisons pas; mais si par Ottoman il veut dire sujet turc, nous maintenons que la manifestation est déplacée à l'égard de la France, et que le ministère des Affaires étrangères ne doit pas en tolérer le retour. *L'Écho de Paris* et *l'Éclair* ont relevé, à l'époque, l'inconvenance du procédé.

Mécontents que la France n'ait pas consenti immédiatement l'émission de l'emprunt, les Jeunes-Turcs ont cherché à éluder le protectorat français sur les chrétiens d'Orient. Kiazim Bey, ambassadeur auprès du Quirinal, a reçu la mission de faire accepter par le Vatican l'envoi d'une légation turque. Des démarches, dans le même sens, étaient faites en même temps auprès de Mgr Sardi, délégué apostolique à Constantinople. Le Vatican ne s'est pas montré disposé à accepter cette innovation, entendant continuer à transmettre ses communications au gouvernement de la Porte par l'ambassade de France à Constantinople.

Un article du *Jeune-Turc*, officieux du comité « Union et Progrès », est à retenir :

« Il est très désirable de reprendre lès relations diplomatiques avec la chancellerie pontificale, et de fixer, à titre définitif, le statut de nos nationaux reconnaissant l'autorité suprême de la Cour.

« Nous disons « reprendre les relations », car, en effet, la Turquie entretenait naguère auprès du Vatican une légation ayant à sa tête un chef qui était même catholique, Morel Bey. Les puissances protectrices des catholiques en Orient permettraient-elles à la Sublime Porte, ainsi qu'à la cour de Rome, la reprise des relations d'antan? C'est là la question.

« Il est évident que ni la France qui a répudié avec dédain et fierté le cléricalisme, et qui a rompu ses relations avec le Pape, ainsi que la perfide Italie qui s'est emparée de la Ville éternelle, n'exercent pas ce protectorat pour plaire uniquement à Sa Sainteté Pie X. Mais ces mêmes puissances, en ce siècle de progrès, pourront-elles entraver ces relations sincères, franches, non politiques, si les deux parties désirent être d'accord sur tous les points?

« C'est parce que le Saint-Siège n'est pas en relations avec notre gouvernement, que les puissances interviennent à l'heure qu'il est dans nos affaires, mais si on venait à créer un lien entre les deux pouvoirs y aurait-il lieu à l'immixtion des protectrices? J'espère que non! »

L'ambassadeur d'Italie, le baron Mayor des Planches, a été bousculé et hué à Constantinople. C'est le chrétien à qui en voulait la populace lorsqu'elle le poursuivait des cris de : « A bas le giaour! »

Des excuses furent faites immédiatement par le gouvernement. Il n'en reste pas moins établi que le nationalisme turc est devenu menaçant. D'après le *Giornale d'Italia* le gouvernement turc songeait alors à interdire la vente de terrains aux Européens dans la Tripolitaine. Cette disposition constituait une véritable atteinte aux droits acquis de l'Italie et à ses intérêts économiques dans cette région de l'empire ottoman.

« Le nationalisme des Jeunes-Turcs du comité « Union et Progrès » et de leurs créatures du gouvernement, dit un autre journal, a, malgré la loyauté des intentions de beaucoup de ses membres, déchaîné d'obscures et violentes passions qui semblaient tout au moins endormies.

« Le gouvernement constitutionnel ottoman insistait hier encore sur l'abolition des capitulations, de ces traités antiques et démodés qui ne sont plus en harmonie avec la situation reprise en Europe par la Jeune-Turquie constitutionnelle. Cette réclamation semblait impliquer que la constitution par une sorte d'incantation magique eût modifié à fond la nature de l'Albanais, de l'Arabe, du Kurde et de tous autres éléments musulmans dont est faite en grande partie l'idéale « nation ottomane ».

« La réalité est moins flatteuse et moins consolante, et la question des capitulations paraît un peu moins facile à régler aujourd'hui qu'hier. »

Un Tunisien, du nom de Kittani, ayant commis en Égypte des détournements dans une administration, se sauva à Smyrne. Le gouvernement égyptien sollicita de la légation de France au Caire, l'autorisation de le poursuivre devant le consul français de Smyrne.

Le ministère des Affaires étrangères de France, informé par l'agent diplomatique français du Caire, fit parvenir au consul à Smyrne l'ordre d'arrêter Kittani. Celui-ci fut arrêté par les cavas du consulat de France. Kittani s'étant réclamé de la nationalité turque fut arraché aux cavas par les agents de la police locale et conduit au commissariat ottoman. On trouva sur lui un passeport de sujet français. Malgré cette preuve indiscutable de nationalité, la police refusa de le remettre aux cavas du consulat de France.

« S'il s'agissait d'un incident isolé, dit le journal *le Temps*, on pourrait le mettre au compte d'un fonctionnaire maladroit ou ignorant, mais cette affaire a été précédée de plusieurs autres : bastonnades de Tunisiens à Tripoli, emprisonnements de Tunisiens en Syrie, sans que les représentants de la France aient eu à intervenir ou malgré leur intervention.

« Nous sommes donc en présence d'un dessein bien arrêté du gouvernement turc qui, parce qu'il n'a pas reconnu le traité du Bardo, refuse de traiter les Tunisiens comme des protégés français. Un comité s'est constitué à Salonique, sous la dénomination de « Association d'assistance aux émigrés algériens et tunisiens », pour aider à l'installation des Algériens et Tunisiens émigrés en Turquie. Au besoin ce comité suscite les émigrations, ayant des émissaires et des correspondants en Algérie et dans la région.

« Le 12 mai 1881, le bey de Tunis s'était placé, par le traité du Bardo, sous le protectorat français et la Porte n'avait pas à donner son consentement à ce traité, sa suzeraineté sur la Tunisie, si elle avait pu être quelque peu effective sous le sultan Selim II, ayant été depuis continuellement déniée par les beys de Tunis.

« Par la convention du 21 mars 1899, la France et l'Angleterre se sont mises d'accord pour délimiter la région d'influence réservée à la France depuis le lac Tchad jusqu'à la zone algérienne-tunisienne. La Turquie veut ignorer cette convention et ne cesse de favoriser les incursions des tribus dans la zone française.

« Cette attitude n'est pas de nature à favoriser la tâche de ceux qui ont accepté la mission de porter la civilisation au milieu de ces tribus pillardes, toujours prêtes à faire cause commune avec nos adversaires irréductibles les Senoussis.

« La France a eu le tort de tolérer trop longtemps cet état de choses. Du moins pouvait-elle attendre de la Jeune-Turquie une vue plus nette des réalités et une attitude plus sympathique. C'est le contraire qui s'est produit. La révolution de 1908 et le coup de force d'avril 1909 ont eu pour conséquence ou pour contre-coup une recrudescence de nationalisme, un regain d'ottomanisme. Les Turcs n'hésitent plus à soutenir que tous les Algériens et Tunisiens, établis dans l'empire, sont Ottomans, parce que musulmans.

« Mais il faut que cela cesse. Nos droits sont incontestables. Liberté de commerce, dispense des impôts arbitraires, inviolabiité de la personne et du domicile, juridiction consulaire, sont reconnues expressément à tous les ressortissants de la République française. Dans l'affaire de Smyrne, c'est le privilège de la juridiction consulaire qui est mis en question.

« Ce qui constitue l'incident, c'est donc la résistance opposée par les autorités ottomanes à l'exercice de nos droits et les violences exercées contre les agents du consulat français. C'est sur ces points que l'ambassadeur de France à Constantinople a été chargé de demander des explications à la Sublime Porte.

« A Constantinople les journaux jeunes-turcs, ceux qui sont les traducteurs ordinaires de la pensée et des volontés du comité « Union et Progrès », nous prennent violemment à partie. Tout cela n'est pas de nature à nous inspirer une confiance aveugle dans la Jeune-Turquie. »

Après une manifestation contre l'ambassadeur d'Italie, les Jeunes-Turcs s'en sont pris à la France.

Incident sur la frontière tripolitaine, où une bande fait des incursions sur les territoires de protectorat. Incident à Smyrne où un sujet tunisien est arraché à la juridiction du consul de France.

« En Tunisie, en Algérie, au Maroc la formule panislamique se répand, semence d'insurrection, programme de la guerre sainte, dont un jour ou l'autre du cap Spartel aux Dardanelles l'Europe verra se lever l'étendard. »

Au moment des négociations pour la conclusion de l'emprunt turc, l'opinion publique en France s'étant émue de la campagne menée par la presse turque, une convention aurait été signée entre la France et la Turquie au sujet du protectorat des Algériens vivant en Turquie.

Les uns, n'y résidant que temporairement, seraient placés sous le protectorat de la France, les autres, fixés en Turquie sans esprit de retour, seraient considérés comme nationaux turcs.

Voilà donc un sujet de conflit écarté, mais il en reste tant d'autres! Les Jeunes-Turcs excelleront à en tirer parti à l'occasion.

Les journaux qui avaient acclamé le gouvernement jeune-turc se sont enfin rendu compte de ce qu'est le parti politique « Union et Progrès ». Avons-nous assez chanté, comme un succès français, dit *le Peuple français*, la chute d'Abdul Hamid et l'avènement de la coterie judéo-maçonnique?... Des députés catholiques, et des plus notables, sont montés à la tribune pour célébrer, comme une victoire nationale et « humaine », la chute de « l'abominable tyran » Abdul Hamid. Comme les autres, ils avaient prêté l'oreille au jargon révolutionnaire et, malgré l'exemple de notre propre histoire, ils n'avaient pas tenu compte de la dextérité que met la secte à travestir le vocabulaire.

Nous voici donc bien à notre aise, d'après *la République française*, pour dire aux Jeunes-Turcs, au comité « Union et Progrès », aux ministres du sultan, au Parlement, à nos confrères de Constantinople ces paroles attristées : « Vous faites fausse route, à notre humble avis. Si vous continuez dans cette voie, les relations franco-turques seront, à bref délai, devenues moins cordiales qu'aux plus mauvais jours du règne d'Abdul Hamid ; choisissez ! »

« La République était prête à applaudir à l'œuvre de liberté tentée par le nouveau régime. Or, il faut bien le dire, les grands mots de liberté et de fraternité ne dépassent guère l'enceinte du parlement ou les parlotes des comités. » (*Écho de Paris.*)

En résumé, dit *la Correspondance nationale*, le gouvernement jeune-turc affirme nettement sa double politique. A l'intérieur, il fait la guerre au chrétien, au roumi, en même temps qu'il s'efforce d'abolir pratiquement les capitulations. A l'extérieur, il recherche l'alliance des peuples les plus forts et les mieux armés. Or, depuis qu'elle subit le joug républicain, la France n'a cessé de s'affaiblir et sa politique étrangère, hésitante et incertaine, n'offre à aucune nation la garantie d'une alliance sûre.

« En fait, la France est détestée par les sectateurs du Coran, qui personnifient dans son drapeau l'horreur de la culture chrétienne et de la pénétration occidentale assise à l'ombre de nos couleurs. Ils furent, eux aussi, trop heureux de trouver parmi nous des alliés si bénévoles, pour détruire l'œuvre catholique qui seule tenait tête à la barbarie asiatique. A l'abri de notre naïveté sans limite, ils furent libres de massacrer et de pendre, comme au bon vieux temps d'Abdul Hamid, et ils continuent.

« Ce que nos merveilleux tacticiens n'avaient pas deviné, c'est qu'après avoir prodigué tant de services, s'être compromis par des effusions inconsidérées, tout accepté, tout pallié, tout couvert, ils seraient récompensés par la plus noire ingratitude. Les Jeunes-Turcs passent avec armes et bagages dans le camp de l'Allemagne et en même temps ils se livrent à toutes les excentricités de persécutions féroces, sans souci des serments, du respect de la vie humaine et du droit des gens...

« Surpris et réveillé un peu tard, le cabinet, héritier de toutes les niaiseries qui ont faussé notre politique, a fini par se fâcher.

« Esclave des enragés anticléricaux de Stamboul et de la maçonnerie juive de Salonique, il s'est senti trop roulé, trop exploité pour ne pas changer son fusil d'épaule. Comme on lui demandait cent cinquante millions de plus pour se moquer de nous et payer des canons germaniques, M. Pichon s'indigna. Oui, mais à qui la faute?

« Qui a créé l'absurde situation où nous sommes enfoncés? Qui a jugé la révolution turque si favorable à notre action européenne qu'il fallait la secourir les yeux fermés? Qui s'est figuré un budget turc honorable et régulier, pour découvrir tout d'un coup que les chiffres y sont aussi faux que les recettes? Le gouvernement garde sagement ses trésors, mais est-il digne des compliments dont on l'accable, parce qu'il se repent d'une quantité innombrable de sottises dont il est l'auteur seul responsable et parfaitement coupable? » (*Éclair*.)

Halil Bey, un des chefs du parti jeune-turc, prétendait, à la même époque, que la tension des rapports entre la France et la Turquie était due à une suite de malentendus.

« La Turquie, disait-il, ne peut rien faire sans la France, sans son appui et sa sympathie. La presse française s'inquiète des éléments chauvins qui existent chez les Jeunes-Turcs. Les éléments chauvins constituent un groupe à part, distinct du comité « Union et Progrès ». Les hommes de bon sens, en Turquie, aiment la paix et ont le désir de la maintenir.

« Quelques journaux turcs ont publié des attaques contre la France, la majorité des Jeunes-Turcs réprouve cette campagne. Il est regrettable que des membres du gouvernement se laissent influencer par ces attaques qui ne sauraient subsister. »

Sur la frontière de Tripolitaine, des tribus qui habitent sur le territoire turc, ne cessent de faire des incursions et des razzias dans la région tunisienne, et ce, sous l'inspiration des représentants officiels du gouvernement de la Porte.

Les conventions du 20 mars 1899, du 8 avril 1904 demeurent lettre morte en ce qui concerne la partie du Sahara située au sud de la Tripolitaine. Les tribus du Fezzan, commandées par des réguliers ottomans, pourvues d'armes perfectionnées, ne cessent de commettre des violations de territoire. Les Ouled-Sliman sont coutumiers du fait.

Le 21 mai 1911, à Doffa, plusieurs centaines d'Arabes attaquaient un détachement de tirailleurs. Les tirailleurs les repoussèrent, leur tuant une centaine d'hommes. L'attaque était venue du Fezzan qui est une province turque, et pareils faits se reproduisent fréquemment.

Les Senoussis ont placé à Aïn-Galaka une garnison de 500 hommes organisés à l'européenne, puis le drapeau ottoman y a été arboré, ce qui constitue une violation de la convention de 1899, Aïn-Galaka étant dans la zone d'influence française.

« Aïn-Galaka est une oasis du Borkou sur la frontière du Tibesti, entre les 17e et 18e parallèles et les 17e et 18e degrés de longitude à l'est du méridien de Paris. » Le gouvernement français protesta contre cette violation de la convention de 1899 et fit connaître à la Porte, au cours du mois d'août dernier, qu'il n'admettait aucunement cette intrusion, dont le but paraissait être d'influencer, dans une certaine mesure, la commission franco-turque de délimitation de la frontière saharienne, dont les « travaux commenceront à l'automne ». Cela n'arrêta nullement les rodomontades turques. Kara Bey, l'un des chefs du parti jeune-turc, déclara que, dans deux ou trois ans, la Turquie serait de taille à battre l'Angleterre et la Russie.

« Dans quelques années la flotte anglaise sera immobilisée par le péril allemand, quant à la flotte française nous lui opposerions les flottes italiennes et austro-hongroises appuyées de la flotte turque réorganisée. D'ailleurs notre flotte dominera d'ici peu dans la mer Noire.

« Pour la Russie, nous n'avons guère d'inquiétude de ce côté. Songez que l'empire russe ne compte pas moins de 30 000 000 de sujets musulmans entièrement dévoués à la Turquie, qu'il devrait, en cas de conflit, immobiliser la majeure partie de ses forces sur la frontière austro-allemande sans parler des dangers qu'il courrait du côté de la Chine et du Japon. » (*La Libre Parole.*)

Halil-Bey, chef des parlementaires du parti « Union et Progrès », s'exprime en termes analogues à la clôture du congrès de Salonique.

« L'insurrection en Albanie a été repoussée, celle du Hauran est au moment de l'être. Dès que ces questions intérieures auront été résolues, nous devrons nous occuper sérieusement des États balkaniques qui attisent le feu en Macédoine. Lorsque le désarmement sera terminé, lorsque les bandes auront été dispersées, on expatriera les exarchistes et les patriarchistes pour les remplacer par des musulmans. Ce sera la fin des rêves de la grande Bulgarie, de la vieille Serbie et de la Macédoine grecque. »

Le gouvernement ottoman, écrit le général Chérif Pacha dans la *Revue*, aux ordres du comité « Union et Progrès », essentiellement nationaliste et sectaire, soutire l'argent des étrangers au moyen d'emprunts qui ruinent le pays sans faire bénéficier celui-ci du moindre profit. Il ne maintient son pouvoir occulte que par les ressources financières dont il dispose, c'est pourquoi les questions d'emprunt le hantent continuellement, au point qu'il a dépêché en Europe le ministre des finances avec mission d'opérer une nouvelle rafle. Tout le monde sait comment ledit ministre s'en est acquitté. En voulant se montrer trop habile, il a gravement mécontenté le gouvernement français par ses manœuvres qui avaient pour but de soustraire ses opérations à tout contrôle. Ce contrôle pourtant, comme nous l'avons dit maintes fois, peut blesser notre amour-propre national, mais il nous est actuellement nécessaire autant qu'à l'Europe. Le pays ne repose pas encore sur des bases assez solides pour que nous ayons le droit de mettre de côté l'administration internationale de la dette ottomane. Celle-ci, en ne se chargeant que des emprunts dont l'État est capable de payer les intérêts et l'amortissement, peut seule nous retenir sur le chemin qui nous mène à la ruine.

Dans *le Journal de Genève* :

« Quiconque a fréquenté les affiliés au comité « Union et Progrès », au temps où ils n'étaient encore que d'obscurs exilés, connaît les sympathies allemandes qu'ils nourrissaient.

« Nous savons bien, nous disait un des plus influents Jeunes-Turcs, que l'amitié de l'Allemagne n'est pas désintéressée, mais, du moins, l'Allemagne ne revendique aucune province ottomane, elle n'en occupe aucune non plus. »

Dans *le Mechveret*, une petite feuille que publie à Paris Ahmed-Riza, on retrouve le même état d'esprit mêlé à des revendications panislamiques.

« Nous sommes des amis de l'Allemagne, me disait un autre Jeune-Turc, parce que nous voyons en Guillaume II le plus puissant défenseur de l'Islam opprimé et exploité par les puissances dites libérales. »

Les propagandistes allemands redoublent d'activité, d'après le journal *le Temps*.

Le principal agent de cette propagande est la Société sioniste berlinoise Hilfsverein qui essaye de supplanter, dans les milieux israélites, l'Alliance israélite universelle dont les sympathies pour la France sont bien connues.

Malgré les efforts du Hilfsverein, il est à espérer que l'Alliance israélite universelle conservera ici sa situation, car non seulement, en effet, les israélites de Salonique lui doivent une grande reconnaissance pour les services qu'elle leur a rendus, mais encore ils doivent sentir l'avantage de conserver dans leurs écoles la langue française.

Il faut savoir qu'à Salonique 5 500 à 6 000 enfants fréquentent les écoles de l'Alliance israélite, où le français est la base de l'enseignement. Ces écoles ont des succursales dans les principaux centres en Macédoine : Monastir, Uskub, Serrès, Drama, etc. On peut donc compter que 10 000 enfants apprennent la langue française en Macédoine, grâce aux écoles subventionnées par l'Alliance israélite universelle, dont le siège est à Paris. Il ne faut pas oublier que le Hilfsverein est soutenu et poussé par le gouvernement allemand.

« Le Turc, par lui-même, n'est pas tout à fait susceptible de progrès au sens occidental. Pour des raisons morales et sociales qu'il est aisé de s'expliquer, il manque de méthode, de persévérance, de sens politique véritable. C'est là le secret de la politique tantôt trop trouble, tantôt trop nette, qui règne à Constantinople depuis la révolution de juillet 1908, encore plus qu'au temps d'Abdul Hamid. Dès lors, aucune réforme véritable, aucun progrès réel et durable n'entreront en Turquie, si l'étranger ne s'en mêle.

« Je n'ignore rien des difficultés où la Jeune-Turquie se trouve engagée, je sais quels ménagements exigent les influences qui s'exercent à Constantinople, et particulièrement celles appuyées sur les milieux militaires, je sais le fanatisme musulman des foules déchaînées. Aussi, nouveaux venus dans la politique, certains ministres pourraient invoquer leur manque d'expérience et que leur bonne foi pourrait sans doute excuser l'ardeur irréfléchie de leur conduite. Mais toutes les fautes se payent en politique, même involontaires, et il est d'autant plus nécessaire de dénoncer ces erreurs. Je ne veux pas revenir sur certaines maladresses, sur certains incidents, qui n'ont pu décourager que des sympathies superficielles. Cependant il y a plusieurs mois déjà que l'attitude du gouvernement turc donnait à beaucoup l'impression que seuls les besoins financiers du gouvernement ottoman contenaient son désir d'émancipation et que la première occasion serait bonne pour se libérer des apparences de la sympathie à l'égard de la France. Je ne sais dans quelle mesure cette impression répond à le réalité...

« Il est cependant une autre face de la question, celle de savoir si la Turquie, dont personne actuellement ne menace l'indépendance, agit sagement en poursuivant des armements dont l'efficacité pratique peut paraître problématique, mais qui auront certainement une influence désastreuse sur les finances d'un pays qui a besoin de longues années de travail pacifique pour réparer les désastres d'un passé de tyrannie et de gaspillage. » (*Courrier européen*.)

« Ne nous lassons pas non plus de répéter aux Jeunes-Turcs qu'ils font fausse route en suivant les conseils de ceux qui les poussent à l'heure actuelle dans la voie des armements à outrance. Aucune proportion n'est gardée entre leurs dépenses militaires et celles destinées à la mise en valeur économique de leur pays.

« Le chiffre des unes est infiniment trop élevé par rapport à celui des autres. Ils marchent à grands pas à la ruine, s'ils n'établissent pas sans tarder un peu d'harmonie entre les différents chapitres de leur budget.

« Dans cette crise d'hystérie guerrière, ils semblent oublier que la Turquie d'Asie a été pendant longtemps le grenier du monde. Les richesses de son sol et de son sous-sol sont immenses. Tout l'effort économique de la Turquie devrait tendre à mettre en valeur, dans le plus bref délai possible, cette contrée aujourd'hui complètement délaissée. » (*Le Gaulois*, 22 octobre 1910, M. de Lubersac.)

« Le comité « Union et Progrès » n'est plus guère homogène. Les Turcs, dont l'amour-propre ou plutôt la vanité est extrême, commencent à regimber sous la férule ; d'autre part, ils se sentent fort incapables de se diriger eux-mêmes : d'où leur désarroi. Quant aux Arméniens, ils n'aideront les Turcs qu'à précipiter la débâcle, pour pêcher en eau trouble. Les juifs resteront maîtres de la situation tant que l'armée n'aura pas montré quelque indépendance, ce qui ne saurait tarder...

« Il n'est pas besoin de dire que cette gabegie politique se retrouve dans les finances et qu'ici les dissidences s'effacent : il y a une entente parfaite pour puiser à pleines mains dans les profondeurs du trésor. » (*La Libre Parole.*)

« Il faut que les libéraux ottomans comprennent enfin qu'un gouvernement moderne ne peut être placé sous la tutelle d'un comité politique sans responsabilité ; il faut qu'ils se rendent compte que rien ne ressemble moins à l'organisation moderne d'un grand empire que l'état de choses par lequel les ministres responsables sont approuvés et maintenus ou censurés et renversés par une coterie sans autorité morale devant le pays. S'ils ne veulent pas se rendre à l'évidence, un dur réveil pourrait leur être réservé, non pas que le retour de l'absolutisme soit possible ni avec Abdul-Hamid ni avec qui que ce soit, mais un homme pourrait se lever dont le geste brutal imposerait du jour au lendemain la dictature militaire, qui comporterait naturellement la ruine de toute l'œuvre de régénération entreprise et qui risquerait de jeter l'empire ottoman dans la plus folle aventure, dont l'Europe, égoïste comme elle l'est toujours quand ses intérêts et ses convoitises sont en jeu, ne s'appliquerait peut-être pas à corriger les résultats. » (*Indépendance belge*, M. Roland de Mares.)

En résumé, la situation de la Turquie demeure incertaine ainsi que l'a indiqué *la Correspondance nationale.*

« Au lieu de tenir la balance égale entre les ambitions rivales des grandes puissances européennes, ce qui avait été l'habile et constante tactique d'Abdul-Hamid, les Jeunes-Turcs ont semblé s'inféoder étroitement et exclusivement à l'Allemagne. Privilèges économiques, concessions industrielles, voies ferrées, fournitures du matériel de guerre, conditions d'emprunt particulièrement avantageuses, l'empire allemand obtint tout de la bonne volonté de la Sublime Porte. En même temps les généraux et officiers allemands, confirmés comme chefs et instructeurs de l'armée ottomane, prirent sur les officiers et les soldats de cette armée une influence considérable. Aux autres États européens, au contraire, Russie, France, Angleterre, Italie, les Jeunes-Turcs manifestèrent en toute occasion une hostilité hargneuse, tandis que les petits États balkaniques, Bulgarie, Serbie, Grèce, Monténégro, étaient l'objet de provocations ou de menaces.

« Cette attitude a naturellement provoqué contre la Turquie la malveillance ou l'antipathie de tous les États autres que l'Allemagne ou l'Autriche.

« A l'intérieur de l'empire, les Jeunes-Turcs, oubliant que des Ottomans de toute race et de toute religion avaient coopéré au changement de régime, voulurent instaurer l'hégémonie exclusive des Turcs et courber sous le joug toutes les autres nationalités... C'est ainsi que non seulement ils persécutèrent avec violence les populations chrétiennes de l'Empire, Arméniens, Bulgares, Serbes, Grecs ou Moldo-Valaques, mais encore ils dépouillèrent de leurs libertés les habitants des provinces musulmanes non turques, comme l'Albanie et l'Arabie. Aux uns et aux autres ils défendirent l'usage de leur langue particulière dans les écoles et dans les tribunaux, en même temps qu'ils remplacaient les chefs locaux par des fonctionnaires turcs et établissaient des impôts nouveaux...

« Les maitres de la Turquie sont toujours les membres du comité « Union et Progrès ». Mais le seront-ils demain? et le comité lui-même, divisé en deux fractions hostiles, radicaux et progressistes, ne va-t-il pas se dissoudre ne laissant debout qu'un seul pouvoir : l'armée? »

Le 28 septembre 1911 le gouvernement italien remettait à la Porte l'ultimatum suivant :

« Depuis de longues années le gouvernement italien n'a pas manqué d'exprimer à la Sublime Porte la nécessité absolue de mettre fin à l'état troublé et délabré dans lequel se trouve Tripoli et Benghazi et de faire profiter ces régions des mêmes progrès dont ont bénéficié les autres parties de l'Afrique septentrionale.

« Ces progrès, qui sont une des nécessités générales de la civilisation, constituent un intérêt vital au plus haut point pour l'Italie, en raison de la minime distance qui sépare ces contrées des côtes de l'Italie. Malgré l'attitude, la modération et la patience dont a fait preuve jusqu'à ce jour le gouvernement italien qui a toujours apporté un concours sincère au gouvernement ottoman dans les diverses questions politiques des derniers temps, non seulement les idées et théories sur Tripoli n'ont pas été prises en considération, mais encore les Italiens s'y sont vus en butte à une opposition systématique et continuelle dans toutes leurs entreprises.

« Le gouvernement impérial, qui a toujours manifesté ainsi son hostilité a toute activité légitime des Italiens à Tripoli comme à Benghazi, a fait dernièrement une démarche et une proposition d'entente avec le gouvernement royal, en déclarant qu'il était prêt a accorder toutes les concessions économiques compatibles avec les traités en vigueur, la dignité et les intérêts supérieurs de l'empire ottoman.

« Mais le gouvernement royal n'est pas disposé à entreprendre des négociations dont l'expérience passée a prouvé l'inutilité et qui, loin de constituer une garantie pour l'avenir, seraient propres à devenir une cause continuelle de conflits et de querelles.

« Les autorités consulaires italiennes de Tripoli et de Benghazi montrent la situation comme extrêmement dangereuse, en raison de la surexcitation contre les sujets italiens qui règne là et qui est de toute évidence entretenue par les autorités locales civiles et militaires. Ces excitations ne constituent pas un proche danger uniquement pour les sujets italiens, mais aussi pour tous les étrangers qui, craignant pour leur propre sécurité, ont commencé à abandonner Tripoli et à s'embarquer.

« Alors que le gouvernement royal a averti précédemment le gouvernement impérial des graves conséquences de l'envoi de transports militaires, l'arrivée à Tripoli de pareils bâtiments, en aggravant la situation sans résultats, impose l'impérieux devoir au gouvernement royal de prendre des mesures contre les dangers qui peuvent en résulter pour lui.

« Par conséquent le gouvernement royal, obligé de protéger lui-même dorénavant sa dignité et ses intérêts, a décidé d'occuper militairement Tripoli et Benghazi. C'est là le seul mode de solution auquel peut s'arrêter l'Italie. Le gouvernement royal entend donc que le gouvernement impérial donne les ordres nécessaires pour que cette occupation s'opère sans aucune résistance des autorités ottomanes locales et que l'exécution des mesures prises à la suite de cette occasion ne souffre aucune difficulté.

« Un accord ultérieur entre les deux gouvernements réglera la situation définitive.

« L'ambassade d'Italie à Constantinople est chargée de demander une réponse catégorique à la Sublime Porte à ce sujet dans un délai de 24 heures à partir de la communication du présent document. Sinon le gouvernement royal se verra dans l'obligation de recourir immédiatement aux mesures propres à assurer l'occupation. »

La Porte a répondu dans les termes suivants :

« L'ambassade royale connaît les difficultés qui ont empêché Tripoli et Benghazi de profiter autant qu'il était à désirer des bienfaits du progrès. Si, en effet, on examine impartialement les faits, on reconnaîtra que le gouvernement constitutionnel ottoman ne peut être blâmé d'une situation qui est l'œuvre de l'ancien régime.

« Malgré cela la Sublime Porte, pesant les événements des trois dernières années, ne voit pas quelle hostilité aurait été manifestée contre les entreprises italiennes. La participation des capitaux et de l'activité industrielle de l'Italie aux progrès économiques de cette région de l'empire ottoman a paru toute naturelle aux yeux du gouvernement impérial. Le gouvernement impérial est intimement persuadé d'avoir réservé un bon accueil aux propositions qui lui ont été présentées à ce sujet, de même qu'il a donné suite, avec une entière sincérité, aux affaires signalées par l'ambassade royale et il n'a jamais cessé de manifester cette attitude comme conséquence naturelle de sa résolution et de son désir de maintenir avec l'Italie des relations dans le cercle de la confiance et de la loyauté.

« La proposition faite récemment à l'ambassade royale d'accorder des concessions de travaux publics de nature à ouvrir un vaste champ à l'activité économique de l'Italie dans le vilayet, était encore une preuve de ces sentiments. Le gouvernement impérial, qui ne perd jamais de vue les traités impliquant des engagements envers les autres États et ne pouvant pas naturellement être annulés par la volonté d'une seule partie en raison de leur nature internationale, a fait preuve de la grandeur des sentiments conciliants dont il est animé, en n'apportant à ces concessions aucune restriction en dehors des clauses des traités et des intérêts supérieurs de l'État.

« En ce qui concerne la tranquillité et la sécurité à Tripoli et à Benghazi, le gouvernement, en situation d'apprécier comme il faut les faits, se trouve dans l'obligation, comme il a eu déjà l'honneur de le faire précédemment, de déclarer qu'il n'existe rien de nature à inquiéter ni les sujets italiens ni les étrangers qui y résident. Dans cette région non seulement il n'y a aujourd'hui aucune trace de surexcitation, mais encore la police et tous les autres fonctionnaires accomplissent avec la plus entière satisfaction leur mission d'ordre et de sécurité.

« Quant à la question d'arrivée à Tripoli de transports, ce qui est déclaré de nature à avoir de graves conséquences, à l'exception du transport expédié avant la communication de la note du 23 septembre, aucun autre navire n'a été envoyé et d'ailleurs il est évident que l'arrivée de ce bateau, qui ne portait pas de troupes, ne pouvait porter atteinte à la tranquillité.

« Le différend actuel, borné à ces points essentiels, consiste dans l'absence de garanties suffisantes pour assurer les intérêts économiques du gouvernement italien à Tripoli et à Benghazi. Dans le cas où le gouvernement royal ne recourrait pas à la grave mesure d'une occupation militaire, il rencontrera de la part de la Sublime Porte la ferme résolution d'une entente. Par conséquent le gouvernement royal est invité à spécifier les assurances en question qui seront certainement acceptées du moment qu'elles ne porteront aucune atteinte à l'intégrité territoriale de la Turquie.

« La Sublime Porte s'engage à n'apporter aucun changement, au point de vue militaire, dans la situation de Tripoli et de Benghazi au cours des négociations, et espère que le gouvernement royal, appréciant ses amicales aspirations, acquiescera à cette proposition. »

Le 29 septembre, le premier drogman de l'ambassade d'Italie remettait la déclaration de guerre au grand vizir.

« En exécution des ordres de Sa Majesté le Roi, son auguste souverain, le chargé d'affaires a l'honneur de signifier :

« Le délai que le gouvernement royal avait accordé dernièrement au gouvernement impérial, en vue de la réalisation des mesures devenues nécessaires, vient de s'écouler sans qu'une réponse satisfaisante lui soit parvenue. Le défaut de cette réponse ne fait que confirmer la mauvaise volonté ou l'impuissance dont le gouvernement et les autorités impériales ont donné des preuves si nombreuses en ce qui concerne plus particulièrement les droits et les intérêts italiens en Tripolitaine et Cyrénaïque.

« Le gouvernement royal se voit, en conséquence, obligé de pourvoir directement à la sauvegarde de ses droits et intérêts ainsi que de la dignité et de l'honneur de l'État par tous les moyens dont il dispose. Les événements qui vont suivre ne sauraient être envisagés autrement que comme la conséquence nécessaire, quoique pénible, de la conduite suivie depuis longtemps par les autorités de l'empire.

« Les relations d'amitié et de paix étant de la sorte interrompues entre les deux pays, l'Italie se considère dès ce moment en état de guerre avec la Turquie. Le soussigné a par conséquent l'honneur de faire connaître à Votre Altesse que les passeports seront mis à la disposition du chargé d'affaires de l'Empire ottoman à Rome et il prie Votre Altesse de vouloir bien lui faire expédier sans délai ses propres passeports.

« Le gouvernement du Roi a chargé le soussigné de déclarer en même temps à Votre Altesse que les sujets ottomans pourront résider dans le territoire du royaume sans qu'aucune atteinte ne soit à craindre concernant leur sécurité personnelle, leurs propriétés et leurs affaires. »

Un nouveau ministère se constituait immédiatement à Constantinople :

Grand Vizir	Saïd, pacha.
Justice et présidence du Conseil d'État	Haïrl, bey.
Intérieur	Djelal, bey.
Guerre	Mahmoud, chefket Pacha.
Marine	Khourchid, pacha.
Travaux publics	Houloussy, bey.
Finances	Naïl, bey.
Instruction publique	Abdurrahman, cheref bey.
Affaires étrangères	Rechid, pacha, puis Assim, bey.
Agriculture, mines, forêts	Sinopian, effendi.
Postes et télégraphes	Ibrahim, soussa effendi.

Dans la déclaration des ministres les passages suivants ont été particulièrement remarqués :

« Continuant les réformes arrêtées, nous nous emploierons, en conséquence, à améliorer successivement les lois et règlements fiscaux de manière à assurer une répartition rationnelle des impôts en même temps que leur prompte perception. Nous viserons au développement des constants progrès réalisés par le nouveau régime en ce qui concerne l'augmentation des revenus. Nos efforts tendront de même à multiplier les recettes douanières par la conclusion de traités de commerce, sur la base du tarif douanier.

« Au cas où ce but tarderait à être atteint, nous envisagerons provisoirement la majoration douanière de 4 pour 100. De même pour le Temettu, qui n'est pas actuellement perçu des étrangers ni d'une certaine partie de la population et qui devrait être d'application générale.

« Nous songeons aussi à imposer d'une taxe de consommation certains articles qui ne sont pas de première nécessité.

« D'autre part, en nous abstenant de créer de nouvelles dépenses jusqu'à réalisation de l'équilibre budgétaire, nous effectuerons toutes les économies possibles sans toutefois entraver l'œuvre générale de progrès, ni négliger les besoins urgents du pays.

« Au point de vue des travaux publics, un programme sera élaboré répondant aux besoins et capacités du pays et permettant d'exécuter toujours par ordre d'importance les travaux divers d'utilité publique.

« Dès que ce programme aura été voté et approuvé par les deux corps législatifs, nous nous efforcerons de l'appliquer intégralement et avec tout l'esprit de suite qu'il exige. En profitant d'une part, dans la mesure réalisable, des capitaux et de la main-d'œuvre du pays, nous ferons, d'autre part, tout notre possible pour que les concours financiers et techniques dont nous avons besoin nous soient prêtés avec empressement et en toute confiance.

« Ce programme sera déposé au plus tôt à la Chambre afin qu'il puisse être étudié et voté au cours de la session actuelle.

« Quant aux mines et forêts et à l'agriculture, nous nous efforcerons d'adapter au mieux de nos intérêts les procédés techniques et industriels en usage dans les pays avancés et reconnus comme les plus utiles.

« L'entretien des forêts et des prairies, la solution des différends surgis au sujet de leurs titres de propriété, l'affectation des forêts d'abatage aux paysans, la création et la multiplication des écoles forestières pratiques, l'augmentation et la régularisation de l'industrie du bois, la simplification des formalités afférentes aux mines, l'utilisation, dans la mesure du possible, des trésors publics jusqu'ici faiblement exploités de notre pays, l'adoption de mesures permettant à la population et à l'État de profiter, sur une vaste échelle, des riches mines d'Héraclée, la création d'écoles d'agriculture, d'écoles vétérinaires, d'ouvroirs et de fermes modèles, de dépôts d'instruments aratoires et de haras, l'ouverture d'autres institutions spéciales et de pépinières pour la propagation des industries agricoles, telles que la sériculture, l'apiculture, ainsi que de laboratoires de sérum en vue de combattre la peste bovine et autres épizooties meurtrières, la vulgarisation des systèmes agricoles modernes, enfin l'augmentation du nombre des agronomes et vétérinaires chargés d'assurer l'application générale de la loi sur la police sanitaire du bétail, telles sont les lignes générales de notre programme en matière d'agriculture, de mines et de forêts. »

En même temps le comité « Union et Progrès » faisait appel aux puissances.

« La nation ottomane consciente de sa force et confiante dans son droit et dans la justice immanente des peuples, s'adresse à l'opinion civilisée de l'Europe pour lui demander un appui moral. Nous sommes convaincus d'avance que cet appui ne nous fera pas défaut et que tous ceux qui ont le respect des principes de civilisation et d'humanité, d'accord avec nous, condamneront et flétriront la procédure brutale et sans précédent de l'Italie, qui a la prétention de se dire civilisée, mais dont la conduite vient de prouver le contraire. »

Les Jeunes-Turcs parlant au nom de la civilisation... au lendemain des massacres d'Adana!...

Au parlement turc, deux députés de la Tripolitaine, Sadik et Nadji beys, déposèrent une proposition de mise en accusation de l'ancien ministère, basée sur les événements récents en Tripolitaine.

« Alors que, sous l'ancien régime, on entretenait à Tripoli une force régulière de 15 à 20 000 hommes pouvant au besoin être aidée par une milice de Koulonghlou exercée de 40 à 50 000 hommes et qu'on y avait décidé le maintien de deux régiments de cavalerie, une partie de ces troupes a été envoyée au Yémen de même que la cavalerie a été réduite à un régiment.

« Alors que, depuis la proclamation de la Constitution, la population de Tripoli a réclamé instamment la mise en application du recrutement militaire dans cette région, on n'a commencé à y procéder, imparfaitement, que depuis quatre mois, puisqu'on n'a pris que 3 000 hommes sur 16 000.

« On a enlevé, sous prétexte de les remplacer par d'autres d'un nouveau système, ce qui n'a pas eu lieu, plus de 40 000 fusils martini et schneiders destinés à l'armement des Kouloghlous. On n'a envoyé ni munitions ni canons et on n'a même pas réparé les forts existants.

« Alors qu'en prévision d'une agression italienne, agression que non seulement un pouvoir exécutif, mais des enfants même savaient devoir se produire, on aurait dû envoyer à Tripoli des officiers sachant la langue et connaissant le pays, on a, au contraire, retiré ceux qui s'y trouvaient.

« On a laissé dans la disette et dans la famine la malheureuse population de Tripoli, malgré ses nombreuses plaintes dont nous nous sommes fait l'écho à cette tribune depuis quatre ans : si bien que plus de deux cent mille ont émigré en Tunisie.

« Au lieu d'y avoir des autorités civiles connaissant la langue et les habitudes locales, et capables d'administrer comme il faut, le cabinet d'Hakki Pacha n'y a nommé que des créatures qui n'avaient d'autre titre qu'une haute recommandation.

On a rappelé le commandant Ibrahim Pacha, sur la plainte des Italiens, sans le remplacer et l'on a ainsi laissé ce vilayet non seulement sans commandant militaire, mais encore sans vali, si bien qu'on a fini par implanter dans le peuple de Tripoli l'idée que le gouvernement vendait le pays. On a même rappelé le seul homme en état de défendre la place, le major Vahid Bey, sans le remplacer.

« Hakki Pacha ayant été ambassadeur à Rome devait savoir mieux que personne et suivre avec une attention particulière les projets d'invasion des Italiens, projets avoués, que tous les étrangers comme tous les Ottomans connaissaient. Or il a fait la sourde oreille à tous les avis et est resté spectateur indifférent devant les préparatifs militaires de l'Italie. Il a même laissé en un pareil moment nos ambassades sans leurs titulaires, qu'il a autorisés à se promener en Europe.

« On a enfin facilité l'invasion étrangère en négligeant tout moyen de défense, tout envoi de renforts et en laissant le pays sans instructions jusqu'au jour de la déclaration de guerre.

« C'est ainsi que le cabinet turc a livré à l'avidité de l'Italie, sans défense, sans soldats, sans armes, sans cartouches, sans officiers, sans vali, sans commandant, sans vivres et sans argent, affamés et misérables, Tripoli et Benghazi, les seules régions d'Afrique constituant l'héritage sacré de nos pères. Jamais, dans l'histoire des peuples, on n'a vu pareille imprévoyance, pareille insouciance, pareille impéritie et semblable dénûment de patriotisme.

« Nous, députés de Tripoli, à titre d'interprètes des cris de la conscience de nos mandants, nous accusons de cette funeste calamité, en face de la nation, Hakki Pacha et ses collègues. L'imprévoyance extérieure, intérieure, financière et militaire du cabinet Hakki Pacha est en violation du premier article de la constitution ottomane, cette grande assise fondamentale de l'État.

« Nous demandons à la Chambre des députés de faire son devoir. Les députés de Tripoli, en usant du droit que leur confère l'article 31 de la loi constitutionnelle, seront consolés à la pensée d'avoir rendu un service à la patrie, s'ils réussissent à sauver l'ottomanisme de la dangereuse négligence qui menace l'avenir de la patrie, en inculquant le sentiment de la responsabilité et la nécessité du châtiment mérité. »

La Chambre a confié à son deuxième bureau, comprenant cinquante-deux députés, l'instruction de cette proposition de mise en accusation du ministère.

Le 3 et le 4 octobre, la flotte italienne bombardait les forts de Tripoli et les troupes de débarquement occupaient la ville. Quelques jours après Benghazi et Tobrouck étaient occupées par l'armée italienne. La Tripolitaine était défendue par une des deux divisions autonomes que compte l'armée turque. Cette division devait comprendre 9 bataillons d'infanterie, 1 bataillon de chasseurs, 1 demi-bataillon d'infanterie montée, 1 régiment d'artillerie à 2 groupes de chacun 4 batteries, 1 régiment de cavalerie, 1 compagnie du génie, soit un effectif d'environ 15 000 hommes. Mais cet effectif existait-il réellement, alors que le ministère de la guerre avait fait assez récemment des envois de troupes en Yémen pour y combattre l'insurrection?

Les Arabes se joignirent en grand nombre aux régiments turcs et des combats sanglants furent livrés autour de Tripoli et de Benghazi.

Pendant ce temps des navires de guerre italiens coulaient des canonnières turques le long de la côte d'Albanie et bombardaient plusieurs points de la côte d'Arabie.

Le cabinet Saïd pacha ayant donné sa démission à la fin de l'année 1911, un nouveau cabinet fut constitué de la manière suivante :

Grand vizir........................	Saïd, pacha.
Cheik ul islam.....................	Abdurrahman-Nissib effendi, cadi d'Égypte.
Ministre de la guerre................	Mahmoud, chefket Pacha.
Ministre de la marine................	Hourchid, pacha.
Ministre des affaires étrangères........	Assim, bey.
Ministre des finances................	Naïl, bey.
Ministre de la justice................	Memdouh, bey.
Ministre des travaux publics...........	Sinapian, effendi.
Ministre de l'instruction publique......	Emroulah, effendi.
Ministre du commerce et de l'agriculture.	Aristidi, pacha.
Ministre de l'evkaf..................	Haïrl, bey.

L'attitude chaque jour plus intransigeante du parti « Union et Progrès » rendait cette modification ministérielle inévitable.

L'ancien grand vizir avait exposé au sultan les dangers de la situation, dans un mémoire dont le *Tanine* a publié le texte et qui est un procès très complet de la politique du comité « Union et Progrès ».

« Il est impossible de pas être péniblement affecté de la dangereuse situation dans laquelle nous nous trouvons. Si on examine la profondeur des difficultés et des périls que crée l'absurde voie que suit le gouvernement en obéissant à l'influence du comité « Union et Progrès », qui n'est pas au courant de la situation administrative et politique, on s'aperçoit que l'empire ottoman est exposé au morcellement et le califat menacé.

« Alors que les autres puissances, comprenant qu'il leur est impossible de sauvegarder leurs droits et leurs intérêts en ne s'appuyant que sur leurs propres forces, cherchent à consolider leur situation dans l'équilibre international en contractant des alliances avec les États qui ont des intérêts communs, la Turquie, en ne le faisant pas, a provoqué son isolement et est restée exposée aux convoitises et aux agressions des puissances et des nations.

« Les États ayant des intérêts politiques et commerciaux en Orient, dans la politique desquels nous pouvons avoir le plus de confiance, sont la France et l'Angleterre.

« Aussi verra-t-on, dans mes mémoires comme dans les archives de la Sublime Porte, combien je me suis efforcé sous l'ancien régime d'amener l'ex-sultan à une alliance qui devait nous assurer le concours de l'Angleterre.

« Malheureusement le sultan Abdul-Hamid, sous l'impression de la désastreuse guerre de Russie, attiré par le vide, cherchait le salut dans l'alliance russe et cette puissance aussi prodiguait tous ses efforts à s'attirer l'amitié du sultan Abdul-Hamid, lui montrant surtout comme une ennemie mortelle l'Angleterre sa rivale d'alors. Aussi à la suite de mon impossibilité de modifier les opinions du souverain, l'empire ottoman resté sans soutien au milieu des puissances et exposé aux convoitises de quelques-unes et pris entre la politique austro-russe, fut sur le point de perdre la Roumélie.

« Heureusement la Révolution et la proclamation de la Constitution sauvèrent les trois vilayets de l'entreprise funeste tentée par les deux États sans pouvoir toutefois empêcher la Bulgarie de proclamer son indépendance et l'Autriche d'annexer la Bosnie-Herzégovine.

« Comme tout le monde le sait, le comité « Union et Progrès », qui voyant l'Europe entière nous envoyer ses financiers et nous ouvrir ses caisses pour contribuer aux progrès et à la prospérité ainsi qu'au développement des richesses naturelles de l'Empire constitutionnel ottoman, dont la bonne politique avait compris la confiance à l'intérieur comme à l'extérieur et qui entrait dans une ère de régularité et d'ordre, trouvait que cette situation était toute naturelle et non le résultat de la confiance gouvernementale. Il envisageait comme un profit pour lui et pour le pays de prendre lui-même les rênes du pouvoir, il provoqua ma démission et il dirigea les affaires avec un cabinet composé de ses membres.

« Aussi les capitalistes en voyant le gouvernement passer aux mains des révolutionnaires se retirèrent immédiatement. Il est inutile de retracer comment les travaux publics restèrent en suspens et combien de sang fut versé dans les révoltes qui surgirent ensuite. Enfin le corps dirigeant, constitué sous le nom de gouvernement jeune-turc, ne pouvant baser l'autorité sur le principe du régime constitutionnel, a proclamé l'état de siège, rétabli l'absolutisme, renvoyé les fonctionnaires rompus aux affaires, aussi bien dans la capitale que dans les provinces, mis à leur place ses propres affiliés, qui, absolument inexpérimentés et incapables, ont mécontenté le peuple par leur politique de soumission aux instructions du comité, provoqué les insurrections d'Albanie, d'Arabie et du Yémen, fait couler à flot et inutilement le sang de l'armée et de la population, fait gaspiller des millions de livres et attiré sur le Comité la haine et le mépris publics.

« Ensuite l'attitude de provocation prise contre le monde entier par le Comité a mécontenté aussi les États amis, provoqué des mesures chez les gouvernements limitrophes et causé l'invasion de Tripoli et de Benghazi par une déclaration de guerre, qui, comme il est dit dans la première note de l'ambassade d'Italie, n'est pas un acte d'hostilité contre la Turquie, mais contre le comité.

« La neutralité de l'Angleterre, de la France et de la Russie en face de cette agression est significative. Si cette leçon ne vous corrige pas, il faut s'attendre à d'autres attaques. La fin de la situation, Dieu nous en garde, sera le partage.

« Aujourd'hui la Crète et la Roumélie y sont exposées. J'exposerai par écrit les renseignements sur lesquels je fonde mes impressions à ce sujet.

« Si les membres du Comité étaient au courant de la véritable situation et pour leur propre salut et pour celui de l'État, ils devraient s'abstenir d'intervenir dans les affaires du gouvernement et s'occuper d'œuvres utilitaires. Sinon il est indubitable qu'une révolution prochaine anéantira le despotisme actuel, avec la participation de l'armée impériale, comme il est arrivé pour le despotisme de l'ancien régime.

« Bien que l'opinion publique européenne soit contre l'injuste agression de l'Italie, cela ne suffit pas pour modifier les résolutions des gouvernements. L'Allemagne ne peut pas s'empêcher de soutenir les intérêts de l'Italie et de l'Autriche, ses alliées, nous ne devons donc pas négliger tout ce qui peut amener l'Angleterre à sortir de sa neutralité et à soutenir les droits de la Turquie.

« Bien que le moment actuel ait préparé un terrain favorable pour entrer dans une voie d'entente avec l'Angleterre, l'entrée dans cette voie est subordonnée à la suppression du comité occulte qui est un obstacle ainsi qu'à l'établissement et à la manifestation ostensible du régime constitutionnel dans l'Empire ottoman. Il faut pour cela supprimer l'état de siège, laisser la Chambre des députés délibérer librement, sans être sous une pression quelconque et permettre aux partis gouvernementaux ou à l'opposition de faire des lois et de contrôler les actes du pouvoir exécutif.

« Il est évident que la France et la Russie accéderaient à toute entente avec l'Angleterre. Si les membres du Comité ne sont pas convaincus, par ces explications, il est possible d'avoir avec eux une réunion pour procéder à un échange d'idées.

« Voyons. D'abord est-il possible de faire disparaître le mépris général qu'a la population à l'intérieur pour le Comité? Secondement est-il possible de ramener en faveur du Comité la sympathie des nations et des États qui en sont mécontents? Si tout cela se peut quels sont les moyens que le Comité compte employer? Sur quelle force s'appuyer pour conjurer la guerre déclarée par l'Italie comme le prélude d'un partage de l'Empire ottoman, pour éviter une effusion de sang et sauver de l'envahissement Tripoli et Benghazi? De quelque côté qu'on examine, l'espoir de salut de cette province est bien faible? Si elle nous est prise, la question crétoise sera remise sur le tapis international et son règlement à notre détriment ravivera les ambitions des États balkaniques, suscitant ainsi d'innombrables difficultés.

« Comment l'armée impériale, sans autre appui, pourra-t-elle résister? Que de millions de livres ne faudra-t-il pas dépenser pour surmonter tous ces obstacles! Où pourrons-nous emprunter? Si la situation en arrive à ce point et si la Roumélie nous échappe, comment le Comité empêchera-t-il l'Égypte de proclamer son indépendance comme la Bulgarie et de conclure un traité avec l'Angleterre pour y assurer les droits et les intérêts de celle-ci en Égypte et au Soudan, puisque l'Égypte verra la Turquie impuissante à la protéger, que ses sentiments nationalistes ont été surexcités par le Comité et que le Khédive comme le gouvernement anglais sont mécontents de ce Comité?

« En l'état, il est certain que la région du Yémen serait détachée de l'Empire ottoman. Quelle serait alors la situation du Hedjaz vis-à-vis du califat? La Russie remue dès à présent la question des détroits, quel serait dès lors son rôle en Anatolie? Tous ces points d'interrogation exigent des réponses convaincantes de la part du Comité. Comme le but essentiel est d'éviter l'effusion du sang et comme les élus du Comité seraient les premières victimes d'une révolution éventuelle et que leurs partisans ne sauraient échapper aux poursuites, le Comité, pour s'épargner à lui et à la patrie une telle situation regrettable, devra, au lieu d'assurer la responsabilité du gouvernement et de s'exposer ainsi, proclamer ouvertement qu'il renonce à toute ingérence dans les affaires gouvernementales et qu'il s'occupera désormais des œuvres d'utilité publique sous les auspices du gouvernement.

« Cette question devra être examinée par une commission composée des députés unionistes et de l'opposition et la décision à intervenir devra être soumise à la haute sanction impériale, afin d'assurer ainsi, sans perte de temps, le salut de la patrie qui court le risque d'un démembrement, à en juger par les apparences et de sauvegarder aussi de toute atteinte le califat de Votre Majesté Impériale (1). »

Le cabinet démissionnaire avait proposé à la Chambre des députés de modifier l'article 35 de la Constitution qui règle la question de désaccord entre le cabinet et la Chambre.

Le gouvernement avait soumis à la Chambre la proposition suivante :

« En cas de désaccord entre le cabinet et la Chambre des députés, de persistance du ministère dans son opinion et de refus absolu et réitéré de la Chambre, le souverain a le droit ou de changer le ministre ou de dissoudre l'assemblée, à condition de ne le faire qu'une seule fois dans le courant d'une session et de procéder à de nouvelles élections dans le délai de trois mois, de même qu'il a

(1) Document publié par le journal *le Stamboul*.

aussi le droit de suspendre temporairement la Chambre en temps de guerre. Il est libre en cas de dissolution de l'assemblée de demander ou non l'acquiescement du Sénat. Mais si la nouvelle Chambre maintient les décisions de la précédente, ces décisions sont obligatoirement acceptées. »

La commission parlementaire, à une grosse majorité, avait adopté un texte présentant quelques divergences.

Le cabinet avait alors remis sa démission au souverain. Une séance des plus mouvementées accueillit le nouveau ministère. Dès lors, la dissolution de la Chambre s'imposait. Le sultan prit d'abord l'avis du Sénat auquel il adressa un message dont la haute assemblée reçut communication au cours de la séance du 15 janvier.

« Honorables sénateurs,

« Déterminé par la nécessité à dissoudre la Chambre actuelle avec convocation de la nouvelle assemblée élue, dans un délai de trois mois, j'attends, conformément à l'article 7 de la charte constitutionnelle, l'avis conforme du Sénat.

« 25 Mouharrem 1330.

« Mehemmed Réchad. »

La lecture du message fut suivie de l'exposé suivant fait par le président du Sénat :

« Comme vous le savez, ce qui nous vient de la Chambre des députés concerne toujours des questions qui y ont été votées. Ce qui y est rejeté reste entre elle et le cabinet. Mais, par exception cette fois, un cas de rejet nous est soumis. La raison en est dans les stipulations de l'article 40 de la loi constitutionnelle, sanctionné l'an dernier comme modification de l'article 35. D'après cet article, s'il surgit un conflit entre la Chambre et le ministère à propos d'une loi et si la Chambre rejette en seconde lecture le projet qui a été une deuxième fois soumis par le gouvernement, ce rejet définitif ou réitéré est motivé. Dans ce cas le ministère se soumet au vote de la Chambre ou démissionne.

« S'il démissionne et que le nouveau cabinet, représentant le projet une troisième fois, essuie un troisième refus, le Sénat est invité à donner son avis sur l'opportunité de la dissolution de la Chambre. Comme chef suprême du pouvoir législatif et du pouvoir exécutif, le souverain a un cœur qui bat à l'unisson du nôtre pour le bonheur et le salut de la patrie. A ce point de vue, quelles peuvent être les conséquences de la dissolution de la Chambre? Très graves peut-être? C'est pourquoi le sultan n'en assume pas seul la responsabilité et veut associer le Sénat à cette mesure. Tel est le cas qui vous est aujourd'hui soumis. On vous demande donc votre consentement à la dissolution de la Chambre.

« D'après l'article 40, deux solutions se présentent : ou le Sénat acquiesce, ou il refuse. Si on lui demande son avis conforme, il était inutile de recourir à lui.

« D'après notre article 40, tout ce qui nous vient est renvoyé à une commission, mais il n'y a aucune prescription en ce qui concerne les iradés impériaux.

« Ce qui nous occupe dans l'iradé, c'est uniquement la dissolution et c'est cette nécessité qu'il s'agit d'examiner. Nous ne pouvons renvoyer l'iradé à la commission. Seulement comme cette question a été depuis quinze ou vingt jours discutée à la Chambre des députés qui est partie constitutive du pouvoir législatif, nous en avons tous eu connaissance de loin. Mais en réalité nous n'avons dans les mains aucun document officiel de nature à asseoir notre conviction et notre vote. Quelles sont les phases de la question? Nous ne le savons pas officiellement.

« Il importe donc d'examiner ces phases passées pour leur donner une base officielle capable de motiver une opinion solide. Je suis donc d'avis de charger avant tout une commission de s'enquérir officiellement du cours de l'affaire. Quelqu'un a-t-il quelque chose à dire à ce sujet (1)?

Une commission nommée pour étudier la question fut d'avis de donner un avis favorable à la dissolution.

Le jeudi 18 janvier la Chambre recevait communication du décret suivant :

« En vertu de l'article 7 de la Constitution et conformément à l'assentiment du Sénat, j'ai ordonné la dissolution de la Chambre des députés actuelle ainsi que la convocation de la nouvelle

(1) Document publié par le *Stamboul*.

Chambre élue dans un délai de trois mois à partir de cette dissolution.

« Le grand vizir est chargé de l'exécution du présent décret.

« Mehemmed RÉCHAD. »

« Le 28 Mouharrem 1330 (1). »

Les députés ont quitté la salle des séances aux cris de : « Vive la nation ! »

Après la dissolution de la Chambre, le sultan a placé Hadji-Adil-Bey au ministère de l'Intérieur et Talaat-Bey à celui des postes et télégraphes.

La lutte est des plus vives entre le parti du comité « Union et Progrès » et celui de « l'Entente libérale », uni à la « Ligue constitutionnelle grecque » qui s'efforce de faire prévaloir le respect des droits des minorités et celui des libertés publiques et individuelles.

(1) Document publié par le *Stamboul*.

ÉLÉMENTS D'ENTENTE
DANS LES BALKANS

CHAPITRE IX

ÉLÉMENTS D'ENTENTE DANS LES BALKANS

Ce que devrait être l'entente balkanique. — Visite du roi de Bulgarie et du ro de Serbie à Constantinople. — L'amitié slavo-ottomane. — Attitude de la Roumanie. — La politique d'empire. — Les traditions de la politique de la France.

Quand les peuples des Balkans seront convaincus qu'ils sont intéressés à résister à l'influence envahissante du germanisme, l'entente balkanique se fera d'elle-même.

La question de l'entente d'ailleurs n'est pas nouvelle. Sous l'énergique impulsion du Serbe Garachanine et du prince Michel de Serbie, une alliance offensive et défensive faillit aboutir entre la Serbie, la Bulgarie et le Monténégro. La Grèce et la Roumanie étaient disposées à s'y joindre. La mort du prince Michel de Serbie arrêta net en 1868 l'exécution du projet. Depuis cette époque, les rivalités suscitées à cause de la Macédoine, de la Crète, de l'Albanie, de la Bosnie et de l'Herzégovine, la guerre de 1877-78, le congrès de Berlin, ont rendu la reprise du projet des plus problématiques. Pourtant l'idée n'est pas abandonnée et maints esprits continuent à en étudier la réalisation. La Russie ou l'Autriche est le plus souvent destinée à figurer plus ou moins ouvertement en qualité de protecteur de la confédération, l'Italie se voit même attribuer ce rôle par les adversaires de la pénétration germanique. Pour ces derniers, la confédération devrait comprendre les États actuels de la péninsule plus une Macédoine-Albanie. « La Crète serait annexée à la Grèce, le sandjak de Novi-Bazar serait partagé entre le Monténégro et la Serbie de manière à fer mer, devant les ambitions autrichiennes, la route de la Macédoine et de Salonique. La Roumanie entrerait dans la confédération à cause de la Dobroudja et des Valaques du Pinde qu'elle ne pourrait pas abandonner. L'hégémonie de la confédération n'appartiendrait ni à l'hellénisme, ni au slavisme, ni au germanisme : leurs compétitions cesseraient devant le triomphe du latinisme. Un prince italien régnerait sur l'État macédono-albanais. Le roi d'Italie, proclamé empereur, deviendrait le protecteur de la confédération, qu'il aurait pour mission de garantir, contre les ambitions de la Russie aussi bien que de l'Autriche (1). »

Beaucoup se sont laissés séduire par des conceptions similaires, et si le goût de certains pour les révolutions « quand même » n'est peut-être pas resté étranger à leur bon vouloir pour les confédérations orientales, il n'en est pas moins vrai que tant de sympathies si fréquemment manifestées prouvent bien que l'impossibilité d'une confédération dans les Balkans n'est nullement démontrée.

Lamartine, Saint-Marc Girardin, Victor Hugo, le général Türr et tant d'autres ont été partisans des confédérations orientales, alors que groupements et ligues travaillaient de leur mieux à propager les mêmes conceptions.

La révolution turque de 1908 a profondément modifié les données du problème. Une confédération contre le Turc, l'ennemi commun, était dans l'air, est-elle aussi facilement réalisable en présence de la Turquie soi-disant constitutionnelle?

Le 6 décembre 1884, M. Ristitch disait dans un discours à l'association libérale : « La confédération balkanique, c'est la seule (solution) qui soit conforme aux droits des populations de se gouverner elles-mêmes et qui évite de donner aux grands empires voisins une prépondérance dangereuse pour la liberté.

« Quoi de plus simple et de plus juste que de permettre aux Serbes, aux Bulgares, aux Albanais, aux Grecs et aux Turcs de disposer de leur sort et de se gouverner comme ils l'entendent? L'Europe entière devrait favoriser cet arrangement, car il rendrait à ces pays si longtemps désolés par la guerre et les mauvais gouvernements, la prospérité dont ils ont joui dans l'antiquité et il préviendrait cette lutte abominable qu'on prévoit, entre les grandes puissances, le jour où elles en viendraient à se disputer la succes-

(1) *Une confédération orientale comme solution de la question d'Orient.* Plon, 1905.

sion de l'homme malade, les armes à la main. La péninsule des Balkans forme un tout, non seulement au point de vue géographique, mais encore au point de vue historique, car pendant plusieurs siècles tous les peuples qui la composent ont partagé la même destinée. Il ne lui reste aujourd'hui que l'alternative de former un tout ou dans les mains étrangères ou dans ses propres mains. Grâce au réveil du sentiment des nationalités, l'unité de la péninsule des Balkans n'est possible maintenant que sous la forme de l'union et de la fédération des peuples balkaniques en y admettant même la Turquie, mais la Turquie constitutionnelle. »

Bien des années ont passé depuis que ces paroles ont été prononcées par M. Ristitch. La Bulgarie est maintenant royaume indépendant et la Turquie est devenue pseudo-parlementaire.

La confédération devrait être le groupement de tous les peuples des Balkans contre l'invasion du germanisme.

Jusqu'ici la germanisation n'a pas trouvé d'obstacle sérieux ; les révoltes, les divisions et les dissensions de toute nature dont la péninsule n'a cessé d'être le théâtre en ont facilité l'extension. L'Autriche-Hongrie a su « admirablement utiliser les ambitions, les jalousies, les susceptibilités des petits États pour les tourner les uns contre les autres ou les détacher de la Russie bienfaitrice et protectrice qui n'est pas sans exciter quelque ombrage ».

L'Allemagne essaye aussi de rendre son influence prépondérante en Palestine.

On comptait en 1910 dix écoles allemandes pour six françaises. Le marché était encombré de marchandises allemandes et une agence allemande d'informations commerciales et politiques venait d'être créée à Jérusalem sous la dénomination d'Agence générale ottomane.

L'annexion de la Bosnie-Herzégovine semblait avoir comblé la mesure. La patience des populations slaves était enfin lassée.

Aux protestations de la Serbie et du Monténégro ont succédé l'activité des chancelleries et les visites princières.

« La conscience du monde slave s'éveille, l'idée de l'union fait son chemin, aussi bien sur le terrain religieux que sur le terrain social et politique. En même temps que l'on organise des congrès panslaves à Prague et à Moscou, les journaux suggèrent la confédération des Balkans. »

La Turquie elle-même a semblé comprendre que pour conserver Salonique il importe au premier chef de ne pas faire le jeu de l'Autriche-Hongrie, et les voyages du roi de Bulgarie et du roi de Serbie à Saint-Pétersbourg et à Constantinople sont des indices d'un nouvel état de choses dont les résultats ne sauraient manquer de se produire.

En Russie la détente a paru se faire entre Slaves et musulmans. Les musulmans s'en déclarent satisfaits.

« Depuis la proclamation de la constitution ottomane M. Iswolsky poursuit l'établissement d'une amitié sincère entre l'Empire ottoman d'une part et la Russie et les États slaves des Balkans de l'autre.

« La réception aussi brillante que cordiale que la cour impériale, le gouvernement et la population de Constantinople ont faite aux rois de Serbie et de Bulgarie, est la preuve éclatante que le peuple ottoman accepte avec joie l'amitié que le monde slave lui offre solennellement. Donc, l'amitié slavo-ottomane est un fait accompli; cet heureux événement, dont la portée pour la consolidation de la paix générale est inappréciable, nous réjouit tout spécialement, nous autres musulmans de Russie.

« Notre sentiment religieux souffrait beaucoup de voir la Russie, notre patrie, poursuivre toujours envers la Turquie une politique peu amicale, la Turquie étant État musulman et ayant de plus à sa tête le Commandeur des Croyants.

« Ce fut une joie extraordinaire pour la population musulmane de Russie d'apprendre au commencement de l'année 1908 que le gouvernement russe avait résolu de tenir compte désormais du sentiment religieux de sa population musulmane dans les questions internationales.

« M. Iswolsky prononçait à la Douma son premier discours sur la politique étrangère, la question à l'ordre du jour diplomatique était alors le contre-projet que la Russie opposait au projet anglais concernant les réformes à introduire en Macédoine. Le projet russe combattait énergiquement la diminution extrême, ou, pour vrai dire, la cessation réelle de l'autorité du sultan demandée par les Anglais. En motivant le bien-fondé de son point de vue, le ministre russe des affaires étrangères a dit que quand on s'attaque aux droits souverains du calife, cela cause une grande douleur aux musulmans si nombreux de Russie. Donc, nous autres musulmans de la Russie, sommes-nous pour quelque chose dans la direction ouvertement turcophile que vient de prendre la politique balkanique de l'empire russe (1)? »

Le roi de Serbie, se rendant à Saint-Pétersbourg en 1911, a été reçu à la frontière russe par le général Marinowitch et par le colonel Cherenottiew, aide de camp de l'empereur de Russie. A la gare de Tsarkoi-Selo, il a été reçu par S. M. l'empereur Nicolas, les grands-ducs, et le ministre des affaires étrangères.

A la fin du dîner officiel, le 22 mars, les toasts suivants ont été échangés :

TOAST DE S. M. L'EMPEREUR DE RUSSIE :

« C'est avec plaisir que j'exprime à Votre Majesté mes sincères souhaits de bienvenue à l'occasion de son arrivée en Russie. Les liens étroits qui unissent nos deux peuples de même race se sont maintes fois fait jour au cours de la glorieuse histoire serbe. L'arrivée de Votre Majesté est une nouvelle confirmation de la solidité des rapports d'amitié qui existent entre la Russie et la Serbie. Ces rapports serviront sans nul doute à l'affermissement de la paix générale, au développement pacifique du royaume serbe parmi les autres États indépendants de la péninsule balkanique. Du fond de mon cœur, j'exprime les vœux les plus sincères pour le bonheur de votre pays, pour sa paisible prospérité. Je bois à la santé de Votre Majesté, de l'héritier du trône serbe, du prince Alexandre et de toute la famille royale. »

TOAST DE S. M. LE ROI DE SERBIE :

« C'est du fond du cœur que je remercie Votre Majesté pour la cordiale réception dont j'ai été l'objet sur le sol fraternel de la Russie; cet accueil est une nouvelle et précieuse confirmation des sentiments d'étroite cordialité qui unissent nos deux pays et de cette sincère et solide amitié, dont le souvenir se retrouve en des pages si nombreuses de l'histoire de mon peuple.

(1) *L'Amitié slavo-ottomane.* Mehmed-Bey. Scatachtinsky Journal le *Stamboul*, 16 avril 1910.

« Me conformant à de très anciennes traditions serbes, j'ai voulu visiter tout d'abord notre parente slave la Russie, dans la ferme conviction que j'en rapporterais le joyeux présage que, au cours de notre développement dans la paix et l'indépendance parmi les autres États indépendants de la péninsule balkanique, il nous est permis d'avoir confiance en la puissante amitié de Votre Majesté et en la grande Russie. Les paroles inoubliables par lesquelles Votre Majesté a exprimé ses vœux en faveur du développement et de la prospérité de la Serbie trouvent un joyeux écho dans tous les cœurs serbes.

« Exprimant à mon tour les vœux les plus sincères et les plus cordiaux, je lève mon verre à la santé de Votre Majesté, ainsi qu'à celles de Leurs Majestés les impératrices Alexandra Féodorowna et Maria Féodorowna, à la santé du tsarévitch, à celle de toute la famille impériale et à la gloire de la grande Russie. »

Le roi de Serbie est ensuite arrivé à Constantinople le 3 avril, après avoir traversé la Roumanie et la Bulgarie. Il était accompagné de MM. Passitch, président du Conseil, et Milovanowitch, ministre des affaires étrangères, tous deux vaillants propagandistes de l'union dans les Balkans, du colonel Yourichitch, premier aide de camp, et du commandant Yossifavitch, commandant de la garde. Après un séjour de quelques jours occupé par des revues et des cérémonies officielles, le roi Pierre s'est rendu à Salonique en rentrant en Serbie.

La note officielle suivante a été publiée en Turquie et en Serbie :

« En même temps qu'ils emportent de Constantinople le souvenir d'un accueil cordial, Sa Majesté le Roi et les hommes d'État laissent en Turquie des impressions dont l'ensemble aura une heureuse influence sur les relations des deux pays. Le contact direct entre gouvernements ayant donné lieu à des échanges de vue sur les intérêts économiques des deux pays, on a pu constater qu'ils étaient animés d'un égal désir de voir se développer la prospérité générale de l'empire et du royaume sous la bienfaisante influence d'une politique franchement pacifique et empreinte de sentiments d'amitié réciproque. »

La presse turque s'est montrée sympathique au roi de Serbie.

« Nous espérons que dans l'avenir la Serbie restera une fidèle amie dans le cercle de la politique ottomane; ayant toujours été aussi le pays qui a le moins cherché à préoccuper l'empire. Lorsque à la suite de l'annexion de la Bosnie-Herzégovine la Serbie commença des préparatifs militaires et parut prête à ouvrir les hostilités, nul doute qu'elle n'agissait pas à titre d'amitié pour la Turquie, mais en tout cas il est indéniable qu'en agissant ainsi, les Serbes partageaient le danger qui pouvait fondre sur l'ottomanisme.

« Notre ennemi était commun et une agression qui nous aurait été nuisible eût en même temps porté un coup aux intérêts serbes. Cette union dans le malheur a jeté les fondements d'une amitié solide entre les Serbes et les Ottomans. Au point de vue économique, la Serbie est entre les mains de l'Autriche. Elle n'a qu'une amie qui peut lui venir en aide, c'est la Turquie qui donna une preuve de ce concours salutaire par l'ouverture du port de Salonique au transit du matériel de guerre serbe, l'an dernier. » (*Tanine.*)

« Alors qu'il est parfaitement évident que la Serbie, le premier et naturel instrument de l'union balkanique, est pleine de sympathie depuis deux ans pour le régime constitutionnel ottoman, cette visite du roi Pierre est une nouvelle et éclatante preuve de l'harmonie et de l'optimisme que nourrissent les hommes d'État des deux pays à l'égard les uns des autres. » (*Saida Millet.*)

« Hier, le roi de Serbie a visité la Chambre des députés comme l'avait déjà fait le roi de Bulgarie. Cette double visite, au cours de la partie officielle du séjour des souverains dans la capitale, est un hommage au régime constitutionnel ottoman.

« Il est à souhaiter que les parlements des deux pays voisins imitent leurs souverains et que les amis de la paix qui s'y trouvent ajoutent leurs efforts aux efforts pacifiques de leurs rois. S'ils les concentraient à solutionner sans effusion de sang toutes les difficultés de l'avenir, quels beaux et grands fruits il en résulterait!

« On annonce, à notre grande satisfaction, la visite prochaine d'une délégation du Sobranié bulgare. Nous souhaitons une semblable décision du Parlement serbe. Il est indubitable que la Chambre ottomane s'empresserait de participer à cette œuvre de bonnes relations avec nos voisins. Ces relations entre parlements seraient le plus précieux moyen de donner aux combinaisons politiques un caractère national...

« Quelques journaux ont dit que la constitution d'une union balkanique susciterait des inquiétudes. En tout cas, il est certain que les États des Balkans ont le droit de fusionner leurs efforts et d'adopter une direction commune dans la politique étrangère. Personne ne peut s'y opposer et leurs vrais intérêts veulent qu'ils agissent ainsi. C'est par cette union que leur situation du Danube à l'Adriatique deviendrait stable et sûre.

« Ce serait alors la nouvelle vie que nous estimons nécessaire entre les nations de la péninsule. Les événements prouvent la nécessité d'un changement dans le cercle politique limité où elles ont vécu jusqu'à ce jour.

« Maintenant, nous faisons partie de l'Europe non par notre situation, mais par notre forme gouvernementale. La visite des souverains au parlement en est une évidente manifestation. Notre Chambre nourrit une sincère amitié pour les nations voisines. Nous espérons que les parlements voisins répondront à ces sentiments. » (*Sabah*.)

« La visite du souverain serbe à Constantinople, après celle du roi Ferdinand, ne restera pas sans écho. Et la France qui s'intéresse toujours aux causes généreuses tiendra certainement à honneur de s'associer à la Turquie amie pour travailler avec elle à établir la paix dans les Balkans. Elle contribuera à garantir la paix aux divers États avec le libre développement économique auquel ils ont droit, la paix reposant sur un *statu quo* loyal et durable. » (*Stamboul*.)

On ne saurait se refuser à reconnaître que des projets d'entente sont dans l'air et que les souverains des États balkaniques semblent disposés à solutionner par des moyens pacifiques les difficultés pendantes.

La possibilité d'une confédération balkanique qui ne rencontrait naguère encore que des incrédules, fait peu à peu son chemin. Bon nombre des journaux en admettent le principe, sauf à discuter les détails de réalisation.

« La presse anglaise, en général, commentant les visites des rois de Bulgarie et de Serbie à Constantinople, dit : « Nous ne « sommes peut-être pas près de voir la constitution d'une confédé-

« ration balkanique ayant la Turquie à sa tête. Toutefois le risque « d'une conflagration se trouve considérablement réduit du fait de « l'entente qui est à la veille d'être conclue entre la Bulgarie et la « Serbie avec la Turquie. » *(Agence Fournier,* mars 1911.)

A ce moment, le correspondant de la même agence à Rome l'informait qu'on déclarait à la Consulta « que si la confédération balkanique se réalise elle n'aura quelque chance de durer qu'à la condition que tous les États balkaniques y participent d'une façon effective, notamment la Turquie ».

Le correspondant ajoutait : « On considère que s'il en était ainsi, une confédération réunissant tous les États balkaniques constituerait une excellente garantie pour le maintien de la paix en Orient. Il s'agit actuellement d'amener la Turquie dans cet ordre d'idées, son acceptation ou son refus devant produire la réussite ou l'échec du projet. » (*Le Stamboul.*)

Il ne s'agissait donc plus seulement d'une confédération entre États slaves, mais bien de la participation de la Turquie à la confédération balkanique.

L'ex-grand vizir Hilmi-Pacha déclarait au mois de mai dernier à un correspondant du journal *Mattino* que la conclusion d'une alliance balkanique serait très désirable, chacun devant y trouver son compte. « La condition principale, toutefois, est que les autres États balkaniques renoncent complètement à leurs prétentions relatives à la Macédoine. Pour arriver à ce but, il faut que la Turquie soit forte. »

A Belgrade, d'après le *Daily Telegraph*, on envisage la participation de la Turquie à la confédération comme une éventualité très réalisable. « Les opinions semblent être mélangées dans le camp des Jeunes-Turcs de Salonique en ce qui concerne les rapports de l'empire ottoman avec ses voisins. Un groupe très puissant penche en faveur de relations plus étroites, plus intimes si possible, avec les peuples balkaniques. Une alliance avec la Serbie et la Bulgarie serait même dans le cadre de ses désirs. Un deuxième groupe n'a pas adopté apparemment cette attitude : elle serait d'après lui contraire à la dignité qui contracterait ainsi une alliance avec ses anciens vassaux. Par contre, une alliance avec l'Autriche-Hongrie ne lui déplairait pas. »

A la même époque — décembre 1909 — on écrivait de Vienne

à l'*Écho de Paris* : « Les négociations russo-japonaises sont suivies ici avec autant d'attention que l'union balkanique. L'Autriche croit que la Russie cherche à être libre dans les Balkans. Elle craint en outre que l'union balkanique ne soit en réalité dirigée contre elle. Si la Turquie y adhérait, cette crainte de l'Autriche se trouverait encore accentuée. »

La Serbie paraît décidée à s'entendre avec les autres puissances des Balkans.

M. Milovanovitch, ministre des Affaires étrangères de Serbie, déclarait au mois d'août à un correspondant du *Matin* (1) :

« Nous avons essayé, nous essayons encore d'établir entre tous les États de la péninsule des rapports de confiance et d'amitié réciproques. Je voudrais qu'ils puissent régler entièrement entre eux non seulement toute question religieuse, mais encore procéder avec une cohésion telle que leur équilibre fût impossible à ébranler.

« Cette œuvre est difficile en raison des races différentes qui vivent sous la domination ottomane et des problèmes intérieurs inhérents à chaque État. Mais il ne faut désespérer de rien. Il me semble que nous serions tous intéressés à réaliser cette entente, et pour moi j'y travaille avec d'autant plus de zèle qu'aucune puissance n'est autorisée à en prendre ombrage. »

Les rapports actuels de la Serbie avec les autres États des Balkans sont très bons. « Nos relations sont également cordiales avec la Turquie et la Bulgarie. Nous voyons qu'on considère d'un très bon œil l'érection du Monténégro en royaume, et loin de nous déplaire cet accroissement de prestige de ce peuple frère nous réjouit sincèrement.

« Quant à la Roumanie, dites bien qu'entre elle et nous existent une fraternité, une communauté d'idées et de traditions parfaite. Nos deux histoires se sont développées parallèlement avant et après le traité de Berlin. Nos deux nations sont faites pour se comprendre et se compléter. Nous ne croyons donc pas possible, étant donnés ces rapports intimes, que la Roumanie se prête jamais à des combinaisons ayant pour objet de diminuer l'indépendance ou la force d'action balkanique. »

(1) *Le Matin*, 9 août 1910.

D'après M. Dragoumis, ancien président du conseil des ministres en Grèce, « qu'on parle d'une confédération balkanique, rien n'est plus vrai, mais que les gouvernements responsables s'en occupent, cela est plus douteux. La discussion d'un pareil sujet dans les conjonctures actuelles me paraît tout à fait inopportune. Ayons le courage d'envisager froidement la réalité, la confédération balkanique, telle qu'on la conçoit, doit naturellement comprendre la Turquie. Quelle sera la situation, dans cette confédération, de l'empire ottoman?

« La confédération ne peut s'entendre que si les confédérés, égaux en droits, sont unis entre eux par ces liens de solidarité qui seuls peuvent rendre durable pareille œuvre.

« Or dans quelle situation se trouveront les Bulgares quand ils verront leurs frères, les Bulgares de Macédoine, maltraités par leurs confédérés ottomans? Comment le gouvernement de Sofia pourra-t-il maintenir la population dans le calme?

Ce que je dis pour la Bulgarie s'applique aussi bien à la Grèce.

« Il faudrait en Turquie un changement radical pour espérer que la situation actuelle des populations chrétiennes de l'empire s'améliorera. On avait pu, au moment de la proclamation de la Constitution, se bercer de cette illusion; après l'expérience de ces dernières années, il faut bien reconnaître que la devise : « liberté, égalité, fraternité » est restée vide de sens (1). »

M. Guéchof, président du conseil des ministres en Bulgarie, est d'avis « que les chances pour la formation d'une confédération balkanique dépendent du sens que l'on donne au mot confédération.

« Une alliance, ou, plus exactement, une entente pour soutenir une cause commune ou soutenir les intérêts des États balkaniques est non seulement possible, mais elle est encore désirable.

« La question est de savoir seulement si les États balkaniques conviennent de la communauté de leurs intérêts qui par leur nature leur imposent cette entente entre eux.

« Jusqu'à présent beaucoup ont douté de la possibilité d'une pareille entente en voyant la première puissance balkanique, la

(1) *Paris-Journal*, cité par le *Stamboul*.

Turquie, se méfier de la Bulgarie et croire que c'était de ce côté que venait le danger pour elle.

« Pourtant au lieu d'être attaquée par la Bulgarie, la Turquie a reçu le coup de la part d'une puissance non balkanique.

Cette surprise servira-t-elle à la Turquie pour vouloir se pénétrer de la nécessité indispensable d'une entente balkanique et créerait-elle les conditions qui en rendraient la réalisation possible? Là est la question principale.

« En tout cas notre politique sera toujours pacifique et nous serons heureux de voir se réaliser cette entente et d'en faire partie. Il suffit seulement que nos voisins puissent offrir les conditions voulues dans ce but (1). »

Le prince Izzeddine, héritier du trône de Turquie, a rendu au roi de Serbie la visite faite par lui à Constantinople. Une grande revue fut passée à cette occasion au camp de Banzitza, près de Belgrade. Le général Givcovitch commandait les troupes. De grandes démonstrations de sympathie eurent lieu en faveur de la Turquie.

Une commission parlementaire fut constituée à la Chambre des députés de Turquie pour préparer l'union et l'accord entre les États balkaniques.

Un des membres de cette commission, Vlahof effendi, député de Salonique, fit des conférences à Salonique, Esketche et Drama en faveur de l'entente.

Le journal *l'Ikdam* rapporte que Vlahof effendi a trouvé des encouragements chaleureux au cours de cette campagne de conférences.

M. René Pinon, dont les travaux sur les questions orientales possèdent une légitime autorité, écrit dans la *Revue des Deux Mondes* (2) : « Une confédération ou une alliance défensive des États de la péninsule des Balkans ne serait vraiment efficace pour assurer la tranquillité de l'Orient et la paix de l'Europe que si l'empire ottoman en faisait partie. Seule une telle combinaison pourrait se donner le programme « Les Balkans aux peuples balkaniques » et de prévenir toute immixtion des grandes puis-

(1) *Le Stamboul* (de son correspondant à Sofia).

(2) 15 juin 1910, *Une confédération balkanique est-elle possible?*

sances dans les affaires orientales. Cette hypothèse nous a paru, sinon tout à fait chimérique, du moins d'une réalisation difficile et improbable. Le succès d'une entente de cette nature, conclue sans arrière-pensée et sur le pied d'égalité entre la Turquie et les autres États, dépend surtout de la Turquie elle-même, du succès de sa réorganisation intérieure et de la politique qu'elle suivra vis-à-vis des nationalités. »

Que penser de l'attitude probable de la Roumanie qui a tant d'intérêts communs avec la Bulgarie et dont les origines offrent tant d'analogies avec celles des autres peuples de la péninsule?

Récemment l'héritier du trône d'Allemagne a été l'hôte du roi de Roumanie à l'occasion de son soixante-dixième anniversaire. Plus récemment encore, l'archiduc François-Ferdinand a été reçu à la cour de Roumanie.

Le roi de Roumanie a été, jusqu'à son avènement au trône, le prince Charles de Hohenzollern et il a oublié si peu son origine, que malgré les sympathies si manifestes du peuple roumain pour la France, il ne perd pas une occasion de témoigner ses sentiments personnels pour les chefs de la politique allemande. Le prince de Bülow n'a-t-il pas reçu la grand'croix de Charles III? Distinction qui, d'ordinaire, n'est attribuée qu'aux souverains.

« Aujourd'hui, ce sont les universités allemandes que fréquentent les boursiers roumains, c'est à l'allemande qu'est instruite l'armée roumaine et c'est d'Allemagne que lui viennent matériel de guerre et fournitures militaires. Industriels, commerçants, et employés allemands ont envahi le pays : des financiers avisés ont canalisé ses emprunts et cette mainmise économique a eu le corollaire politique qu'elle devait avoir : boulevard du germanisme et barrière entre la Russie et les Balkans, la Roumanie est diplomatiquement et militairement inféodée à la triple alliance. Si bien que notre alliée, en cas de conflagration européenne, se heurterait à des forces hostiles le long de la frontière occidentale de la Baltique à la mer Noire (1). »

M. Carp, ministre et chef d'un parti considérable en Roumanie, déclare que la Roumanie n'a pas de politique, que c'est une pro-

(1) *L'influence allemande en Roumanie,* L. Ucciani. (*Petit Journal,* juillet 1910.)

vince austro-allemande, et que sa ligne de conduite est subordonnée aux intérêts de ces deux pays. (*Indépendance belge*, 24 décembre 1910.)

« On se demande, ajoute ce journal, quel est le pouvoir de l'État qui a dirigé la Roumanie dans cette voie. Les ministres n'ont pas cette mission, le Parlement n'a jamais voté pareille inféodation : c'est donc le roi qui s'est arrogé ce droit et qui, depuis son avènement, nous a attelés à la politique de sa mère patrie avec laquelle il a gardé des rapports si intimes qu'il a cru bon de faire de la Roumanie un hinterland allemand. »

« Une expérience de trente-quatre années a prouvé que la Roumanie est un élément de paix dans la politique orientale. Cette puissance qui ne nourrit aucune convoitise contraire à nos intérêts ne veut pas soumettre aux calculs particuliers l'équilibre balkanique et les intérêts qui s'y rattachent. Pour la Roumanie, la politique de l'Europe orientale fait partie de la politique de l'Europe centrale. Agiter la question de la constitution politique actuelle de l'Europe centrale, c'est agiter celle de l'équilibre des Balkans. Séparer cet équilibre de l'autre ne convient pas à la Roumanie.

« Les efforts faits par la Sublime Porte et par le cabinet de Bucarest en vue du maintien de la paix et de la tranquillité sont de nature à prouver catégoriquement que le bien-être de l'Europe orientale ne deviendra pas le jouet des manœuvres de quelques intrigants. L'accord des deux cabinets est un avertissement significatif pour les éléments irresponsables.

« Nous voulons croire que les autorités responsables des pays voisins n'approuvent pas l'attitude de ces éléments qui les met en fâcheuse position peut-être.

« Dans ce cas, la consolidation des relations turco-roumaines diminuera les difficultés que ces gouvernements rencontrent dans leur liberté d'action. En Roumanie, l'opinion publique ottomane accueille avec joie ce réveil amical de nos relations politiques avec la Roumanie. » (*Sabah.*)

Le correspondant particulier de *l'Écho de Paris* à Constantinople lui mande le 21 août :

« La Turquie a voulu tâter le terrain pour la conclusion d'une entente turco-roumaine.

« Cette dernière puissance mobiliserait ses forces sur la frontière bulgare, en cas de conflit macédonien, sous le prétexte qu'elle a aussi à défendre les intérêts des Macédoniens-Valaques qui sont soi-disant Roumains. Hakki Pacha promettrait contre la conclusion de cette entente de reconnaître officiellement les Valaques macédoniens et de leur ériger un exarchat valaque tout comme il a été fait pour l'exarchat bulgare, sur la demande du gouvernement russe.

« Cette mobilisation roumaine aurait pour but d'immobiliser une assez grande partie des forces bulgares. Et à ce propos on recommence à parler dans les cercles politiques turcs d'une quintuple alliance européenne qui comprendrait les trois puissances de la triple alliance, la Roumanie et la Turquie. Ce serait ainsi comme une vaste chaîne de fer qui scinderait l'Europe en deux, partant de Hambourg pour aboutir au golfe Persique. La Turquie tient surtout à mettre la Russie, son ennemie séculaire, dans une position difficile, en l'isolant pour ainsi dire. C'est aussi le but dernier de tous les perfectionnements de sa flotte et de son armée de terre, les Turcs étant persuadés que derrière la Bulgarie se trouvera toujours la Russie prête à la soutenir. »

Comment, dans de semblables conditions, supposer que la Roumanie se joindrait aux États balkaniques qu'effraye la pénétration allemande?

Une confédération d'intérêts et de défense entre États des Balkans contre les empiétements allemands, confédération dont tout le monde parle, sera-t-elle faite quelque jour entre États de l'Europe orientale?

La Russie, par la conclusion de l'accord russo-japonais, a reconquis sa liberté de manœuvre dans les Balkans. Elle ne saurait manquer d'opposer toutes ses forces à l'invasion germanique. « La poussée de l'Autriche vers Salonique compromet les visées italiennes sur l'Albanie, l'annexion de la Bosnie-Herzégovine limite l'extension territoriale du Monténégro, allié naturel de l'Italie et sa sentinelle avancée dans les Balkans, l'entrée probable de la Turquie dans la triplice gêne la pénétration italienne en Tripolitaine. Les sympathies des Italiens vont à l'Angleterre, leurs intérêts commerciaux leur font une nécessité de la bonne entente avec la France, leurs ambitions balkaniques ont besoin, pour se satisfaire, de l'appui de la Russie, et précisément : Angleterre,

France, Russie sont les adversaires naturels de la triplice (1). »

A l'heure où la Bulgarie est définitivement organisée et armée; où la Grèce sortie des dangereuses aventures par l'énergie d'un habile homme d'État se donne tout entière à sa monarchie nationale et au roi Georges dont la fermeté a assuré le triomphe des intérêts hellènes; où la Serbie sous un roi prudent et sage développe activement ses institutions civiles et militaires; où le Monténégro a pris rang parmi les royaumes dont l'alliance est particulièrement recherchée pour la solution des questions balkaniques, se peut-il que la poussée allemande ne soit pas utilement combattue?

Les armées unies de la Turquie, de la Bulgarie, de la Grèce, de la Serbie et du Monténégro atteindraient le chiffre de 2 millions 500 000 hommes (2).

Une telle masse de combattants ne ferait-elle pas réfléchir les souverains que hantent le mirage de Salonique et la prépondérance des intérêts allemands dans tout l'Orient?

On a écrit (3) que la grande cause de la confiance que les peuples des Balkans ont conservée pour la France était que les uns comme les autres ne veulent pas être germanisés « pas plus aujourd'hui que dans ces siècles reculés où les deux races, la race indo-germanique et la race des scythes-slaves, arrivaient ensemble des profondeurs de l'Asie sur les deux rives du Danube ».

A l'heure actuelle, l'influence française est intacte dans les Balkans et la conquête allemande qui « devait être faite pacifique ment par les professeurs, les architectes et les fonctionnaires » n'est pas réalisée.

Mais les peuples allemands ont une politique d'Empire, stable, rationnelle, susceptible de préparer l'avenir et par là même de séduire les jeunes nationalités des Balkans, impatientes de trouver une orientation concordant avec leurs aspirations.

Si la politique d'Empire assurait un jour des garanties formelles tangibles et inéluctables, les choses pourraient prendre tout autre tournure, mais il est possible encore que semblable éventualité ne

(1) *Correspondance nationale.*
(2) Armées et flottes militaires de tous les États du monde.
(3) *Le général Skobelef*, André Villamus. (*Correspondant*, 1884.)

se présente jamais, si à la politique d'Empire la France sait opposer à temps une politique de groupements d'intérêts à larges vues, constante, résolue, libérale, par là même manifestement conforme au génie de la race et aux antiques traditions de la nation française.

FIN

TABLE DES MATIÈRES

LA GRECE ACTUELLE, LE RÉGIME DE RELÈVEMENT LA QUESTION CRÉTOISE

CHAPITRE III

LA GRÈCE ACTUELLE. — LE RÉGIME DE RELÈVEMENT

LA QUESTION CRÉTOISE

LA QUESTION CRÉTOISE

SERBIE

CHAPITRE IV

SERBIE

MONTÉNÉGRO

CHAPITRE V

MONTÉNÉGRO

ROUMANIE

CHAPITRE VI

ROUMANIE

TURQUIE

CHAPITRE VII

LE RÉGIME JEUNE-TURC

CHAPITRE VIII

ÉLÉMENTS D'ENTENTE DANS LES BALKANS

CHAPITRE IX

PARIS

TYPOGRAPHIE PLON-NOURRIT ET Cie

8, rue Garancière

www.ingramcontent.com/pod-product-compliance
Ingram Content Group UK Ltd.
Pitfield, Milton Keynes, MK11 3LW, UK
UKHW020321200726
13857UKWH00001B/256

9 782012 899476